灰の中から

Out of the Ashes The Resurrection of Saddam Hussein

サダム・フセインのイラク

アンドリュー・コバーン
パトリック・コバーン　著

神尾賢二　訳

緑風出版

OUT OF THE ASHES

The Resurrection of Saddam Hussein

by Andrew Cockburn and Patrick Cockburn

Japanese translation published by arrangement with
Andrew Cockburn c/o Trident Media Group, LLC through
The English Agency (Japan) Ltd.

謝辞

本書は、イラク取材に携わった私たちに長年、寄せられた多くの方々のご意見、助言、ご厚意が無ければ実現することができなかった。ここにそのすべての方々の名前を挙げることは到底できないし、またそうすることが必ずしも賢明とは言えない関係者もいる。とは言え、編集の労に当たっていただいたテリー・カートン氏とアシスタントのミーガン・バレット氏の忍耐と忠誠心、そして冗漫な表現に対する確かな眼力はこの上なく有難いものであった。また出版エージェントのエリザベス・カプラン氏にはつねにお力添えをいただいた。そして、調査を担当したフェイス・ルベンスタインの貴重な働きにも謝意を表するものである。

目次・灰の中から

サダム・フセインのイラク

OUT OF THE ASHES

The Resurrection of Saddam HusseinI

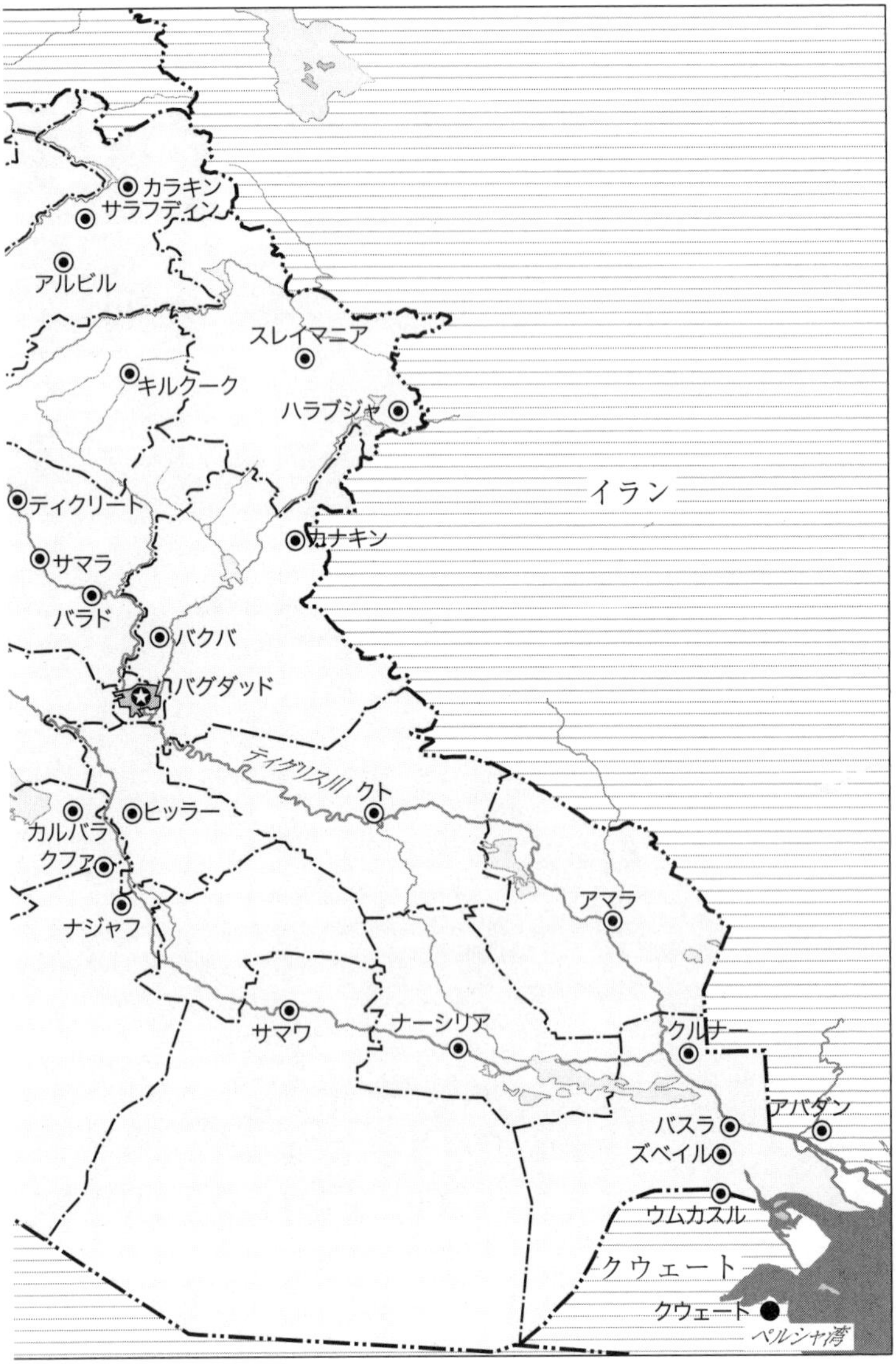

カラキン
サラフディン
アルビル
スレイマニア
キルクーク
ハラブジャ
イラン
ティクリート
カナキン
サマラ
バラド
バクバ
バグダッド
ティグリス川
クト
カルバラ
ヒッラー
クファ
ナジャフ
アマラ
サマワ
ナーシリア
クルナー
アバダン
バスラ
ズベイル
ウムカスル
クウェート
クウェート
ペルシャ湾

イラク地図

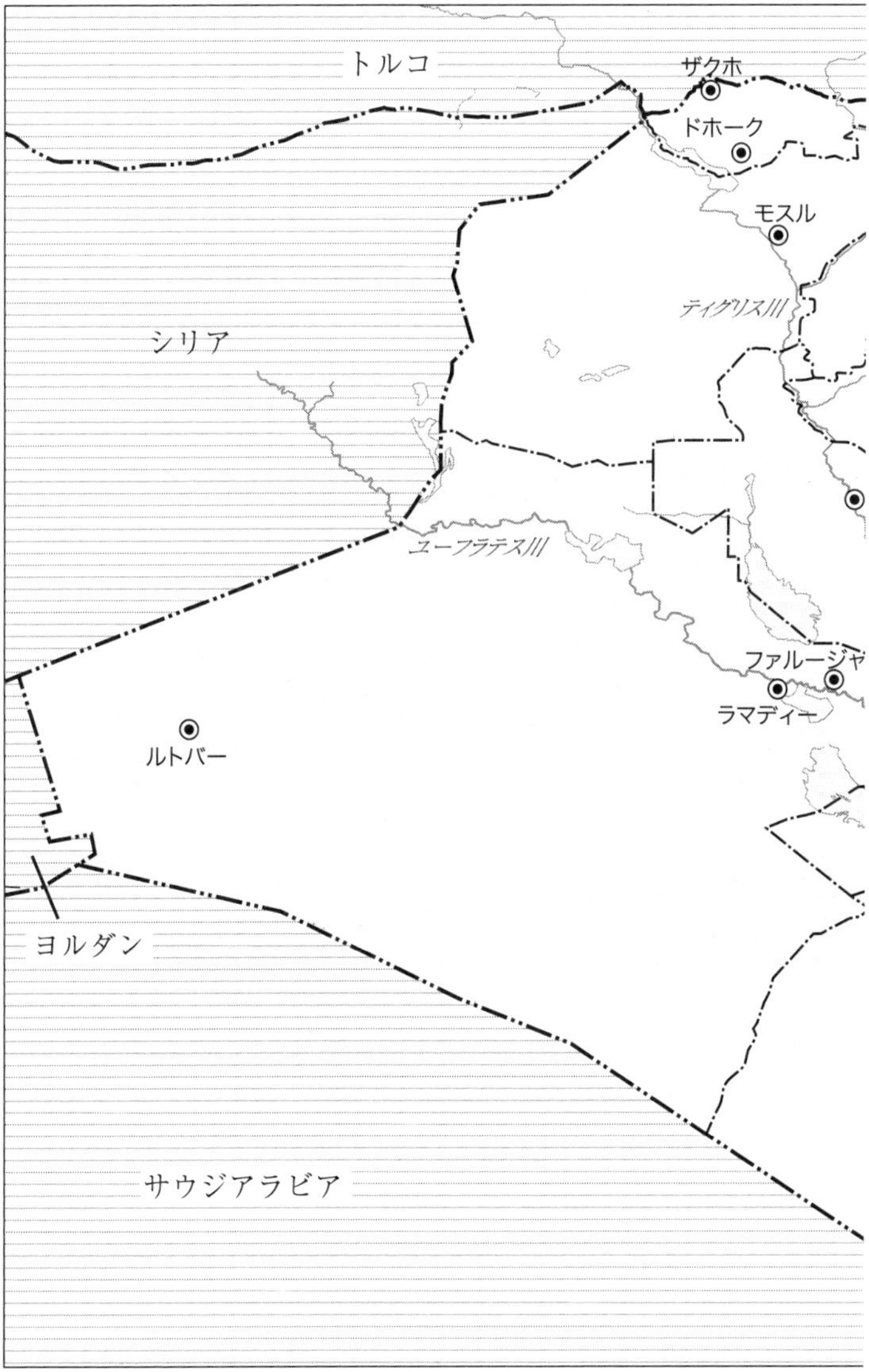

トルコ
ザクホ
ドホーク
モスル
ティグリス川
シリア
ユーフラテス川
ファルージャ
ラマディー
ルトバー
ヨルダン
サウジアラビア

バグダッド地図

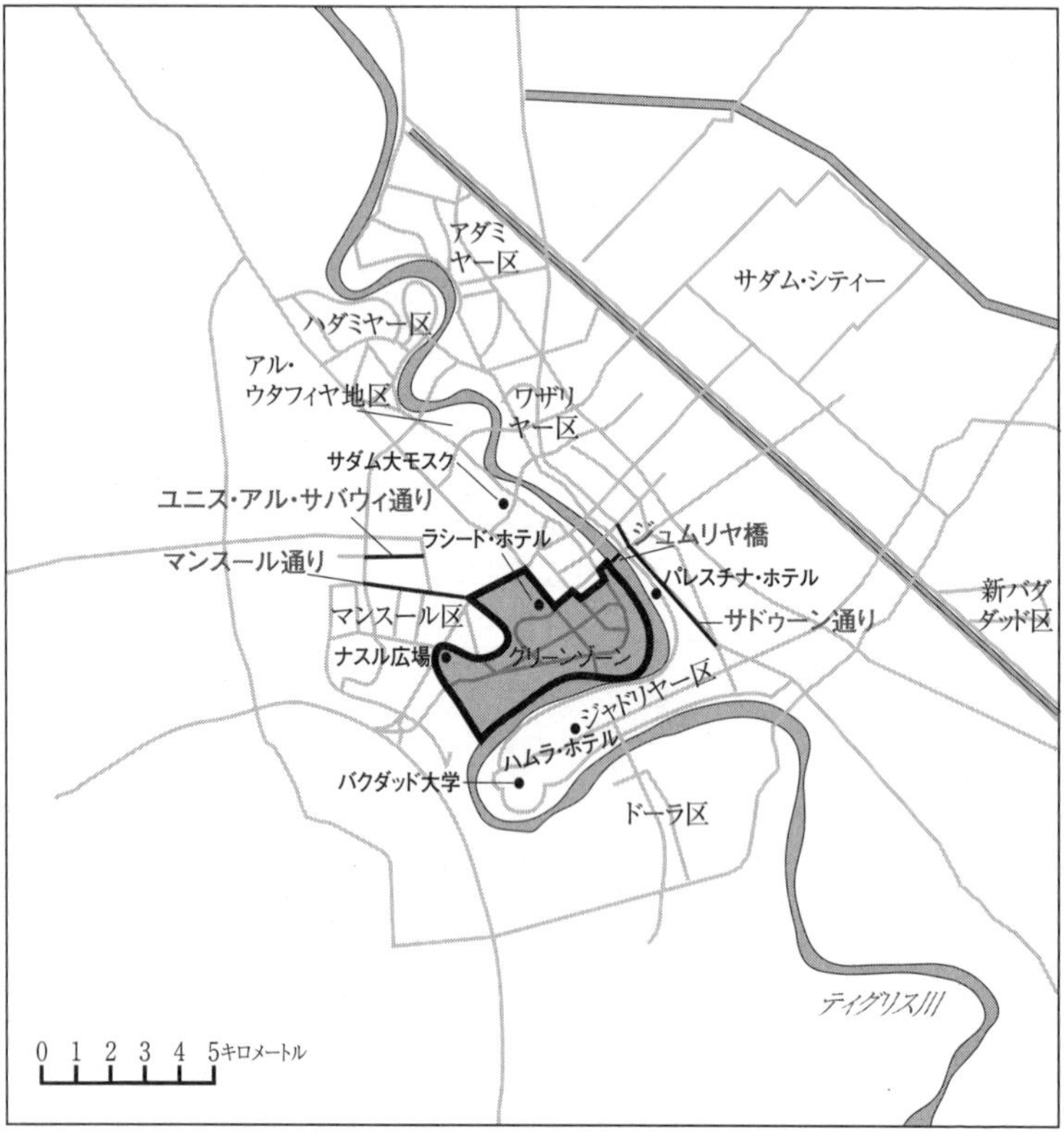

アダミヤー区
サダム・シティー
ハダミヤー区
アル・ウタフィヤ地区
ワザリヤー区
サダム大モスク
ユニス・アル・サバウィ通り
ラシード・ホテル
ジュムリヤ橋
マンスール通り
パレスチナ・ホテル
新バグダッド区
マンスール区
サドゥーン通り
ナスル広場
グリーンゾーン
ジャドリヤー区
ハムラ・ホテル
バグダッド大学
ドーラ区
ティグリス川
0 1 2 3 4 5キロメートル

第1章
奈落に堕ちたサダム

Chapter 1

バグダッド郊外、炎上するアル・ドーラ製油所から黒煙が空に舞い上がっていた。それを見上げるイラク軍の敗残兵たちは、首都まであと八十キロの地点を歩いていた。一九九一年三月の初め、この疲労困憊した兵士たちは、前年にサダム・フセインのクウェート侵攻後に占領軍として派兵された大部隊の生き残りであった。彼らはようやく今、アメリカと同盟国軍に指定された全長四百八十キロの行程の最終段階にさしかかっていた。イラク兵たちは、タクシー、トラック、ポンコツ・バスなど車輪が付いているものならかまわず摑まった。車両運搬車に必死にしがみついている一団もいた。

市内はすっかり様変わりしていた。ちょうど一月半前、ティグリス川流域に位置する法治国家イラクの首都バグダッドは、世界第三位の原油埋蔵量が生み出す何十億ものドルで建設された豊かな現代都市であった。きらびやかでモダンなホテル、官庁ビル、通信センタービルなどの間を縫って高速道路や立体交差の交通網が走っていた。市民は、潤沢な設備の病院でヨーロッパやアメリカと変わらない最新の医療を受けていた。貧困層でさえ毎日一度はチキンを食べることができた。ところが、一月十七日午前三時を皮切りに突然、精密な照準の爆弾とミサイルによって、バグダッドとその市民三百五十万人は第三世界へと押し戻されてしまったのだ。

空襲が始まって数日ですべての発電所が破壊され、電力が無くなった。市民は暗闇で身を縮めた。富裕層地区では、冷凍庫にしっかり貯蔵してあったステーキ肉が解けてじわじわと腐り、腐った肉の悪臭が漂っていた。病院ではヨーロッパで最高の医学教育を受けた医師たちが、懐中電灯の光を頼りに手術を施していた。

どの先進国とも同様に、イラクも全面的に電力に頼っていた。市内を流れる大河ティグリスの水は、世界でも最新で高能率のシステムを使って取水・浄化されていた。それが今では、応急措置のシステムが一日にわずか一時間だけしか稼動せず、蛇口からごぼごぼと出てくるのは茶褐色の汚水だ。数十億ドルのオイルマネーを使って導入された最新の下水処理システムだったが、発電機が爆撃されてからは下水処理場のポンプはストップ、未処理の汚水五千七百万リットルが毎日ティグリス川に流れ出している。

ガソリンスタンドへの石油の配給は途絶えて久しく、アル・ドーラ製油所は他のイラクの製油所と同じく爆撃で破壊され、住宅街にも並木の大通りにも、車はわずかしか走っていない。車の往来も少なく、時々真っ黒な排気ガスを吐き出している車があるが、これは闇値で戦争前の百倍もする、水を混ぜたガソリン特有の症状だ。

有名な建築物も荒れはてており、市内中心部でティグリス川に架かる壮麗なジュムリヤ橋も多国籍軍の爆弾で三つに寸断されてしまった。難を逃れた他の橋は、両側に古い布地をかけ欄干に苗木をくりつけてあったが、これは敵機のコンピューターとレーザー照準システムを攪乱するための空しい努力だった。権力の象徴の一つ、法務省ビルは一見無傷に見えるが、内部は高性能爆薬でえぐり取られ、空っぽだった。

レーザー誘導爆弾が二発、マンスール・メリア・ホテルの上を通過して通信センタービルに命中して、電話もストップ、屋上の衛星通信アンテナが溶解して海外からの通信が途絶え、イラクは孤立した。

市内には、炎上する製油所と、多国籍軍の航空機を混乱させる目的で燃やされた古タイヤの山から昇る煙が充満していた。サドゥーン通り*のレストラン街は、シャッターが降ろされ人影も無く、爆撃で倒壊した街路樹の枝を燃料にして調理する屋台に取って代わられていた。あたり一面に冬の霧の黄色いガスが垂れこめていた。

この災難のそもそもの張本人、大統領サダム・フセインはどこかの闇に姿をくらましていて、何を考え、何をしているのやら、この劇的な日々に一体どこにいるのか、国民にとっても国外の人間にとっても謎であった。

戦争勃発以来、サダム・フセインは肉体的に変化していた。一九九〇年八月二日のクウェート侵攻から、一九九一年一月のアメリカ主導の反撃開始までの重大局面の数ヵ月間、イラクの指導者は世界を観客にした大芝居を演じていた。アルメニア人のお抱え仕立師に作らせたお洒落な絹のスーツできめ込んだサダムは、宮殿に鎮座し、訪れる各国政治家、ジャーナリストを前に、彼を追い落とすべく戦力を集める国際同盟に公然と歯向かい、クウェート侵攻の正義について熱弁をふるった。

今、イラクの大統領は、逃亡者さながらバグダッドを転々としている。他の高官たちと同じく、サダムは用心深くも、一九八〇年代の対イラン戦争のために作った高官専用の地下壕からはさっさと出て行った。サダムは、アメリカがこうした場所の位置を確実に特定し、彼らの爆弾なら最高に分厚く作ったコンクリートの壁など撃ち抜いてしまうことくらい分かっていた。爆撃は終わった。それでもサダムは、二、三日毎にねぐらを変えては、住民の大多数が疎開して閑散としていた、主に中流階級が住むアル・ウタフィア地区に潜伏していた。

これまでサダムは、暗殺者の目をくらますため同じ型のベンツを数台用意し、どの車に乗るかは出発寸前まで決めず、囮のベンツに異なる経路を取らせていた。今回サダムは、安物の地味な車を選び、階級章をはずした大佐を一人だけ護衛につけた。彼の訪問を受けた少数の腹心の部下と親友が、そのしぼんだ体を見ている。彼は、開戦後数ヵ月で二〇キロも痩せていた。彼が党首を務めるバース党*のオリーブグリーンの制服がこんなにだぶついたことはなかった。

「明日、神が何をもたらされるか私には分からない」

彼は、情報部高官の一人に絶望的にこう洩らしていた。

公式には、サダム政権はクウェートでの敗戦を勝利とする声明を発表することで、石油成金小王国への侵略を正当化し、なおかつ、イラクは再度侵攻するともちらつかせていた(原注1)。イラク軍の将官たちが戦勝多国籍軍の押し付けた条件を屈辱的に呑まされていたにもかかわらず、アル・ラシード・ホテルの下の階にまだ残留していた（エレベーターはずっと止まったままであった）若干名の外国人ジャーナリ

---

*サドゥーン通り：バグダッドで最も賑やかなショッピング、レストラン街。またパレスチナホテルもここにある。並行するカリフ通りにはモスクや官庁のビルも多い。自動車爆弾テロが頻発するので、商店と道路を隔ててコンクリートの壁が作られ、現在ではその壁面に芸術家たちの手で絵が描かれ、バグダッド名物になっている。

*バース党：一九四七年、シリアのダマスカスで結成されたアラブ民族主義政党。アラブの統一、外国支配からの解放、社会主義を三大原則とし、各国にバース党を設立し、各々が政権を取ったのち、アラブ統一国家を形成することを目指した。一九六三年にシリアで初のバース党政権が誕生し、一九七一年には軍事クーデターでアサド国防相が大統領に就任した。イラクでは一九六八年軍事クーデターでバクルが大統領に就任、七九年に副大統領のサダム・フセインが大統領に就任した。現在、シリア以外のバース党は弱小化した。ヨルダンでは、ヨルダン民族民主戦線に変わり、レバノンでは分裂状態。イエメンでも分派のバース民族党が生まれた。チュニジアでは非合法政党となっている。

ストに対して、情報省は依然として「南部におけるイラク軍の敗北」を「南部におけるイラク軍の悲運」と検閲、訂正させていた。

同席を許されていた少数の腹心の部下たちに対して、独裁者は卓越した現実感覚を見せた。部下の一人に四十四歳になるがっちりした体格の軍情報部長官、ワフィク・アル・サマライ将軍がいた。彼はサダム体制に仕える多数の高官たちと同じく、サダムのスタイルをまねた口髭をたくわえていた。苦難の対イラン八年戦争で活躍した男だ。サダムは彼の軍事的判断力を評価し、アメリカ軍がバグダッド空爆を開始してからは、ほとんど毎日アル・サマライの臨時司令部に顔を出していた（アル・サマライは、戦争前の指令本部が攻撃目標にされるのを予測していた。そして確かに、指令本部はこの数日前に爆撃されていた）。多国籍軍がクウェートをほぼ無抵抗のまま掃討し始めた後、サダムは珍しくも婉曲な表現でミスを認めた。彼はアル・サマライに洩らした。

「これが見通しの誤りだったとはこの先二百年、誰も気がつかないだろう」

「これ」とは一九九〇年八月、南部の国境を隔てた小さな産油国クウェート王国を掌握し、奪略して世界を驚かせてやろう、というサダム・フセインの大博打のことを指す。まさに十年前、革命後の混沌の中にあった隣国イランに侵攻してやろうという博打が、八年にも及ぶ膠着状態を招いてしまったごとく、この賭けは失敗した。ホメイニ師*との戦争は、少なくとも最終的に、アメリカとの事実上の同盟関係、およびペルシャ湾における強い軍事力という部分的獲得物をもたらした。しかし、イラン・イラク戦争でイラク人兵士数十万人の命が失われ、さらに拙いことに、サダムは八百億ドルの負債を背負うことになった。クウェート侵攻というギャンブルに勝てば、イラクの金庫を補充し、世界最大の産油国地域における優位性を確実にできる。しかし彼は、敗戦の結果がかくも惨めなものになるとは想像していなかった。

クウェート侵攻は、サダム単独の考えであった。最初は大成功したかに見えた。サダムの精鋭師団は数時間でクウェート国土を蹂躙し、王室一家を南の国境の彼方、サウジアラビアに追っ払った。アメリカと諸外国は完全に不意を突かれた。サダムの共和国防衛隊が、一九九〇年七月の終わりにクウェート国境に集結していた時、サダムの動きを注目していた観測筋の間では、最悪の場合でもクウェート北部の油田地帯と、おそらくは帰属問題の争点になっているクウェート沖の二つの島を奪うだけではないか、との見方で一致していた。(原注2) その後、タリク・アジズ副首相はインタビューに答えて、この制限付き侵攻が当初の作戦だったと述べている。いよいよ最後の段階になって、サダムはこの慎重なやり方を捨てて、一気に突っ走った。

サダムはしばしば、不意を突く予想外の手を打つ傾向がある。イラクの全権を掌握した直後、高官を集めた一九七九年九月の会議で、政治の基本としてのこのような戦術の効果について、サダムは短い訓

＊ホメイニ師：一九〇〇年ホメインの宗教家の一族に生まれる。正式名アヤトラ・セイド・ルッホラー・ムサヴィ・ホメイニ。六〇年代にパーレビ国王の西欧的近代化政策「白色革命」への反体制活動で逮捕投獄され、国外追放となり、トルコ、ナジャフ、カルバラを経てフランスに亡命した。民主主義はイランに適したシステムではなく預言者アラーの教えに従った宗教的権威が国を統治すべきであると説いた。また西欧近代文明を「絶対悪」と規定し、イスラエル国家とワシントン—テルアビブ—テヘランの枢軸がイラン及びイスラム世界に対する恒久的脅威であるとした。

示を垂れてもいる。

「政治とは何か？」(原注3) 就任間もない大統領はやや甲高い声で、勿体ぶった質問をした。「ある事をやろうとするなら、口では別の事をやると言う。それが政治だ。そして、どちらもやらない」

そうすれば、誰も何を考えているのか判断できない、と言うのだ。

一か八かの博打好みとともに、このイラクの指導者には強い運命論者的要素があった。サダムは、一九五九年にイラク大統領のアブド・アル・カリム・カシム*暗殺の企てに失敗、命からがら逃げおおせて以来、残りの人生は、ことごとく神の賜物だと感じるようになった、とヨルダンのフセイン王*に語ったことがある。サダムは「私はあの時死んだものと思っている」(原注4) と洩らした。彼は唯一の偉大な力しか認めていない。侵略後、クウェートを訪れたサダムは、三十名の最高司令官たちに向かって言った。後に反体制派の一人が国外にこっそり持ち出した会議の録音テープには、侵攻は救世主的使命の一つである、と語るサダムの肉声が記録されている。サダムは言っている。

「このクウェート侵攻の決定は神があらかじめ用意され、それを賜ったものだと言える。われわれの役目はそれをただ実行するだけだ」(原注5)

これに応える声は「アッラーフ・アクバル（神は偉大なり）」以外に何も無かった。

永年にわたりサダムの代弁者を務めてきた副首相タリク・アジズが、指導者に対して侵攻の結果がどうなるかを、少なくとも指摘しようとしたことだけは信じてよい。一九九一年三月の終わりごろ、アジズはクウェート侵攻以来、初めて旧友のヨルダン人政治家ザイド・リファイに再会した。リファイが訊ねた。

「君らは一体何をやらかしたと思っているのかね？　クウェートを占領したらどんなことになるのか分かっているのか？」

「指導者に少し誤りがあったな」

とアジズはしょげ気味に呟いた。(原注6) 旧知の間柄でなかったら、危なくてとても口にできない言葉だ。この「指導者」が誰を指すかは言わずもがなである。

「それじゃあ、なぜその事を言わなかったのだ？」

「言ったとも」

アジズは説明した。サダムはイラク軍による国境突破の直前になって、閣僚たちに計画の全容を明らかにした。彼らは当初の制限付き侵攻作戦が、ドラスティックに拡張されたことを初めて知らされ

＊アブド・アル・カリム・カシム：サダム・フセインの前のイラクの指導者。一九五八年に軍事クーデターでファイサル王ほか王家のほとんどを殺し、首相になった。政権を握ってからはバグダッド条約から脱退しソ連寄りとなった。スンニ派とシーア派の混合家系の出身で、共産主義とアラブ民族主義を併せ持つ政策をとった。イラク石油会社の所有地の九八パーセントをイギリスから取り返して小作農に分配したり、貧困層のためにサドル・シティを建設した。バース党やクルド独立勢力の台頭の中でカリスマ性を失い、一九六三年、バース党のクーデターで処刑された。
＊フセイン一世：ヨルダン国王。一九五一年、王アブドゥラ一世がイェルサレムで暗殺され、即位した父のタラールが統合失調症のため退位を余儀なくされたため、一九五三年に十七歳で王となった。ヨルダン経済を成長させ、下水処理の確保、識字率の向上、幼児死亡率の減少などの功績もある。湾岸戦争ではサダム・フセインとの戦いを拒否、西側諸国の連合軍を無視した。国際政治で最も長く政権を担った人物の一人。

た。アジズは、これが危険な企てになるかもしれないことを親分に指摘するために間接的な方法をとった。

「私は言った。『アメリカがサウジアラビアに入り反撃してくるでしょう。いっその事、そのまま突き進んでサウジもいただきましょうか?』」

彼は、逆にもっと大きなギャンブルに誘うことで、侵攻作戦の危険性を主人に気づいてもらいたかった。ところがサダムはそれを真に受け、アジズの過激さを優しくたしなめたという。

「あの周辺(サダム周辺)では、安全な身の処し方は、常に首領より一割方タカ派的に振舞うことだ」と言うのは、長くバグダッドに赴任しているロシアのベテラン外交官だ。「そうすればトラブルに巻き込まれずに済む」。

サダムに真っ向から反対する者はいなくなっていた。一九八六年、イランとの戦争に敗北する寸前、軍の職業将官たちは軍事作戦を指揮するに当たって、一定の逃げ場を確保していた。ペルシャ湾でのアメリカ海軍の積極的支援のお蔭で、ぎりぎりの勝利をつかむや否や、サダムはこの将官たちを削除した。何人かは処刑され、その他は退役させられた。サダムの従兄弟で、軍では広く慕われ、信望厚い国防大臣のアドナン・ハイラッラー・トゥルファーは、一九八九年に砂嵐の中、ヘリコプターの墜落事故で死亡した。[原注7] 砂嵐は軍諜報部の屋根を吹き飛ばすほど強烈なものではあったけれど、バグダッドでは、サダムがヘリコプターの破壊工作を仕組んだ、というのが常識で、これがイラク政治の暴力的方法論なのだ。外国人記者とのインタビューで、イラン・イラク戦争の過程での軍部の粛清について問われ、サダムは「師団長二人と機動戦車隊長が処刑されただけだ。戦時下では通常の事だ[原注8]」とそっけなかった。

クウェートに陣取ったサダムは、自分が始めたゲームの判断を完全に誤り、強い手札を握ったものと過信して止まなかった。八月の終わり、彼はバグダッドに来ていたパレスチナ解放戦線のヤセル・アラファト議長と、アラファトの副官、アブ・イヤドと会見したが、二人の和解工作は無駄であった。サダムはパレスチナ人に言った。

「自分から和平を提案すれば、こちらが譲歩しなければならん。向こうが提案してくれれば、譲歩するのも向こうだ(原注9)」

しかし、サウジアラビアの兵力を着実に増強させていた大統領ジョージ・ブッシュには、妥協する理由が次第に無くなっていた。サダムは、自分を攻撃しようとする多国籍連合の軍事力を全面的に過小評価していた。開戦直前、彼は様々な措置をとる中で、イラクの旗にイスラムのスローガン「アッラーフ・アクバル（神は偉大なり）」を加えたデザインの改定で、アラブおよびムスリムの連帯をアピールした。イラクはアラブ世界における大衆的共感を享受してはいたけれども、強力な朋友はいなかった。サダムは、イラクのかつての同盟国ソ連が崩壊の最終局面にさしかかっていたまさにその時、クウェートに侵攻したのである。彼は、もし戦えば彼の軍隊は空爆を耐え抜き、多国籍軍の陸上攻撃に対して多大な犠牲を負わせることができるだろう、という幻想を抱き、アメリカ主導の多国籍軍の軍事的優越性を看破できなかった。開戦前にクウェートで行なった司令官たちとの秘密会議でサダムは、多国籍軍の空襲下では「地下でしばらくじっとしていろ。そうすれば彼らの『爆撃』は無駄に終わる。地上戦になれば話は違う」と言い渡した(原注10)。

開戦の五日前に行なわれたタリク・アジズとジェームズ・ベーカー国務長官との会談は実を結ば

ず、サダムはそこで初めてこの戦争が不可避なことを悟った、というのが本当のところらしい。一月十七日の午前二時五十八分、バグダッドに接近しつつあった多国籍軍のパイロットたちは、街が灯火管制されていないのに驚いた。イラクの首都は「ラスベガスみたいに明るかった」(原注11)。官庁の建物などはライトアップされていた。

自分たちの指導者は戦争を回避する、と信じていた人々もまだいた。バグダッド中心部、外国大使館が密集する瀟洒なマンスール地区の競馬場では(原注12)、爆撃が始まる前の午後はまだ調教師が競走馬を歩かせていた。実際に戦争が起これば、それがどんなことを意味するかについて誰も何の幻想も抱いていなかった。サダムの「全ての戦いの母」なる大言壮語とは裏腹に、街の雰囲気は観念した様子で、敗戦が避けがたいということ以外に何も期待していなかった。開戦直前に始まったバグダッドでの親政府系デモは、すべて支配政党バース党の役員が招集した学童で構成されていた。爆撃の数日前に市内で開催された最大の国民集会も、せいぜい伝書鳩レース大会並みの盛り上がりでしかなかった。イラク人は迫り来る戦争について、誤った情報を得ていたのではないのだ。イラクのラジオやテレビからはわずかな情報しか無かったが、人々はBBCからモンテカルロ放送そしてボイス・オブ・アメリカへとダイヤルを合わせては、海外のアラブ語放送に長時間聴き入っていたのである。その頃、あるイラク人が私たちに言った。「私らの一番の趣味はラジオさ」(原注13)。爆撃の数日前には人口三百五十万人のバグダッド市民のうち、百万人近くが街を脱出していた。彼らは、イラクが化学兵器もしくは生物兵器を搭載したスカッドミサイルをテルアビブに撃ち込めば、イスラエルが核攻撃で報復することを恐れていたのだ(原注14)。

爆撃開始後、ナスル広場近くのみすぼらしいカフェでお茶を飲んでいた一人の老人が、二つの意味がこめられた寓話でその考えを表現していた。彼は「ある時、アビシニア人*たちがメッカを占領するために象を連れてきた。初め、ベドウィンの戦士たちは奇怪な動物に仰天したが、神がメッカに鳥を遣わされ、その鳥たちが石を落として象を殺した」という古いコーランの寓話を繰り返していた。(原注15) 最近サダムも、この象がブッシュ大統領の共和党を象徴する、という深い意味をこの話から知ったと付け加えて、同じ話をしていた。しかし、イラクの指導者とは違う老人の大げさな身振り手振りの話に、周りの客たちはくすくす笑っていた。反体制的な言葉は使わなかったが、その言わんとするところははっきりしていた。神が魔法の鳥でも呼んでくれない限り、イラクが多国籍軍という象に勝つ見込みは無い。

兵士の間に楽観的ムードは少しも無かった。戦争が始まる数日前、サダムはクウェートの塹壕を訪れ兵士たちに語りかけた。(原注16) 彼らは、はっきりとサダムの存在を恐れていた。返答は苦渋から途絶えがちであった。サダムが訊ねる。

「お前は何処の出身か?」

「クルディスタンのスレイマニアであります」

「スレイマニアの者たちはどんな様子だ?」

「あなたを支持しています」

---

*アビシニア人:エチオピア人のこと。紀元前五世紀から十世紀まで、ソロモン王とシバの女王の血筋を受け継いでいると称していたアクスム王国が繁栄した。全盛期は五世紀頃で、イエメンの一部まで支配したとされる。アクスム王国は、十世紀ごろザグウェ朝に滅ぼされ一二七〇年にイクノ・アムラクがソロモン朝を建てた。ソロモン朝は十五世紀まで栄えたが十六世紀以降衰え、十九世紀まで群雄割拠の時代となった。

後にイギリスに亡命した将官はわれわれに、クウェートでの開戦時における軍の士気の低下は、多国籍軍の優秀な武器のせいではなかったと述べた。

「私たちは敵の武器についてすべて知っていた。その開発状況に関する回報がまわっていた」(原注17)

兵士たちはただただ、気違い沙汰の企てに引きずり込まれていると思っていたのだ。

「私たちは戦争を待ち望んではいなかった。あれはすべて政治的駆け引きだと考えていた」

サダムは部下たちの考えが分かってはいたが、大して気にかけなかった。彼は、部下に慕われているなどといった幻想は抱いていなかった。はるか以前、バース党を権力の座につけた一九六八年のクーデターの後、サダムは家族を不当に処刑されたと抗議してきた遺族と言葉を交わした。その時、彼はこう言った。

「復讐できるなどと思うな。そのチャンスが来たとしても、その時すでに、われわれの体には一片の肉も残されてはいないだろう」

サダムは、自分やバース党を八つ裂きにしたがっている人間なら五万と列をなしているぞ、と言ったのだ。

この時以来、サダムは政治的不満の兆候を少しでも見せた者には、秘密警察と諜報部員をどっと送り込み、即刻恐ろしい刑罰を加え、敵になる可能性のある者はすべて排除した。彼の出身地は、バグダッドの北百六十キロ、ティグリス川岸に位置する衰退した繊維工業都市ティクリートの外れ、典型的なイラク式日干しレンガ造りの平屋根が並ぶアウジャ（ひねくれ者という意）という村である。サダムが現われる以前から、ティクリート人は乱暴者で有名だった。第一次世界大戦が終わって間もない頃の、あるイギリスの役人の記述に「彼らの野蛮さと獰猛さは古くから定評がある」とある。(原注18) サダムは、町中を完膚なきまで叩き潰すほどの威勢だった。サダムの一家は、ティクリート内外の部族内部につながりを持つベジャート族に属していた。サダム体制の中枢を形成していたこの部族の出身者は、もし彼が倒れたら容赦無き目に遭うことは当然覚悟していた。サダム一族はじめティクリート人は、イスラム教スンニ派*に属する。主としてイラクの中央部から北部にかけて住むスンニ派は、イラク全人口の二割しか占めていないが、イラクがオスマントルコ帝国の一部だった時代からそうであったように、彼らが軍と政府の上層部を支配してきた。

イラクの多数派は、東に国境を接するイラン人と同じシーア派である。バグダッドと、クウェートか

＊スンニ派：スンニ派はイスラム教の開祖ムハンマドが示した慣行（スンナ）を守る宗派が起源。イスラム信徒の九十％以上がスンニ派に所属している。イスラム共同体間の「合意」を重視する点が特徴。イスラム世界に興亡した王朝は多くがスンニ派に属する。神秘性が強いと言われ、アフリカのマグリブ、マリ共和国では聖者崇拝が盛んで、トルコや中央アジアでは神秘主義教団（タリーカ）が栄え、エジプト、インド、パキスタンでは現在も強い影響力を持つ。ジャワにはドゥクンと呼ばれる一種の黒魔術が土着化している。一方で、原理主義的イスラム復古運動が起こりつつあり、反帝国主義・反共産主義・反イスラエル・反米などとあいまって無視できない潮流となっている。

＊シーア派：七十二もの宗派があるとされるイスラム教で最も普及し、ペルシャ（イラン）の国教となった。開祖ムハンマドの死後、ムハンマドのいとこで娘婿の最も有力な後継者アリが暗殺され、アリとその末裔こそが真の後継者と考える人々が形成していった。「シーア」とはアラビア語で「党派」を意味する。絶対的権威はイマームと呼ばれるアリの子孫へ伝えられたとする。イマームは知恵の宝庫であり、政治的・宗教的権威の頂点に立つ。シーア派最後のイマームは八七四年に「隠れ」状態に入ったとされ、その再臨までの間、シーア派社会を秩序立てるのは王や高位の法学者ムジュタヒドとされ、現在のイランのようにアヤトラ（師）と呼ばれて君臨している。

らサウジアラビアへと広がるイラク南部の大平野に集中しているシーア派*は、多くの人間を軍の諸階級に送り込んでいたが、イラクのどの政権下でも影響力のある地位にまで昇進することは滅多になかった。バース党がイラクの支配権を掌握してからは、彼らが支持する政治政党も、由緒正しいシーア派部族の部族長も、切り捨てられた。もしシーア派が政府外の人物に忠誠を示すとすれば、それは彼らの宗教指導者に対してであった。サダムは、イランと対決する初期段階において、こうした人物たちの完全なる粛清を開始した。生き残った者は沈黙を守った。

北部の山岳地帯にいるクルド人は、常にシーア派よりも厄介な存在であった。非アラブ・スンニ派であるイラクのクルド人は、自分たちを独立共同体とみなしており、イギリス統治時代から、バグダッドの支配に対しては反発を抱いてきた。一九七〇年代の初め、クルド人たちは、アメリカとイランのシャーの後押しを受けて激しい反乱を起こしたが、味方の諸外国に裏切られて敗北した。一九八〇年代の対イラン戦争の間、数名の指導者が再び暴動を起こしたが、サダムは大量虐殺作戦を発動、民間クルド人に毒ガスを浴びせ、二十万人近くの命を奪った。このホロコーストに加えて、イラクの指導者は四千ヵ所ものクルドの村落を地図上から抹消し、住民たちを都市と難民キャンプに強制移住させ、秘密警察の永久監視下に置いた。

サダムのクウェート侵攻に続く危機の数ヵ月、クルドの中心的指導者であるマスード・バルザーニ*とジャラル・タラバニ*は、よほど身に染みていたのであろう、多国籍軍と対決するイラクの指導者に忠誠を誓っている。クウェートに侵攻し、世界の石油供給に脅しをかける前までは、サダムの殺人体制に対して文句を言う国はわずかしか無かった。サダムがクルド人に毒ガスで追い討ちをかけた時でさえ、ワシントンとロンドン、その他西欧諸国の政府は、サダムがイラン・イスラム共和国と戦っていることに感謝して口をつぐんでいた。一九八八年に、ジャラル・タラバニと国務省の中級役人との会談にバグダッドから怒りの抗議が出されると、アメリカ政府は、いかなる役人、公務員もイラク反体制派の亡命イラク人と接触することを禁止する厳正な規制を敷いた。一九九一年、アメリカと同盟諸国がイラクの都市の空爆を開始した時も、イラク国民の間に独裁者に反対する動きは出て来なかった。サダムが写った新聞写真にコーヒーをこぼしても即刻処罰されるという、かくも邪悪な辣腕警察国家の体制に下から挑むことなど望むべくもない、というのが諸外国における一般的な見方であった。

そして、まさに戦争となった二月の十五日、大統領ジョージ・ブッシュはホワイトハウスおよびマサチューセッツのミサイル工場からイラクの一般市民に向けて、慎重に言葉を選んだ声明を繰り返し、「イラク軍とイラク国民は自らの問題として、独裁者サダム・フセインを排除せしめる」ことを呼びかけた。この呼びかけは、イラク軍に対するクーデターの煽動であって「イラク国民」という部分は単な

＊マスード・バルザーニ：一九四六年生まれ。クルド民主党代表。スンニ派。クルド民主党（ＫＤＰ）の民兵組織ペシュメルガ数万人を率いて長期にわたるイラク中央政府との民族紛争やクルド愛国同盟との闘争を戦う。フセイン政権崩壊後に統治評議会メンバーに任命された。

＊ジャラル・タラバニ：一九三四年生まれ。クルド愛国同盟（ＰＵＫ）代表、スンニ派。十五歳でクルド民主党（ＫＤＰ）に入党し二十代で幹部となるが，ＫＤＰがイラク政府と結んだ停戦協定に反対し離党、一九七五年にＰＵＫを創設。クルド人を抑圧するイラク政府に対し武装闘争も行なったが、フセイン政権がクルド人に対する攻撃（化学兵器も使用）を強めた一九八八年にイランに逃れた。フセイン政権崩壊後に統治評議会メンバーに任命され、二〇〇五年一月の選挙で成立した国民議会の投票により、同年四月に大統領に就任した。

る付け加えと受け取られ、効果にまでは遠く至らなかった。大統領の明々白々な言葉は、世界のあらゆるチャンネルで放送され、イラクにも届き、数百万人のイラク人が呼びかけを聴いた。彼らの耳には、国土を意のままに空爆しているサダムの敵ブッシュが自分たちに向かって、その無敵の同盟軍に参加せよ、と言っているように響いた。

クウェートにあったイラク軍には、徴兵されたシーア派とクルド人の兵士が大量に配備されていたが、彼らはもはやサダムのために命を棄てる気はなかった。「政治的駆け引き」が失敗したことが明らかになると、彼らは逃亡することで意思表示し始めた。クウェートの前線に駐留していた戦車旅団にいた情報将校のアザド・シルワン大尉(原注19)は、多国籍軍の地上攻撃が開始された二月二十四日の時点で、彼の部隊の大部分が姿を消していたのを憶えている。

「われわれの旅団では兵卒たちが逃亡していたので、ほとんど将校だけで陣地を防衛した」

多国籍軍の地上戦開始の翌日、突然サダムが全員退却を命令した時、イラク軍は全面的に崩壊していく。

事あるごとに敵の強さを大いに誇張してきた多国籍軍の将官たちは、姿を消した敵に唖然とした。米空軍司令官のチャールズ・ホーナー将軍はこれには驚いたと言う。

「私がびっくりさせられたのは、死体が無いことだった。どこを見てもわずかの死体しか見つからなかった。イラク兵の多くは逃亡したと思われた」

その後アメリカ政府は、大量の戦死者数がサダムの宣伝活動に悪用されるのを恐れて、敵の死者を数えることを故意に避けた。(原注20) 入手し得る証拠から、イラク兵戦死者の数は事実、桁外れに少ない。

「旅団長レベル以上の将校は一人も戦死していない(原注21)」

と言うのは、軍情報部長官アル・サマライ将軍である。彼は知り得る立場にいた。

下士官の戦死者数も大したことはなかった。バグダッドとクトを結ぶ幹線道路の外れにあるトゥライハという小さな村では、湾岸戦争の期間中に百五十人が徴兵された。この村のムクタール（村長）のハッサン・ハムジは、戦死者も負傷者も一人も出さなかったと力説した。犠牲者は捕虜となったわずか二人だけである。(原注22)これはイラン・イラク戦争で、トゥライハから戦死者三十人、捕虜十一人を出したのとは対照的だ。イラクはクウェートで戦車二千百台を失ったが、アメリカの損害査定団によると、戦闘で破壊されたのはそのうち一割にすぎない。残りは放棄されていたのだ。二月末の数日間、勝てない戦争を始めたサダム・フセインに恨みを抱く数十万人の怒れる兵士が、クウェートからどっと溢れ出てきた。多国籍軍は敗走する敵を容赦なく追いかけまわし、クウェートを掃討すると、国境を越えてイラクに踏み込んでいた。サダムは、多国籍軍が自分を捕まえにやって来るかもしれないと考えた。彼は戦争の終わり頃、陰険で力のある個人秘書のアベド・ハミド・マハムードを伴って軍情報部の司令部に姿を見せた。彼はアル・サマライ将軍に訊いた。

「アベド・ハミドは多国籍軍がバグダッドにやってくると言っている。お前はどう思うか?」

将軍はその意見に賛成しなかった。二月二十八日、ジョージ・ブッシュは停戦を指令したフセインは正しいと認めた。多国籍軍の猛攻撃は停止された。クウェートへの冒険は惨憺たる結末となったが、この時サダムは、危機は去ったと思った。

「停戦の後、彼はすべて終わったと考えていた」

とアル・サマライは言う。実際は始まりでしかなかった。

イラク人自身が反乱に決起したと最初に聞いた時、アル・サマライ将軍はアメリカの爆撃機に煩わされない緊急司令部で戦時下を過ごしていた。ある知らせがイラク南部、クウェート国境に近いバスラから電話で入ってきていた。護衛を一人付けて、車でバグダッドに向かっていた陸軍のハミド・シャカル将軍が正体不明の反乱グループに襲われ、バスラから五十キロ離れた製紙工場の近くで殺害されたのである。アル・サマライがこの事を連絡すると、サダムは急いで司令部にやってきた。着いてすぐ再び電話が鳴るとサダムは不安な表情になった。アル・サマライが受話器をとると、バグダッドから三百キロ以上離れたナーシリヤに本部を置くイラク南西部司令官ニザル・カズラジ将軍の声がした。

「反乱軍が攻撃して来ます」

カズラジは叫んでいた。事態の深刻さをバグダッドに知らしめるため、彼は受話器を高く上げて言った。

「銃声が聞こえませんか？」

接続が悪く、アル・サマライにはドンパチの音は聞こえなかった。本部を包囲された司令官は、ヘリコプターによる救援を要請した。アル・サマライは語る。

「まだ本部に座っていたサダムにナーシリヤでの事件を告げると、彼はカズラジ救援のヘリ出動を命じた」

だが南部軍は急速に崩壊した。シーア派の徴兵たちが上級将校を含め、サダム政権側につく者には誰かれなく襲いかかっていた。イラクのヘリコプター部隊の司令官は、なす術が無いと言った。

「あの地域には、ヘリコプターは一機もありません」

間もなく、包囲された本部からの連絡が途絶えた。サダムとアル・サマライは、本部が反乱軍に襲撃され、カズラジが重傷を負ったことを後になって聞かされた。

クウェートから流れ戻ってきた怒れる兵士たちに煽られて、反乱は旋風のごとく南部の都市や町に急速に広がった。サダムは、この災難の模様をじっと見つめていた。

「われわれは撤退を待ち望んでいた。無茶な冒険を終わりにしたかった。その時サダムが、二十四時間以内の撤退を発表した。しかし、退却する軍隊の安全を保障する正式な取り決めは何も無かった」(原注23)

これは後に一人の将校が詳しく語った話だ。

「われわれが多国籍軍に掃討されるのを、サダムが望んでいたことが分かった。彼はすでに共和国防衛隊を安全に撤退させていた。われわれは空襲を避けるために、戦車や車両を放棄した。われわれは腹を空かし、喉が乾き、へとへとになってイラク領土までの百キロを歩いた」

彼らはついに国境を越え、最初の小さな町にたどり着いた。

「ツベールでわれわれは、サダムと彼の体制にピリオドを打つ決心をした。われわれは彼のポスターに弾を撃ち込んだ。逃げてきた何百人もの兵士が町にやってきて反乱軍に加わった。午後には数千人になっていた。市民もわれわれを支援し、デモが始まった。われわれはバース党のビルや治安本部を襲った」

三月一日の午後三時、嵐はバスラにやって来た。バスラは、ティグリスとユーフラテスの両河の合流地点に広がる都市で、平和な時代には絶対禁酒のクウェートからやってきた観光客がジョニーウォーカーの黒ラベルを求めてホテルやナイトクラブに群がっていたものだ。敗走する戦車の砲手が、国中の街角で睨みをきかせていた数万枚のサダム・フセインの写真の一枚に砲弾を撃ち込み、丸い穴を開けて怒りを表わした。彼の周りの兵士たちがその自発的行為に拍手した。数時間のうちにサダムとバース党の鉄の支配は蹴散らされた。恐怖の沈黙の年月の後に、自らの声を取り戻した数百万のイラク人にとって、それはまさに「インティファーダ*」、蜂起であった。

バスラ教育研究病院の管理責任者、ワリド・アル・ラウィ医師が蜂起のことを初めて知ったのは、やってきた警察官からバスラの周辺の小さな町村で事件が発生している、と聞かされた時だった。「あの日遅く、反乱軍五十人ほどが病院に来て治安部隊の三人の患者を連れ去り、一人を病院の敷地内で銃殺した」。

南部の他の都市でも、バース党の事務所が最初の攻撃目標になっていた。バスラ・タワーホテルのマネージャー、ムハンマド・カシムが後に私たちに語ったところでは、蜂起の一日目に武装した男たちがホテルにやってきた。彼は言う。

「彼らはバース党員の宿泊客はいないか、それからアルコールは無いか訊ねました。無いというと立ち去りました」

近くのシェラトンでは、マネージャーの返答が満足の行くものでなかったのか、あるいは反乱軍の物分りが悪かったのか、彼らはホテルの一階に火を放ち十九室が燃えた。(原注24)

町中を荒らしまわった反乱軍は、恐るべきものを発見した。市長のオフィスの向かいにあるバータの靴会社の地下に秘密の刑務所があったのだ。百人にも上る囚人の中には、あまりにも長い年月にわたって幽閉されていたために、解放されて外に出た時に「くたばれアル・バクル」と叫んだ者までいた。この囚人たちは、一九七九年にサダム・フセインに取って代わられたアハマド・ハサン・アル・バクルが、まだイラクの大統領だと思い込んでいたのである。

数日のうちに、インティファーダは聖地カルバラ、ナジャフ、クファのイラク人の五十五パーセントが属するシーア派の中心地帯に広がっていった。これらの都市は、千三百年前、シーア派が預言者の真の後継者とみなしている人物、イマーム（宗教指導者）・アリとその息子フセインとアッバスがこの地で殉教した聖地で、彼らの霊廟は世界中のシーア派信徒一億三千万人の礼拝の中心となっている。

ナジャフの町の低いレンガ屋根の住宅街の上に聳え立つ金色のドーム屋根、この偉大なるイマーム・アリ廟への巡礼は千年も続いている。多国籍軍はここを爆撃し、三十五人が死んだ。アル・ハビブは、近くの発電支所を狙った爆弾の一つに家を直撃され、灰色のコンクリート壁にサンドイッチにされ、家族十三人が崩れ落ちた天井の下敷きになって死んだ。このような恐ろしいことは、空襲から住民を守る能力が政府に無いからだ、と反乱軍は言った。二月十四日に行なわれた宗教指導者ユスフ・

＊インティファーダ：アラビア語で「蜂起」「反乱」の意。一九八七年からオスロ合意によりパレスチナ自治政府が設立された一九九三年まで、イスラエルによるパレスチナ占領に反対するパレスチナ人の抵抗運動で「石の闘い」とも言う。二〇〇〇年から二〇〇五年にかけて起きた「アル・アクサ・インティファーダ」は第二次インティファーダと呼ばれる。本書のこの民衆蜂起は、イラクのインティファーダと呼ばれる。

アル・ハキム師の葬儀における群衆の祈りは、サダムに抗議するものであった。三月最初の二日間、怒れる脱走兵たちの群れが街に散らばり始め、すでに政府の権威は弱体化していた。

職業将校のアリ旅団長も帰還兵の群れの中にいた。ナジャフ出身の彼も、他の大勢の脱走兵も、クウェートから「ネズミのように追いかけまわされた」後、三月二日に戻って来た。

「街は脱走兵で溢れていた。軍の機構は全て失われていた。ボスはどこにもいなかった。バスラで誰かがサダムの写真を撃ったというニュースが広まっていた」

翌日、アリは街の中心にあるイマーム・アリ廟から四百メートルほど離れたイマーム・アリ広場でデモがあると聞いた。

「最初、デモ隊は百人ほどだった。多くは脱走したナジャフ出身の軍の将校たちだった。警備隊には情報が十分に入っていて、彼らもそこにいた。デモ隊が『サダム、手を引け。ナジャフはお前に用は無い』と叫んでいた」

警備隊が発砲した。それがデモ隊の怒りをつのらせた。デモ隊で武装していた者はわずかだったが、彼らは今までは手が出せないでいた憎き官憲に飛びかかった。デモ隊はお偉方のバース党地方役員を捕まえ、ナイフでめった刺しにして殺害した。銃声を聞きつけて、さらに大勢の人間が現場に押し寄せて来た。警備隊が発砲し続けたので、デモ隊は広場と聖廟の間にある横丁の裏道や商店の中に逃げ込んだ。警備隊はデモ隊の後を追ったが、銃弾は古い市場の壁に当って反響し、跳ね返るだけで、そのうち彼らは困惑し、意気阻喪（そそう）し、警備隊本部に引き上げていった。初めてサダムを糾弾する声が上がってから せいぜい二十分から三十分ほどしか経過していなかったが、今や十代、二十代の若者の群れが街の中心を占拠していた。意気はますます上がった。

数時間のうちに、気合を入れなおした集団が巡礼者用の部屋に囲まれた中庭の中央に建つ金色のモスク、イマーム・アリ廟を占拠した。ナジャフの市中とは異なり、イマーム・アリ廟は自家発電機の電源があり、デモ隊はふだん信者を礼拝に招集するための拡声器を徴発し、「犯罪者を探し出せ」という単純なスローガンを連呼し、治安部隊への最終攻撃を呼びかけた。

夕刻、反乱軍は数多いイラク秘密警察の一つ、アムン・アル・カース*（特別治安保障局）が地方本部にしていた女学校を襲撃し、そこで八人か九人を殺害した。彼らは、多国籍軍の空挺部隊が攻めてきた場合に、市民を武装させるため政府が学校内に確保していた自動小銃を略奪して、次第に武装強化していた。共和国防衛隊のクッズ師団本部は街のすぐ外にあったが、戦闘部隊は全員前線に送られており、管理担当者からなる守備隊しか残されていなかった。反乱軍に加わった将校たちが八十二ミリ迫撃砲を徴発し、それをバース党本部の砲撃に使った時にも彼らは抵抗しなかった。

「わたしの昔の上官、アブデル・アミール・ジャイトフムはあそこで殺された」

アリ旅団長はこともなげに言う。


*アル・アムン・アル・カース：イラク特別治安保障局。イラン・イラク戦争の時期、一九八二年に作られた、最も力のある治安機関。大統領の護衛を目的とするが、他の治安機関を監視し、諸官庁、軍を監視、外国からの軍備の買い付け、国内軍備産業の安全、大量破壊兵器計画の隠蔽工作など広範囲の役割を有していた。フセイン・カーミルの後、ウダイ・フセインが一九九二年から局長。共和国防衛隊と共和国特別防衛隊を指揮監督し、軍高官や大統領側近の監視も行なっていた。経済制裁下におけるイランとの密貿易も指揮した。

「ナジャフ出身で、ナジャフ唯一のバース党指導者だったナジム・ミズヒルもだ。彼はけっこう好かれていたが、デモ隊を一人撃った」

他のバース党員は、世界中の敬虔なシーア派信徒の墓で一杯の広大な共同墓地に逃げ込んだ。三月四日早朝、反乱軍はナジャフを制圧し、その日のうちにカルバラ、クファ、そしてユーフラテス川中流全域を配下に収めた。

イラク南部でサダムの支配が崩れ出すと、背後から新たな危機が迫って来た。北部から、クルド人も決起したというニュースが飛び込んできたのだ。

南部のインティファーダの、自然発生的で指導者不在の怒りとは違い、クルドの反乱は計画されたものだった。サダムの多国籍軍との対決を利用することを公には拒否しながら、クルド人リーダーは、戦争終結のかなり前から反乱の種を蒔いていた。数年前に父親が率いていたクルド民主党（ＫＤＰ）の党首になっていた小柄で童顔の部族長、マスード・バルザーニは、もう一人の主要司令官、太鼓腹で饒舌のクルド愛国同盟（ＰＵＫ）議長、ジャラル・タラバニとの同盟を徐々に進めていた。彼らは、父や祖父たちと半世紀以上にわたってバグダッド政権に対して山岳闘争を戦った、ターバンを巻いたクルド民兵組織ペシュメルガ*のゲリラ軍を統率していた。戦争の前と戦争の間、バルザーニとタラバニが放った隠密は、敵が多国籍軍との戦闘で十分に弱体化し攻撃しやすくなった時のために、サダムが徴集したクルド民兵隊ジャシュに潜入していた。シーア派地域におけるように、イラク国民へのジョージ・ブッシュの呼びかけはクルド人の間にも反響があり、彼らは三月半ばに反乱を開始する仮の予定を立てていた。(原注25)

主導権が思わず手に入ったことで、爆発はそれより早く起きた。三月五日、ラニアの小さな山間の町で、クウェート撤退の後に故郷に戻った脱走兵を警察が一斉検挙しようとした。すでにレジスタンス地下組織のメンバーが丸め込んでいた地区のジャシュ*は、町の支配権を奪うという行動に出た。反乱の波は、数時間のうちに険しい岩山と狭く曲がりくねったクルド山岳地帯の峡谷を走り、イランとの国境に近い地方首都スレイマニアにまで広がった。ここで反乱軍は、激しい二日間の戦闘の末、権力の象徴で体制の弾圧装置であった、悪名高きアムン・アル・アム*（国家安全保障局）の庁舎になっていた石の城砦を占拠した。すべてに睨みをきかす巨大な眼の装飾を施した堂々たる正面玄関の後ろに、中世の秘密の拷問部屋が見つかった。そこには金属製の鉤、ピアノ線などの道具が備え付けられており、血がこびりついていた。他の部屋には絞殺されたばかりの女性や子供の死体もあった。ある部屋では人間の耳が壁に釘付けしてあった。バスラと同様、十年以上も地下牢に閉じ込められていた囚人もいた。

---

*ペシュメルガ：クルド人民兵組織。クルド民主党（ＫＤＰ）やクルド愛国同盟（ＰＵＫ）の各クルド勢力から構成され、およそ二万人を擁する。勇猛果敢で知られ、湾岸戦争直後フセイン政権に対して武装蜂起し、イラク戦争では米軍の支援を受けて旧イラク軍と最前線で戦った。ペシュメルガとは死を前にする、という意味のクルド語。

*ジャシュ（Jash）：サダム・フセインから経済的に援助を受けていたクルド人民兵。ジャシュとはクルド語で「小さなロバ」の意。湾岸戦争後の反乱で反サダムに寝返った。

*アムン・アル・アム：イラク国家安全保障局。イラクで最も歴史ある治安機関。内務省所属。一九二一年、イギリス統治下で設立され、一九七三年のバース党政権下でのナジム・カッザールのクーデター以後、サダムがＫＧＢの協力を仰いで近代化した。局員は約八千人。責任者には一族を配し、イラン・イラク戦争、クルド人反乱などで暗躍。国内反体制派の取締り、政治犯罪への対応、経済犯罪の防止などの他、国民の個人情報を保有し、電話盗聴、内部局員の行動監視も行なった。イラク軍のミサイル隠蔽工作にも関与し、アブグレイブ刑務所も管理していた。

怒り狂った群衆は、国家安全保障局に隠れていた四百人のバース党員、情報将校、秘密警察の情報部員らを襲い、反乱が始まると全員を虐殺した。

北部のインティファーダが山岳部の都市を席巻し平野部へと襲撃が進むと、指導部の周到な計画はすぐに吹き飛んでしまった。ラニアでの最初の反乱勃発の二週間後、クルド民兵組織ペシュメルガのゲリラ軍が、バグダッドから車で数時間のキルクークにある主要石油地帯を奪取した。

「今日の一瞬は世界の全ての富に匹敵する」

勝ち誇ったマスード・バルザーニは叫んだ。彼らはいたるところで、最後のヒーローとしていた人物を名誉の称号「ハジ」を付けて称えていた。

「ハジ、ブッシュ」

三月末に解放されたクルディスタンにまでやってきた数少ない西欧の記者たちに向かって、彼らは叫んだ。(原注26)

サダムはこの時、イラク十八州のうち十四州の支配力を失っていた。バグダッド自体はまだ無事だったが、政府の役人はすでに沈没船から脱出する準備を整えていた。サダムが国外に逃亡したという噂が広まった。ワシントンとロンドンの多国籍軍のトップは、このような惨状にあってはどんな指導者も生き残れないだろう、と決め込んで安心していた。これが間違いだった。

反乱勃発は、サダム・フセインのみならず、世界の国々にとっても全くの不意打ちであった。年を遡った一九八二年、イラン・イラク戦争でイラン軍がイラクに入った時、サダムはイラク愛国主義を味方につけることができたのだが、サダムに追放されたイラク反体制派勢力は、この力の評価を誤ったのだ。亡命イラク人は、クウェート侵攻後の危機の中でも、サダム・フセインに対する民衆の怒りを過小評価する、という逆の誤りをおかした。反乱が南部イラクを襲った時、イラク反体制派勢力には都市部に発生する出来事を指導できる組織が無かった。例えばバグダッドからわずか百キロのヒッラーの町では、反乱軍将校が戦車六台を指揮して首都に進軍する作戦を提起した。(原注27)

「バグダッドへの道は開かれている」

と彼は訴えた。しかし仲間の脱走兵たちは地元のバース党員のリンチに専念する方を選んだ。ナジャフや他のどこでも、体制転覆の陶酔感がアナキズムにつながっていった。

「初めは、私たちはそれほどクレージーではなかった」(原注28)

学校教師のハミードは、ナジャフの最初の日々のことを語る。

「私たちは、信号機までサダム・フセインの回し者だと思い込み、信号機を壊した」

暴徒がサダムの軍隊を放逐してから三日経っても、街路には死体が横たわっていた。

精神的なものではあるが、ナジャフの町には権威ある人物が一人だけいた。九十一歳になる大アヤトラ、アブ・アル・カシム・アル・ホイ師*はイラク・シーア派の中で最も広く尊敬された聖職者であった。彼は、シーア派の法王に相当する大マルジャの地位にあった。多くの聖職者がイラク国外出身（アヤトラ・ホメイニ師もここに十六年住んだ）であるように、彼もイラン北西部の生まれで、ナジャフに長く暮らし、教えた。ホメイニ師とは違い、アル・ホイ師はシーア派聖職者が権力を握ることには反対の立場であった。大聖堂の中にあるグリーン・モスクで彼は、周囲に集まる学生や弟子たちに、政治との関わりが宗教を腐敗させている、と常に説教していた。

三月六日、体は弱っているけれども崇拝を集める大アヤトラは宗教的裁断、ファトワー*を勧告し、人々に告げた。

「あなたたちには人々の財産、名誉そしてまた公共施設を守る義務がある。それも皆の財産であるからだ」

彼は死体の埋葬を強く求めたが、果たされなかった(原注29)。

ナジャフは、陶酔したような雰囲気だったが混乱していた。

「何が起きているのか誰にも分からなかったが、町が自分たちのものになったことは分かっていた(原注30)」

大アヤトラの二番目の息子、サイード・マジード・アル・ホイ師が語る。反乱が町を制覇した夜、彼はイマーム・フセイン廟を訪れ、そこで人々が話していた事を日記に記している。

「イラクは終わった」とある男が言った。「西欧の軍隊がバスラとサマワにいる」(ユーフラテス地域にいる)。別の男が言った。「カルバラとナジャフは俺たちの手にある。バグダッドに行こうじゃないか」。

人々はサダムがイラクから出た、というをしきりに繰り返していた。

同じその日、アヤトラに勇気づけられた軍の将校が委員会を結成したが、彼らは最初の抗議デモを指揮したのだが、今では街頭を支配している若者たちに規律を守らせることはできなかった。しかも、自分たちに有利に働きそうな出来事さえもうまく利用できなかった。政府側のカルバラ反撃の先頭に立っていた大隊の指揮官は、政府軍の警備隊長の頭を撃ち抜き敵に寝返った。委員会のメンバーだった一人が嘆く。

「ところが、委員会は彼の部隊をまとめることができなかった。われわれは彼らにディッシュダッシュ（アラブの男性用民族衣装の通称）に着替えて家に帰るように言わねばならなかった」

イラン国境に近いユーフラテス沿いの町々で、指導権を主張する者が現われた。尊敬を集めていたシーア派の宗教一家出身のムハンマド・バキル・アル・ハキム師*である。彼は、一九八〇年代の戦争でイラン側についた。そして今、バスラから国境を越えたところにある町で、イラク・イスラム革命最高評議会（ＳＣＩＲＩ）を指揮しており、間もなく国境に近いバスラやアマラの町にはアル・ハキム師

＊アブ・アル・カシム・アル・ホイ師：湾岸戦争時、反乱軍を煽動したことからフセイン政権により軟禁され一九九二年に死去した。アブ・カシム・ホイ師は一九五〇～六〇年代、世俗主義や共産主義の拡大に危機感を抱き従来の伝統墨守の姿勢を改め、新たな運動を展開する必要性を説いたマルジャ・タクリード（イスラムの法王に該当）のムフシン・ハキム師の死後にマルジャとなった。アフバーリー学派の伝統に従い政治不介入の立場をとり、高弟でアヤトラ・オズマのアリ・シスタニ師が政治不介入主義を受け継いだ。ホイ師の息子、アブドル・アジズ・ホイ師はロンドンに本部を置くホイ慈善財団を運営。

＊ファトワー：イスラム教における勧告、布告、見解、裁断のこと。ムフティーと呼ばれるファトワーを発する権利があると認められたイスラム法学者が、イスラム教徒の公私の法的問題に関する質問に対して、口頭又は書面で発するイスラム法学上の勧告のこと。法的拘束力はないが、著名なムフティーによるファトワーはファトワー集に編纂され、各イスラム法学派の個別事例に対する見解を示すものとして重視された。また、法学書の意見とともに権威あるファトワーの説に従って判決を下す義務があるとみられており、裁判官が判決の参考とするためにファトワーを要請したり、原告や被告が自身の主張を法的に裏付けるためにファトワーを勧告してもらうこともあった。高位のムフティーの発するファトワーはジハードの呼びかけや君主の改廃など政治的な目的に使われることがあり、現在でも、イランではファトワーが実際の政治に影響力を持つと言われる。

や、他ならぬイランの宗教指導者、故ホメイニ師のポスターが登場する。

アル・ハキム師の名前で出された声明は、反乱の支配権を全面的に主張するものであった。

「この筋をはずれたいかなる行動もとってはならない。イラン領土内を拠点とするいかなる党派も、アル・ハキム師の命令に従わねばならない。いかなる党派も義勇兵を募ってはならない。イスラム教の正当なもの以外に、いかなる思想も宣伝してはならない」

これほど反乱を孤立化させるものは無かった。このイスラム革命志向にスンニ派、クルド人、キリスト教徒、非宗教のイラク人、それにバース党とつながっていた者など多くのイラク人が驚かされた。アメリカと同盟国もこのようなスローガンを喜ぶわけがなかった。これは、サダム・フセインにとってきわめて好都合な事だった。反乱の主役がイランとイスラム戦士だということになれば、彼がばらまいていたイランが関わっているという証拠を、イラクの反体制派指導者が容易に信じ込むからだ。イラクの非宗教反体制派の古参、サアド・ジャブルは強調する。(原注31)

「サダムは手下のムカバラート*(秘密警察)にホメイニ師の写真を持たせて南部に行かせた。バドル旅団*(亡命イラク人が募った親イラン軍隊)は決してやって来なかった。われわれはイラン側と話した。彼らはコーランに誓って、写真は送っていないと言った」(原注32)

一九九一年のイランの態度を苦々しく責めるイランにいたイラク系亡命イスラム教徒も、これは繰り返し否定した。(原注33)

「彼らは反乱をそそのかしておきながら、それを裏切った。彼らはわずかな人だけしか国境を通さず、助けることはしなかったし、武器も持ち込ませなかった。彼らは間違いなくポスターを貼らなかった。

アメリカの反応を恐れていたからだ」

サダムが偽ポスターを貼らせたかどうかは別にして、彼は危機の最中、テヘラン政権とのつながりでよく知られているアル・ハキム一族の十一人を送り込むという巧みな手で反乱の親イラン的要素を宣伝した。彼らは秘密裏に十年の刑務所送りとなり、世間は彼らがとうの昔に死んだものと思っていた。

南部の反乱軍の中でも頭の切れる連中は、すべてはアメリカ次第だと分かっていた。米軍総司令官ノーマン・シュワルツコフ将軍の致命的誤算は、ジョージ・ブッシュが停戦を指令する二十四時間前

---

*ムハンマド・バキル・アル・ハキム師：一九八二年に設立されたイラク・イスラム革命最高評議会（ＳＣＩＲＩ）の議長。ムフシン・ハキム師の息子でアブドル・アジズ・ハキム師は弟。有力家系ハキム家出身で血筋は申し分ないが、亡命先であるイランの影響力が懸念材料となっている。

*ムカバラート：ＣＩＡに相当するイラク情報局。バース党が権力を掌握した一九六八年にサダム・フセインが「特務機関」ジハズ・アル・カスを強化し、治安局長ナジム・カッザールのクーデター未遂事件後、一九七三年に「総合情報局」に拡大した。反体制派を抹殺するために国の内外を問わず活動、一九八三年にはサダムの異父弟バルザンはムカバラートを使ってアル・ハキム師一族九十人を虐殺した。元治安局長ナジム・カッザールもサダムの指示でムカバラートに殺害された。一九九三年には、クウェートでブッシュ大統領暗殺を計画した。

*バドル旅団：イラクのシーア派の亡命者とイラン・イラク戦争でイランに捕えられた兵士によって設立された一万人の強力な民兵武装組織。イラン革命防衛隊によって資金、訓練、装備を与えられている。一九八二年にイランに亡命したイラク人によって設立された反体制組織ＳＣＩＲＩの軍事部門。ＳＣＩＲＩ指導者のアブドル・アジズ・ハキムは、バドル旅団による拷問やスンニ派アラブ人を対象にした攻撃への関与の疑惑を否定している。

に、サダムに最も忠誠な熟達した軍隊である共和国防衛隊が多国籍軍の包囲網から大量に脱出するのを許したことだ。イラク陸軍の中身とは違い、共和国防衛隊は徴兵した雑兵の寄せ集めではなかった。シュワルツコフが防衛隊の捕獲に失敗したことは、イラクに重大な結果をもたらすことになる。入念に集められ、給料も高く、装備もふんだんな防衛隊員の大部分は、陸軍が南部で崩壊していた時、一ヵ所にかたまっていた。彼らは、イラク南部の支配権を奪い、熱狂し、だが混乱もしていた反乱軍を叩くには最適の軍隊であった。

「インティファーダの最大の理由は、（反乱軍は）アメリカが支援してくれるだろうと考えたことだ」

サイード・マジードは言う。

「彼らは、単独でサダムを倒すことができないのは分かっていた。都市部は押さえられる。後はアメリカ軍が政府軍の妨害を止めてくれるものと信じていた」

三月九日、サダムの従兄弟で義理の息子のフセイン・カーミルが、ナジャフから百キロの所にあるシーア派イスラム教徒のもう一つの聖地、カルバラへの反撃を開始した。彼は、多国籍軍の攻撃からほぼ無傷で逃れてきた共和国防衛隊を起用した。アリ旅団長以下反乱軍将校たちは、支援のために現地に向かったが、共和国防衛隊が聖地の周辺をしっかりと固めており、恐れた市民が近くの村に逃げ出していた。彼は、これが終わりの始まりだと悟った。市外の道路でイラク軍のヘリが、逃げる暴徒の上に灯油を振り撒き、曳光弾で火を付けた。米軍の飛行機は、はるか上空を旋回していた。

「われわれは、アメリカが支援に来る、というメッセージを受け取っていた」

七年後、北ロンドンの事務所で、カルバラからナジャフに逃げ帰り、命拾いしたアリが嘆く。

「米軍の飛行機がヘリの上を飛んでいるのを、この眼で確かに見た。アメリカが助けに来てくれるものと思われた。ところが彼らは、ナジャフとカルバラの間でやられている俺たちを見届けていたのだ。彼らは写真を撮っていた。何が起こっているか、はっきり分かっていたはずだ」

ナジャフに戻ると、ここも攻撃を受けようとしていたのだが、アリと将校たちはアル・ホイ師に相談した。尊敬すべきシーア派の宗教指導者は、南に向かい多国籍軍と接触すべしとの考えを薦めた。「彼らが私たちのことをどのように考えているのか、どうするつもりなのかを確かめてくることだ」ホイ師は、サイード・マジードが同行することに同意した。

アリとその少数の一行は、無政府状態になった南部イラクの町から村を車で行くと、アル・ホイの息子が同行していると聞きつけた群集に取り囲まれた。人々はうるさく武器を要求した。彼らが言うには、米軍が川沿いの町ナーシリヤで反乱軍を阻止し、この上なく必要な武器弾薬を反乱軍の兵舎から取り上げたという。

また別の場所では、米陸軍の部隊が武器庫を占領して、爆破したり接収したりした。反乱軍は何にも増して通信機器を求めていた。それぞれの都市で勝利していた反乱軍は、イラク南部を大部分手に入れ

＊電撃攻撃：戦闘教義の一つ。第二次世界大戦初期においてドイツ軍がポーランド侵攻や独ソ戦でとった作戦。空爆の支援の下で機甲部隊に敵防御陣地を突破させる。空軍が敵の拠点を破壊、次に戦車部隊が突撃し、敵陣深く侵入する。第一次湾岸戦争では、ブッシュが一九九一年二月二十二日にイラク軍に撤退勧告（二十三日期限）し、二十四日に地上戦が開始した。ここで空陸からの電撃攻撃が行なわれ、一気にイラク軍を粉砕し二十六日にクウェート市に入った。

ていたにもかかわらず、相互の連絡がほとんど取れなかった。

ナーシリヤの郊外で彼らは初めて米軍に遭遇した。彼らは、二月末の多国籍軍の電撃攻撃*でクウェート周辺とイラク内奥部を掃討した大軍の一部で、M－1エイブラムス戦車*とブラッドレー装甲車*を装備していた。イラク人は、米軍司令官に対し自分たちが何者で、なぜこの場にいるのかを説明した。だが親切な応対ではなかった。米軍将校はその場を去り、十分ほどで戻って来ると、指令本部と連絡が取れない、と妙な言い訳をした。アリの様な職業軍人からすれば、これはきわめて有り得ないことだった。米軍は、西に三十キロ足らずの所にいるはずのフランス軍部隊を探してみたらどうだ、とそっけなかった。


この無関心さに苦々しい落胆を味わったイラク人たちは、フランス軍を求めてその場を後にした。三月十一日、ついにフランス軍に遭遇した時には運が向いてきたと思われた。対応したフランス軍中佐は、アルジェリア人通訳を介して細かく質問した後、多国籍軍司令官に連絡をとってみるといった。彼はアル・ホイ師の名前が持つ意味を良く分かっているようだった。四時間後、彼が戻ってきて、二日後にシュワルツコフ将軍がサファンで直々に彼らと会う、と伝えた。サファンは三百二十キロ離れており、途中にはイラク政府軍が散開していて、車で行くにはあまりにも危険だ。基地から絶え間なく離陸しているヘリコプターを一機使わせてくれないか？　と代表が訊いた。フランス人は最初、ヘリは空いていると言った。彼らは、シュワルツコフとの会見は延期になるだろうと聞かされ続け、欲求不満を募らせながら、サマワで三日三晩待った。マジードは、フランス人がこんな事を言ったのを憶えている。

「米軍はイラン人が気がかりなのだ。誰がホメイニの写真をイラクに持ち込んだのか訊いてきた」

私は、これまで通過したどこの町でもホメイニの写真は見なかったと言った。

「それは、私の父の大アヤトラ、アル・ホイ師をホメイニ師と勘違いしているのではないか、二人とも白髭にターバン姿だから」

と言った。

最終的に米軍からの答が返ってきた。

「サファンでの会見はキャンセルされ、ヘリコプターも回さない、ということだ」

マジードはその時、反乱はおしまいだ、と悟った。

サダムはすでにこのことを知っていた。バグダッドの北二十キロかそこら、厳重に警戒されたアル・ラシュディア*の邸宅コンパウンドに暗号情報局本部があり、衛星電話の通話を含めて全てのエレクトロニクス通信を傍受していた。インティファーダの最初の週のどこかで、軍情報部長官のワフィク・ア

*M-1エイブラムス戦車：米軍機甲部隊の主力兵器。米ジェネラル・ダイナミックス社が設計、一九八〇年に米陸軍に納入された。戦車としては珍しくガスタービンエンジンを搭載している。火力強化版のM1A1は一九八五年に導入された。この型から主砲をドイツのラインメタル社製、44口径一二〇ミリ滑腔砲をライセンス生産したM256を装備し、対化学兵器防御能力を備え、劣化ウラン装甲を強化している。M1A1をさらに改良したM1A2は、戦車長用の暗視装置付きペリスコープや自己位置特定システム、高度な電子機器を備えている。一九九九年からの改修計画で安定した火力制御システムやサーマル画像処理、レーザー距離計、デジタル弾道学コンピューターも装備し、最強の防御力を誇る。

*ブラッドレー装甲戦車：スティンガー対空ミサイルを装備し、敵ヘリコプター、低空飛行の航空機、無人航空機、巡航ミサイルさえ破壊することが可能。さらに対歩兵戦にも対応できる。

*アル・ラシュディア：バグダッド郊外にあるイラク軍情報部。バグダッドの緊急事態用の旅団も置かれている。

ル・サマライは、ラシュディア受信部で傍受したばかりのイラク南部における二つの通信記録を手渡された。これは特別緊急情報の扱いに従い、コピーがすでにサダムのもとに直接渡っていた。

傍受された会話は、ナーシリヤ近辺のイスラム反乱軍同士の間に交わされたものだった。(原注34) アル・サマライの記憶によれば、それはこんな内容だった。

「米軍に支援を求めに行った」

と一方が報告する。

「彼らは『あなたたちはアル・サイード派(ムハンマド・アル・ハキムのことか)だから支援するつもりはない』と言った」

「再度頼んでみろ。戻ってもう一度頼むんだ」

返事はすぐ返ってきた。

「彼らは『あなたたちの支援はしない。なぜならあなたたちはシーア派でイランと協働しているからだ』と言っている」

アメリカのイラン介入への恐怖が、反乱に死の宣告を下したのだ。もしイラクの指導者が本当に反乱諸都市へのホメイニの写真配布を画策したのなら、その策略は見事に成功したわけだ。いずれにせよ、ここがターニングポイントだった。これでついに助かった、とサダムは思った。

アル・サマライは言った。

「このメッセージを受けて、体制側の立場は一気に自信を回復した。(サダムは)ここでインティファーダへの反撃を開始した」

サダムの支配から離れたほんの一週間の後、最初に陥落した都市はバスラだった。機甲化されたイラク軍は、クルド山脈からペルシャ湾までの百六十キロにおよぶメソポタミア平野の平地で、自由自在に反乱軍に先回りし包囲することができた。共和国防衛隊の他に、クウェート潰走後の反乱から逃れた数少ない部隊の一つ、第五十五機甲師団のイラク軍戦車隊が、バスラ北部にへばりつく労働者階層のスラム街を見下ろす幹線道路をたちまち制圧した。低い日干しレンガ家屋は、機関銃の重い銃弾の威力にとても耐えられなかった。戦車から砲弾が撃ち込まれ、地元の消防署などレジスタンスの拠点は焼け落ちてしまった。

「死者は千人以上いたと思う」

一ヵ月半後、アル・ラウィ医師が言った。

「バスラ総合病院では六百人の死亡証明を出した。酷かった。通りで野良犬が死体を食っていた(原注35)」

ユーフラテス平野中央部では戦いはさらに凄惨だった。フセイン・カーミル率いる共和国防衛隊は最初、カルバラの東、アル・アウンで阻止されたが、町の後方から回りこみ、南から分断した。反乱軍に待ち伏せ攻撃をさせないために、政府軍は道路の棕櫚の並木を切り落とすか、焼くかした。三月十二日、市内で戦っていた一人は「抵抗は三月十六日まで続けられたが、カルバラは落ちた」と語った。アル・アッバスとアル・フセインのモスクは互いに百年を隔てて建てられたが、大砲と戦車砲がその間にある店舗や小さな工場を機械的に吹き飛ばした。ロケット推進式擲弾(てきだん)が、シーア派イスラム教徒の殉教戦士アル・アッバス廟の外門のポーチの青と黄色のタイルに命中した。反乱の記念としてイラク軍が大切に保存しているのは、天井からロープがぶら下げられたアル・アッバス廟の巡礼者用トイレだった。政府の役人が後に、床の血痕を示して説明したところによれば、ここで反乱軍がバース党の党員を縛り首にするか、切り殺したという。

制圧した都市では、兵士たちがすぐにサダム・フセインのポスターを貼って回った。迫撃砲で中庭の石が欠けたナジャフのイマーム・アリ廟では、兵士がイラクの指導者の異様に不釣合いな写真を瓦礫の中の椅子に立てかけた。ツイードのジャケットを着たサダムが山道を登っている。ミュージカル映画「サウンド・オブ・ミュージック」を思い起こす情景だ。山の花を摘み取ろうとするサダムが微笑んでいる。(原注36)

政府軍は、奪回したイラク南部の都市で直ちに厳しい報復に出た。大アヤトラ、アル・ホイ師と息子のムハンマド・タキ*はバグダッドに連行され、軍情報部で一夜を過ごした後、怒れるサダム・フセインの前で二時間の査問を受けた。(原注37)後にムハンマドが述懐したところでは、彼は黙って座り、父に発言を委ねた。サダムが言った。

「あなたがこんな事をするとは思わなかった」

老人は、自分は暴力を抑えようとしたと答えた。サダムが応じた。

「いや。あなたは私を倒そうとした。今やあなたはすべてを失った。あなたはアメリカ人の言いなりになったのだ」

大アヤトラ、アル・ホイ師がバグダッドにいる間、彼の百二人の学生と弟子が姿を消し、二度と現れることはなかった。彼自身はクファに送還され、厳重監視下の自宅でソファに寝たまま、事実上の軟禁状態に置かれた。政府が案内した外国からの訪問者には、彼は曖昧に「ナジャフなどの都市で起きたことは許されぬことであり、神の意志に反している」とだけ言うのであった。(原注38) 彼は私たちに言った。「誰も私を訪ねて来ない。何が起きているのか私には分からない。私は息をするのも苦しい」

反乱に加わった者に対する処罰はしばしば後頭部への銃弾という形をとった。しかし衝撃的なほどに残虐だったのは、バース党指導部が敵と目された者を処置するに用いた破廉恥な暴力であった。党はつねに強さ、男らしさを賛美し、それが時に支持者を鼓舞し、敵を怯えさせるためにさらに暴力的な行為をフィルムに記録する、ということまで発展する。

一九九一年三月、党はアリ・ハッサン・アル・マジード*によるそうした映画を作った。彼は新任の内務大臣でサダムの従兄弟、一九八八年にクルド人に毒ガスを使ったことから「ケミカル・アリ」と異名をとった男だ。この映像は彼と他の党幹部が、南のナジャフとナーシリヤの間にあるルマイタの町の近郊の平坦な湿地帯で反乱軍を追い詰めるシーンが写っている。(原注39)

フィルムの中で、短期間クウェート司令官だったアル・マジードは、クルド人に対して見せたのと変わらない無慈悲さをシーア派に対しても見せている。彼は、橋を占拠する反乱軍退治に向かうヘリコ

＊ムハンマド・タキ：アブ・カシム・ホイ師の息子。一九九四年に自動車事故で死亡。サダムによる謀殺と言われる。

＊ハッサン・アル・マジード・アル・ティクリティ：イラクの政治家で大統領顧問、革命指導評議会委員、バース党軍事局員。サダム・フセインの父方従兄弟。クルディスタンで化学兵器を使用したことから「ケミカル・アリ」と呼ばれた。イラン・イラク戦争の末期、クルド人が多数を占めるハラブジャ住民が、イラン側に協力したとして、フセイン政権が化学兵器を使用して住民を殺害した。マスタードガス、サリン、VXガスなど複数の種類が極めて大量に用いられたとされているが青酸ガスを使用したとの見方もある。推定、死者五千人、負傷者一万人。

プターのイラク人パイロットに命じている。

「奴らを火あぶりにしたと報告できるまで戻って来るな。もし奴らを火あぶりにしなかったら、戻って来るな」

ある部分では、反乱の最中の不屈の根性で男を上げ、後に首相になったムハンマド・ハムザ・アル・ズバイディがそれに加わる。彼は地面に転がされた捕虜を蹴り、殴打して言う。

「一人を処刑しろ。そうすれば残りの奴らが泥を吐く」

捕虜たちは全員私服で、怯え、観念しているように見える。彼らは何も言わず、か細くこう言うだけだ。

「どうかやめてくれ」

背後でダダダっと機関銃の銃声がする。サダム・フセインに少し似ているアル・マジードは捕虜を尋問する間も次から次とタバコを吸い続けている。ある男を指して言う。

「こいつは処刑するな。こいつは使える」

エリート部隊に属する兵士たちは、別の捕虜に向かって「ポン引き野郎」とか「売女の子」などと罵っている。

三月十六日、サダムは国民に向かって演説放送をするのに十分な自信を得ていた。彼は、戦争の直後に何も言わなかったのは「情勢が落ち着くのを待つべきだと考えたからである……さらに、最近国内で起きた痛ましい出来事にわたしは言葉を失った」と語った。彼は南部の反乱を、イラン工作員の仕業にした。

「逆恨みした売国奴の集団が国の内外から潜入したのだ」

クルド人聴衆を意識しては、

「外国とつながったクルドの活動はことごとく……わがクルド人たちに喪失と破壊しかもたらさなかった」

そして、近隣諸国がそれぞれの国内のクルド住民が怖くてイラク・クルド人の独立を認めることは決してないだろう、と述べた。ここが肝心なポイントである。サダムは、イラクが第二のレバノン*となって、スンニ派の少数支配が危うくなるのを自分が止めてみせる、と言ったのだ。

いずれの場合にしても、クルド人は守備範囲をはるかにオーバーしていた。マスード・バルザーニとジャラル・タラバニは、攻撃を開始した時点では約一万五千人のペシュメルガ（クルド人ゲリラ）を擁していた。そこに、サダムと連合していた部族に属するジャシュ民兵が十万人と、イラク軍を脱走した多くのクルド人が加わった。しかし、ジャシュが当初、サダム反対派に回ったのは、彼が負けると思ったからだ。数週間後、サダムが南部を叩き、再び北部へと向かう軍の指揮を執ると、これが少し怪し

＊第二のレバノン：第一次大戦後、フランス委任統治領となったレバノンはキリスト教徒の割合が三十五パーセントを越え、シーア派、スンニ派などイスラム教徒を凌駕した。七〇年代にはPLOの流入で宗派間のバランスが崩れ、レバノン内戦となった。一九七八年にはイスラエル軍が侵攻、各宗派の武装勢力が群雄割拠する乱世となった。国土は荒廃し、シリアやイランの支援を受けたヒズボラなど過激派が勢力を伸ばした。一九八二年、イスラエル軍が再侵攻、西ベイルートを占領した。混乱収集に多国籍軍が進駐したが、イスラム勢力の自爆攻撃によって多数の兵士を失い、シリア対アメリカの戦闘に発展した。

くなった。多国籍軍は撤退しており、サダムはバグダッドの支配を取り戻すと、バスラとカルバラを奪還した。一九二七年に初めてイラクの石油生産が始まった油田があるキルクーク占領が、体制内のスンニ派中核を勢いづけた。彼らは、このきわめて重要な油田地帯の支配権をクルド人に明け渡すつもりはなかった。数ヵ月後、イラクの副大統領イザット・イブラヒム・アル・ドウリはクルドの代表に「お前たちクルド人がキルクークを奪ったなら、その時は兵を動かすことになっていただろう」と打ち明けている。(原注40)クルド人は、解決不能な軍事的問題に直面した。彼らが攻め落とした大都市のうちの二つ、キルクークとアルビルは山を背にした平野に位置している。砲撃隊に援護された戦車隊を相手に、軽量兵器のゲリラ戦では防御できない。スレイマニアとドフークもクルドの主要都市だが、これらもほぼ同じ様に脆弱だ。だが、これらの都市にはクルド人三百万人の大部分が生活しているのである。ペシュメルガはジャシュに補強されてはいたが、クルディスタンの山や峡谷深く退却して家族を町に置き去りにはできなかった。その代わり、彼らは一緒に逃げるしかなかった。マスード・バルザーニは、三月二十九日のイラク軍の反撃直前に、クルディスタン中央部ラワンドゥズ近郊で、数千人のクルド義勇兵を閲兵したのを憶えている。(原注41)数日後には全員いなくなってしまった。彼は側近のボディガードと共に、サラフディンの指令本部近くにある脱出路を確保するだけで精一杯だった。長年にわたって、イラク軍機甲部隊を阻止した地点を示す焼けたイラク軍の戦車が放置されていた。

イラク軍のヘリコプターは、退却するクルド人に小麦粉を散布して、化学兵器を使用していると思わせた。わずか三年前に彼らの上に化学薬品を大量に使用したサダムのあの苦い記憶を思い出させて、人々をパニックに陥れることが目的であった。すべてはあまりにも上手くいった。クルド人百万人がイランとトルコに逃げた。

三月の終わりには、サダム・フセインは南部をことごとく制圧、反乱軍支配下にあった最後の町サマラは三月二十九日に陥落した。四月二日、共和国防衛隊はクルド人が抑えていた北部の都市スレイマニアに入った。かろうじてとは言え、サダムは大反乱を生き残った。彼には装備が非常に不足しており、最終的にカルバラを奪還した戦車にしてもイランから奪ったイギリス製の古いチーフテン戦車*だった。弾薬もほとんど尽きていた。

「われわれはクウェートで二億五百万発の銃弾を使っていた。ヨルダンに何百万発か回して欲しいと頼んだが拒絶された（原注42）」

とワフィク・アル・サマライは述懐する。

「インティファーダの最後の週、軍にはカラシニコフの弾二十七万発しか無かった」

二日間の戦闘にはそれで十分だった。

かろうじて助かったサダムだったが、とりあえずは多国籍軍と反乱の脅威を乗り越え、八ヵ月前にクウェートに侵攻した時に醸し出していた救世主的自信の匂いが蘇ってきた。

「世の中、そう捨てたものじゃない」

＊チーフテン戦車：一九六六年から配備が開始されたイギリス軍戦車。第二次世界大戦末期に開発され、改良を重ねたセンチュリオン中戦車と重量過重で機動性に欠けたコンカラー重戦車を一車種で代替する主力戦車として開発された。

形勢が変わると、彼は腹心に向かって言った。

「これまでは敵がこちらのミスに乗じた。これからは動かず、向こうがミスするのを利用するのだ」（原注43）

サダムは、クウェート侵攻前日の一九九〇年八月一日時点のような状態に戻れるものと思い込んでいるようであった。しかし周りの世界は変化していた。アメリカと同盟国、主としてイギリスは、かなり少なく見ても、かつては同盟を結んだことのあるサダムが、彼らの中東における利益を脅かす立場を二度ととらないはずだと確信していた。一九九〇年八月以前までは、何十億ドルもの石油マネーが広大な野心を満たしてくれていたとはいえ、国内だけでやっている分にはサダムは好きにさせてもらえていた。一九九一年三月の終わり、反乱こそ抑え込んだものの、勢力圏は萎んだ。国家の生命線である石油輸出と、その他イラクとのあらゆる通商を禁止する経済制裁が、一九九〇年八月六日に国連安保理で決議された。元々の提案は、イラクをクウェートから出させることであった。だが、多国籍軍によってクウェートが解放された今でも、経済制裁はかけられたままである。もし解除されなければ、サダムの収入は――そしてイラクの一般市民の生活水準は――ニューヨークの国連本部とワシントンが決めることになる。イラクは最早、完全な独立国家ではなくなった。このような環境の下でサダム・フセインが生き残るためには、敵に多くのミスを犯してもらわねばならなかった。

第２章
「サダム・フセインはまだ生きている」

Chapter 2

クウェートで多国籍軍の銃声が止んでから三ヵ月後、ヴァージニア州ラングレーにあるアメリカ中央情報局（CIA）本部の白髪の上級官僚、フランク・アンダーソンのデスクの上に極秘文書が回ってきた。アンダーソンはむっつり顔で書類に眼をやり、それから余白に「気に入らない」となぐり書きした。

文書は、ブッシュ大統領の署名入りの形式的な「答申」で、「サダム・フセインを権力からはずすための条件を創出」する隠密作戦を開始する権限をCIAに与える、というものであった。アンダーソンは国家秘密局（旧作戦本部）近東・南アジア情報分析局の局長で、実務担当者であった。これは、七十万人の多国籍軍兵士が失敗した場所で成功しなさい、と言われているわけで、彼にはできるとは思えなかった。後に彼はこう語っている。

「当時、サダム・フセインを潰す計画を作れるだけの仕組みも、いくつかの仕組みを組み合わせたものも、皆無だった(原注1)」

「ホメイニを消せ」といったような至上命令で、外国の厄介者を扱うのを仕事とするCIA局員は、リチャード・ヘルムズ元長官が残した「隠密工作はしばしば政策の替わりをする」という名言を引用したがる。戦争計画者は、多国籍軍がクウェートで勝利した後のイラクの将来については考えていなかった。アンダーソンが彼らのツケを払うのである。

ジョージ・ブッシュ自身は、戦争は勝利せずとも勝てる、という概念を初めて提起した人間だ。

「きわめて正直に言おう。私はまだ、多くのアメリカ人が味わっているこの素晴らしくも幸福な気持ちにはなれない」

彼は米軍が停戦した日の翌日、こう言ったのだった。

「それは、私が終わりを見届けたいからなのだ。サダム・フセインはまだ生きている」

ブッシュが停戦を指令したのは、彼の軍隊が最小限の犠牲者しか出さずにクウェートを、新聞の見出しもカッコよく、百時間で掃討したからである。まるで野球のパーフェクトゲームの軍事版のようなもので、米軍の将軍たちもこの記録は今後の戦闘で破られる心配はないと思っていた。とにかくホワイトハウスは、米軍指令部の主要な戦時目標の一つであった、サダムの最も忠誠で熟練された軍隊である共和国防衛隊を、脱出の可能性のない罠にかけられるものと確信していた。(原注2)

実際はブッシュが停戦を指令する前でさえ、共和国防衛隊の大部分は罠を仕掛けた地域からすでに移動し、二月二十七日には多国籍軍の周到な包囲網から、相対的にたやすく脱出していた。三月一日、彼らはバスラの北百キロの所にいたわけで、停戦指令が二十四時間遅れていたとしても何ら変わりはなかった。これは、アメリカの軍事作戦立案者の幾多の誤算の一つに過ぎない。達成できたと誤解した目標には、サダムと軍隊との連絡網を断つこと、そしてイラクの核兵器、生物兵器、化学兵器の軍備計画の破壊が含まれる。

「サダム・フセインは核とは無縁だ」

リチャード・チェイニー国防長官は数週間の爆撃の後、上院外交委員会の非公開聴聞会で自信を持って断言した。イラク軍事作戦の結果に関するその他の多くの仮説のように、この大言壮語発言は、とんでもない嘘であることが間もなく暴露された。

数年後、ブッシュは繰り返される質問にまだ悩まされることになる。「なぜ一気にバグダッドを攻めなかったのか?」 そして、「そのチャンスがあったのにサダム問題に決着をつけなかったのはなぜか?」こう訊かれるたびに彼は、戦争に踏み切れた国連決議はクウェートの解放しか認めていなかったからであり、合法的にはそれ以上先へ進むことができなかったのだ、と根気よく理由を説明した。イラクは頑強に抵抗しただろう。そしてとにかく、もしアメリカがバグダッドを攻略していたら、何ヵ月も占領を続けることになっていただろう。

話はこれが全部ではない。湾岸地域にいたイギリスの外交官が戦争前の秘密会議で力説したように、もし多国籍軍がサダムを倒し、バグダッドを占領したら、最終的には新政府の選挙を実施しなければ撤退できないだろう。これは地域の、特にサウジアラビアのような半封建的な王国の間からのありとあらゆる問題に英米連合が引き込まれていくことになる。誰もイラクに民主主義を奨励したいとは考えていなかった。それは広がるに任せておけばよい。これは中東を元のままに維持する保守的な戦争であり、変化を持ち込むものではないのだ。

軍事的にはバグダッド進軍は難しくはなかったであろう。(原注3) サウジアラビアの米陸軍作戦本部長、スティーブン・アーノルド将軍は停戦の後、「バグダッドへの道」なる、彼の計算では、投入可能戦力のほんの一部だけで容易に実行できる秘密プランを作成した。全く勝利が有り得ないことを暗黙に認めるに等しいその内容にぞっとしたアーノルドの部下の指揮官将校は、この計画を門外不出にした。残念ながら、軍もホワイトハウスも、クウェートが一件落着してからは、イラクをどうするかという計画はまだ考えていなかった。

湾岸戦争時の駐サウジアラビア・アメリカ大使、チャス・フリーマンによると、この先見の明の欠如は意図的なものだったという。

「ホワイトハウスは、アメリカのいかなる計画もそれがリークされて、ジョージ・ブッシュが戦争を支援させるために結集した、広汎で巨大な同盟関係を揺るがせることを恐れていた(原注4)」

と彼は振り返る。

「だから、職員たちは次に何をするかを書くのも、話すのも、さらには考えることさえ控えていた」

このような厄介な案件を前に、戦争への対応は、視野に限界のある軍に大幅に委ねられていった。爆撃が開始される前、空軍の将官が、イラク経験が豊富で優秀な外交官、ジェームズ・エイキンズ大使を訪問した。将官は大使に適切な爆撃目標の選択について相談したいと述べた。エイキンズは、イラクの政治と、彼も長年よく知っているサダムに関する知識を得るには、国防省がより参考になるだろうと薦めた。すると将官が言った。

「いえ、大使殿。この戦争には政治的意味はありません(原注5)」

戦争の最中、アメリカ軍上層部はイラク政治家への直接的アプローチを追求した。イラク大統領を殺せ。選ばれた兵器は、細部まで正確に位置を特定してサダムの司令室を狙うレーザー誘導爆弾であった(原注6)。アメリカが、暗殺は外交政策の手段ではないと公式に否定している以上、計画概要は「指揮監督」センターを標的とする、という婉曲表現で覆い隠された。それでも、空軍の作戦立案者が「サダム」を第一次爆撃作戦計画の主要優先項目に指定し、殺害計画は一九九〇年八月以降に設定された。一カ月後、イラクの指導者が「作業の焦点」になっていた、と公に認めた空軍参謀長が解任された(原注7)。

ブッシュの国家安全保障会議委員*で、信頼できる友人のブレント・スコウクロフト*はその後、「われ

われは、暗殺はしない。だがサダムがいるらしき場所はすべて標的とした」と認めた。(原注8)

「すると、できるならば彼を殺す計画だったわけですね?」

と問われると、攻撃を承認した人物は答えた。

「ええ、確かにね」

現実には、アメリカの目論見を予測していたイラク指導部は、戦時下で最も危険な場所は地下壕内であることを十分すぎるほど知っていた。だから大部分はバグダッド郊外の家屋にいた。

「彼らは地下壕には集まらなかった」

イラクの上級将校が言う。

「多国籍軍が熟知していたことはこちらにも分かっていたからだ。地下壕を破壊できる武器があるのも分かっていた」

爆撃手が獲物と判断した標的が、アメリヤの市民シェルターだったと判明し、大部分が女性と子供の市民四百人が焼死してから、サダム追跡作戦は次第に影を潜めた。多国籍軍将官たちの標的設定には不備があった。なぜならば、アメリカの情報機関が建物、通信システム、発電所、地下壕などイラクに関する大量の情報を持っていたにもかかわらず、イラク人そのものについては少しも理解していなかったからだ。アメリカ大使館は長年バグダッドに置かれていなかったし、そうでなくとも、この国と国民は効率的で冷酷な体制によって外界から視界を遮られてきたのだ。サダム・フセインがアメリカの情報の助けを必要とした時でも、彼はその無慈悲で狡猾な警察国家で起きている事については、全力でアメリカに見られないようにした。

一九八〇年代、両国は事実上同盟関係にあった――全面的国交は対イラン戦争中の一九八四年に回復した――そしてCIAは連絡要員のチームをバグダッドに派遣し、衛星写真やその他の有益な情報を渡した。有難い贈り物であったが、狡猾な陰謀家のサダムはこうした関係の危うさにきわめて敏感であった。

一九八六年以降、イスティクバラート*の軍情報部の副官だったアル・サマライ将軍は、CIAとの接触を認められていた三将軍の一人であった。安全な場所に身を置くために、サダムはアル・サマライ

*国家安全保障会議：（National Security Council）一九四七年に国家安全保障法によって設立されたアメリカ合衆国の最高意思決定機関の一つ。米国の安全保障の諸政策や問題について大統領に助言を行ない、安全保障政策の立案、関係省庁の調整にあたることをおもな任務としている。国家安全保障問題担当大統領補佐官が事務局を統括。メンバーは、大統領、副大統領、国務長官、国防長官の他に臨時メンバーも加わる。

*ブレント・スコウクロフト：アメリカの軍事専門家。空軍中将で退役後、ニクソン政権で軍事問題担当大統領補佐官、国家安全保障担当次席大統領補佐官を歴任、フォード政権では国家安全保障担当大統領補佐官に就任した。キッシンジャーとは極めて親しく、国際コンサルティング会社「キッシンジャー・アソシエーツ」の副代表を務めた。一九八九年、ブッシュ（父）政権の国家安全保障担当大統領補佐官として冷戦の終結と湾岸戦争に直面した米外交に携わった。ブッシュ（息子）政権でも大統領対外情報諮問委員会座長を五年間務めた。アフガン侵攻は評価したが、イラク戦争には反対の立場。ユタ州出身のモルモン教徒。

*イスティクバラート：イラク大統領直結の軍情報機関。要員四千人から六千人。政治局（外交関係情報担当）、特別局（調査、極秘作戦担当）、保安局（軍隊内部取締担当）、ユニット999（内外の秘密行動作戦担当）、旅団局（首都地域治安担当）に分かれる。ユニット999は、クルド民兵組織にスパイを送り込んだり、湾岸戦争時のサウジでシュワルツコフ将軍誘拐計画を立てたり、イランの石油施設破壊計画を立てるなどした。バグダッドのアラダミアにある本部は敷地三百キロ平米、刑務所や尋問施設を持つ。他にキルクーク、モスル、バスラ、バグダッドに支部がある。

を、アムン・アル・カース（特別治安保障局）の集中監視下に置き、その行動を大統領宮殿に直接報告させた。

「ＣＩＡはイランに関する多くの情報を送ってきた」

とアル・サマライは回想する。さらに攻撃準備の際、彼の部署は日常的にアメリカからの特殊情報を要求していた。

「例えば、『バスラ地区の情報をくれないか』と言うと、サダムが言った。『そんな頼み方はするな。イラクの北から南までの情報が欲しいと言え。なぜなら、バスラだけが欲しいと言うと、彼らはそれをイランにばらすからだ』」

アル・サマライはアメリカ側と接触した際、時々親分からのメモをそっと渡されることがあった。紙片の余白に「気をつけろ。アメリカ人は陰謀家だ」といった警告が書きつけてあった（サダムの疑念は無駄ではなかった。一九八六年、悪名高いイラン・コントラ事件の時、アメリカはイラン諜報機関にイラクの戦力組成に関する情報を渡している。それと符合するか否か、イラクはファオ半島での戦闘でこっぴどくやられた）。

一九八九年の終わり頃、対イラン戦争に勝ったサダムは（アメリカとの）関係は利用価値を失ったと判断、バグダッドに配置されていたＣＩＡ要員を追放した。クウェート侵攻まで残っていた外交官は、一般イラク人との接触が厳しく制限されていたので、情報を収集するには決して便利な状況にはなかった。メイドや、外交官の日用品を配達する運転手までエジプト人とかパレスチナ人の外国人労働者である場合が多かった。とにかく、外国人との接触はすべてムカバラート（秘密警察）に疑われ、厳密な捜査対象になった。

クウェート侵攻後、アメリカの情報諸機関はスパイ衛星と偵察機から得た大量の情報を迅速に蓄積した。地下壕、レーダーサイト、通信接続回線など、サダムの戦争装置用のインフラの建設に携わった外国企業に事情聴取するCIAの大計画があり、その報告書も山積みとなった。使われた方法には時に優れたものもあって、CIAは以前トゥワイタ核燃料工場で拘束されたアメリカ人の人質たちの衣服を分析し、高度濃縮ウランの存在、つまりイラクの爆弾製造計画を明白に示す斑点を発見している。

情報収集活動の最高機密を構成していた一つに、補充した工作員の少数グループをイラク国内に潜入させたことがある。敵に捕まるという結果にはなったが、彼らは勇敢な人間だった。通信は困難だった。装備していた無線機は必ずしも効果的に働かなかったし、スパイの中には装置を使う危険を冒したがらない者もいた。この計画に加わったある元CIA要員は「彼らのうちの一人か二人は非常に役に立った」と言う。他方、リヤドの最高司令部は「信頼できる」エージェントが、アメリヤのシェルターが軍事目的に使われていると報告して来るまで爆撃指令を出さなかった。(原注9)

驚くべきことに、非常に有益と思われる情報源がオフリミットになっていた。一九八八年、アメリカ国務省の中級官僚が、サダムのクルディスタンでの毒ガス使用に関する抗議を聞くため、クルド人のイラク反体制派指導者の訪問を受けた時、イラクとトルコの両政府が不満を表明した。クルド民族主義に対する暗黙の了解は、両政府にとってアナテマ（忌まわしきもの）であり、そこで国務長官のジョージ・シュルツはこれら同盟二国の思惑を考慮して、アメリカ政府職員に対し、これ以降イラク反体制派のいかなる者とも接触することを禁止した。(原注10)

「接触禁止」のルールは戦争中も適用され、だからこそ例えば、イラク北部のクルド地下組織のタイムリーな軍事情報の提供をペンタゴンははねつけたのだ。最終的に、クルド人が集めた報告がイランのオフィスに通信され、そこからダマスカスに送られ、さらに電話でデトロイトの別のオフィスに伝えられ、それが好意的な立場の上院外交委員会委員長ピーター・ガルブレイスにファックスされる、というシステムが即席で出来上がった。ガルブレイスは言う。

「これは悪くなかった。多国籍軍のパイロットが撃墜されてどうなったか、という報告もあった。こうした報告を受けても、海軍諜報部から来た中尉は別に何の関心も示さなかった」(原注11)

多国籍軍が停戦した一九九一年二月二十八日、クルド人指導者ジャラル・タラバニは、イラク北部での反乱が切迫している状況を関係者に説明するつもりで国務省に入ろうとしていた。だが接触禁止令のお蔭で、職員は誰一人彼と口を利こうとしなかった。彼とその一行は、国務省のロビーより中に入ることはなかった。その翌日、国家安全保障会議の中東問題委員長リチャード・ハースはガルブレイスに電話し、上院議員のスタッフが招かれざるクルド人を後援したことに不満を表明した。抗議を受けたガルブレイス議員は当然、クルド人はバグダッド政府と戦っている味方じゃないか、と言った。力あるホワイトハウスの職員が言った。

「あなたはお分かりではない。われわれのポリシーはサダムを倒すことで、彼の体制ではないのです」(原注12)

「ポリシー」という言葉は誤って使われていた。ホワイトハウスは、イラクの政治状況に関する情報ではなく、推量を基準に動いていたのだ。中でも顕著なのが、サダムが軍事クーデターで追われるのは避けがたい、という根強い思い込みだ。イラクにおけるＣＩＡ作戦のベテラン要員はこのように説明する。

「CIA、DIA（国防情報局）*、NSA（国家安全保障局）*のすべてのアナリストが、サダムは倒されるという意見に賛同していた。誰一人異論を述べるものはいなかった。唯一の問題は、信頼できる資料がまるで無いことだった。その考え方全体が西欧的なものの見方に依拠していた。サダムのような、戦争に負け、屈辱を受けた指導者は身を引かざるを得ない。それしかない。しかも、」

と元秘密工作員はため息をつきながら、

「このアナリストたちの誰一人として、イラクの土を踏んだことさえ無いのだ。誰一人も」

と言った。CIAの非常に高い地位にあった元高官も同意する。

「集団的誤りだ。サダムは倒れることになる、とみんな信じていた。みんな間違っていた」

反乱の煽動に役立った有名なブッシュの呼びかけほど、イラク国土の状況についての理解の欠如を如実に示すものはなかった。演説の根拠に詳しい消息筋によると、当初の意図は、バグダッドにいるク

＊DIA（国防情報局）：アメリカ合衆国国防総省の情報機関。一九六一年に軍事情報を専門に収集、調整する機関としてロバート・マクナマラ長官が設置した。DIA長官は国防総省の意思決定に参加し、統合参謀本部の偵察作戦支援を担当する幕僚でもある。

＊NSA（国家安全保障局）：一九五二年設立のアメリカの国家情報機関。海外情報通信の収集と分析を主な任務とし、CIAが主にヒューミント（Humint）と呼ばれるスパイなどの人間を使った諜報活動を担当するのに対し、NSAはシギント（Sigint）と呼ばれる電子機器を使った情報収集活動とその分析、集積、報告を担当する。暗号やセキュリティ技術は世界最高の水準。ニクソン大統領は辞任後、CIAとNSAによる不適切な電話盗聴を疑われた。ケネディ大統領はカストロ殺害のために盗聴を指示しNSAが実行した。

ーデター計画を企てる可能性を持った部分に、激励のメッセージを伝えることにあった。従って、リチャード・ハースはイラク軍に、「自らの問題として受けとめ」サダムを権力の座から追い出す呼びかけを起草したのである。このアピールは、二月十五日の演説の中で発信されることになっていた。

設定された日の早朝、サダムはクウェートからの撤退を準備するかもしれないことを初めてちらつかせた。空に向けて発砲し、和平の可能性を喜ぶイラク人の様子を映したアメリカのネットワーク系のニュースに、ホワイトハウスは相当な感銘を受けた。とにかく、これがイラクの世論のように思われた。ブッシュの演説原稿に若干の言葉が追加された。この午前中に、全米科学振興協会で演説したブッシュは、戦争終結を心待ちにしていたイラク人の願望を反映する「バグダッドのお祭り気分」に言及した。そして彼は、「イラク軍とイラク国民は、自らの問題として受けとめ、独裁者サダム・フセインを排除せしめる……そして、われわれの国々の家族となろう」というアピールへと移ったのだった。ブッシュは、マサチューセッツのレイシオン・ミサイル工場でのその日二度目の演説で、このメッセージを確実に伝えるために、一字一句繰り返した。

意図した通り、反逆の呼びかけは世界のニュースチャンネルで広く流され、イラク人もむさぼるように観た。視聴者はしかし、「イラク軍とイラク国民」という言葉に秘められていたニュアンスを誤解した。イラクの人々は、アメリカ大統領の言葉を額面どおりに解釈し、自分たちがサダムとの戦いに参加するよう要請されている、という当然の結論を引き出したのだ。

最高に皮肉だったのは、ブッシュと補佐官たちがクーデターを鼓舞しつつも、彼らがかくも熱望していた真のクーデターを阻害するような反乱を逆に助長したことだ。当時の軍の最高レベルの事情に詳しいイラクのある消息筋は、戦争中から戦争後までのある期間、実際に数人の上級将官たちがクーデターを計画していたのは確かなことである、と教えてくれた。だが、計画者たちは、シーア派の反乱が起こり、行動を思いとどまった。スンニ少数派の一員である彼らは、シーア派が勝利した結果どうなるかを恐れたのであり、目下のところはサダムの後をついて行く方が得策であると考えた。アメリカがサインを送った反乱支援に、彼らがどのような態度をとっていたかについては何も記録されていない。

ジョージ・ブッシュ自身は、後に真実の一端を嗅ぎ取った。一九九四年、彼は「私は、かくも酷い敗北を、サダムのせいで舐めさせられたイラク軍は、決起して彼を排除するものと強く思っていた。われわれは、反乱による国の分裂を防ぐべく、イラク軍がサダムの周りに結集し、それによってサダムの転覆が脇にそれてしまうのが心配だった。その起こりそうなことが現実となった(原注13)」

しかしながら、明らかにブッシュが評価しそこなっていた皮肉なことがある。一九九一年のあの決定的な最初の一週間、サダムの運命は果たしてどうなるか全く分からなかった。軍隊の多くの上級士官や政府官僚は、沈む船を棄てて反乱軍に運命を託そうと考えていた。しかし、負けたら最後、とんでもない目に遭うわけで、これまた非常に危険な賭けである。選択する者にとって、アメリカの出方が決め手になる。ブッシュは、バランスを崩すために軍隊をバグダッドに向かわせる必要はなかった。支援を仄めかすか、あるいは反乱軍を激励することだけでおそらく十分であったろう。ところが、ワシントンとリヤドの米軍司令部は、サダムのヘリコプターの航行を見逃すなど、反乱軍の勝利には少しも関心が無いような素振りを見せただけでなく、反乱軍の伝令に対して、援軍は送らないと明言した。サダム側はこれをすばやく察知した。バグダッドでも他所でも、動揺分子は適切な結論を出した。

反乱を頑迷に否定した要因は、ワシントンの政策決定者の一部に存在していたもう一つの頑迷な思い込みに根拠があった。民間秩序の混乱が不可避的にイラクを分断する、という根深い信仰である。ある極秘メモが、戦争の前から安全保障関係官僚の周辺に出回っていた。それは、イラク分裂へと連なるであろう諸事態の穏やかならぬ警告に満ちたもので、「イランによるいかなるイラク領土の占領も……イラクを分裂させることは、イランによるペルシャ湾の支配に希望を与え、シリア*への抑制力を無くすものである」（原注14）と示唆するペンタゴンの公文書まで含まれていた。ホメイニ師の写真が解放区に掲げられていた、という報告は意味をなさなかった。恐るべきイランの、イスラム原理主義者の代役のような者に誰も手を差し延べようとはしなかった。

結果的に、戦争末期に地上攻撃で占領したイラクの広い地域にいた米軍は、反乱軍援護に腰を上げなかったばかりか、喉から手が出るほど欲しかった武器や弾薬を、放棄された店舗から奪う反乱軍を、サダムの軍隊が妨害するのを黙認し、事実上助けた。徴発した武器の大部分は破壊されたが、しかし、ＣＩＡはそこから相当な量を手に入れ、アフガン内戦でＣＩＡのお客さんだったアフガニスタン原理主義者に送ったのは逆説的なことである。（原注15）

大統領が反乱を公に奨励しておきながら、今ではそれに背を向けたことで、ホワイトハウスは同盟国サウジアラビアに向けての弁明に苦慮した。サウジは、事前打ち合わせで官僚たちにぶつぶつ文句を言っていたが、イランを死ぬほど恐れている彼らは、シーア派への援助には頑迷に反対した。ブッシュは、以下の釈明を自分自身でも信じていたのかも知れない。

「イラクを分裂させることは、決してわれわれの目的ではなかった」（原注16）

と後に彼は記している。

「われわれは本当にそうはさせたくなかったし、同盟国の大多数が（特にアラブ諸国が）この問題に対してより一層神経を尖らせた」

これは、実際には当時のサウジの意向ではなかった。

「サウジがわれわれを一杯食わせようとした、という考えはナンセンスだ」

三月中旬にリヤドを訪れた官僚が言う。彼は、サウジ情報機関のトップであるトゥルキ・ビン・ファイサル王子から、反体制派を援助する方法について根掘り葉掘り問い詰められた（反体制派について王子はお粗末なくらい無知だった）。

「イラン・イラク戦争におけるイラクのシーア派の行動は、シーア派がイランの代役ではないことをサウジに納得させた」

フリーマン大使は言う。

「ワシントンはその考え（イラク分裂）にとり憑かれていた。そしてそれをサウジのせいにした。イラ

＊シリア：アメリカからは「テロ支援国家」に指定されている。ハマス、ヒズボラ、イスラム・ジハドなど欧米諸国やイスラエルが「テロ組織」と呼ぶ組織を支援しており、武器援助や軍事訓練拠点を提供しているとされる。また、イラク・バース党政権との対立関係から、イラン・イラク戦争ではイランを支持し、イランとは事実上の盟邦関係にある。近年では、ベネズエラ、スーダン、キューバなどの反米路線の国との関係を強化している。ロシアとはソ連時代からの友好国で、最新鋭の弾道ミサイル等の武器援助国でもある。中国とも資源開発や投資分野で関係を深めている。北朝鮮とは伝統的友好国で、軍事交流や弾道ミサイルなどの北朝鮮製兵器の買い手でもある。国民はスンニ派。

ク分裂騒ぎが一体どこから生まれたのか、私にはさっぱり分からない。何といってもメソポタミアは六千年という非常に長い年月、あの地にあったのだ。イラクはそんなにやわな建物じゃない」(原注17)

一九九一年三月二十六日、ブッシュはホワイトハウスに上級補佐官を招集し、反乱軍への支援について最終決定を出すための会議を開いた。支援すべきだ、という世論の圧力は無かった。ある職員が記憶しているように、アメリカは「戦勝気分」に沸いていた。ブッシュ自身も国中に満ちる陶酔感に浸っていた。数日前、毎年行なわれる政治家とマスコミの親睦パーティーがグリッドアイアン・クラブ*で開催され、戦時下での大統領の「苦悩」が新聞記者連中に取り囲まれたエイブラハム・リンカーンのそれと並び評された。(原注18)

ホワイトハウスの会議では、イラクをその政治システムに委ねる、という厳正なる決定が全会一致で採択された。(原注19)出席者のうち、副大統領のダン・クウェイルだけが、サダムが好き勝手に反乱軍を虐殺するのを看過することに若干の懸念を示した。反乱軍が勝利すれば、イランがイラクの一部を占領することにつながるのは不可避だ、という仮説に疑問を呈する者は誰もいないようであった。

会議に引き続き、ブッシュのスポークスマンが、「われわれはイラクの国内紛争に関与する意志は無い」と発表し、ブレント・スコウクロフトとリチャード・ハースが、この言葉を戦地に流布するためにリヤドに飛んだ。サウジ側はまだ反乱を支援する雰囲気にあった――アメリカの二人が到着した時、クルドの首席代表団はリヤドにいた。彼らは、政策と足並みが揃った支援の表明を必要としていた。

ワシントンでは、ある「上級官僚」が「サダムは反乱を潰すだろう。そしてほとぼりが冷めたら、バース党の軍事部門とその他のエリートたちに対し、戦争だけでなく反乱を抑えるためにも、死者を出し破壊を生んだことを追及するだろう。そこで彼らが立ち上がり、新しいリーダーシップを打ち建てるだろう」[原注20]と、ブッシュが信じていたという事実について記者団に説明していた。これが、アメリカの有力な顔ぶれが訪問した際に、サウジ側が聞いた政策とはやや趣を異にしていたことを、サイード・マジード・アル・ホイ師はすぐに見破った。

アル・ホイ師はイラクを脱出して以来、サウジとの国境地帯にある家で気楽な軟禁生活を送っていたが、シュワルツコフとの面会の約束はまだ果たされていなかった。三月二十六日の決定的な会議の後に、アメリカの支援を要請している反乱軍グループはあるのか、とブッシュが記者に質問された時、シュワルツコフはそこにいた。

「それは関知していないが」

大統領は軽く答えた。

「そんな要請があったとは思わない。もしあったとしても、私の手元には届いてない」[原注21]

遂にリヤド入りを許されたアル・ホイ師は三月三十日、サウジの情報部トップのトゥルキ・ビン・ファイサル王子に初めて会う機会を得た。ワシントンから二人の特使がやってきた三日後のことである。

＊グリッドアイアン・クラブ：ワシントンDCにおける最古で最も権威ある記者団体。創立一八八五年。大新聞、通信社、雑誌社、TVネットワークを代表する六十五名のメンバーで構成。毎年一回、三月の第二土曜日にディナーパーティーが開催され、大統領が招待されてスピーチをするならわし。この場では記者たちが政治家に意地悪な質問をするのが通例となっている。

アル・ホイは二時間の会見を日記に記録している。

「貴方はどうしてそんなにもシーア派のことが心配なのですか？」（原注22）

王子が答えた。

「われわれはあなた方に何もしてあげられない。アメリカはサダムを排除したいとは思っていない。『サダムは抑えている。知らない誰かよりはましだ。心配なのはイランだ』と言っている」

今ではアメリカは、サダムを権力の座に留まらせたいと望んでいる、と聞いた二十四時間後、ピーター・ガルブレイスがクルドの都市ドフークから命からがら逃げてきた。戦争で引き裂かれた地方を巡り、エネルギッシュな支援活動をしてきた上院議員は、前の晩にクルド人名士の一団に向かって、自由クルディスタンでの最初のアメリカ政府代表として挨拶できることを誇りに思う、と語った後、遅く寝床に入った。ところが今は、すぐにも町を奪還しそうな復讐に燃えるイラク軍に追われ、逃げているのだ。怒れる赤毛のペシュメルガが車の窓に顔をくっつけてきた。そして言った。

「くたばれ、ブッシュ」

ガルブレイスとともに敗走する二百万人のクルド人は、ホワイトハウスがイラク問題からきっぱり撤退したことに動揺を来たしていた。南部のシーア派も同様の恐怖を抱きながら逃げていたが、イラク国外ではあまり注目もされず、同情も引かなかった。トルコ国境に迅速に待機していた軍放送に容易に接触できたクルド人は難儀しなかったし、しかもテレビ的に絵になっていた。

「中流階級といった感じだな」

吹きさらしの山間で震えている、三つ揃えを着た医者や弁護士のテレビ映像を観ていた上院議員のスタッフが呟いた。

「われわれとあまり変わらないんだ」

一九七〇年代にＣＩＡの裏切りに遭って以来のリベラル派の旗頭、コラムニストのウィリアム・サファイアー*のような影響力のある人物たちが、彼らに手を差し延べた。無事国境に辿り着いたガルブレイスは、全てを承知した上での苦渋に満ちた言葉で、イラクの戦後政策全体を糾弾した。

見苦しいほどに渋々だったが、ホワイトハウスは世論に屈し、クルド支援を始めた。ブッシュはまず、食糧と医薬品を送り、次いで四月十六日、戻ってくる難民をサダムの軍隊から保護する「セイフ・ヘヴン（避難場所）」を作るよう、イラク北部の米軍に命令した。

これは重大なターニングポイントだった。軍隊の展開は単に一時的なものであると強調したけれど、今やブッシュは意図的ではなかったにせよ、イラク国内におけるアメリカの軍事的役割を容認したのである。サダムは強迫に屈し、何ら抵抗しようとはしなかった。多国籍軍が三ヵ月以内に撤退したにもかかわらず、イラク軍は政府のクルディスタン支配を続けては要求しなかった。トルコ国境を越えたインシールリクに駐留していた米軍軍用機は今、クルド人を空から守り、これら反政府的部分を再び潰そ

---

*ウィリアム・サファイアー：アメリカのリベラル派ジャーナリスト。ラジオ、テレビのプロデューサー、アメリカ軍従軍記者、ニクソンとアグニューのスピーチライターを経て一九七三年に『ニューヨークタイムズ』のコラムニストとなる。カーター政権の財務長官バート・ランスの不正疑惑に関する記事でピューリッツアー賞を受賞。歯に衣着せぬ論調で有名。大統領選でクリントンを支持したが就任後の政権は批判し、ヒラリーには一貫して批判的。イラク戦争を支持し、９・11のアタ容疑者がプラハでイラク諜報部員と会っていたという説をとなえ続けている。

うとするサダムの動きに対する具体的な抑止策「オペレーション・プロヴァイド・コンフォート*(食糧補給作戦)」の任務を帯びていた。

クルディスタンに軍隊を派遣することを四月に発表し、大統領は彼自身を悩ましていたあの有名なイラク人への呼びかけを再び自己弁護した。

「アメリカは、軍事的サポートのためにイラクに入る腹積もりだと言われていた。だから、イラク人に問題を自分のものとしてとらえるように示唆したことに罪悪感を持たねばならないのかね?」(原注23)

彼は、ある厳しい質問に対して答えた。

「それは事実ではない。そんなつもりは決してなかった」

彼は正直ありのままは話さず、戦争時の目的に「サダム・フセインの死亡や、個人的に破壊することは含まれていなかった」と言い張り続けた。

大統領の言語表現と現実的政策とのギャップに関するその日の議論では、「サダム・フセインがいなくなるまでは」イラクとの国交が正常化しないだけでなく「経済制裁を継続する」と言うブッシュのさりげない言葉には、誰も大して注意を払わなかった。これこそがこの日唯一の最も重要な発言であったのだ。

イラク戦争を是認した国連決議は、イラク軍がクウェートから追われた後は戦争を続けない、ということを正当化するのに有利に働いた。しかし、イラクへの経済制裁は安保理によって特別な目的に結びつけられた。クウェートからの無条件撤退、損害賠償、大量破壊兵器とその製造施設の全面廃棄、である。一九九一年四月九日に正式に終わった湾岸戦争の停戦決議の過程に続いて、アメリカ大使トーマス・ピッカリングが「大量破壊兵器および賠償態勢に関与するとりきめに従えば、制裁は解除される」と明快に声明した。大統領は今や、いとも簡単に国連決議を書き直していたのである。サダムは、現行の決議を気にしようがしまいが、死ぬまで二度と石油を自由に輸出させてもらえない、と申し渡されていた。一時は豊かだった国家を永続的貿易封鎖に閉じ込めて、ブッシュはテレビでもよく知られるようになったスマート爆弾よりもはるかに致命的な武器を使用したのだ。

国家安全保障局副補佐官のロバート・ゲイツが、五月七日に制裁決定をより形式的に公認したことで、サダムは直接の標的ではなかった、ということが明白に説明された事実となった。

「サダムの信頼は失墜し、回復不能だった。世界の国々は二度と彼の指導力を認めなかったであろう。そこで」

とゲイツは述べた。

「イラクはサダムが権力の座にあるうちに借りを返す。あらゆる制裁は彼が死ぬまで維持される……新しい政府ができるまで、経済制裁の緩和が考慮されることはないだろう(原注24)」

イラクは、気温三十八℃近くに昇る夏に突入していた。病院にはチフス患者が溢れ、医師たちには治療用医薬品が不足していた。激しい爆撃を浴び、インティファーダの戦闘が連続したバスラでは、子供

＊オペレーション・プロヴァイド・コンフォート（Operation Provide Comfort）：一九九一年四月六日、アメリカ政府の承認でアメリカ、イギリス、イタリア、ドイツ、フランス軍の輸送機がトルコの国境地帯に五十回以上のクルド人支援物資の投下を実施し、初日で約十四トンの援助物資を提供し、一週間で約七十八トンの食糧、水、衣類、テント、毛布を投下することに成功した。しかし難民の帰還の促進にはつながらなかった。

たちが下水槽に飛び込んでいた。汚水処理ポンプが壊れ、経済制裁のせいで修理用の部品が輸入できなかったからだ。経済制裁が効力を発揮する限り、イラクは突然突き落とされた第三世界の貧困に甘んじなければならない。

アメリカの目から見れば、経済制裁にはサダムを「牽制」するという価値があった。経済が修復できなければ、湾岸戦争を余儀なくさせた国境がらみの紛争を引き起こすことなど二度とできなくなる。追加ボーナスとして、日産三百万バレルのイラクの石油が国際市場に流れなければ、市場価格は原価を上回り続け、そうすることによって戦費を捻出するために石油生産を強化していたサウジとクウェートの援助にもなる。エイキンズ大使は予測した。

「原油価格がバレル当り三十ドルまで回復しない限り、サダムは見捨てられたままだ。回復すれば、彼はマザー・テレサの生まれ変わりになるだろう」

ゲイツが見たように、その間イラク国民が代価を払わせられる。外から見れば、行政計画ははっきりしているように思えた。イラク人が決起してサダムを排除するだけで、貿易封鎖は終わる。ところが、その民衆の決起は、制裁の帰結としては「最もありそうにない」とあるCIAの上級局員は言い、筆者たちはわけが分からなくなった。政策を捏ね上げたペンタゴン、ホワイトハウス、国務省、CIAの上級局員たちは、実際の話、各自が微妙に異なる着地点をイメージしていた。行動を起こすことを期待されていたのは国民ではなく、支配層の人々だった。

「彼らは、経済制裁政策がクーデターを促進すると本当に信じていた」

当時イラク問題に深く関わっていた元CIAの極秘作戦工作員が語る。

「彼らがサダムの考え方を少しも理解していなかったことと、彼の周囲の『恐怖の要因』について何も知らなかった、ということを知っておいた方がいい」

現在に至るまで、アメリカは「サダム・フセインを追い出す」ためのブッシュの戦時下アピールとその後の場当たり的発言をもって、側面からのクーデター促進を試みてきた。待ちに待った出来事をいかに実現するか、そのための明確な計画は誰も持ち合わせていなかった。ある役人が「苦痛なほどに頻繁な」と表現したCIA、その他ペンタゴン、国務省、ホワイトハウスの関連諸部門との会議が連日持たれ、役人たちが答を模索した。単純素朴なスローガンばかりで、雰囲気は重苦しかった。山岳の拠点から徐々に南部を掃討する「怒濤の一撃」を誘発させるために、ブッシュの不承不承の北部イラク介入に続いたアメリカの空からの援護で、今は無事に故郷に戻ったクルド人を全面的に支援しよう、という意見が出された。あるいは、厳しい経済制裁は、心底では公共心を持ったサダム一派のメンバーあるいは護衛を刺激して、いわゆる「銀の弾丸*」でカタをつけるという行動を誘発することになる、と言う見解もあった。この観点が変形して、不満を持った共和国防衛隊あるいは治安保障局による「王宮内クーデター」を期待する案も出た。

こうした思いつきのどれか一つでも、解決につながると信じるほどお目出度い人間はいなかった。

＊銀の弾丸：シルバー・ブレット・ソリューションと言われる「伝家の宝刀」的な解決手段を意味する言葉。この場合は、暗殺などによるクーデターを指す。銀製の弾丸は貫通力が強く、変形しにくい。銀の弾丸だけが魔女、吸血鬼、怪獣などに有効であるという言い伝えから生まれた。

そこで今度は、これら茫漠とした計画を組み合わせて、何か名案が出てくるのを期待しましょうとなり、白羽の矢が立ったのがフランク・アンダーソンであった。彼は、すべてを熟知した経験豊富な秘密工作員ではあったが、この仕事に役立つ道具立てはあまり持ち合わせていなかった。

これに先立つ八月、大統領はCIAの新しいイラク調査報告を受けた。それまでの報告に反して、これはサダム転覆を指向するものではなかった。

「われわれの任務はサダムに、身を引かない限り皆殺しにされるぞ、と言い聞かせることであった」と任務を受けた元CIA要員が解説する。

「われわれはサダムに会見する人を見つけては、米軍が彼に何をしようとしているのかというメッセージを渡すよう頼んだ」

さらに、CIAの工作員が他の国での宣伝の流布にいそしんでいた。

「どんなに悪い奴かを話してきかせるんだ。簡単なことだ」

しかしながら、CIAの最優先事項は戦争前も戦争中も軍事作戦に貢献することで、外国の契約企業への質問、衛星からの情報を分析し（これはサダムの兵器工場がどれだけ破壊されたか、あるいはされなかったかについて軍との激しい対立を呼んだ）、工作員に「エレクトロニクス機器類」を持たせて敵の本拠地に潜入させることであった。

エジプトとサウジアラビアからイラクに向けて放送する「地下ラジオ局」――自由イラクの声――が事実存在し、工作員はこれを傍受していたが、イラク情報局が日々取り締まっていた。

「ラジオではサダムはもう倒れそうであるとか、上級将校の離反とかの情報をしこたま流していた」

と元工作員が振り返る。

「クーデターの動きがある、とラジオが言っていたことについて、ホワイトハウスから打診の連絡があったので、われわれは結局、ＦＢＩＳ＊（海外放送情報サービス：外国放送を受信し翻訳する）に資料の配信を止めるように言わねばならなかった」

サウジの放送は　サダムの支配政党バース党を離脱して亡命した二名が設立したグループ、イラク国民合意（アル・ウィファック）が現実に創ったものである。このグループは、ＣＩＡの任務遂行の企ての中で、大きく運命的な役割を演じ、その指導部が動いた一部始終はＣＩＡが最終的に姿を変えていった一種の「仕掛け」作りの教訓的な例である。

創設者の一人、サリー・オマール・アル・ティクリティは昔バグダッドにいて、公開処刑監督官から国連大使へと輝かしい出世を遂げた男だ。彼は、対イラン戦争の大失敗でサダムが失墜し、ティクリート出身のスンニ派バース党員として解任は避けがたい、と早合点して一九八二年に辞職した。一九九〇年八月二日、サダムとどうにか和解したサリー・オマールは、イラク政府の出先機関であるイラク航空サービス会社のロンドン事務所長というきわめておいしい地位に就いた。

＊ＦＢＩＳ：アメリカ以外の世界各地のニュースや情報を受信し翻訳し政府内に配布するＣＩＡ科学技術局の公的機関。本部はヴァージニア州レストン。世界に十九ヵ所の受信センターを持つ。一九四一年にルーズベルト大統領が枢軸国の放送を傍受するためにＦＢＩＳとして創設。一九四七年に現在の名称に改められＣＩＡ所属機関となり、冷戦時代に海外放送の傍受を始めるようになった。翻訳情報から重要なものを精査しアメリカ政府、各州、地方政府公務員など限られた資格の者にだけ提供される。

「彼のオフィスには、壁全体のサイズのサダムの肖像が架かっていた」

仲間の亡命イラク人が憶えている。八月六日、国連が経済制裁を発表し、航空会社の仕事が無くなったその日、サリー・オマールは再びイラク反体制派を名のった。彼はすぐにサウジに受け入れられ（サウジはイラクに関して非常に無知で、イラク反体制派リーダーのリストの中にはとうの昔に亡くなっていた者の名前も含まれていた）、リヤドに移った。

オマールのイラク国民合意のパートナー、イヤド・アラウィもまたバース党のために多大な貢献をした男で、革命前には学生活動家で、その後ロンドンに移った。イギリスでは、ヨーロッパにおけるイラク学生連合の委員長としてイラク情報機関の鍵を握っていた。彼が接触したアラブ人学生には中東のエリート社会出身者が多いことから、バグダッド政府は彼らに相当な関心を向けていた。アラウィ個人にとっても、学生たちは、当時彼が中東地域の企業とのビジネスできわめて有効に利用していたサウジアラビアやその他の国での有益な人脈につながることから、さらに直接的な価値があった。一九七〇年代の後半には、彼は金持ちになっていた。

しかし、アラウィの変わらざる趣味は、諜報活動の世界と情報局づくりであった。柔らかな言葉遣いで能弁で説得力があるアラウィは、いつも強力なコネがあるように匂わせ、頼り甲斐があるように思わせ、相手の望み通りの返答がそれと分かる言い方でできる達人、との定評があった。一九七八年、この二股をかけるなど、そうは問屋が卸さないことがはっきりした。報告によると、アラウィはこの時期に、陰謀が支配する巨大なロンドンのアラブ人学生社会の、確固とした詳しい情報源を強く求めていたイギリス諜報局と関係を持ち始めていた。このつながりの噂は、バグダッドの目ざといムカバラートの耳に入り、キングストン・アポン・テームズにあるアラウィの邸宅にナイフと斧で武装した刺客が送られ、極端な手段による問題解決が試みられた。寝室に突入した刺客は、眠る妻の傍らの標的に斧を振り下ろしたが、たまたま泊まっていた義理の父親が偶然部屋に入ってきて、目的の完遂を阻んだ。暗殺に失敗した刺客たちは逃走し、重傷を負ったアラウィは生き延びてさらに金を儲け、イギリス諜報部とその他類似組織とのコネクションを追求した。

戦争が始まった頃、アラウィはサウジ情報部が抱く関心を嗅ぎつけ、仲間の元バース党員サリー・オマールと協力して「自由イラクの声」を立ち上げた。二人はすぐに仲違いしたが、それは、サウジ人から払われる四万ドル以上の小切手をめぐる口論が発端だと言われている。オマールは次第に人前に姿を見せなくなったが、反乱が起きると、自分はクーデターを企図しているイラク軍司令部の上級軍人と近しい関係にある、と公言した。アラウィはイラク国民合意の主導権を維持し、そこに着々と――サダム以後の体制を保持するのに適した類の――スンニ派の元バース党員を取り込み、すぐに新たな得意先に会うためロンドンに帰った。

二人の連合の分裂を促したとされる問題の金とは、トゥルキ・ビン・ファイサル王子の機関が融通していた五千万ドルに上ると言われる金額のほんの一部に過ぎない。しかしながら、サウジアラビアは一九九〇年の四月二日までサダム政権の忠実な同盟国で、直接バグダッドに寄付金を（イラクの核兵器製造計画への潤沢な金銭的寄与を含め）送っていた。サウジ情報部のイラク担当責任者の旅団長は誰もが知るイラク音痴で、何かの時に怪訝そうに質問した。

「クルド人はイスラム教徒なのか？」

イラク反体制派の政治的関係の複雑怪奇さにもっと詳しいのはイラン人とシリア人であった。イランが好んで使っていた（政治的）道具と言えば、もちろんムハンマド・バキル・アル・ハキムと、軍事部門バドル旅団で固めたイスラム革命最高評議会（時に議会とも訳される）であった。イランはアメリカに劣らず、反乱の間バランスを崩す手助けを拒否して以後の状況をにらんでいたが、目下のところフランク・アンダーソンのチームにとっては、サダム転覆の任務を帯びた「メカニズム」として採用できるだけの期待は持てなかった。ワシントンは、イランは結局のところ分断されたイラクの「肉片」にありつくのを待つハイエナである、と全面的に警戒していた。

シリアはそうではなく、バグダッドにある仇敵バース党政権に対する根深い敵意を証明する完璧な歴史と、湾岸戦争の同盟国の一員としての信用性の両面から、より近づきやすい存在であった。ダマスカス政府は、サダムが一九七九年に全権を握った後すぐに、シリアが後ろ盾になった反フセインの陰謀を暴露したと発表して以来、絶え間ない弾圧とパージから国境を越えて逃げて来た、元将軍や政府閣僚などの亡命反体制派を分担して受け入れていた。戦争前の一九九〇年十二月末には、シリアはサダム転覆と同盟政府の設立を目指す計画を携えて登場した内外の反対派面々の会合の後援までしていた。

続く三月、サダムがクウェートから敗走し、インティファーダが依然としてイラク全土に燃え広がる中で、サウジアラビアは新たに反対勢力の拡大会議を、今回はベルリンで開くことを決めた。しかし、亡命イラク人の間では馬鹿にされていた、リヤド情報部のイラク問題専門家である「アブ・トゥルキ*」は、このような面倒な仕事をまとめる資格は無いと感じた。シリアは、反対派グループ全体にサウジよりはましなつながりを持っていたので、トゥルキは唯一サリー・オマールなど好みのイラク人数人を招請するという約束で、二千七百万ドルをシリア側に払って責務を委ねた。シリア側は、どうやらイラク反体制派グループにくれてやるには多すぎる額だと判断したらしく、ほとんどをネコババしてしまい、はした金を飛行機代と宿泊代だとして、それもシリア通貨でイラク人に渡した。

これはイラク反体制派史上最大の会議となった。元バース党員、テヘラン拠点のイスラム原理主義者、一時期勢力を誇ったイラク共産党の残党、それにクルド人と、あらゆる論調の意見が交わされた。投票が行なわれ、シリアの支配から脱し、西欧に支援を求めることを僅差で議決した。一九七五年にCIAに見捨てられたクルド人が西欧の支援を疑うのはもっともで、クルド代表は浮動票を投じた。

多くの代表たちにとって、この会議は感無量なものだった。一九七六年に故郷を離れてからイギリスに住む民間技術者のライト・クッバが振り返る。

「湾岸戦争後、誰もがイラク反体制派を待ち望んでいた」

クッバは、苦労の多かった亡命生活の大半を回顧する。

「サダムがアメリカとイギリスの援助を受けていた時期は苦しかった。イラクに強制送還されるのを避けるための滞在延長パスポート偽造業者が繁盛したものだ。時には小さな勝利もあって、サッチャー政権との貿易協定に調印するためロンドンに来たサダム政権の大臣に抗議デモをかけると、彼は裏口から逃げて行った」

＊アブ・トゥルキ：サウジアラビアのトゥルキ・ビン・ファイサル王子のこと。情報局長官として一九七九年にメッカ・カアバ神殿を占拠したテロリストを排除する軍事作戦を指揮した。二〇〇五年から二〇〇六年まで駐米大使。

ロンドンのシンクタンク達が開催したイラク問題講演会の場で、クッバはアメリカ国務省の中東問題担当官でジョン・ケリーというアホで有名な官僚に会う機会があった。クッバはイラク反体制派の一員だと自己紹介した。

「イラン政府に協力してどのくらいになるかね？」

ケリーはそう言って背を向けた。

すでに見たように、一九八八年三月にハラブジャでクルド人五千人をわずか半日で毒ガス虐殺したことに、西欧各国政府は一切口をつぐんだ。クッバは仕事を辞めてアメリカに渡り、一ヵ月間各地を回った。彼は、毒ガス攻撃が及ぼした結果を写したビデオ映像を関心のある人たちに何回も見せた。イラクで起きている事を世界に知らせるために孤軍奮闘したのだった。

サリー・オマールやイヤド・アラウィのようなやり手たちとは違い、クッバにはまだある種の純粋な希望があった。サダムがクウェートに侵攻した時、彼はフロリダでバカンスを過ごしていた。飛行機の中でたまたま紹介されたのがきっかけで、彼はワシントンまで行き、国務省の中級官僚とオフレコの会見をモノにした（「イラク反体制派」とは言わないように気をつけた）。アメリカはイラクに民主主義思想を推進するために侵攻の危機を生かすべきでは、と真剣に問うた。

「アメリカがイラクに民主主義を求めている、と誰が言っているのかね？」

と、相手は顔を紅潮させ、いかにも官僚的に高飛車に言った。

「それは、同盟国のサウジアラビアを怒らせるものだ」

クッバはショックだった。

八ヵ月後、国務省の空気は明らかに、少なくとも少しは変わっていた。米政府はついにイラク反体制派と会う用意を整えた。四月十六日、クッバは正式にワシントンのC通りにある堂々とした建物で中近東問題担当国務補佐次官、デービッド・マックに面会した。マックはアメリカ政府のイラク政策の大綱をしたためた印刷物を読み上げた。そこには「主権、統合、民主主義」を高らかに謳った文章のほかに「アメリカはイラクの政治には関与しない。イラク国土内に米軍が入ることはない」とはっきりと宣言してあった。二時間後、ブッシュ大統領はテレビで、米軍の北部イラク進軍を命令したことを発表した。

クッバ以外にマックと会ったイラク人は二人いた。一人はクルド人リーダーで戦争終結の時いかにもぞんざいな扱いをされたジャラル・タラバニの義弟、ラティフ・ラシード、もう一人はそれまではイラク反体制派の献身的メンバーとしては注目されていなかった押し出しの良いジェントルマン、アハマド・チャラビ*であった。

チャラビは他の二人とは大いに異なる経歴の持ち主である。彼は、一九五八年に王政を転覆させ、王を暗殺した左翼クーデター前までイラクのエリート階層の有力者だったきわめて裕福なシーア派銀行

*アハマド・チャラビ：一九四四年バグダッド生まれ。裕福な銀行家一族の生まれ。一九五八年、アブドル・カリム・カシムがイラク王政を倒した急進派ナショナリスト革命でレバノンに移り、アメリカに留学した。一九七七年までベイルートのアメリカン大学で教授を務め、一九九九年までイラク国民会議（ＩＮＳ）議長として九〇年代のクルド人レジスタンスを組織した。アラブ諸国からは排斥され、アメリカにも不信感を持たれ、レバノンでは詐欺容疑で指名手配中。イギリス国籍を持ち、ロンドン在住。二〇〇六年のビルダーベルグ会議に招待されている。

家一族に生まれた。一族は革命でレバノンに移住、そこでも繁栄を極め、レバノンのシーア派社会と緊密な関係を形成した。後のヨルダン首相アブドゥル・カリム・アル・カバラティはベイルートで若き日のチャラビと知り合っている。カバラティはチャラビのことを「生き字引だった。頭は良いが賢いとは言えない」(原注25)と記憶している。ベイルートからチャラビはマサチューセッツ工科大学に留学し、シカゴ大学へと進み、そこで数学の結び目理論で博士号を取得、その後中東に戻り、家業に就いた。一九七七年にヨルダンに移ってペトラ銀行を設立、一九八〇年代前中半のバブル経済の中で急成長し、たちまちにして国内第三位の銀行にした。アンマンの上流階級に多くの知己を得たが、一九八九年八月にヨルダン中央銀行の頭取が「外国為替取引疑惑」に絡んで突然、ペトラ銀行を買収した。ほどなく詐欺と横領で訴追されたチャラビは「休暇」と称して出国したが、実は友人の自動車のトランクに隠れてダマスカスに向かった不法出国だった。最終的に、チャラビは欠席裁判で六千万ドルの横領罪で起訴され(彼は一貫して政治的理由に拠るものとして罪状を強固に否認している)、二十二年の懲役刑を宣告された。しかし彼にはこの時、他にもっと大切な仕事があった。

ペトラ銀行が潰れるまで、アハマド・チャラビは　サダムに投獄されたシーア派の親族を支えるため以外には母国の政治にはほとんど関わらなかった。しかし、一九九一年にそれは変わり、彼は急速に盛り上がるイラク反体制派の世界にエネルギッシュに指導的に身を投じていった。一九九一年の答申以前でさえ、彼はＣＩＡのレーダー網に要注意人物として映し出されていた。

ライト・クッバに言わせれば、印象は共通していた。国務省での会見から間もなく、チャラビは彼に「アメリカはアフガニスタンに五億ドル以上出した。しっかりした提案をすればアメリカはイラク反体制派にたっぷりよこす用意がある。それをいただこうじゃないか」と持ちかけた。

チャラビの登場は、ラングレー（CIA）では国際的承認を得られなかった。一九九一年五月のイラク工作に関わった局員は、チャラビがすでに雇われていたことを記憶している。この局員はまたフランク・アンダーソンが「この計画の進展を一切この男に委ねてはならない」と明言したことも憶えている。

チャラビを「メカニズム」として選ぶのに反対する主張には一理あった。アメリカが注目したように、彼は政治の世界では新米だった。亡命イラク人の輪の中で、彼にはイラク国外の支援者網が無く、一人ぼっちにされている。彼はシーア派で、アメリカにとってはつねに不愉快なイメージで、しかももちろんのことだが、ペトラ銀行スキャンダルのせいでヨルダンでは指名手配になっているという厄介な背景がある。

一方で、スパイの親玉が考えるに、この男を推す理由は沢山ある。

「彼には組織力があった」、と一人が振り返る。

「彼はまたシーア派の立場だけを述べるのではなく、イラク民族主義の考え方をしていた」

別のCIAチームの一人はこう指摘した。

「彼が政治家ではなく、ビジネスマンであるという事実はプラスだった。計画をビジネスマン的に考えることに慣れていた。彼は新聞を発行する計画を立てると同時に、それを半年後にバグダッドにどうやって持ち込むかを思案していた。こういう進め方は評価できた。それに、彼は金持ちだったので、こちらが手渡すべき金の用途をよく理解した」

逆説的に、彼の主たる強みの一つは政治的追随者がいないことであった。

「他の誰もが――バルザーニ（クルド指導者）も、アル・ホイ師一派も――権力基盤を持っていたが、それ故に対立グループに強力な敵がいた。チャラビは誰にとっても脅威ではない。彼は事務屋としては問題ない。したがって彼の短所は利益でもある――しかしそれが弱みでもある。すべてはコストパフォーマンス的に分析された」

ＣＩＡは使える資質を深く広く探った。リヤドでトゥルキ・ビン・ファイサル王子との意気消沈するやり取りがあった後、サイード・マジード・アル・ホイ師は「フランス人弁護士」を自称する人々の後援を得て、突然パリに飛んでいた。パリでアル・ホイ師は、それが正確には誰であるかはよく知らぬまま、フランスおよびアメリカの政府関係者数人と会談した。アメリカ人は「国務省」を名乗っていたが、連中の主たる関心はイラクではなく、レバノンのアメリカ人人質だった。これにはそれなりの理由があって、人質をとっていた側の精神的指導者で教祖のムハンマド・フセイン・ファドララー師＊は、尊敬されているアヤトラであるサイード・マジード師の父の宗教的な弟子に当たっていた。(原注26)

イラク人聖職者ホイ師はナジャフにいる家族や友人のことの方が気がかりではあったが、ここではできることを受け入れた。テヘランに飛んだホイ師は、イランの指導者ホメイニ師に会ったが、ホメイニ師はホイ師の慈悲心溢れる活動を鼻で笑い、「お前が何をしようがアメリカ人はお前を助けはしない。アメリカのどんなグループと動いているのかが問題だ。彼らはＣＩＡなのか？」と注意を促した。

「分かりません。一人の命でも救えるならやってみる価値はあります」

ホイ師はそう答えてベイルートに飛び、ファドララー師に会ったが、彼も同じようにホイ師の後ろ盾に対しては冷淡だった。

「サダムはあなた方の町（ナジャフとカルバラのこと）をすべて破壊した。アメリカはそれをただ見ていただけだ」

アル・ホイ師は、国務省長官ジェームズ・ベーカーと会う約束になっていた。しかし彼がワシントンに着くと、ベーカーは母親が亡くなったためにテキサスに発っていた。アル・ホイ師は待ちたいと申し出たが、いくら待っても長官には会えない、と告げられただけであった。

シーア派の宗教指導者としての影響力の疑わしさに加えて、ホテル代を自分で払ったりするやけに潔癖なアル・ホイ師は、CIAの使いやすい駒ではなかった。その点、チャラビははるかに期待できた。

その後の出来事で、CIAが当面、最終的にはバグダッドの権力を握るべきチャラビ指導の運動を育てることにすべての希望を託していることが示された。これは、これまでのどんなケースともかけ離れたものだった。アンダーソンは、配られたカードの手を見て、きわめて弱いな、と思い込んだようだ。彼の作戦は、経済制裁を通してサダムを追い込み、今や湾岸地域に半永久的に駐留する強大な米軍を維持し、北部の半自治的クルド人地帯を軍事的に防衛するための広汎で、しかもやや茫漠としたスキ

＊ムハンマド・フセイン・ファドララー師：レバノンの武装勢力ヒズボラの精神的指導者。一九八三年、ベイルートにおける米海兵隊員と米国民間人三百人を殺したテロ攻撃のファトワー（布告）を発した人物。八〇年代半ばには、ブエノスアイレスでユダヤ人コミュニティセンター爆破も指導した。ヒズボラ対イスラエル戦争の後ろ盾。ファドララー基金を主宰し、テロ活動の殉教者の孤児や家族を支援している。

ームの一部分でしかなかった。

ホワイトハウスの上層部辺りはまだ、バグダッドの護衛部隊の不満分子からの「銀の弾丸」がすべての問題を片付けてくれるだろうといった未練がましい望みを抱いていた。だがそんなものは無く、中東その他に散開するCIA要員は、「宮廷クーデター」解決を助長できるイラクの軍部または情報部とつながる人物を探索していた。ある元CIA要員が肩をすくめて話してくれたが、そうこうするうちに「制裁と侮辱のコンビネーション作戦、つまりサダムに彼は全領土を支配しておらず、その身は安全でないことを見せつけて侮辱する。クーデター騒ぎやクーデターの噂が飛び交う空気を創る」といったアイディアが生まれた。作戦本部の上層部にいるベテランで真面目な局員なら、雰囲気作りは一番やりやすそうな仕事に思われた。

作戦に従事するCIA要員に金の問題はなかった。ここに紹介した要員たちのうんざりするような体験など知らない議会の情報問題特別調査委員会は、サダム追討にCIAを差し向ける考えをあたたかく承認し、作戦開始初年度に四千万ドルの予算を与えた。ワシントン暮らしが長いアンダーソンは、議会が作戦を支出額で評価する傾向があることをよく知っていた。そこで、彼が優先的にとるべき行動とは、その金を使っているのを見せることである。たまたま都合のよい金の使い途が見つかった。

CIAが、東欧とソ連に西側の宣伝を流すラジオ・リバティ（自由ラジオ）とラジオ・フリー・ヨーロップ（ヨーロッパ自由放送）の極秘スポンサーをして以来、プロパガンダ（宣伝活動）は作戦上重要な道具となってきた。一九七〇年代、スーダンで作戦が成功したことに端を発し、適した広報会社と委託契約して、この活動を民営化するトレンドが生まれた。ジミー・カーター政権の政治工作のベテラン、ジョン・レンドンは、一九九〇年にアメリカが侵攻する前に大成功を収めた、と広く評価されたパナマ根回し作戦*の仕掛人だ。彼とイラク問題との最初の出会いは、サダムの侵攻で国を追われたクウェート政府の底なしの金庫を経由してやってきた。クウェート人との契約に従い、彼は、イラクに占領されて打ちひしがれた国民に手を差し延べるラジオとテレビの放送局をサウジアラビアに立ち上げて運営した。ＣＩＡの極秘作戦専門家がサダムを妨害するための最適な道具を探していた今回、ふたたび金のなる木が彼の前で揺れたのである。少なくとも専門家の一人が、パナマでの彼の仕事を絶賛しており、イラク作戦に推薦したのであった。

一九九一年九月、フランシス・ブルックは仕事を探していた　以前は生まれ故郷のアトランタで酒類業界のロビイストとして働き、同時にジョージア州の人口調査も担当した。ジミー・カーターの仕事もしたことがある政界の友人がワシントンのジョン・レンドンに会ってみないか、とアドバイスをくれた。

「政治家の事務所みたいな所だった」

と彼は言う。

「いたるところハイテク通信機器だらけだった」

＊パナマ根回し作戦：一九八九年五月、パナマの大統領選挙で候補者のノリエガ将軍は、落選が確実になると投票所を襲撃するなど不正策動を行ない、開票は混乱し、与野党両候補が勝利宣言する事態となった。カーター前大統領の選挙監視団は「ノリエガはパナマ国民から法的権利を奪った。この独裁者に対して世界的な非難の声を期待する」と発表した。十二月二十日にアメリカはパナマに侵攻、翌一月ノリエガを逮捕した。

ちょっとおしゃべりした後、レンドンが仕事をくれた。

「ロンドンで、イラク軍がクウェートで働いた残虐行為を解説する番組を作る仕事はどうかね、月二十万で？」

ブルックは思案した。

「ちょっと考えさせて下さい」

家に戻ったブルックは新聞の切り抜きを調べ、パナマとクウェートでのレンドンの経歴を見つけた。軍の情報部将校だったこの青年の父親は息子の話を聞くと、これは明らかにＣＩＡの仕事だと言った。嫌がるどころかブルックはロンドンに出奔、訪ねた大きなオフィスは同じようにたっぷり報酬を貰っている連中で一杯だった。彼は驚かなかった。

「彼らはロンドンが水に合わなくて苦労していた」

彼は感じた。

「中東をそっとしてあげろ」

進行中のプロジェクトの一つに、写真と記事をヨーロッパ中に持ち歩き、イラク政権の極悪非道ぶりを世間に印象づける「残虐行為展示会」があった。この企画の根幹は、展示会の客がコメントを書き込む記帳本である。これによっておのずとイラク人亡命者の存在が分かり、ＣＩＡが目をつけて一本釣りしようとする狙いだ。別の作戦には、ワシントンの事務所の一室に、ブルックに言わせれば「二十歳くらいの若者」を集め、ラジオ用の宣伝原稿を日当百ドルで書かせるというのもあった。原稿はボストンに送り、アラブ語に翻訳してからカイロとジェッダとクウェート・シティのラジオ局に送られ、イラクに発信されていた。

「ああ、レンドンはしこたま稼いだと思うね」

この作戦に絡んでいた要員の一人が認めているが、不正なことは一切無かったと強調する。一九九一年夏、事業の会計監査があった。

「不正行為は見つからなかったが、局の会計士は広報会社との外注関係に反対で、レンドンはＣＩＡ史上最も厳しい監査をされた民間会社ではないか」

ロンドンのオフィスでブルックを印象づけたある人物がいた。それがアハマド・チャラビである。

「彼はイラクと中東についてはもちろんのこと、自分の仕事を知り抜いている人物に見えた」

一九九一年の秋、チャラビはレンドンの作戦に不可欠な存在になった。ライト・クッバは講演旅行で、サダムの残忍さについて話すよう彼から依頼されたことを憶えている。ラングレーの疑い深い会計士のことも、ＣＩＡの全面的関与も知らないクッバは、チャラビがバスの切符に至るまで神経質なまでに領収書にこだわる理由がさっぱり分からなかった。

ブルックのような下っ端から見ると、計画全体が無駄なものに思えた。「残虐行為展示会」ぐらいの事ではまずサダムは引きずり降ろせないだろう。ところが、作戦に違った側面が出てきた。経済制裁でイラク国民が被った被害がかなりの国際的関心を呼び始めていたのである。フィンランドの政治家、マルッティ・アーティサアリが一九九一年四月にバグダッドを訪れ、経済制裁が解除されなければ、今にも大量のイラク国民が飢餓状態に陥るだろう、と予測する憂慮すべき報告を携えて戻って来た。一ヵ月後、ハーバード公衆衛生大学院の調査団がイラク国内を回り、貿易封鎖により十分な食糧と医薬品の供給を阻まれている一般市民の困窮状況の増大に関してさらに精査した結果、きわめて深刻な事態であることに変わりは無い、と報告した。

経済制裁は戦争終結直後の数ヵ月でアメリカが展開した政策の中核にあった。そこで何としても、ハーバード調査団の調査結果やその他の報告をたまたま読んだ人が、擁護し難い残酷な政策だと結論しかねない事柄への国際世論の支持を維持しなければならない。ここで、レンドンの広報会社を使ってヨーロッパや他の地域で展開したCIAの工作活動が役に立った。

「大体二ヵ月ごとに、飢えるイラクの赤ん坊に関する報告が来た」

レンドンのキャンペーン活動担当者が話す。

「こちらの役目はそれに反論することだ。残虐行為の写真展とビデオ上映は二十数ヵ国以上を巡回した。これはすべて、経済制裁を継続するために打ち合わせたキャンペーン活動の一部だった」

ところがアハマド・チャラビは、自分と同じイラク人が飢えに苦しむのを支持するPR活動を慎むような気は毛頭無かった。彼とライト・クッバ（二人は又従兄弟だった）そして何人かは新たなイラク反体制派グループの構成を検討していた。すでに存在していた他の多くのグループとは違い、これはサダムと対立するイラク人の主要党派をすべて囲い込もうという意図があり、民主主義的体制の創設を最終目的としていた。これはイラク国民会議――ＩＮＣ――と名のったが、後にＣＩＡが命名した名称だとクレームをつけられ、チャラビが憤然と断言否定している。

「それは嘘だ！　この名称を選んだのは私だ。レンドンもその場にいた」

ＣＩＡとの関係を仕方なく隠しながらも、チャラビはワシントンで主義を主張する積極的ロビー活動を追求していた。様々な議員の説得に成功したチャラビはようやく一九九一年十二月、疑い深いリチャード・ハースとの会見を実現し、ハースは彼の話を最後まで聴いて納得し、こう言った。

「非常に参考になる話だった」

チャラビにはこれで十分だった。彼は急ぎ中東に飛ぶと、アラブ諜報機関に彼のバックにアメリカがついているという噂をばらまいた。

これは循環パターンとも言えた。アメリカにとってチャラビはイラクの立場で発言する人間である。イラク人からみれば、チャラビは「アメリカの仲介人」なのだ。

六月、ＩＮＣの設立総会のために代表団が大挙してオーストリアのウィーンに飛んだ。経費はＣＩＡが払ったが、これは出席者の大半が知らない事実である。支払いを担当した局員が笑って言った。

「チャラビがてっきり、ペトラ銀行で横領した金ですべてを負担していると思わない者は誰もいなかった」

翌月、ＩＮＣの指導部が国家安全保障担当大統領補佐官ブレント・スコウクロフトと、国務長官ジェームズ・ベーカーとの会見のためワシントンを正式訪問した。彼らはＩＮＣ の組織と民主主義イラクのためのアメリカの支援を確約してもらい、期待と活力に満ち溢れて帰っていった。しかし、迎えた側はもっと冷めた見方をしていた。サダムに抵抗するイラク人の期待と抱負をプロはそれほど高く評価していなかったのだ。

「われわれが推察するに」

担当官僚が言う。

「チャラビのことは、一九五〇年代に南部の共和党公認で州議会議員選に出馬した候補のケースのような見方がふさわしい。彼に勝ち目が無いのはみんな分かっていた。彼の役目はいかにも勝てそうに振舞うことだった」

このようにして悲劇的誤解の舞台がしつらえられた。イラク国民会議を代表する様々な党派は、サダム解任に向けて、今や米政府の無条件の支援が得られると思っていた。ホワイトハウスとＣＩＡは、イラク国民会議のことを単に、経済制裁や宮廷クーデターで独裁者を転覆させる陰謀などのあらゆる地下工作とあいまって、サダムの体を突き刺すのに使える棘がもう一本増えた程度にしかみなしていなかった。言い換えれば、イラク国民会議はアメリカの二面戦略の一方にすぎなかった。イラク国民会議はアメリカによる公式な保証を貰ったのだが、それはイラク国民会議がバース党のイラク支配に対置するにふさわしいきちんとした民主主義者だからなのだ。ベーカーやスコウクロフトのような高官の目から見れば、彼らにはっぱをかけても別に害は無い。クルド人に支持されたことで、クルド人の反乱に遭っているアメリカの同盟国トルコがつねに悩まされているクルド独立策動を出し抜いたという点で、イラク国民会議の鴨はネギを背負ってきたと言える。しかしアメリカ国家安全保障会議の政策決定者は非公式に、サダムの内部集団の反逆にしかイラクの首領の首をすげ替えるチャンスがないと信じていた。

だがワシントンは今、どこよりも複雑に分裂した暴力的な社会の政治状況に逃れがたく巻き込まれていた。この社会は、中心に座る男の過去と人間性を語らずとも、これまで外の世界から注目されてきた以上に詳しく見るに値する。

第３章
サダム・フセインの原点

Chapter 3

イラクにはこんな諺がある。

「イラク人が二人いれば、宗派は三つある」

イラクのイスラム教徒は団結しない。分裂する。バグダッド、モスル、シリアとの国境の間の三角地帯に住むスンニ派アラブ人の人口は五番目だが、つねにイラク政府を支配してきた。シーア派アラブ人は人口の半分以上を占め、バグダッドとバスラを挟むイラク南部で圧倒的多数を数える。スンニ派は首都でもシーア派より数は多いが、政府は彼らの移住に制限を加えようとしてきた。北部では、イランとトルコ国境沿いの山岳地帯に住むクルド人の数はイラク人口の五番目より多く、平野部では一気に数が少なくなる。(原注1)

地図の上では、クルディスタンからペルシャ湾への九百キロ弱の間に広がるメソポタミア平野は一つにまとまっているかに見える。イラクの大部分の都市が建設されているユーフラテス川とティグリス川の流域が、エジプトのナイル川のように一つの国を生んだことは一度もない。砂州と浅瀬が船の航行を困難にした。十九世紀、バグダッドからバスラまで船で行くには一週間を要した。第一次世界大戦下の一九一六年、イギリス軍がクトでトルコ軍に包囲された部隊を支援する戦闘での負傷兵を運ぼうとした時も、バスラまでのわずか三百キロ余りをはしけで二週間も要した。モスルはアレッポや北シリアと交易があり、バグダッドとシーア派の聖地カルバラやナジャフはイランと強く結びつき、南奥部のバスラはペルシャ湾とインドに目を向けていた。(原注2)世紀の変わり目、イラクは単一の政体でも民族でもなかった。イラクは、一連の部族連合体と自治体的都市に分割され、それぞれが独自の複雑な政治を行なっていた。都市の内部においてさえ、宗派間、部族間の不和は深刻であった。一九一五年、ナジャフの市民はトルコ人に反旗をひるがえし、彼らを放逐した。反乱を起こしたのはすべてシーア派だったが、それでも市のそれぞれ四分の一を占める住民が独立を宣言し、二年後にイギリスがやってくるまでその状態が続いた。(原注3)

別の要素がイラク人の多様性を複雑化している。それはイスラム教が伝来する以前に遡る。メソポタミア平野は国境に囲まれている。イラン高原とトルコ東部の山岳地帯がこれを見下ろす。自然要塞は無く、つねに周辺列強の餌食とされてきた。イラクは古戦場だらけだ。紀元前四〇一年、クセノフォンとギリシャ傭兵一万人がバグダッド北西、ユーフラテス川近くのクナクサ*の戦いに敗れた後、黒海に向けて長征を開始した。

七年後、アレクサンダー大王がクルディスタン山麓モスルの東にある北部平原ガウガメラ*でペルシャ帝国と戦い決着をつけた。

＊クナクサの戦い：紀元前四〇一年、アケメネス朝ペルシャの時代にバビロン（バグダッド）近郊のクナクサで行なわれた戦い。ダレイオス二世の子、ペルシャ王アルタクセルクセス二世が、弟キュロスの反乱軍を破った。キュロスの反乱軍にはクセノフォンがギリシャ傭兵の一員として参加していた。

＊ガウガメラの戦い：アルベラの戦いともいう。紀元前三三一年、マケドニア王国軍（ギリシャ連合軍）とアケメネス朝ペルシャ軍がティグリス川沿岸の都市、アルベラ近郊のガウガメラ平原で戦った。アレクサンダー大王率いるマケドニア軍がダレイオス三世率いるペルシャ軍を破った。戦いが始まると、アレクサンダー大王率いる騎兵隊は突如、戦場から遠のき、敵陣に空白を作らせ反転して隙を衝いた。アレクサンダーはダレイオスに接近、恐れたダレイオスは王子ファルナケスや他の兵士を置き去りにし戦線離脱した。数日後、アレクサンダー大王はバビロンに入城した。

こんにちイラクとなっている土地に住んでいた人々は、ローマとイラン高原にあったペルシャとの抗争の最前線にいた。西暦六三七年、ユーフラテス川下流のカディシヤでイスラム教徒に改宗したばかりのアラブの侵略軍とペルシャ軍との決定的な戦い*があった（イラン・イラク戦争の間、サダム・フセインはイラクのメディアで『カディシヤのサダム』と喩えられた）。外国の侵略に対する弱さはイラク史に頻出する特徴である。

今日のイラク人にとって最も重要な意味を持ったこの戦いは、軍事的には大したことはなく、ほぼ虐殺に近い一方的勝利に終わっている。しかし、この悲劇的な衝突の一部始終はイラクの大多数の家庭で毎年思い起こされている。この千四百年後に、イスラム世界もイラクも二分するシーア派とスンニ派イスラム教徒の間の紛争が始まった。預言者ムハンマドの継承をめぐる血なまぐさい王家の争いは、信仰の敵対構造を作り出して終わった*。西暦六五六年、まさしく一連の爆発的征服によって新たに生まれたイスラム世界四代目のカリフが誰かをめぐって内戦が勃発した。イラクのアラブ人部隊は、ムハンマドの従兄弟で義理の息子である、信心深く温厚なアリを擁護した。アリは交渉を引き延ばす策略にかかり六六一年、ユーフラテスに臨むイラク最初のイスラム都市クファに建設されたばかりのモスクの入り口に立っているところを暗殺された。それから十九年、メディナで静かに暮らしていた彼の息子フセインは、イラクにいたムハンマドの残党にカリフの座の復活を主張すべく説得された。フセインは明確な計画も無いまま、六八〇年に一族と家来七十二名を伴って砂漠に向けて出発した。クファに着いた彼らは裏切られたことに気がついた。フセインの支持者は取り囲まれ、彼を支えるはずの地元の一揆も起きなかった。ダマスカスのカリフ、ヤジドが差し向けた市長のウバイドゥラーが四千人の弓矢隊と騎馬隊で少人数の一団を包囲し全面降伏を迫った。

フセインと彼の支持者たちは最後の抵抗として、自らの退路を断ち、さらに降伏しない決意を示すために、背後に溝を掘った。ウバイドゥラーが放たせた矢に撃たれ、味方がばたばたと倒れる中で、フセインの英雄的な兄弟であり戦友のアッバスは、女子供が水を求めて泣き叫ぶ声を聞いた。彼は敵と斬りむすびながら、皮袋を持ってユーフラテス川に向かったが、川から戻って来たアッバスの片手は切り落とされていた。鎧に身を固めた戦士アッバスが戦に向かう姿を描いた絵は、シーア派の家庭によく飾ってある。こん棒や枝で敵に殴り殺された場所にある棕櫚の木にアッバスがよりかかっている絵である。フセインは、片手に剣、一方の手でコーランを持って最後に殺された。兄弟の戦死はシーア派信仰の創立神話になった。カルバラにある二人の墓は、ナジャフから八十キロの所にあるアリの墓と並んでシーア派イスラム教徒寺院の本山となり、イスラム世界から多くの巡礼がやってくる。裏切り、苦難、

＊カディシヤの戦い：イスラム勢力の拡大期に起きたアラブイスラム教徒とササン朝ペルシャとの決戦。イスラム教徒のペルシャ征服に終わった。サダム・フセインは対イラン戦争勃発時に「兄弟たちよ、イラク人とすべてのアラブ人の名において、カディシヤの復讐を企むペルシャの卑怯なる小人どもに、カディシヤの精神と血と名誉の矛先は彼らをはるかに凌駕するものだと告げようではないか」と檄を飛ばした。

＊イスラムの分裂：シーア派は、ムハンマドの継承者（カリフ）をめぐる争いの中から台頭した。六六一年第四代カリフ、アリがウマイヤ王朝の刺客に暗殺され、アリを支持する党派（シーア・アリ、すなわちシーア派）は、ムハンマドを直接継承する権利はアリにあり、それ以前のカリフは違法でアリと彼の妻でムハンマドの娘のファティマとの子孫だけにイスラム教徒の共同体を支配する権利がある、と主張した。多数派のイスラム共同体スンニ派はこの教義（正統主義）を拒絶、アブ＝バクル、ウマル、ウスマンのアリに先立つ三人のカリフも正統カリフとして認めた。

殉教、救済、この教えがこめられた最後の戦いの物語は、シーア派の伝統においてもキリスト教のイエスの磔刑と変わらぬ意味を持つ。それは虐げられた者に訴え、つねにバグダッド支配者の合法性への疑問を生んできた。フセイン、アッバス、アリの聖廟はシーア派イスラム教徒にとって、メッカとメディナに匹敵する。オスマントルコからサダム・フセインに至るまで、イラクの支配者は、イラン最大の宗派であり、イスラム世界に数百万の信徒を持つシーア派の最も神聖な寺院が眼前にある、という事実に対処しなければならなかった。

深い宗教的差異は、一五三四年にバグダッドを奪取し約四百年にわたって支配したオスマントルコの下で許容されていた。彼らはスンニ派イスラム教徒であったが、都市の外での支配力は無かった。政府の権威をあからさまに軽視し、愚弄する部族連合が地方を支配していた。部族が民衆を守り、主体的意識を与えた。これは政府にはできなかったことだ。個々のイラク人に対する部族的忠誠心の吸引力は、一九一〇年のオスマントルコ議会でバグダッド選出の議員がはっきりと述べている。それによると、

「政府に頼るよりも部族に頼る方が千倍も確実である。なぜなら政府は抑圧に従うか、それを無視するのに対し、部族はそれがどんな些細なことでも、部族構成員の誰かに対して不正義が行なわれたと分かった途端、その者のために直ちに報復する用意があるからである(原注4)」

その後、二十世紀を通してバグダッド政府は強力になっていったが、家族や部族こそが唯一にして真の擁護者であるという信念は決して無くならなかった。

オスマントルコ支配下のイラクは単一国家ではなかった。イラクは、モスルとバグダッドとバスラ

をそれぞれ中心とする三つの地方に分かれていた。だが、このすべてが変わっていく。第一次世界大戦が始まった一九一四年、イギリスは、近くにあるペルシャの油田をトルコが攻撃する恐れがあるため、その防衛のための小部隊をイラク南端部に上陸させた。イギリス軍は難なくバスラを占領し、一九一五年にはトルコの抵抗が無いと過信してバグダッド進軍を決定した。それは地図の上では容易に見えた、だけにすぎない。メソポタミア平野は平坦だが、防御する側からすればとっておきの陣形が組める。それは、イギリス王室史上最も悲惨な作戦行動の一つとなった。イギリス軍はチャールズ・タウンゼンド少将の指揮の下、ティグリス川をバグダッドから四十キロ以内のところまで進軍した。イギリス軍は、六世紀のペルシャ時代の宴会場跡の日干し煉瓦のアーチで有名なクテシフォン*で勝利したが、補強されたトルコ軍を相手に多大な損害を被った。イギリス軍は、ティグリス川下流の曲がり角にある当時も今も荒れ果てて悪臭が漂うクトまで退却した。タウンゼンド将軍はここでトルコ軍に包囲され、その彼を救うためにバスラのイギリス軍が死に物狂いで戦う中、百四十六日間持ちこたえた。イギリス軍司令官は神経衰弱になり、その結果自軍の兵糧を少なく見積もってしまう。クト郊外にあった部隊は時期尚早の攻撃を余儀なくされ、タウンゼンドが降伏した時には二万三千人の死傷者を出していた。さらにイギリス軍捕虜は、トルコでの強制労働のために水も飲めずに行軍させられ七千人が死んだ。捕虜

＊クテシフォン：バグダッドの南東ティグリス川東岸に位置する古代遺跡。紀元前一世紀頃にこの地域一帯を支配したパルティア王国によって建設され、その首都として栄えた。豊かな土壌のメソポタミアの中心として、また東西交易の重要な中継地としての役割を担い、ササン朝ペルシャの時代にも首都として政治経済の中心であり続けた。イスラム支配期以降は衰え、廃墟となった。

たちは途中、ティクリートの町で住民たちに驚くべき酷い仕打ちを受けた。(原注5) イギリス人墓地の場所は、今ではクトの中心のティグリス川の水面よりやや低い湿地帯に沈んでいて、緑色の泥水に墓標の先端が突き出ている。(原注6)

イギリスの次の前進作戦はより計算されたもので、好結果を生んだ。バスラに巨大な基地が建設され、兵糧はインドから供給された。一九一七年、少将スタンレー・モード男爵がバグダッドを占領したが、彼は間もなくコレラで亡くなる。イギリスの狙いはつねに、バスラとバグダッドの周辺に集中するトルコの州を併合することにあった。シリアとトルコ側に位置するモスル地方については中途半端だった。モスルはスンニ派イスラム教徒の心臓部地帯で、多くのクルド人が住んでいる。イギリスは最初、オスマントルコ帝国領の分割割当としてモスルをフランスに委譲し、新たな中東を作り上げるマキャベリズム*的計画を企んだ。イギリスの動きはフランスを驚かせたが、これは全くもって自己の利益のためのものだった。イギリスはまたロシアに東部トルコを委譲することを計画し、フランスをイギリスとロシアの新領土との間の緩衝地帯にしようとした。いずれにせよ、一九一七年のボルシェビキ革命により、ツァーと交わしたこのような協定は否定される。それから三年にわたって議論を重ねた結果、イギリスはバグダッドとバスラを防衛するにはモスルが必要であると決断した。イギリスはこれらトルコの三つの州を保持し、かくして現在のイラクが誕生したのであった。

この考えに反対する者がいないわけではなかった。当初の段階から、占領下バグダッドの民事行政官アーノルド・ウィルソン大佐など、先見の明を持ったイギリス軍将校たちは、新国家の建設は災いの種だと確信していた。これはつまり、シーア派、スンニ派、クルド人という互いに忌み嫌い合う三つのグループを一つに接合することである。一九一九年、ウィルソン大佐は本国政府に対し、新国家は「民主政府のアンチテーゼ」(原注7)にしかなりえないと言っている。これは、多数派のシーア派が少数派であるスンニ派の支配を拒否したからであったが、「スンニ派支配を含まないような政府形態はまだ見えてこない」。また、ここでイラクの一員に包摂されようとしていた北部のクルド人は「アラブの法は決して受け入れない」。ウィルソンは、人口の四分の三を占める部族はいかなる政府にも従ったことがないと指摘した。(原注8)中央の権威に対する疑問は深まっていた。第一次世界大戦前夜、ユーフラテス流域の部族はバグダッド政府のことを「毒の無い弱々しい蛇だ。われわれは実際にこの眼で見た。恐れていたのはもう過去の話だ」(原注9)と決めつける歌を歌っていた。

イギリスが、トルコ人を以後イラクとなったトルコの地から追い出した二年後、この国に一九九一年までの歴史上最大の反乱が起ころうとしていた。それは一九二〇年七月、ユーフラテスの中流と下流地域の部族が起こしたが、国内の他の地域からも支援されていた。七十年後の反乱と同様、ほとんどのイラク通がこれには驚かされた。アラブ世界の旅行家、作家として当時最も著名だったイギリス人ガートルード・ベル女史がバグダッドのイギリス当局顧問の職に就いた。反乱の火蓋が切られた時、

＊マキャベリズム：ルネサンス期に『君主論』を書いたマキャベッリに由来する言葉で、目的のためには手段を選ばない、目的は手段を正当化する、といった権謀術数の意味で使われる。「国家が危機に陥った場合、政治家は（国家存続の）目的のために有効ならば手段を選ぶべきではない」という表現を「目的のためなら手段を選ばない」と理解する。これは必ずしもマキャベッリの真意ではないが、固定された解釈となった。権謀術数に長けた人物のことを「マキャベリスト」という。

彼女は新任のイギリス軍司令官アイルマー・ハルデーン将軍に、何の問題もありません、と保証した。彼女は多くのイラク人人脈と「腹を割った」話をしたところ、「運動は崩壊したようであり、リーダーの大半はこれを不問に附すのかどうかだけ心配している」との確信を得た。[原注10]

反乱は本質的に部族によるものだったが、短期間の占領の間にイギリスの行政管理はイラク社会の階層構造をほぼ全面的に損なった。トルコとの戦争の間、イギリスはアラブ人による政体を約束していたけれど、それは実現されなかった。一九二〇年の反乱の直前、あるイラク人名士がガートルード・ベルに言った。

「あなたたちはバグダッドを占領して以来、アラブ人政府を作ると言い続けてきたが、三年以上も経ったのに何も実現していない」[原注11]

イラク人が怒ったのにはまだ理由があった。トルコのために動いた将校や官僚はイギリスから除外された。シーア派聖職者は新政府を嫌った。彼らがキリスト教徒だったからである。部族は新政府に不満を抱いた。税金の取り立てがトルコ人より厳しかったからである。イギリスは、部族も戦争中に手に入れた近代的ライフル銃で重装備していたのを発見した。[原注12] 戦闘が終結した時、イギリスは彼らから六万三千丁を没収した。バグダッドでは民族主義者が自決権を要求していた。神経質になったり自信過剰になったりを繰り返していたガートルード・ベルは、市中でイスラムの統合とイラクの独立を叫ぶアジテーターを罵った。彼女は書いている。

「彼らは恐怖時代を作った。バザールで誰かが異議を唱えると、皆牡蠣のように押し黙ってしまう」[原注13]

反乱は一九二一年まで続いた。それはイギリスが考えていたよりもはるかに深刻であった。反乱が終わった時、イギリス人死傷者は二千二百六十九人、イラク人死傷者は推定八千四百五十人を数えた。ユーフラテス中流地域の部族は、待ち伏せ攻撃でマンチェスター連隊の一部隊をほぼ全滅させた。反乱軍は弾薬には不自由していたがライフルの扱いは上手だった。

「アラブ人は実に油断できない[原注14]」

ハルデーン将軍は対ゲリラ戦に関するノートに敗北的に総括している。

「アラブ人は小さな戦力で大きな力を発揮する。大軍が現われたら白旗を掲げ、大人しく野良仕事を始める。すぐ手の届く所にライフルを隠しながら」

反乱はとても成功しそうには見えなかった。しかし、イラク愛国主義者の神話を生む。反乱の中、シーア派とスンニ派は数世紀来初めて合同の宗教行事を行ない、両派の統一に向けた最初の実験的動きがあった[原注15]。たとえ両派がいかにいがみ合っていても、少なくともイギリスに対する憎しみの方が強い者がいくらかはいた。

イギリスはアラブ人の王を使って、横合いから楽にイラクを統治する計画だった。この半植民地的支配で問題だったのは、イギリスが任命した君主が、どのイラク人にもその名前すら知られておらず、最初から汚れていたことであった。別のイラク王候補者が検討された。一九二一年、ガートルード・ベルとT・E・ロレンス*の援助で最終選抜がなされ、対トルコ反乱軍に参加した名門ハシム家のメッカ太守、フセインの三男ファイサルに白羽の矢が立った。イギリスは国内支配の当面の諸問題から距離を置いたが、裏から実質的に支配した。投票が行なわれ、最近のイラク選挙に気味悪いほど酷似した結果となり、バグダッド政府はイラク人の九十六パーセントが、イラク王単独候補者ファイサルに投票したと発表した。数年後にファイサルがイギリスを歴訪した時、王と大英帝国との真の関係が暗示的に示された。ロンドンの仕立て屋と香水商が、ファイサルが前の訪問で支払い忘れた請求書をイギリス植民地省に回してきたのである。

イギリスはイラク統治をファイサル一人に頼ってはいなかった。しかしイギリスは駐留軍維持の経費削減を望んでおり、その解決法は空軍の使用であった。これはイラクでは、一九二〇年代においても、一九九〇年代においても、つねに魅力的な選択肢であるように思われる。イラクの平野部、砂漠、湿地帯、山岳部は地上から監視するのは困難だ。イギリス王室空軍は反乱時に力を発揮した。イラクは、ファイサル一世とその継承者を軍事的に援護するためのイギリス王室空軍の演習場と化した。地上部隊は引き上げられた。イギリスはクルドの民族自決を約束したが、結局はイラクへの併合を優先させた。二十年後に対独爆撃を指揮することになるアーサー〝爆撃屋〟ハリスは、あえて軍事目標に狙いを定めなかった。一九二四年に彼は言っている。

「実際に空襲を受けるとどれだけ犠牲者が出るか、どれだけ被害を受けるか、彼ら（アラブ人とクルド人）は今、分かっただろう。一つの村がわずか四十五分で丸ごときれいに無くなり、三分の一の住民が死ぬか負傷することになるのだ（原注16）」

時限爆弾も使用された。他のイギリス人将校は、市民への空爆がイラク人の心をつかむのに効果的なやり方であるとはあまり信じていなかった。

「もしアラブの人々がメソポタミアの平和的統治は最終的に我がイギリスによる女、子供への爆弾投下でもたらされることが分かったなら」

一九二一年、イギリスの戦争大臣レーミング・ワーシントン・エヴァンス卿は記している。

「彼らの夫や父親たちは決して黙ってはいないだろう」(原注17)

誰もがそんなに差別的ではなかった。一九二〇年の反乱の後、T・E・ロレンスはロンドンの日刊紙『オブザーバー』の記事にこう書いた。

「このような場合にわれわれが毒ガスを使用しないのは奇妙なことである」(原注18)

イラクの新政府は壊れやすく作られた。ファイサル一世が一九二一年に王であると宣言してから、一九五八年に君主制が廃止されるまで、政府がナショナリストの信任を勝ち取ったことは一度もなかった。事実上の権力は、対英戦争を戦ったオスマントルコ帝国時代の少数将校グループが握っていた。そこに、トルコへの忠誠を守っていたイラク支配階級の何人かが加わった。そしてほぼ四十年にわたり、同じ顔ぶれが入れ替わり立ち代り権力の座に就いた。ヌリ・アル・サイードは十四回も首相を務めたが、一九五八年に女性に変装してバグダッドを脱出しようとして殺された。ファイサルは、自分の政府の力に何の幻想も抱いていなかった。一九三三年の極秘メモに彼は書いている。

「国民よりもはるかに弱い」

＊T・E・ロレンス：（Thomas Edward Lawrence、一八八八〜一九三五）。〝アラビアのロレンス〟として知られるイギリスの軍人・考古学者。オスマントルコに対するアラブの反乱を支援し、その成功に貢献した。若い時にアラブ語に精通、第一次世界大戦で陸軍に召集され、大尉に昇進。一九一六年から一九一八年までハシム一族のファイサル王子と共に鉄道破壊工作などを行なった。英国に戻り、偽名で空軍や陸軍に入隊したが、一九三五年にオートバイの事故で死んだ。四十六歳。

そして、国中全体で「十万丁のライフル銃があるが、政府が所有しているのは一万五千丁にすぎない」と結んでいる。

「私は哀しみに溢れた心から言うのだが、今もってイラク人と呼べるものは存在せず、何らの愛国心も無く、宗教的伝統と不条理性を吹き込まれ、共通のつながりも無ければ、悪に耳を貸し、ややもするとアナーキーで、政府と名がつけばいつでも楯突く、そんな人間たちの厖大な群れ(原注19)」

ファイサル一世は、彼の政府がかくも脆弱である理由をこれ以外に語っていない。この政府はイギリスがひねり出したもので、バスラとバグダッド北西にあるハッバニヤに基地を置く王室空軍飛行中隊が守っていた。君主国のイギリス依存に対する疑問の余地は一九四一年に無くなった。トルコ時代の元将校ラシード・アリ・アル・カイラニ*が陸軍大佐四名の後ろ盾で首相になった。ヨーロッパにおけるヒットラーの勝利に勇気づけられ、新政府はイギリスの帝国主義支配を削ぎ落としにかかった。執政アブド・アル・イラー(ファイサル一世は一九三三年に死亡、幼少のファイサル二世を世継ぎに残した)とヌリ・アル・サイードは国外逃亡を余儀なくされた。イギリスはヨルダンとインドから軍隊を派遣した。反逆者の願い空しく、ドイツの援軍が来ることは無く、イラク軍は一ヵ月に及ぶ戦闘で敗れた。執政が復帰し、アブド・アル・イラーを放逐した四人の大佐は絞首刑になった。

君主制はとりあえず救われた。しかし君主国は没落過程にあった大英帝国に依存していた。エジプトやシリアの政府はアラブ民族主義者将校たちが揺さぶっていた。これらの国々とは異なり、イラクには石油があった。石油は一九二七年にキルクークで発見された。彼らの石油産業を国有化した隣国のイランを国際石油資本が懲らしめてやろうとした一九五一年から、キルクークの石油収入が増大し始めた。広大な油田の所有が中東全域でそうであったように、長期的にイラクの独裁的政府を強化した。石油収入によって国家は国民に依存せずに済むようになった。国家は、税収入や外国からの援助金に頼ることなく大型の軍隊や防衛力をまかなうことができた。一九五八年七月十四日、スンニ、シーア両派の支持を得て、声はか細いが熱血漢で禁欲主義者のアブド・アル・カリム・カシム旅団長率いる部隊がバグダッドの王宮に突入した。迫撃砲により宮殿の最上階が炎に包まれた。若きファイサル二世は執政と王族とともに燃え盛る宮殿の裏口から脱出を図ったが、反乱軍将校たちに半円形に取り囲まれ、軽機関銃で射殺された。(原注20)

君主制の崩壊から軍事クーデター、逆クーデター、陰謀が渦巻く十年が始まった。失敗の報いは年毎に大きくなった。一九六三年、カシムは倒され、五千人のほとんどが拷問された挙句、殺戮された。当時は冷戦の最中であった。イギリス援助下の君主国が転覆すると、徐々にアメリカが介入してきた。CIA長官のアレン・ダレスは上院外交委員会で「現在のイラクは世界で最も危険な地点である」と言

＊ラシード・アリ・アル・カイラニ：Rashid Ali al-Kaylani（一八九二〜一九六五）。バグダッド生まれ。一九二四年にハシミ政権の法務大臣を務め一九三三年に首相になった。ナショナリストでイギリスの内政干渉に強く反対した。一九四〇年に首相に再選され、幼王ファイサル二世の時、イギリス軍への協力を拒否しナチスに石油の供給を約束した。一九四一年一月一日、執政アブド・アル・イラー暗殺に失敗、国外逃亡したが四月に復帰して権力を握る。イギリスの厳しい経済制裁と反撃に合いカイラニは再びサウジアラビアに亡命、一九五八年の革命まで戻らなかった。その後カシム政権転覆を図って失敗、死刑判決を受けるが恩赦された。国外追放となり一九六五年に死んだ。

った。君主国は脆弱だったが、その継承者はさらに弱かった。ニューリーダーのアラブ民族主義はスンニ派アラブ人によるシーア派支配の隠れ蓑のようでもあり、クルド人の心を動かせなかった。クルド民族主義は力をつけ始めており、間もなく指導部は半永久的反乱態勢に入った。(原注21)

二十世紀後半のイラクの命運の大部分を左右することになるサダム・フセイン・アル・ティクリートは、イラク史におけるきわめて重要な時期に成人した。君主制が転覆した時、彼は二十一歳だった。彼はその後十年で、イラクの血なまぐさい政治力学を習得した。一九六八年、彼はそれを完璧にマスターしたことを見せつけた。わずか三十一歳で二週間以内に二度のクーデターを仕掛け、それを通して彼の故郷ティクリートの出身者が大多数を占めるバース党を権力の座に導いた。それまで十年続いた政治の椅子取りゲームは終わった。サダムとバース党はあれから三十年を経た今もまだ権力を握っている。最近のサダムは自分自身を逆境に打ち勝って成功した男として描くのを好んでいる。一九八〇年代、イラクの詩人たちはどちらも幼年期に孤児になったサダムと預言者ムハンマドを並び称していればば賞を貰うことができたくらいだ。(原注22)サダムは、実はイラク政治の前線に入り込むための最高のコネクションを持ったスンニ派アラブ人一族の出身である。

彼はイラク北部の平野地帯にある伝統的な日干し煉瓦の村、アウジャで一九三七年四月二十八日に生まれた。父親のフセイン・アル・マジードは農夫で、サダムが生まれる直前もしくは数ヵ月後に亡くなっている。サダムは、いつもイラクの田舎風の黒っぽい服装をした逞しそうな母親のスブハ・アル・トゥルファーと二人の叔父に育てられた。叔父の一人は母親の兄弟で、ハイラッラー・トゥルファーといい、普段はバグダッドに住んでいた。彼はサダムの叔父で里親であるだけでなく、姉のスブハと共にサダムが五歳の時に娘のサージダとの縁組をまとめたことから、サダムの義父でもあった。二人はサダムがエジプト亡命から戻ってきた一九六三年に結婚した。まだ少年だった頃の写真を見ると、後に評論家や宣伝係が作り上げた神話よりも、家族のパワーがはるかに真に迫って伝わってくる。そこには、新しい時代を征服しようとする伝統的社会の人間たちが写っている。都会に住むハイラッラー・トゥルファーは髪をきれいに分けているが、ネクタイとワイシャツとチェックのジャケットは窮屈に見える。アウジャに住んでいたサダムの継父イブラヒム・アル・ハッサンは白の頭飾りと伝統衣装に身をまとい、かたわらに二連式の散弾銃を持っている。

サダムが部族社会出身であるがゆえに、家族の力と一族の人脈が重要性を持つ。彼はその特性の多くを堅持して生きてきた。それは一族に対する堅い忠誠の世界なのだが、外部に対しては冷酷かつ敵対的である。

「自分と従兄弟以外は敵」

古いアラブの諺だ。サダムは後年、貧しい少年時代を送ったという絵図を描き、夜明けに継父に起こされては「起きろ、売女の息子。羊の世話をしろ」と言われたとしている。評論家も彼の少年期のトラウマは家庭崩壊で説明できると力説している。実際のところは、彼の体制での高い地位を固めるのに異母兄弟のバルザン、サバウィ、ワトバン、そしてアリ・ハッサン・アル・マジードといった従兄弟たちを頼りにしたのは、内部の緊張関係にかかわらず、外に対する家族の絆がつねに固いことを示している。

サダムは、首都バグダッドから百六十キロ離れたティグリス川流域の何の変哲も無い町ティクリート一帯で有力なアルブ・ナジール族に属するアル・ベジャート一族の出身である。ティグリス川に臨む低い断崖の上に位置するティクリートはさびれた繊維工業都市で、一時はバグダッド向けメロン運搬用筏舟の製造でも知られた。他に何も知られたものはないけれど、ティクリートは十二世紀初頭に十字軍を破りクルド出身であるにもかかわらずアラブの英雄となったサラディン*の誕生の地である。これ以外にイラクの歴史上特筆すべきものは無い。住民はスンニ派アラブ人で、しつこいという奇妙な定評があった。「ティクリート人みたいに話す」とはイラクの諺でおしゃべりのことだ。(原注23) サダムの成長期、ティクリートの町はすでに交易や農業だけではやっていけなくなっていた。政府関係、特に軍隊の雇用を求めてバグダッドに出て行く若者たちが増加した。首都の上層階級から士官を目指す子弟は少なかった。シーア派やクルド人は国家に対してあまり忠誠心は無かった。権力への道として軍隊を選んだのは往々にして、ティグリス・ユーフラテス上流地域のティクリートのような地方都市のしがない商人や小地主の息子たちだった。

「叔父の一人が国家主義者でイラク軍の将校だった」(原注24)

サダムは出自に関する稀なインタビューで述懐している。

「叔父はラシード・アル・カイラニの革命(一九四一年)が失敗した後、五年間服役した」

サダムは叔父のハイラッラー・トゥルファーが投獄されていた時はまだ四歳だったが、叔父さんに何があったかをよく母親に尋ねたという。母は「叔父さんは刑務所にいるのよ」と答えていた。他の親戚も軍隊で重要な地位についていた。その一人、控え目で物静かだが非常に野心的な旅団長のアハマド・ハッサン・アル・バクルはサダムの経歴に決定的な影響を持つ。彼は一九五八年の君主制打倒に参加した反乱将校の一人で、その後カシムと対立した。彼は一九一四年に代々ベジャート部族の首長を輩出してきた地方名士の家に生まれた。一九六三年のクーデターを指導し、首相となった。この頃のイラク政治は軍部のエリートが支配していたことから、軍隊経験の無いサダムは軍部の上級将校との連携によってのみ権力の座に上ることができた。

しかもサダムが同盟関係を結び、シンパを作ったのは士官たちだけではなかった。スンニ派アラブ人はイラクの人口の五分の一にすぎないが、オスマン帝国時代から下級官僚の職にはありついていた。このことが青年サダムにとって好都合だった一例が、後に彼が政治活動で投獄された各地の刑務所で受けた驚くべき厚遇である。一九五〇年代から一九六〇年代、大部分のイラク人は刑務所を拷問と恐怖の場所として恐れた。しかし、一九五九年、サダムは自らの裁量でバース党の地方党員たちを自分と同じ刑務所に入れるよう取り計らっていた。なぜなら、刑務所にいる方が外にいるより安全だったからだ。一九六〇年代、バグダッドの他の刑務所で共産主義者の囚人が牢屋の鉄格子を鋸で引き切ったかどで拷問を受けた。(原注25) サダムは刑務所の所長に面会に行き、鉄格子を切ったのは自分だと言った。するとこ

＊サラディン：Saladin（一一三八～一一九三）、アラビア名はサラーフ・ウッディーン。ティクリート出身のクルド族。初め北シリアのアレッポのザンギー朝に仕え、ファティマ朝の宰相となる。一一七一年、ファティマ朝に代わり新王朝を開いた。シリア、イラク北部、イエメン、北アフリカに領土を拡大、イスラムの英雄とされる。一一八七年、ハッティンの会戦で十字軍を破り、エルサレム王国を滅ぼしてキリスト教徒の手に落ちていた聖地エルサレムを奪回した。一一九二年、獅子心王（ライオンハート）イギリス王リチャード一世の第三回十字軍と休戦条約を締結、キリスト教徒のエルサレム巡礼を認めた。

の囚人はお咎めなしとなった。この若きバース党リーダーが迎えた決定的な瞬間は、彼が一九六六年に体制転覆を図った罪で裁判にかけられていた高等治安法廷からの帰途、刑務所から脱走した時である。(原注26)彼の計画は大統領官邸に入り、会議中の政府トップを機関銃で撃ち殺すことだった。このような重大な罪状にもかかわらず、サダムは裁判からの帰路、ティグリス河畔にあるアブ・ナッワス通りの魚料理レストランに連れて行くよう看守たちを言いくるめた。食事の間、彼と六人の仲間はレストランの裏口から堂々と出て行った。

一九四〇年代、彼の家族は金持ちでもなかったし権力も無かったが、自分たちが何者かが分かっていた。サダム自身、彼の社会的背景に関する真の説明らしき話で、自分が共産主義者ではなく民族主義者になったのは出身地の中央イラクでは階級差が大きくなかったからだと言っている。彼はこれが多大な不動産所有がある南部イラクやクルディスタンと対照的だと言う。

「私は農家の倅だったが、社会的に不遇だと思ったことは一度も無い」

と彼は言う。地方最大の地主は従兄弟のアハマド・ハッサン・アル・バクルの親戚だったらしい。

「彼は怒ると身内を叩いた。しかし彼らはやられた分だけやり返した。事実としては身内の方が多く彼を叩いた」

イラクの地方は誰でも武器を持っている暴力的なところだった。家族は最初、サダムに農業を継いで欲しかったがサダムが八歳の時、彼の叔父ハイラッラー・トゥルファーの息子で後に国防大臣になったアドナンに、ティクリートで読み書きを習っていると聞かされた。サダムは学校に行くことを親には説得できなかった。ある日の夜明け前、彼は自立を目指し野原を越えて旅立った。途中、彼は親戚の何人かと出くわした。彼らはサダムの勉学計画を分かってくれ援助を約束した。その時の彼らの対応が一九五〇年代のイラクの地方の不安定さの程度をはっきり示している。

「彼らはサダムに拳銃を渡し、ティクリートまで車で送った[(原注27)]」

と直属の伝記作家が語る。サダムが若い頃から残忍な性格だったとする説は疑わしいが、亡命イラク人のアブドゥル・ワハド・アル・ハキム博士は、サダムはその後数年、みんなに恐れられていることを嫌がるどころか逆に利用した、と言う。博士は語る。

「わたしの学校の校長は、サダムを放校にしたかったそうだ。この決定を聞きつけたサダムは校長室にやってきて、殺す、と脅し、こう言ったそうだ。『放校処分を取り消さない限りあなたを殺す[(原注28)]』」。十歳でサダムはバグダッドのハイラッラー・トゥルファーの家に世話になったが、アウジャの実家やティクリートにはよく帰っていた。

後にサダムが権力の座に登りつめてからは「ティクリート」は、イラクの政治エリートの代名詞になった。しかし一九五八年の君主制転覆後に、ティクリートは共産主義者とサダムのようなナショナリストの二派に激しく分裂していた。この事が、確固とした証拠が存在する、サダムが最初に手を染めた暗殺の背景である。犠牲者はティクリートの軍隊准尉で共産主義指導者のハジ・サドゥーン・アル・ティクリティという男だった。これは一九五九年の事件で、死んだ人物はサダムの遠縁にあたると言われた。二十年後、革命指導評議会*（ＲＣＣ）の副議長になっていたサダムは、死んだ男の親戚がいるバグダッドの学校にやって来た。部族の慣わしに則って、彼は殺しの賞金とブローニング拳銃を手渡した[(原注29)]。サダムは二十歳の時、君主制が倒される前の年にバース党に入党した。一九五二年にイラクで結成されたバース党は三人から七人の細胞で堅く組織された小さな党だった。思想的には熱烈なアラブ民族主義に漠然とした社会主義をくっつけたものであった。権力によって何をなすべきかよりも、権力志向の方が先行していた。この時期の優れた歴史学者であるハンナ・バタトゥは書いている。「バース党員がイラクを取り巻く深刻な問題の客観的分析を党の文書の中にいくら求めても徒労に終わるだろう(原注30)」

しかし、いかに敵を扱うかとなるとバース党は全然漠然とはしていなかった。カシムが権力を握るや、バース党はシリアとエジプトとの汎アラブ連合に反対するカシムに異議を唱えた。最初の独自行動として、バース党はカシム暗殺を決定した。集めた実行班の中にバグダッドの法科の学生でまだ無名の闘士サダム・フセインがいた。続いて起きたことは、政府ヒモ付き小説&映画『ザ・ロングデイズ』に登場するサダム神話の一要素となった。映画版の暗殺の策謀では、サダム役を気迫十分なサダム・カーミルが演じている。サダム・フセインの従兄弟で、名前のせいもあってどこかイラクの指導者に似ていた。

一九五九年十月七日、暗殺計画は成功寸前まで行った。カシムは東ドイツ大使館でのレセプションに向かう車中にあった。バース党は防衛省内部に情報源を持っていて、白亜の柱廊と高級ブティックで知られた、当時のバグダッドの目抜き通りのラシード通りをカシムが通過する時間を知っていた。サダムの役割は、カシムを殺すことになっていた四人の援護射撃だった。四人のうち二人が後部座席の人物を銃撃し、残りの二人が前部座席を狙うことになっていた。襲撃が始まるとサダムは極度に興奮し、叔父のハイラッラー・トゥルファァーから渡された軽機関銃を隠していたコートから出していきなり構えた。刺客はカシムの運転手を殺し、助手席の男に重傷を負わせ、カシムの肩を撃った。カシムは通りがかりのタクシーを拾って病院に急行した。襲撃者の一人が撃たれて死んだが、おそらくはたまたま味方の銃弾が当たったと見られる。サダムも脚の筋肉部分を撃たれた。

「脛のきわめて表面部分の傷だった」と彼を診察した医師が語っている。(原注31)

「銃弾は皮膚を貫通して脛のところで止まっていた……その夜、彼は剃刀(かみそり)で傷を切開して弾を摘出した」

数年後、サダムはフセイン王に、カシム暗殺に失敗したら死ぬものと考えていた、と話している。彼は警察の追跡を逃れ、ティグリスを上ってバグダッドからアウジャまでの脱出の経緯を詳しくたっぷりと語った。これは、アラブの英雄としての彼の自己イメージにおける重要な要素であった。湾岸戦争後七年間、サダムはめったに公衆の前に姿を見せなかった。再び登場した彼がほとんど最初に訪問したのが、三十年前に腹を空かし寒さで歯をガチガチさせながら対岸へ泳いで渡り、逃避行を続けたというティグリス沿いの町アル・ドゥールであった。

＊革命指導評議会：一九六八年の軍事クーデター後に設立された国家最高決定機関。二〇〇三年のイラク侵攻まで継続した。行政と立法を担い議長と副議長は全体の三分の二の得票で選出される。議長は即、イラク大統領となり大統領が副大統領を任命する。一九七九年にサダム・フセインが大統領になってからは、評議会は副議長のイザート・イブラヒムと副首相のタリク・アジズなどが運営した。評議会委員には他に、サラー・オマール・アル・アリやサダムの異母弟バルザン・イブラヒム・アル・ティクリティなどがいた。

たとえ脚色されているにしても、サダムの脱出はドラマチックな物語だ。サダムはバグダッドで車を借りることができなかったので、それは長い旅になった。かわりに彼は馬を買った。彼はベドウィン族に変装し、北を目指して四日間旅した。密輸業者を取り締まる警察の検問に引っかかった時、身分証が無いのを「ベドウィン、身分証アリマセン」と言って切り抜けた。ティグリスを渡る必要があったので、はしけの船主に一ディナール半で自分と馬を運んでくれるよう頼んだ。はしけの船主は戒厳令が出ているからと断った。サダムは馬を置いて泳いで渡ることにした。水は冷たく、遠いティグリス対岸のアル・ドゥールに泳ぎ着いた時には虚脱状態になっていた。

「まるで映画の一場面みたいだった。それよりひどかった」(原注32)

彼は後に回想している。

「服は濡れ、脚は負傷し、しかも四日間何も食べていなかった」

彼は一軒の家によろけ入り、家人ははじめ強盗かと驚いたが、なんとか一夜を過ごさせてくれ、火をおこして服を乾かしてくれた。翌朝、サダムが出て行こうとすると、その家の主人が立ちはだかり言った。

「お前はどこへ行くつもりだ？　着の身着のままでティグリスを泳いできたばかりじゃないか。何か良くない事があるに違いない。何があったのか訳を聞かないうちは行かせない」

サダムの返答は部族の復讐沙汰を匂わせるものだった。彼は言った。

「川の向こうで俺がある部族に対して罪を犯したとしよう。奴らが俺を追ってきてあんたの家で俺を殺すとしよう。あんたの家で俺が殺されたと俺の一族が知ったらどんな良い事があると思うかね？」

男は答えた。

「お前の言うことはもっともだ。神のご加護を」

サダムは出て行った。そして小学校の守衛をしていた兄弟の一人に遭遇した。アウジャに辿り着き、ようやく安全になった彼はその後シリアに国外脱出した。(原注33)

ダマスカスとカイロで過ごした三年間が彼の人生における唯一の外国生活である。権力を握るや、彼の国外訪問はいつもあっという間だった。亡命生活のほとんどは、カシムと揉めていたナセル大統領の庇護の下、カイロで送った。彼の素行については諸説がある。国外追放になるまで駐バグダッド、エジプト大使館付き軍事顧問だったエジプト大統領府書記長アブデル・マジード・ファリドは語る。(原注34)

「われわれは彼を法学部で勉強させ、部屋も見つけてやった。彼はイラクバース党リーダーの一人だった。彼は折を見ては私に会いに来て、バグダッドの発展について話していた。物静かで規律正しく、他の亡命者たちのように余計なお金を無心したりしなかった。酒にも女にもそれほど関心を示さなかった」

これは実際のところできすぎた話である。サダムが一九六〇年代に仲間と会っていたアンディアナ・カフェのオーナー、フセイン・アブデル・メギドが言うには、彼はトラブルメーカーで飲食代も支払っていない。

「彼は何かにつけて喧嘩を売っていた。出入り禁止にしたかった。ところが警察がやってきて、彼の後ろにはナセルがついていると言われた」

サダムは結局ツケを数百ドル残して行った、とメギドは言う。

大統領顧問とカフェの主人はサダムと再会することになる。彼にはとても好かれている一面と非常に拒まれる一面があった。アブデル・マジード・ファリドはナセルの死後、サダト大統領により投獄され、その後アルジェリアに亡命した。十五年後、彼はサダム・フセインに再会する。バグダッドに招待され、経済的援助も受けた。アンディアナ・カフェのメギドもイラクの支配者となったサダムの訪問を受けた。メギドは述懐する。

「一九七〇年代、副大統領になった頃、カイロを再訪した彼がここに来た。彼はツケを払って、それから二百ポンド置いていった」(原注35)

一九六三年の初め、サダムにはアンディアナ・カフェの法外なツケなどよりもっと重要な心配事があった。二月八日、バース党が指導的役割を演じた軍事クーデターが起き、カシムを打倒した。わずかな援助しかない中での試みだった。戦闘が始まってしばらくは使える戦車は九台しかなかった。バース党の活動家は八百五十名ちょうど。カシムはクーデターの動きを甘く見ていた。アメリカの関与が反カシムの戦力バランスを崩した。彼はイラクを反ソビエトのバグダッド条約*から脱退させていた。一九六一年、カシムはクウェート占領の脅威を与え、イラクの石油を搾取していた外国コンソーシアムであるイラク石油会社*(IPC)の一部を国有化した。

振り返れば、それはCIAの得意とするクーデターであった。

「われわれは確かにあの事件に極秘に関わった」

当時、CIAの中東担当部長だったジェームズ・クリッチフィールド曰く、

「われわれは大成功だと見た」(原注36)

作戦に加わったイラク人たちも後にアメリカの関与を認めている。
「われわれはＣＩＡに便乗して権力を取った」[原注37]
そう認めるのは、前代未聞の恐怖時代を準備していたバース党の書記長、アリ・サレー・サッディだ。伝えられているところによれば、バグダッドのアメリカ大使館内にあったＣＩＡ支局およびクウェートの地下ラジオ放送局からの工作員の送り込みや、クーデターが成功した時に陣営の誰を片付けるべきかのアドバイスを中東諸国に要請することなどもＣＩＡが手助けしている。カシムはバグダッド市民には最後まで人気があった。彼が処刑された後でも、クーデター指導部が銃弾で蜂の巣にされた死体写真を新聞・テレビで発表するまで支持者たちは彼の死を信じようとしなかった。ある話によると、

＊バグダッド条約：一九五五年十一月、反共反ソ軍事同盟として発足。正式名称は中東条約機構（ＭＥＴＯ）。イギリス、トルコ、イラン、イラク、パキスタンが加盟、アメリカはオブザーバー。一九五七年、バース党を中心にイラク統一民族戦線（ＵＮＦ）結成。民族民主党、イラク共産党が結集して親英反共のヌリ・アル・サイード政権と対立した。一九五八年七月、カシム准将によるクーデターでサイード首相の独裁政権を打倒、王政を破棄しイラク人民共和国を宣言、国王ファイサル二世、ヌリ首相らを殺害した。一九五九年、ナセル派将校がモスルで反乱、イラク政府は共産党とクルド人義勇軍の支援を受け鎮圧。三月、イラクの急進化に対応してイランとアメリカが軍事協定を締結。イラク政府はこれに抗議してバグダッド条約機構から脱退した。

＊イラク石油会社：イラクの石油採掘権を獲得するため、アメリカの石油会社に先駆ける事を狙って競合会社が集まって一九一二年に設立されたトルコ石油会社が前身。一九二九年にトルコ石油会社はイラク石油会社に変わった。資本はシェルとＢＰ、フランスのＣＦＰ（トータルの前身）そしてアメリカのモービルとエッソのＮＥＤＥＣがそれぞれ二三・七五パーセント、そして仲介人の「ミスター五パーセント」グルベンキアンが五パーセントを共同するコンソーシアムであった。一九七一年に国有化された。

カシムは墓碑銘も無く地中浅く埋められたという。すると野犬がやってきて屍体を掘り返し食べ始めた。びっくりした農民が棺桶に入れて埋葬したが、秘密警察が再び掘り返し、ティグリス川に投棄したとのことである。（原注38）

バース党の勝利は束の間だった。党は文人と軍人との両派に大きく分かれていた。新首相にはサダムの従兄弟のアハマド・ハッサン・アル・バクルが就任した。カシムを倒した他の上級将校の多くはティクリート出身だったが、彼らはアル・バクルやサダムとは異なる部族に属していた。党内には相互の憎しみ以外何も無く、結束を望むべくもなかった。十一月、新大統領アブド・アル・サラム・アレフは最初、軍部バース党員に党内文人とその義勇軍に従うよう説得した。その直後、アレフはバース党の将校を政府から追放した。

サダムは、一九六三年のクーデターでは何の役割も果たしていない。クーデター後の虐殺に加わったのかどうかも明らかではない。翌年、彼は投獄されたがそれほど面倒なものでもなかった。バース党が初めての権力奪取に失敗したことで、サダムとアル・バクルに党内の責任ある地位が回って来た。彼らは一九六三年に犯したミスを避けることで権力奪還を企てた。党は自力で事を起こすほどの力は無く、軍情報部のトップ、アブド・アル・ラッザク・アル・ナイイフを丸め込む。クーデターは一九六八年七月十七日に起こされ、今回は、五年前とは対照的に、権力奪取から二週間を経ずして放逐されたのは非バース党員の将校連だった。

カシム暗殺を試みてから九年後、サダムは革命指導評議会（ＲＣＣ）副議長となり、イラクでナンバー2の男となった。彼の影響力がどこまで及ぶかは故意に隠蔽されていた。軍事体制からスタートしたアハマド・ハッサン・アル・バクル大統領下の七十年代後半まで、彼は文人だった。一九七〇年代のサダムは、自分を「新しいイラクの実力者」と紹介している海外の出版物が軍部将校の目に触れないよう画策していた。彼らのことを「軍事貴族」と呼ぶバース党の文書も連中には読まれないようにしていたらしい。(原注39) 勝利を手にしたバース党の残虐さは五年前と変わるところはなかったが、一九六八年のクーデター後、その暴力性はよりシステマチックなものになった。反対派に生き延びるチャンスは無かった。軍諜報部長ナイイフはクーデターでバース党に貢献し、そして排除されたが、サダムが彼の背中に銃を突きつけて空港まで連行した。亡命してもナイイフは危険人物とみなされた。一九七四年、殺し屋がロンドンのアパートで彼を狙った。四年後、彼は同じロンドンのホテルで射殺された。国防大臣ハルダン・アル・ティクリティは一九七〇年に解任され、翌年クウェートで暗殺された。イラクでは以前は軍、政党、部族、諜報機関のすべてが権力抗争を繰り広げており、どの政権も安定しなかった。サダムは一九六八年から一九七九年の間に、この四つの権力体の中枢を握ることができ、不動の位置を固めたのである。

この時期のサダムは残虐さと同時に魅力も備えていた。彼の姿勢はきわめて部族的で無慈悲、敵に対しては情け容赦なかったが、味方には手厚く寛大であった。

「われわれがイラクを動かしていたやり方に何も秘密はなかった」

とサダムの同僚の一人が語ったことがある。

「ティクリートを動かすのとまさに同じやり方だった(原注40)」

サダムは異例の速さで出世した。バグダッドから命からがら逃げて以来十年も経ずして、イラクで二番目の権力者になった。彼は良く働き、睡眠時間はわずかで夜明け前に起きていた。後年には腰を悪くはしたが、すこぶる健康であった。ポルトガル産ワインのマテウス・ロゼを好むようになった（原注41）。若い時はパイプを吸っていたが、アルジェリアのウアリ・ブーメディエン大統領に薦められてからはずっと葉巻を愛用した。娯楽と言えば、ティクリート人が皆大好きなコーリヤダンス*がある。バクルはこのジプシー舞踏の番組を放送するようテレビ局によく電話していた。番組が終わるとまた電話して祝福し、もっとやるよう要求した。予定のサッカー中継を楽しみにしていた一般視聴者はコーリヤに変更になる度腹を立てた。（フセイン・カーミル将軍が一九九五年にヨルダンに逃げた時、あるイラク人がこう予言した「結局はイラクに戻ってくるさ。コーリヤ無しでは生きていけないんだから（原注42）」）。サダムが大統領になるとテレビの番組編成は通常に戻ったが、それは彼がコーリヤをさほど好きではないからではなく、ビデオデッキを買ったからであった。

一九七九年、アル・バクルに代わりサダムが大統領になった。血の粛清で始まったサダム支配を目の当たりにしたすべてのイラク人は、今後あらゆる命令がこの男から発せられるのだと確信した。これは、なぜ上層部の誰も一九八〇年のイラン侵攻、一九九〇年のクウェート侵攻をやめさせようとしなかったのかを説明するものとして重要である。

批判は一切許されなかった。これはイラクの内政に関する限り、サダムは優れた手腕を発揮していたのでさしたる問題はなかった。しかし外交となると、経験不足と、助言に耳を貸さない傾向があり、それが災いを招くことになる。

危機の発端となった動きは、一九七九年七月初旬に起きた党内粛清である。バクル大統領は七月十日、革命指導評議会（RCC）の席上で大統領を辞任し、サダムに後継を譲ることを発表した。健康上の理由であった。しかし指導部の間にサダムに強硬に反対する勢力がいることが表面化した。評議会中央書記局ムヒエ・アブドゥル・フセイン・マシュハディはサダムが後継することに反対し、投票による決定を主張した。

「あなたが引退するなどとは有り得ないことだ」

彼はバクルに言った。

「病気なら休養すれば良いではないか？」

サダムのライバルたちは事を起こすのが遅すぎた。ムヒエ・アブドゥル・フセイン・マシュハディは逮捕尋問され、おそらくは拷問にかけられた。サダムの異父弟バルザンが捜査を担当した。それから数日の間、サダムは潰すべき人間たちを弄ぶ。七月十八日、党指導部が大統領宮殿での晩餐会に招待された。食事が終わった後、彼らはそれぞれアブドゥル・フセインや、もう一人の容疑者、工業大臣のムハンマド・アイエシュなどと前年に持った話し合いの詳細な報告を書くよう言われた。容疑者の輪が広がった。バルザンはアイエシュをイラクの仇敵シリアに協力した疑いで告訴した。しめて革命指導評

＊コーリヤ：イラクに住むロマ人系少数民族。コーリヤはアラブ語でジプシーを意味する。長い髪をぐるぐる回す踊りがよく知られている。スペインとインドをルーツにし、イラクには百五十年前にやってきた。ティグリスとユーフラテス川にはさまれた地域に住みサダム・フセイン政権下では保護されていた。バース党員に酒や女を提供していたと言われる。アメリカのイラク侵攻以来、自治権が侵され武装勢力の攻撃を受け国内難民となり北部に移動した。

議会全体の四分の一に当たるメンバー五人が追放された。彼らは他の十六人と共に八月八日に処刑された。イラク国内のバース党の各支部から代表者が選ばれ、ライフル銃を持参して銃殺隊に加わった。

サダムは最大級の恐怖を作り出す粛清を目指し、そこで彼に対する陰謀を企てた者をつまみ出す一連の会議をビデオで記録するよう命じた。テープにはまさしく、縮み上がった空気の中、巧妙に演出された恐怖の光景が記録されている。冒頭、バース党指導部会議に出席した代表たちが不安げにサダムの発言を待つ。

「われわれは証拠が集められるすでにその前から、心の目で陰謀を察知していた」

彼は党指導部に向かってこう言った。

「しかしながら、われわれは我慢した。同志たちの中には、知っているのになぜ何もしないのか、とわれわれを責める者もいた」

打ち合わせ通り、バース党の役員が起立しその罪状を認める。粛清を叫ぶ者がいる。後にクルド人に化学兵器を使用したことで知られるサダムの従兄弟、アリ・ハッサン・アル・マジードがここでキザな台詞を吐く。

「あなたが過去にされたことは良いことだ。未来にされようとすることも良いことだ。しかし、小さな問題が一つある。あなたは優しすぎる。情け深すぎるのだ」

「確かにそうだ。だから私はよく批判される」

サダムが答える。

「だが今度だけは情けは無用だ」

三十分後、陰謀者は会議場から連れ出される。彼がこれからどうなるか誰の目にも明らかだ。

カメラはゆったりと葉巻をくゆらすサダムにピントを合わせる。そこで彼は立ち上がり、再び話し始める。その口調は打って変わって激しいものだ。

「かの組織のリーダーたちに関する情報が証人から今寄せられた」

サダムが大声で言う。

「首謀者も同じような告白をしている。出て行け！　出て行け！」

恐怖感に狂ったかのように党指導部が叫ぶ。

「党万歳！　党万歳！　サダムを陰謀から守れ！」

この忠誠心の雄叫びに感無量になったかのごとくサダムが咽び泣く。彼は団結を示すかのように党員たちの間に割って入り、座り込む。彼らの同志たちを処刑する銃殺隊に加わるよう促す。[原注43]

陰謀に関与した疑いのある海外駐在の大使や官僚がバグダッドに呼び戻されていた。「裏切り者」の家族も初めて処罰された。ある上級指導部の遺体がピックアップトラックに詰まれてバグダッド市内の自宅まで運ばれてきた。体には拷問の跡があった。遺体にメモが付けてあり、この指導者は心臓麻痺で死亡した、葬儀等は行なってはならない、と記してあった。[原注44]

サダムがバグダッドを制覇したことの意味が中東諸国に浸透するまでに一年かかった。イギリスがイラクという国を作り出してから六十年、この国は自身の内部分裂で麻痺してきた。石油の富の増大にもかかわらず、三流の国力のままであり、資源を利用することもできないで来た。

一九七九年のバース党指導部の粛清でサダムは完全な支配者となった。彼は党内の敵を排除した。外部の敵はすでに片付けていた。それまで長期にわたってイラクの諸政権を揺るがしてきたクルド人の反乱は、イランのシャーが一九七五年にイラクとの領土権の和解の見返りとしてイラク・クルドへの支援を中止したことにより終わりを告げた。イラクは豊かに成長して行った。日産三百四十万バレルの石油を生産し、中東ではサウジアラビアに次ぐ石油埋蔵量を有した。

一九六〇年代、一九七〇年代の国内抗争のせいでイラクは中東では二番手の国に成り下がり、国際的役割も小さかった。サダムはそこで、ペルシャ湾地域の支配力とアラブ世界でのリーダーシップを獲得するための持続的努力を開始した。彼の戦略には二つの側面があった。一つ目は一九八〇年のイラン侵攻に始まり、八年後にイラクの条件付き勝利で終わった。二つ目はもっと短かった。サダムは、過剰生産を通して原油価格を低下させたクウェート（アメリカとイギリスが支援していた）の動きが対イラン戦の戦果を奪おうとしているものと判断し、業を煮やして一九九〇年八月二日、クウェート首長国に侵攻したのであった。これはイラクの政治的、軍事的能力をはるかに超えた冒険だった。アメリカとイギリスが世界の五十五パーセントの確認石油埋蔵量を有する湾岸地域の支配を、決してイラクに許すはずがなかった。

一九七九年の時点では、このような惨憺たる結果になるとは思いも及ばなかった。それどころか、湾岸地域の政治的状況はイラクに大きなチャンスをもたらしそうに見えた。一九七九年、ホメイニ師がイラクの聖地ナジャフと、それに続くフランスでの十六年間の亡命生活の後、シャーを放逐し、イランに戻った。学生活動家が革命をさらに過激化させ、アメリカ大使館を占拠し、アメリカ人外交官を人質に取った。これがイラク国内に反響を呼んだ。イラクのシーア派武装勢力はテヘランで革命が起きたならバグダッドでも起こせないはずはないと考えた。

これはとても成功しそうな考えではなかった。イラクは伝統的にイランより世俗的だ。イスラム革命の脅威はサダム政権の背後にあるスンニ派アラブ人の結束を強めるものだ。イスラム原理主義もクルド人には訴えるものがないし、少数派だが影響力のあるキリスト教徒にはなおのことである。イスラム武装勢力アル・ダワ*の最初の攻撃の一つが、当時副首相でモスル出身のチャルディーンキリスト教*徒だったタリク・アジズに対するものだったというのは偶然とは言えないかもしれない。一九八〇年四月一日、バグダッドの中心にある伝統あるムスタンサリヤー大学の学生講演会開催を宣言するアジ

---

*アル・ダワ：ムクタダ・サドルの叔父のムハンマド・バクルが一九五〇年代にナジャフで結成したシーア派武装勢力。バース党のイラクナショナリズムに対抗する勢力。レバノンで結成されたダワ党とは双子の兄弟と言われる。一九七二年以降バース党政権の過酷な弾圧を受けたが、ナジャフに亡命中のホメイニ師と交流を深め、イランのイスラム革命を支援し、イラン・イラク戦争ではイラン政府の支援を受けた。以後、一貫してアジズ、サダム暗殺未遂など反サダム、反スンニ派テロ活動を継続し、一九八三年にはクウェートのアメリカ大使館、フランス大使館などをいわゆる「自爆テロ」で攻撃した。イランに亡命していた大部分のメンバーおよびイラク・イスラム革命最高評議会（ＳＣＩＲＩ）は二〇〇三年のイラクへのアメリカ侵攻以後帰国した。現在はナーシリヤを本拠地にしている。

*チャルディーンキリスト教：ローマ司教から聖体拝受を受けたカトリック東方教会。アッシリア人信徒七〇万人を抱える。十五世紀に大司教を擁し聖体を拝受した。十七世紀に東方アッシリア教会と分裂したが、バチカンがディヤルバキルを大司教に指名し、チャルディーン教会を正式に名乗った。東方アッシリア教会と一九九六年に和解。信徒が大量にアメリカのミシガン州やカリフォルニア州、アリゾナ州に移住している。最も著名な信徒にサダム政権の外務大臣タリク・アジズがいる。

ズ外相にアル・ダワの戦士が手榴弾を投げつけた。翌日、降りしきる雨の中、サダムは集まった学生たちに言った。

「イラク国民は今や偉大で強力な山であり、彼らのすべての爆弾でも微動だにしない。神の名において、ムスタンサリヤーで流された無実の者の血は必ずや報復されるであろう」

数日後、大学のテロ攻撃で殺された犠牲者の葬列に二発目の爆弾が投げ込まれた。復讐の約束は実行された。アル・ダワの宗教指導者でリーダーの一人であるムハンマド・バクル・アル・サドルが妹と共に処刑された。イラン出身のイラク人三万人が国外に追放された。サダムはホメイニ師を「ミイラ」と呼び(原注45)、一方ホメイニはイラク軍に対し、兵舎を捨ててサダムを打倒せよ、と呼びかけた。

これは大いなる眩惑作戦だった。サダムからすれば、武装解除され指導者もいないイラクのシーア派は少しも脅威ではなかった。逆に、イラン軍内の混沌状況とイランの国際的孤立化はサダムにとってチャンスだった。イラクの指導者の本当の狙いがこの時何だったかのヒントは特別な情報源から得られる。名前は消されているが、ペンタゴン（アメリカ国防総省）の諜報部門であるアメリカ国防情報局*の局員の極秘メモは、四月八日バグダッドから、イラクはアル・ダワの爆弾攻撃とは無関係のイランに対する野心的計画を立てている、と報告している。(原注46)報告の内容はこうだ。

「イラクがイランを攻撃する可能性は五十パーセント。イランはこのような侵攻を予測して、大量の兵士と装備をイラク・イラン国境に移動した」

二日前にイラクの特殊部隊によるイランの油田地帯へのロケット弾攻撃が敢行されていた。イラク側は「現在のイラン軍は脆弱で簡単に勝てる」と信じている、と諜報部員は記している。

であった。初め、イラク軍戦車隊は容易に進軍したが、一年も経たぬうちにイランの俊敏な歩兵部隊にやられ大量の犠牲者を出した。イラクはホラムシャハル*の戦闘で惨敗する。一九八二年末、アメリカの諜報機関はイラク軍戦死者数を四十五万人、そして同数が捕虜となったと推定している。大量のイラク兵が投降した。西側と湾岸諸国はイラクが崩壊するのではと懸念した。そこでどっと物資補給を行なった。ワシントンは、テロリスト指導者のアブ・ニダル*がまだバグダッドにいたにもかかわらず、イラクをテロ支援国家のリストから除いた。サウジアラビアは特に開戦後二年間、イラクに二百五十億七千万ドル、クウェートに百億ドル拠出した。イランの部隊はバスラ攻略に失敗する。イラクに攻め入るやイラン兵が目の当たりにしたのは、ほとんどがシーア派の並みのイラク兵が降参しなくなった事実である。二年の間にCIAはイラク軍情報部に定期的にブリーフィングを行ない、イラン軍の位置を示す衛星写真を提供していた。一九八四年にはバグダッドのアメリカ大使館が再開した。(原注47)

アメリカとソ連、西欧と東欧諸国、そしてアラブ諸国の支援を受けたサダムは長期戦に耐えられる確信を得た。この長期戦略は、イラク最南端からペルシャ湾に臨む寂莫荒涼とした、しかし戦略的には

---

*アメリカ国防情報局：Defense Intelligence Agency はアメリカ合衆国国防総省の諜報機関。一九六一年、軍事情報を専門に収集、調整する機関としてR・マクナマラ国防長官が設置した。DIA長官は国防総省の意思決定に参加し、統合参謀本部の偵察作戦支援を担当する幕僚（J－2）でもある

*ホラムシャハル：イランの南西部、カルーン川の東岸、シャッタル・アラブ川の北岸に位置する港湾都市で石油精製拠点。一帯のフーゼスタン平野はイラン・イラク戦争の主戦場となった。

*アブ・ニダル：パレスチナ人政治活動家で本名はサブリ・ハリル・アル・バンナ。「黒い九月」として知られるグループを中心とした国際テロ組織のリーダー。一九七四年にPLOから分裂。標的は米、英、仏、イスラエル、穏健派パレスチナ人、PLO、アラブ諸国。主要な攻撃としては、一九八五年十二月のローマとウィーン空港、一九八六年九月にイスタンブールのユダヤ教会堂とカラチでのパンナム機ハイジャックなどがある。二〇〇二年八月にサダム・フセインの命令によりバグダッドで銃殺されたとも、自殺したとも言われる。

重要な三角州地帯であるファオ半島を一九九六年にイランが急襲して占領した時点で変化した。イラクは反撃を準備した。共和国防衛隊が一旅団から三十七旅団に拡大され、より多くの武器が必要となった。問題は低い原油価格であった。これがイラクの国家収入と、それまで寛容だった湾岸地域の同盟国の懐具合に打撃を与えた。イラクの目は次第にアメリカとイギリス、それにイラクの唯一の借款相手国でまだ借金があったオーストラリアへと向けられた。イラク訪問から戻ったアメリカ輸出入銀行の信用貸担当者クレメント・ミラーは、イラク側役人から「サダム・フセイン自らが『アメリカには返せ』と書いた通達を回しているから」心配しないようにと言われたと報告した。

ペルシャ湾ではイラク軍戦闘機がイランのタンカーをフランス製のエグゾセ・ミサイル*で攻撃した。イランはクウェートに報復した。クウェートのタンカーがアメリカ国旗を掲げて航行することに同意したことでアメリカは結果的にイラクに加担、ペルシャ湾でのいわゆる「タンカー戦争」となった。アメリカ海軍はイランの石油施設を爆撃し弱小イラン海軍を排除、一九八八年七月にドバイ行きのイラン民間旅客機を撃墜し乗客二九〇人が亡くなった。イラン大統領のアクバル・ハシミ・ラファンジャニは、これこそがアメリカがイラク側について参戦した証だと確信した。彼はイランにとって戦局はあまりにも不利なことをホメイニ師に説得した。イランの最高指導者は「毒杯を飲み干す」と国民に告げ、一九八八年八月八日、停戦に合意した。

イランが戦争を終結させたのには、語られざるもう一つの理由があった。イラクは一九八四年から戦場の広い地域で毒ガスを使用していた。一九八八年四月十七日、共和国防衛隊はファオ半島で周到に準備された反撃に出た。部隊はバグダッドの北西、ハッバニヤ湖に建設された特別演習場で事前に訓練していた。イラン革命防衛軍は迫撃砲と空爆と毒ガスの猛攻を受けた。二日間の戦闘後、イラン軍は敗走した。イラクはマスタードガスだけでなくタブン*やサリンなどの神経ガスも使用した。殺人ガスを併用されたイラン軍はこれらすべてに対応することなど不可能であった。ガス攻撃の効果は——国際的な対応の欠如から——サダムに大いなる武器の重要性を知らしめた。これが、武器は放棄しないという彼の決意の説明になる。

イランとの戦争がイラクを地域での強国とならしめ、湾岸七ヵ国最強の国にした。イラクは一九八

＊ファオ半島：イラクのバスラとイランのアバダンとの間に位置する湿地帯の半島。イラクの重要な石油積出港（ホル・アマヤとミナ・アル・バクル）がある。ウム・カスルにはイラク海軍基地がある。バスラへの海上ルート、シャット・アラブ水路の支配を左右する戦略的重要地帯として戦闘が絶えなかった。一九八六年二月にイランが奇襲作戦で占領したが、一九八八年四月十七日、イラク軍が「ラマダン・ムバラク作戦」でイラン軍を放逐した。一九九一年の第一次湾岸戦争では多国籍軍が重爆撃し、水路を使用不能にした。二〇〇三年のイラク侵攻でもファオ半島は多国籍軍の第一攻撃目標だった。一帯の石油関連施設の管理は現在アメリカ軍沿岸警備隊の手からイラク軍へと委譲されつつある。

＊エグゾセ：フランス製対艦ミサイル。戦艦、潜水艦、航空機からの発射が可能。エグゾセとはフランス語でトビウオのこと。一九八二年にフォークランド紛争でアルゼンチン軍が使用し、英国艦を数席撃沈した。イラン・イラク戦争でもイラク軍がイランのタンカーや民間船を破壊した。誤爆も多く、アメリカ軍に多くの犠牲者を出してもいる。イギリスの民間会社がエグゾセのナビシステムをコピーして訴えられたが、技術が流出し船舶用ナビシステムに導入された。

＊タブン：第二次世界大戦中にドイツで作られた有機リン酸系の神経ガス。無色または褐色の液体で、純物質は無臭であるが不純物が微量存在すると弱い果実臭がある。有機溶媒に溶けやすく強酸・強塩基に分解されやすい。地下鉄サリン事件で使用されたサリンやソマンに比べて毒性は弱いが、体全体から吸収され痙攣や呼吸困難など様々な症状に陥るため非常に危険である。

〇年に十個師団の兵力で開戦し、終わったときは五十五師団に拡大していた。戦争終結時、イラク軍は四千台の戦車部隊と、テヘランあるいはテルアビブまで到達できるロケット弾を装備していた。初期の軍事的敗北を乗り切ったことで、サダムは彼の体制の耐久力を証明した。政府が愛国主義を誇張したがゆえに、イラクのシーア派は同じシーア派のイランに対して激しく戦った。イラクはヨーロッパとアラブ諸国の両方の列強の支持を勝ち取った。

このどれもが無償で得られたのではない。人口一千七百万人に過ぎないイラクは戦争終結時には少なくとも死者二十万人、負傷者四十万人を出し、七万人が捕虜になっていた。戦費も使っていた。サダムは借金で戦争した。終結時、サウジアラビアに二百五十億七千万ドル、クウェートに百億ドル、また他のアラブ諸国に若干の借款を負っていた。さらに四百億ドルをアメリカ、ヨーロッパその他先進工業国から借りていた。サダムは以後、戦争によってイラクの経済危機を招いている。一九九〇年四月のバグダッドにおけるアラブ各国サミットでクウェートと対峙した時、サダムは言った。

「戦車や迫撃砲や戦艦だけが戦争ではない。石油の過剰生産、経済的損傷、国民に無理を強いるなど、細かくて嫌な形をとるものだ(原注48)」

これはいささか誇張にすぎる。一九九〇年のイラクの石油収入は年間で百三十七億ドルに上っているはずだ。ブラジルやアルゼンチンなどよりはるかに楽に借金が返せる経済状態だった(原注49)。

イランに勝利したのは事実だが、サダムはそれを大きくフレームアップした。戦争終結後一年目の一九八九年八月八日、バグダッドで巨大なモニュメントが竣工した。イラク版凱旋門*である。地面から突き出た全長十二メートルの金属の腕が二本、それぞれ鋼鉄の剣をつかみ、切っ先を交差させてアーチを形作っている。[原注50]その下をイラク軍が行進した。剣はサダム愛蔵の剣をかたどったものだ。巨大すぎてイラクでは製造できず、イギリスのベイジングストークの冶金工房に発注したものだ。竣工式の来賓が当日の圧巻だった。

「割れた大地から、力と決意を現わすカディシヤの剣が突き出る。これは指導者サダム・フセイン大統領(神のご加護と祝福を)の剣を四十倍に拡大したものである。すべてのイラク国民に勝利の吉報を知らしめるために出現し、敵の兜で一杯になった網を引き上げるのだ」

戦争後、アメリカとイギリスはペルシャ湾におけるイラクの力に制限を加えるために行動したか?イラクはその後、クウェートの国家安全局長のファード・アハメド・アル・ファード旅団長による一九八九年十月のCIA訪問に関する報告を発表した。その一項目にこうある。

「両国の国境線を引きなおそうとするイラクに圧力を加えるために、悪化しているイラク経済を利用することが重要であったという点でアメリカと一致した」[原注51]

＊イラク版凱旋門：「カディシヤの剣」あるいは「勝利の腕」と呼ばれ、二基建てられている。一九八九年八月八日に完成した。基本コンセプトはフセイン自身が描き、彫刻家のアディル・カーミルが制作した。剣はステンレス製で重さはそれぞれ二十四トン、腕と手はブロンズ製でイギリスのモーリス・シンガー社が製造した。腕が突き出た台座にはイラン・イラク戦争で死んだイラク兵のヘルメットが二千五百個置かれている。第一次湾岸戦争で破壊を免れた。二〇〇七年、民主化政府はサダム時代のシンボルを撤去する決定を下し、二月二十日に解体作業が始まったが、アメリカの要請で中止された。その理由は、シーア派とスンニ派との断絶を深めることを危惧したからだと言われている。また解体時の金属破片を米兵が先を争って記念品にしたことから対外的な体裁を考慮したとも言われる。以後、アーチはバグダッド中心部を占めるグリーンゾーン内にそのまま残されている。

これは報告書に挙げられた多くの項目の一つに過ぎないが、クウェートがこの時期、イラクのペルシャ湾への通り道の障害になっているクウェートの二つの島、バビヤン島とワルバ島に関する領土論争を設定する良い機会だと考えていたことは決して驚くに当らない。

二月以降、イラクとアメリカ、イギリスとの関係が急速に崩れ始めた。一九八九年、サダムはCIAとの関係を断つ。アメリカの国務次官補、ジョン・ケリーがバグダッドを訪問した。彼は言った。

「貴国は地域の状況緩和に力を発揮できる。アメリカはイラクとの関係拡大を望んでいる」(原注52)

しかし、サダムは即座に「ボイス・オブ・アメリカ」のサダム批判に異議を唱えた。二月二十三日、サダムはヨルダンでのアラブ指導者会議で、中東において弱まるソ連の力と、増大するアメリカの支配力について警鐘を発した。彼は言った。

「ペルシャ湾の諸国民――そしてアラブ世界全体が――監視しなければ、この地域はアメリカに支配されることになる」

同時に彼は、イギリスの日刊紙『オブザーバー』の記者でイラン生まれのジャーナリスト、ファルザド・バルゾフトをスパイ容疑で逮捕した。ヨルダンのフセイン王がバグダッドに赴いて記者の釈放を求めた。後にヨルダン首相になったアブドゥル・カリム・アル・カバラティは、振り返る。

「王はサダムに『（イラクと西側との関係崩壊に向かう）急坂を滑り落ちていくことになる。たとえ彼がスパイだったとしても殺してはならない』と言った。王がアンマンに戻ると、バルゾフトが（三月十五日に）処刑されたことを知らされた」(原注53)

サダムは着々と危機をエスカレートさせて行った。四月二日、バグダッドのラジオから軍将校に向けてのサダムの演説が流れた。サダムは言っていた。

「もしイスラエルがわれわれに対して何か仕掛けてきたなら、彼らの国の半分が炎に焼かれる有様を見るだろう」。演説は強いイラク方言で国内の聴取者を意識したものであった。

「お前の家を半分焼いてやる」というのはバグダッドの街のならず者たちの決まり文句である。(原注54)

四月二十八日のバグダッド・サミットに、それでもアラブ君主国二十一ヵ国と国家元首を招集することができたのはイラクの強力さを計る尺度であった。ここでサダムは、イラクに対する経済戦争を挑むクウェートを標的にした。七月半ば、共和国防衛隊の第一師団がクウェート国境に向かって移動した。さらに二個師団が後に続く。危機的空気が流れたが、それは最悪イラクがやりそうなことはクウェートとの国境紛争の武力解決ではないか、という潜在的臆測だった。これは、駐バグダッド・アメリカ大使エイプリル・グラスピーが、有名な七月二十五日のサダムとの会談で、「貴国とクウェートとの国境紛争」についてアメリカはいかなる立場もとらない、となぜ強調したのかを説明するものである。五日後、ワシントンの下院中東問題小委員会でジョン・ケリーは、イラクがクウェートに侵攻してもアメリカが武力介入する義務は無いと発言した。

クウェートは間違いなく、脅威には限りがあると信じていた。サダムはバグダッド・サミットの後、クウェートの首長、シェイク・ジャブル・アル・サバーを空港まで送り、論争中の島の使用を要請している。首長は国土の一部を与えることはできないと答えた。イラクの侵攻前日の七月三十一日、シェイク・ジャブルは弟に手紙を書き、ジェッダの最終サミットでイラクには何も譲歩してはならないと伝えている。

「サウジは我が国を弱体化させ、イラクとの譲歩を活用して非武装地帯でわれわれに譲歩させようとしている(原注55)」

そして彼は続けて書いている。

「イラクに関しては、戦費をわが国の資源で賄おうとしている。どちらの要求も無駄なことだ……これがエジプト、ワシントン、ロンドンの盟友たちの立場でもある」

おそらく、イラク指導部の大半はサダムが無謀な賭けに出たことに気がついていたが、一九七九年以降この方、サダムに反駁できるような空気ではなかった。温厚なタイプの外務大臣、タリク・アジズは後に、もともとイラクの計画はクウェートの部分的侵攻にあったと吐露している(原注56)。イラク軍はバビヤン島とワルバ島、それに両国国境にまたがるルマイラ油田地帯を奪うはずであった。クウェート全土を奪う決定は「最終段階で」サダム自身が下した。イラクがクウェートをどこまで奪うかは「アメリカにはどうでも良いことだ」と彼は主張した。

世界はそうは考えなかった。サダムはクウェート全土ではなく、二つの不毛の島を奪っておさらばすればよかったのだ。アメリカとイギリスはペルシャ湾の主導権を決してイラクに渡しはしない。クウェート全土を占領することで、サダムは世界各国が結束して彼に敵対するのを容易にした。それはおそらく、ヒットラーが一九四一年にソ連に侵攻して以来、政治指導者が犯した最大の政治的誤算の一つではないだろうか。最終的には、おそらく自分をネブカドネザル*、アッカド王サルゴン*、預言者ムハンマド、サラディンなどといった歴戦の勇士に見立てたのであり、彼の人格の非論理的な側面が顔を出したのであろう。彼はイラン・イラク戦争の真最中に、ユーフラテス上の古代都市バビロンにネブカドネザル宮殿を再建した。彼は、西欧の列強と、「石油の王族」と彼が呼ぶところの中東の強国を打倒したアラブの卓越した指導者の地位に立とうとした。いずれにせよ、サイが投げられたからには妥協も後退も許されなかった。

クウェート侵攻から多国籍軍の空爆開始までの六ヵ月、イラク人はサダムがクウェートから引き上げるのを待った。アメリカが広汎な同盟軍を結集し、サウジアラビアで戦陣を整えるや、イラクの立場は弱体化し、より孤立を深めた。サダムは多くのアラブ諸国で大衆的支持を受けていたが、革命は起きなかった。ソ連がアメリカに協力した。その日の終わり、サダムの軍隊は戦おうとしなかった。サダムがイラクを地域の超大国(スーパーパワー)にしようと呼びかけてから十一年、この国は半植民地的奴隷に成り下がっていた。

＊ネブカドネザル：新バビロニア王国の王(BC六〇五年〜BC五六二年)。新バビロニア王国建国者ナボポラッサルの息子として生まれた。ハランにあったアッシリアの残存勢力を攻撃し、それを助けたエジプト王ネコⅡ世をカルケミシュの戦いで打ち破った。さらにシリアの諸王国を征服した。BC六〇五年バビロニア王となった。BC五九五年にはエラムを攻撃し、かつてのアッシリア帝国とほぼ同じ領域を支配下に置いた。BC五八六年に再びエルサレムを陥落させ神殿を破壊し、多くの捕虜をバビロンへ連行した。これを「バビロン捕囚」という(旧約聖書『列王記』)。

＊サルゴン：(Sargon、在位BC二三三四年頃〜二二七九年頃)。古代メソポタミアの王。アッカド帝国を建国した。後世のサルゴン誕生伝説によれば、生後すぐにユーフラテス川に流されキシュの庭師に育てられた。アッカドで王位を確立した後、シュメールのウルク王ルガルザゲシを攻め、シュメールとアッカドを統一した。その後西方遠征に乗り出し、マリを始め、エブラ、アナトリア南東部の「銀の山」や「レバノン杉の森」を征服し、「上の海(地中海)から下の海(ペルシャ湾)までを征服した王」と記録されている。

味方の中に敵がいたのを認めざるを得なかったことほど、このイラクの指導者の屈辱を如実に示すものは他に無かった。数年前、彼は隣国——そして世界の国々——にその力を知らしめる兵器の製造を決断していた。ところが今、サダムは戦勝多国籍軍から、兵器と彼を取り巻く秘密を探り出す正式任務を帯びたスパイ集団の存在を認知させられたのであった。

第４章
大量破壊兵器に走るサダム

Chapter 4

フセイン・アル・シャハリスタニ*博士は柔らかな絨毯に寝そべっている。動けないのだ。八ヵ月前の一九七九年九月、博士とイラク原子力委員会委員がサダム・フセインとの特別な会合に召喚された。最近、イラクの絶対君主の座に治まったばかりの独裁者は彼らに対し、この国の原子核工学研究を「我が国の戦略的領域における能力の開発」に向け直すべきであると言い渡した。中性子放射線化に関するエキスパートとして国際的に評価の高いアル・シャハリスタニ博士は、明らかに核兵器開発を計画する者に対して異議を唱えてきた唯一の人物だった。

「我が国は核拡散防止条約に署名しており、原子力の非平和的利用には関与できません」

彼はすっぱりと言った。

「シャハリスタニ博士、あなたは御自身の分野に専念され、政治は私にまかせた方が良いですよ」

独裁者はこう答え、ある事をやろうとする時は別の事をやると言い、実際にはまた別の事をやるという政治の教訓を垂れた。

このやり取りの間、室内は水を打ったように静まり返っていた。敢えてサダムに公然と反抗する小柄で眼鏡をかけた物理学者、彼がこの先一体どうなるか、同席していた者全員が知っていた。そしてその通りになった。

大統領宮殿に直結する情報機関である国家安全保障局（アムン・アル・アム）の訊問センターの一室で、手首を後ろ手に縛られたアル・シャハリスタニ博士は天井から吊り下げられて、二十二日間、昼夜を通して殴打された。それから彼は「革命法廷」に突き出され、アメリカ、イラン、イスラエルのためにスパイ活動をしたという重罪で起訴された。裁判官は三名いたが、そのうち二人は早くも居眠りを始めた。

アル・シャリスタニは拷問で半身不随にされていたにもかかわらず、死刑判決の法廷で例によって歯に衣着せずぶち上げた。彼は預言者ムハンマドの子孫であり、ムハンマドはまたアブラハム*の子孫である、と指摘した。

「裁判官と大統領に訊きたい。あなた方の祖父は何者だったか?」

こっくりこっくりやっていた二人の裁判官も、この自殺行為にも等しい不埒な勢いに目を覚ました。

「もしあなたたちの家系がこの地に五千年続いて来たのなら、」

反抗的囚人は続けた。

---

*フセイン・アル・シャハリスタニ：(Hussain Ibrahim Saleh al-Shahristani) 現イラク石油相。シーア派イスラム教徒で原子物理学者。サダム・フセインの核兵器開発命令を拒否してアブグレイブ刑務所に十年間拘禁され拷問を受けた。統一イラク同盟（UIA、シーア派の政治と宗教会派の連立同盟）に所属、イラク暫定政府下のイラク国民議会副議長を務め現政権の首相候補でもあった。二〇〇六年十月に来日、石油輸出での民間協力を訴えた。

*アブラハム：ユダヤ教、キリスト教、イスラム教を信じるいわゆる聖典の民の始祖。ノアの洪水後、神による人類救済の出発点として選ばれ祝福された最初の預言者。「信仰の父」とも呼ばれる。ユダヤ教ではすべてのユダヤ人の、またイスラム教では、ユダヤ人に加えてすべてのアラブ人の系譜上の祖とされ、神の祝福も律法（戒律）も彼から始まる。ノア、モーゼ、イエス、ムハンマドと共に五大預言者のうちの一人とされる。イスラム教ではアブラハムはユダヤ教もキリスト教も存在しない時代に唯一神を信じ帰依した完全に純粋な一神教徒であり、イスラム教とはユダヤ教とキリスト教がいずれもアブラハムの信仰から逸脱して不完全な一神教に落ちた後の時代に、アブラハムの純粋な一神教を再興した教えであると考えられた。アブラハムの墓廟はパレスチナのヨルダン川西岸地区ヘブロンにあり、ユダヤ教とイスラム教の聖地として尊崇されている。

「大統領など尊敬しようがしまいが問題ではない」

暗にサダムの家柄を云々したことを除いても、告訴内容は即刻絞首刑に該当した。だが、上層部の誰かがこの科学者の核の専門知識は役に立つと確信したようだ。彼は拘置所に収監された後、外に出られるのは殴打されるか処刑される時以外にないという、窓も無い狭い独房に四十名から六十名もの囚人が収容されているアブグレイブ刑務所の「特別房」に入れられた。

逮捕拘束されてから八ヵ月経った一九八〇年八月のある朝、目隠しされて連れ出されたアル・シャリスタニ博士は、ついに殺されるのかと腹をくくった。ところがさにあらず、着いた所は豪奢な別荘で、そこは後で知ったのだが、パージされて処刑された元経済企画大臣の自邸だった。看守にシャワーを浴びさせられ髭を剃られ——両腕は拷問でまだ麻痺していた——オーデコロンをぶっかけられ、そして絨毯の上に転がされた。これから、あるお偉方がやって来ることになっていた。

男が二人、部屋に入ってきた。一人はドアの傍らに立った。アル・シャハリスタニはその男がバース党内グループの強面で高等教育大臣を務めていたアブドゥル・ラザク・アル・ハシミだと分かった。もう一人はサダム・フセインに似た風貌で、横たわる物理学者の側の椅子に腰掛けた。これが、指導者の異父弟で腹心のバルザン・アル・ティクリティだった。彼はこの頃、サダム体制下で競合していた秘密情報機関の一つ、秘密警察（ムカバラート）の長であった。彼の話しぶりはとても思いやりに溢れていた。彼は言った。

「大統領はあなたが逮捕されたことを大変気の毒に思っておられる。すべてアムン・アル・アムのせいですよ」

　ラザクに向かってライバル情報機関の乱暴な振る舞いを責めた後、彼はアル・シャハリスタニの方を振り向いて言った。

「われわれはあなたに仕事に戻ってもらいたい。宮殿の中に素晴らしい場所を御用意させてもらいました」

「私は肉体的にも精神的にも麻痺状態です」

　アル・シャハリスタニは答えた。

「とても仕事などできません」

「われわれには重要な計画があります。あなたに原子爆弾を作ってもらいたい。われわれには原爆が必要なのです」

　バルザンが説明する。

「中東の地図を塗り替えるための長距離砲を手にするためにね」

「閣下……」

　上官の喋りすぎを恐れてラザクがドアの方から口を挟んだ。

　バルザンは手を振って彼を制した。

「私は真剣です」

　彼は、床に横たわっている人物を見下ろし、側近の方を振り返ると言った。

「大丈夫だ。この男はこちらの手の中にある。二度と逃げることはできない」

アル・シャハリスタニは、彼の専門分野は兵器製造計画には役に立たないと訴えて、この話を打ち切ろうとしたが、バルザンは認めなかった。彼は言った。

「あなたの能力も、あなたができることも分かっている。国家に貢献するのはすべての国民の義務だ。それを拒否する者は生きるに値しない」

床に寝たアル・シャハリスタニは不自由な腕を動かしてまだ反論を試みた。

「われわれが皆、国家に貢献すべきなのは認める。だがあなたたちがしていることは国家のためにはならない」

アル・シャハリスタニによれば、バルザンは「こいつは気が狂ったのか」とでもいうような、この状況下でそんな事を言うか、とばかりに彼を見た。アル・シャハリスタニは言う。

「彼は『黄色い笑い』をすると――アラブで言う作り笑いのことだが――こう言った。『少なくとも国家への貢献については意見が一致したわけだ。ゆっくり休んで私の言った事をよく考えてもらおう』」

アル・シャハリスタニはバルザンの言を熟慮すべく禁固十年の処置となったが、彼は決して屈しなかった。最終的に、一九九〇年の湾岸戦争の混沌の中、彼の驚くべき不屈の精神は、彼の食事を運ぶ役目の「模範囚」を味方にした時に報われることになった。この男はヤセル・アラファトへの好意の証にサダムが投獄したパレスチナ人で、アル・シャハリスタニの脱獄の援助を引き受けた。盗んだムカバラートの車で監獄を出た物理学者は北に向かい、イラン国境を越えて自由になった。(原注1)

サダムとその腹心たちにとってアル・シャハリスタニのように屈従を拒否した人間は珍しかった。しかしながら、バルザンが口にしていた「長距離砲」の供給に役立つ人間をもっと集めるのには手こずった。核計画は一九八二年、アル・シャハリスタニの友人で科学者仲間であるジャフル・ディア・ジャフルの卓越した主導の下にいよいよ準備万端となった。ジャフルは、アル・シャハリスタニの助け無しで計画を進めることは不可能だとまでサダムに進言し、獄中にある友を救い出そうとした。独裁者はこれを非協力の脅しと解釈し、ジャフルが宮殿を出るところを捕えた。サダムはこの科学者を拷問にかけるよりも、死に至る拷問を目の前で見せることでやる気を起こさせる方法を選んだ。ジャフルはようやく引き受け、いくらでも手に入る予算と利益を甘受し、作業に戻った。一九九〇年、彼はほとんど完成にこぎつけていた。

イラクの爆弾計画に何十億ドルの資金が注ぎ込まれたかは正確には誰にも分からない。イラン・イラク戦争の年月の最も暗い時代にも研究開発はフルスピードで継続していた。プロジェクトの規模、外国諸企業のネットワークの形成、国際的監視の目を逃れた計画の成功、どれをとってもジャフルと、一九八七年から全体を指揮し、計画を担ったサダムの従兄弟で養子であるフセイン・カーミル（バルザンは一九八三年にサダムの寵愛を失っている）の才覚だけでなく、西側大国の無警戒のなせる業である。この計画に関して完全に秘密が守られていたというのは正しくはない。アメリカに非常に近い同盟国サウジアラビアが、核爆弾提供を見返りに、五十億ドルもの経済支援していたことを、ワシントンは知っていたが、何の動きも見せなかった。

「私は知っていた」

中東地域に駐在していたアメリカ外交官の一人がサウジの寄与について語った。

「ＣＩＡも知っていた」

一九八九年、米エネルギー省の上官が最新性能の核起爆装置がアメリカからバグダッドに輸出されたことを知らされた。これはイラクの現行作戦ミサイルの核弾頭の設計が、それまで推測されていたものよりはるかに向上していたことを示す。彼はそこで、イラクの計画の精査情報を最優先にさせることを要請した。要請は却下され、件の上官は職からはずされ、シベリア追放同然となった。この不可思議な無関心の説明として、ある元官僚がこう言っている。

「われわれは原爆計画を知っていたが、サダムとは同盟関係にあり、とにかくイラクが実際にどこまで行なっていたかが分からなかった。監視網の外にあったのだ」

公式の評価は、イラクは原子爆弾製造までまだ十年を要する、としていた。

現実には、サダムが一九七九年段階で提案した爆弾製造計画は一九八二年の前半に作業を開始し、一九八八年に頂点に達したのであり、どの諸外国も知らないほど大きな成功を収めていたのだ。どのような爆弾製造計画も同じであるが、その決定的な要素は核分裂性物質――ウラン２３５か、またはプルトニウム２３９――の製造である。ジャフルと研究員たちは必須原料を製造する多様な方法を追求したが、それは厖大なコストがかかる研究であった。同時に、核兵器開発計画を命じられた八千人の強力な科学者と技術者軍団が、核弾頭とそれを搭載するミサイルの設計に骨折った。兵器完成の目標日程は一九九一年であった。実際に、湾岸戦争直前には兵器設計チームは完成寸前まで来ていた。ところが、「爆弾レベル」の濃縮ウランを十分に生産する計画はまだはるか先のことだった。これが分かった司令部は、一九九〇年の秋に国の正式認可を受けていた研究用原子炉（それまで兵器製造極秘計画から分離されていた）の濃縮ウランを取り出し、爆弾レベルまで加工処理せよと命令した。この突貫工事の努

力が実れば、サダムは遅くとも一九九一年の終わりには爆弾一発を手にするはずであった。(原注2)

ブッシュ大統領(父)が対イラク戦争への支持を訴えていた一九九〇年の秋になって初めて、アメリカ高官はサダムの爆弾を問題にし始めた。世論調査によれば、アメリカ国民はクウェートとその王家の行く末など気にかけてはいなかったが、核装備したサダムが大きな問題であることは認めていた。イラクの核開発計画に関係があるとされていた場所はアメリカの空爆計画で高度の優先目標にされ、死に物狂いで「突貫工事」が進んでいた工場を含め、空爆で余すところ無く木っ端微塵にされた。戦争が終わる頃には、ホワイトハウスとペンタゴンはサダムの核兵器製造能力を根こそぎ破壊したことを自画自賛していた。爆撃が深刻なダメージを負わせたのは事実だが、実際のところアメリカの最高司令部は過剰に楽観的であった。バグダッドの南にイラク版ロスアラモスとも言える広大な核開発総合センターが存在することをアメリカは知らなかった。このアル・アテエル施設*は空爆を逃れていた。

核兵器だけが湾岸戦争へと至る数年にサダムが採用した「非通常」兵器ではない。たっぷりのオイルダラーとアラブの石油大国からの経済援助でサダムは金を湯水のごとく浪費し始めた。彼は爆弾用核分裂性物質を製造するためにあらゆる可能な道を探るためのお墨付きを原子力学者たちに与え、これまで超大国だけが調達できるとされてきた種類の高度の非通常兵器の研究開発予算を無制限に許した。

---

*アル・アテエル施設:イラクの核兵器開発プログラムの主要試験施設で、ウラン金属および核兵器コンポーネント生産に関する大規模施設があった。バグダッド南西六十八キロのムサイブ近郊の三万五千平方メートルの敷地内にあり、建物はきわめて頑丈で第一次湾岸戦争の際に爆撃を受けても破壊されなかった。だが一九九二年、核兵器関連施設は国際原子力機関とUNSCOMが立会い破壊された。

中には奇妙奇天烈な発明もあった。カナダ人科学者ジェラルド・ブルはサダムを説得して、巨大大砲「スーパーガン」に膨大な金額の予算を出させている。その中で一度だけ使われたのは化学兵器だった。

毒ガスはイラク・クルド人に手を焼いたイギリスが一九二〇年代に使用し、バグダッド政権は一九六〇年代にクルド人に対して使用した。一九八四年、イランとの戦いの真っ只中、いかにも無謀に突撃したサダムはイラク伝統の奥の手にすがる。敵の前線に向けて大量の化学兵器の使用を開始したのだ。それは、イランが繰り出す十代の義勇兵の「人海戦術」攻撃を防ぐのに、驚くほど効果的な威力があることをを証明した。外国人専門家、それに特にドイツからの大勢の協力業者の手を借りて、イラクの化学兵器産業は急速に進歩した。国内技術者と外国人助っ人が、第一次世界大戦で開発されたマスタードガスの初期使用から始まり、開発はされていたが第二次世界大戦では一度も使われなかったサリンやタブンなどの「神経性薬品」へと急速に開発を進めた。各種マスタードガスなど旧式の毒ガスは敵に吸わせなければ殺すことはできないが、神経ガスは皮膚に少しでも触れただけで命を落とす。

イラクがこれらの神経ガス兵器を進化させているということが広く宣伝された。しかし、戦争終結時、バグダッドの科学者は――またもやドイツの援助で――より致命的でしかも安全に製造できるという利点を備えた殺人ガスＶＸ*の生産へと大きく前進していた。

戦争の最後の数週間、サダムは長距離弾道ミサイルの弾頭に化学兵器を搭載し、イラン国内の都市に向けて発射する準備をしていた。アル・サマライ将軍は、民間人犠牲者の最大化を図る恐ろしい決断を示すイラク軍に戦術上の問題があることを進言した。参謀将校が、毒ガスは空気より重いのでテヘランやその他の都市の屋内にまで浸透しないのではないかと懸念したのだ。ミサイルの直撃地点に近い者も窓を閉めれば生き残れるかもしれない。そこでイラク軍が考え出した計画は、まず戦闘爆撃機でテヘランを攻撃することだった。

「彼らは町を爆撃し建物の窓ガラスをすべて破壊しようと考えた」

サダムの元軍情報部長が言う。

「そうすればガスが広がりやすくなる」(原注3)。少なくともあの当時にテヘランにいた消息筋は、イランはイラクの計画を知り、それがホメイニ師に停戦を納得させた要因の一つになったと考えている。

たとえイランが、都市住民の相当部分をサダムに根こそぎにされる恐れがどこまで切迫しているのかまだよくは分かっていなかったとしても、イラクの指導者はこうした大量破壊兵器の開発の主導権を握るのは高配当の投資だと感じていた。大量破壊兵器によってサダムは、イランの大規模攻撃の背骨を叩き壊しただけでなく、反逆を止めなかったクルド人を脅し上げ、ついに服従させることができた。女性と子供を含む五千人のクルド人を一時間半の内に殺戮したハラブジャの恐怖の化学兵器攻撃

＊VXガス：猛毒の神経剤。最も毒性の強い人工の化学物質の一つ。琥珀色をした油状の液体で無味無臭である。霧状のものがVXガス。一九五二年にラナジット・ゴーシュがイギリス政府研究施設で発明した。揮発性が低く残留性が高い。化学的安定性も高いため、散布から一週間程度は効果が残留する。皮膚に付着しただけでも毒性を発揮しガスマスクだけでは防ぐことが出来ない。親油性が高く水で洗浄しただけでは除去できない。木材や皮、布などに付着しても長期間毒性を維持する。各国軍隊は化学洗浄用機材を保有している。イギリスは一九五六年にVXガスを廃棄し、一九五八年にアメリカと核兵器に関する情報とVXの研究資料を交換した。アメリカは一九六一年にVXガスの大量生産に入ったが一九六七年に化学兵器を廃棄、貨物船に積んだ七千三百八十発のVX弾頭がニュージャージー沖に沈められた。

は、クルディスタンの他の都市に対しても続けられた。

アル・サマライ将軍によると、もしイランが戦いを継続していたら、サダムの非通常兵器（生物化学兵器、クラスター爆弾などのこと＝訳者）の三分の一をつぎ込んだ攻撃の対象になっていたかもしれない。生物兵器は第二次世界大戦で主にイギリスによって開発された。一九五〇年代から一九六〇年代にかけて、イギリス、アメリカ、ソ連は、敵国を病気に感染させる手段を磨き上げるのに数十億ドルもの大金を使った。しかし、一九六〇年の終わり、国際社会はこうした兵器の研究開発の停止を誓い合った。だが、このことは一九八〇年代にサダムが野心的計画に乗り出す妨げとはならなかった。サダムが極秘裏に進めさせていた研究では、主要「病原体（エージェント）」として、牛などの家畜に自然感染する細菌である炭疽菌に着目した。人体は呼吸によって炭疽菌に感染し、最初インフルエンザの症状が現われ、二日から五日後に中毒性発作に襲われ、死に至る。

湾岸戦争時、世界の国々にはサダムの生物兵器計画が成就したことや、その核計画の進行していることがきわめて漠然としか見えていなかった。イランとクルドに対する化学兵器の使用が広く知れ渡ったお蔭で、多国籍同盟軍はこの地域におけるイラクの脅威をより意識するようになった。

結局、おそらくアメリカの何らかの報復を恐れてのことであろう、サダムは湾岸戦争中には決して化学兵器は使用しなかった。戦争直前ブッシュは、無条件でクウェートから撤退するよう要求する断固たる内容の書簡をサダム・フセインに送っている。米大統領は「アメリカ合衆国は化学兵器、生物兵器の使用、またクウェートの油田、石油関連施設の破壊を許すものではない。さらに、同盟国に属する者に対するテロ活動についてはその責任を直接問われることになる。アメリカ国民は最大限の対応を要求するであろう。もしあなたがかくなる理不尽な行動に出たならば、あなたとあなたの国はとてつもない代償を払うことになるであろう」と付け加えた。（原注4）これは後に、もしサダムが大統領の書簡が言及する「理不尽な行動」を起こしたなら、核兵器を使用するぞ、とブッシュが脅したものと推察された。CIAの元上官は、サダムはブッシュの「ケミカル（化学兵器）を使ったらニューク（核）だ」を承知していたと主張する。この時期サダムに近かったアル・サマライ将軍は「バグダッドが核の標的になったかもしれない」と考える。しかし、アメリカ軍はイラクの化学兵器攻撃があった場合には独自の化学兵器をもって報復する計画でいた。湾岸地域における米海軍海兵隊司令官のウォルター・ブーマー将軍は一九九〇年、アメリカはイラクの毒ガス攻撃への反撃に備えるため、これらの（化学）兵器を大量に準備し輸送した、と私的にコメントしている。ペンタゴンは当時これを激しく否定する発表を出したが、ブーマーは間違いなく真相を知る立場にいた。（原注5）

サダムは「大量破壊兵器」と平行して敵陣に撃ち込む長距離弾道ミサイルの開発に大量の資金を投じていた。ロシアから大量のスカッド中距離弾道ミサイルを入手していただけではなく、彼が雇っていたロケット科学者による長距離弾道型改良スカッドミサイル「アル・フセイン」の製造が順調に進んでいた。湾岸戦争でサウジアラビアとイスラエルに対して使われた高性能爆薬弾頭は比較的毒性の無い通常兵器ではあったが——いくつかはすでにミサイル弾頭を装備していた——もしサダムがもっと恐るべき兵器で武装してきたら一体どうなる、という嫌な想像からテルアビブで大規模なパニックを引き起こした。

かくして、実戦での勝利を得たアメリカは、サダムは二度と化学兵器、生物兵器、核兵器などの大量破壊兵器で脅威を与えることはできないだろうと決めこむことになった。軍は、このような兵器計画に関連した攻撃目標への爆撃作戦の成功を次々に報告していた。しかしアメリカは、念を押すため、四月三日に国連安全保障理事会が採択した停戦決議が、イラクの非通常兵器装備の完全な査察が行なわれるまでの経済制裁の継続を保証すべきであると主張した（すでに見たように、ワシントンはどんな場合でも経済制裁は継続することに決めていた）。明白に連関する二つの問題——制裁と兵器——をもって、国連安保理は事実上、イラクに対する国連の政策決定権を、それが誰であれ、イラクの兵器問題を裁ける者に託したのであった。これはその後の数年間に深い意味を持つことになる関連付けであった。

全文にわたって無味乾燥な法律用語が並んだ国連安保理決議687号は、イラクの未来にとってきわめて重大な含みを持っていた。敗戦国の対外借款に対する厳格な返済命令とクウェートに加えられた損害賠償とは別に、安保理は「イラクの申告と特別委員会自身が指定する追加的場所を基準に、イラクの生物化学兵器及びミサイル兵器の能力について緊急に現地査察する」特別委員会の設置を命令した。(原注6) イラクは、いかなる「核兵器、または核兵器に使用可能な材料」と共に、かくなる兵器を開発し所有することを永遠に禁じられた。決議の第二十二項のごちゃごちゃした駄文によれば、イラクがその大量破壊兵器に関する要求に従ったことが認められれば、イラクの石油輸出禁止は解除される（他方、第二十一項はイラクへの輸出は「イラク政府の政策と実践」次第であるとし、はるかに漠然としている）。

決議は停戦後一ヵ月に満たない、ワシントンがまだサダムが国内クーデターの餌食になるという期待を抱いていた時期に書かれた。イラクの大量破壊兵器の査察に関する規定はそういうわけで、サダムの後継者に対して適用されるという一定の期待のもとに書かれている。

イラクへの立ち入り調査の権利を携えた特別委員会が設置されたことは、その体制の忌まわしい秘密をかくも見事に隠し通してきた指導者サダムに対するこれまでにない仕打ちだった。手ひどい敗戦により、サダムは自国内で全面的にスパイ活動を展開する外国の「査察団」を歓迎する役を命じられたのだ。

安保理決議の文言から、任務はそれほど長くかからないだろうと関係者の全員が考えたのは明らかだ。イラク側は、場所と数量、そして核、化学、生物、ミサイルの種別を示した情報の提出に二週間の猶予を与えられた。特別査察委員会はイラクを安保理決議の厳格な規定に確実に准じさせるための計画を四ヵ月で作り上げる。結局のところ、アメリカの有名な空爆攻撃の正確さも手伝って、アメリカ、イギリスその他の国々から招請された専門家で構成された査察団のこの任務は会計監査に少し毛の生えた程度のもののように思われた。異なる二人の人物が同じ見方をした。一人目の人物がサダム・フセインであった。

サダムは大量破壊兵器に対する空爆攻撃がかなり非効率的だったのをよく知っていた。爆弾レベルの濃縮ウランを製造する相当数の施設は爆撃目標にすらならなかった。アメリカはジャフルの技術者が「カルトロン」*装置を使ったウラン濃縮法を導入、前進させていたことや、イラクのミサイル設計者が到達距離二千キロの国産ミサイルの開発段階にあったことに全然気づいていなかった。戦争期間中、スカッドミサイルの移動発進装置を叩くための爆撃は多大な努力にもかかわらず失敗した。サダムは依然として大量の化学兵器を保有していた。アル・ハカム*にあった主力の生物兵器製造センターは無傷のままだった。敵にはその存在すら知られていなかった。

かくしてサダムは安保理が決議案を採択するや否や、兵器が破壊されたか、もしくは破壊されることになるということの確証のためにやって来る国連査察団に全面協力するよう、手下の外交官たちに命令したわけである。大統領宮殿での非公式な会議で、彼は全く異なる計画を披露した。イラクの指導者は言った。

「特別委員会は臨時処置だ。彼らを騙し、買収しよう。そうすれば数ヵ月で問題は片付く(原注7)」

だがこれはとんでもない計算違いだった。

この秘密会議に呼ばれた者の中に、ワフィク・アル・サマライ将軍がいた。彼は主人が何の話をしているのかを正確に理解した。サダムは「金さえあれば何でもできると考えている」とサマライは数年後に語っている。

「われわれイラク情報機関は、今では閣僚の地位にあるような外国の情報部員や役人たちにドルや金の贈り物をしていた」

サダムはアメリカやイギリスの査察官もこのやり方で買収できるという幻想を抱いていた。だからこそ、会議で「査察官は貧しくて、経済制裁は解除すべきだと考えている国から派遣されてくる」と指摘したのである。

明らかに、最高に金に弱い査察団でも完全に中立とはいかないだろう。そこでサダムは計算された譲歩の方針を立てた。アメリカと同盟国は、このイラクの立場を鮮明にした計画に関するデータをすでに大量に入手しているのであるから、査察官はイラクの化学兵器と輸入ミサイルの装備について完全ではないまでも、ほどよく充実した情報を与えられているであろう。だが、核と生物兵器計画については周到に隠蔽しなければならない。

この「特別委員会」の委員長に誰が選ばれたのかを知った時、イラクではサダムの楽観主義は正しかったと思われた。長身痩躯、白髪で慇懃無礼、伝統的ハト派中立国スウェーデンの外交官ロルフ・エケウスは、軍備制限交渉の密室ワールドで長い経験を踏んできた。一九七六年、スウェーデンとパレスチナ解放戦線とのつながりから、ニューヨークの国連安保理でのPLOの発言権を獲得するために親身になって動き、アメリカとイスラエルから骨髄の恨みを買った彼のことは、イラク外交官の記憶に深く刻まれていた。彼は一九八八年にジュネーブ軍縮会議*で進行していた化学兵器の世界的禁止を目指す国際協議のスウェーデン代表である。もしバグダッド政府が特別委員会委員に指名された際の記録を詳細に検討していたならば、今後難題が生じる可能性を警告する裏話に目をとめはずだ。

＊カルトロン：電磁イオン分離法によるウランの濃縮装置。一九四三年春からテネシー州オークリッジで開始された。主要工程は巨大な電磁石を楕円形に配列したカルトロン（一八四インチ・サイクロトロン）と呼ばれる装置で、四角い鉄芯の周囲を囲んだ銀コイルに電流を流して電磁石にし、イオン化したウラン化合物のビームを入射して、ウラン235と238を分離させる。一九四四年に初めて兵器級の高濃縮ウランが実験用に出荷された。広島に投下される原爆一発分の「兵器級濃縮ウラン」がロスアラモス研究所に発送されたのは翌年の一九四五年七月二十四日。

＊アル・ハカム：一九八八年三月に建設された生物兵器製造施設。バグダッド南西六十キロのジュル・アル・サハクルに位置し、第一次湾岸戦争前の一九八九年に炭疽菌とボツリヌス菌数千リットルを製造していた。イラクはアル・ハカムを家畜飼料用単細胞たんぱく質製造プラントだと主張したが、実際は培養基、機材、人員を温存し、細菌搭載爆弾R－四〇〇を組み立て、一九九〇年だけで炭疽菌八千四百二十五リットル、ボツリヌス菌六千リットルが作られた。一九九六年六月、UNSCOM査察団立会いの下、施設は爆破破棄された。

すでに書いたように、一九八八年三月、イラク軍の飛行機がハラブジャの住民たちの上にサリン、タブン、マスタードガスを撒き散らした時、各国政府はだんまりを決め込んだ。スウェーデン政府も含め、「アヤトラの鉄槌」サダム・フセインに手出しをする国は一つもなかった。この暴挙に怒ったエケウスは外務大臣に対し、政策の如何にかかわらずこの野蛮な行為を糾弾する発言を軍縮会議で行なう、と伝え、そして敢然と実行した。それを実行した正式代表はイラン代表を除いて彼一人だけだった。

サダムと同様エケウスも、その後間もなくＵＮＳＣＯＭ*（国際連合大量破壊兵器廃棄特別委員会）となる国連イラク特別委員会（本部ニューヨーク）が短期的な活動に終わるものと考えていた。

「すぐに終わるものと思っていた」

と後に彼も話している。当時、彼はまた費用も安く済むものと考えていた。ニューヨークに赴任した時、彼はこれからだと言うのに組織には何の予算も割り当てられていないことを知った。資金作りの唯一の方法は、事務総長の準備金から自分が保証人になって借金するしかなく、妻と六人の子供を抱えたわが境遇に暗澹たる思いになりながらもそうしたのであった。

人格者エケウスは、石油輸出に対する経済制裁によって引き起こされた苦難の報告に注目した。制裁は、彼が安保理に対してサダムが決議案６８７号を承諾したと確証しない限り、または確証するまで継続するのだ。

「私は指名を受けた時はウィーンにいた。ニューヨークに発つ前に家の事など雑用があった。だが一日の猶予もならないと感じてもいた」

彼は七年前を振り返る。

「イラクの石油輸出は年間百三十億ドルにも上っていた。一日にして三千五百万ドルだ。一日だって無駄にはできないと良心が疼いた。そしてこう思った。『一日遅れただけでイラクの子供が三千五百万ドル失うのだ』」

その間も当然、ホワイトハウスの密室で会議が持たれ、サダムが権力の座にある限り制裁を継続する決定が下されていた。つまりは彼が生きている限り、ということだ。CIAではお上品なスウェーデン人が指名されたというニュースはある種の危惧を持って受けとめられた。(原注8)「われわれはエケウスの偏

＊ジュネーブ軍縮会議（Conference on Disarmament）：スイスのジュネーブに設置されている世界六十六ヵ国で構成される常設の軍縮会議。国連の下部機関ではない。一九九七年に化学兵器禁止条約を発効させた。これは化学兵器の開発・生産・貯蔵・使用を全面的に禁止し、既存の化学兵器および化学兵器生産施設を条約発効後、原則として十年以内に全面廃棄すること（遺棄化学兵器）、一定の設備を持つ化学産業施設に対する査察措置を行なうこと等を定めている。条約の発効にともない、オランダのハーグに化学兵器禁止機関（ＯＰＣＷ）が設置された。

＊ＵＮＳＣＯＭ・国際連合大量破壊兵器廃棄特別委員会：イラクの武装解除を監視・推進するための武器査察を行なった機関（United Nations Special Commission）。一九九一年四月、湾岸戦争後、安保理が採択した国連決議６８７により設置された。化学兵器、生物兵器および長距離弾道ミサイルに関連する査察を担当、核兵器についてはＩＡＥＡが担当した。一九九一年六月から一九九八年十月にイラクが査察団を追放するまで続けられたが、イラクの査察活動協力停止、多国籍軍の爆撃などで中止され、一九九九年十二月に公式に解体された。初代委員長はスウェーデンの外交官ロルフ・エケウス。一九九七年にオーストラリアの外交官リチャード・バトラーに交代し、一九九九年にバトラーの任期満了後はアメリカの外交官チャールズ・デュエルファが委員長代理を務めた。武装解除は実現しなかったが、成果としては、申告されていなかったミサイルが発見されたこと、亡命イラク人高官フセイン・カーミルの情報で生物兵器の開発所持が明らかになったこと、申告された武器や開発設備の破棄、破壊が確認されたことなどである。

見の無いアプローチで一体何がはじまることやら、非常に懐疑的だった」。

ＣＩＡの上級局員が後に認めている。（原注9）国家安全保障会議の強硬派官僚たちも、兵器規制に対する「リベラルな」姿勢を疑われている国務省の官僚、ボブ・ガルッチがスウェーデン人の補佐に指名されたことに驚かなかった。

エケウスは、自分自身に対してよりも政府に対して忠実であろうとする、誰かが決めた人間たちの集団ではなく、自分の仲間──「信頼できる人たち」──でチームを作ろうと決めていた。そこで彼は化学兵器禁止国際協議当時に出会った人々の中から人選する動きを始めた。その一人が、ソ連外務省の生物化学兵器専門家で第二次世界大戦の終わりにウィーンを解放した将軍の孫で、父親も外交官だったニキータ・スミドヴィッチであった。スミドヴィッチは口髭を伸ばした逞しい青年で、ソ連政府が極秘に進めていた禁止兵器の計画を探り出したというユニークな経験があった。

ひるがえって一九七二年、ソ連は国際社会の大勢にならって、生物兵器は破棄すべきであるというニクソン大統領の提案に同意した。しかし、アメリカがその計画を本当には終了させるに至っていないという口実のもとに、ソ連軍は生物兵器の研究開発をさらに進めた。アメリカとミハイル・ゴルバチョフの改革体制が接近し冷戦の緊張緩和が進んだ時代にも、この作業はその存在がゴルバチョフ自身さえ知らされなかったという遠隔地の研究施設で数千人の科学者を使って継続されていた。

一九八九年、米国務長官ジェームズ・ベーカーは独自のソ連秘密諜報活動でその事実をつかんでおり、当時の外相エドワルド・シュワルナーゼと車でモスクワ郊外のハイウェイを移動中に偶然見えた建物を指して言った。

「あれはあなた方の生物兵器計画の一部ですな」

これはシュワルナーゼには初耳だった。彼は平静を装ったが、このやり取りをすぐにゴルバチョフに報告した。ゴルバチョフは直ちに将軍たちを問い詰めたが、彼らは傲然と計画の存在を否定した。シュワルナーゼはそこでスミドヴィッチを起用し真相の解明を命じた。スミドヴィッチは、細菌兵器庫を覆い隠す軍部の嘘とでたらめとごまかしの闇に執念深く入り込み、ついに軍部に事実を認めさせた。エケウスがソ連の元同盟国であるイラクの秘密を調査する仕事に彼を起用したことで、その経験が役に立ったのである。

エケウスの委員会にリクルートされたその他のメンバーは寄せ集め以外の何物でもなかった。例えば、スコット・リッターはアメリカ海兵隊教官だった。湾岸戦争時、リッター少佐は軍情報部付きで、イスラエルとサウジアラビア攻撃用に配備されたスカッドミサイルの移動発射装置を発見し破壊するために多国籍軍が払った多大な努力についての報告書を書いている。あの発射装置の一基たりとも破壊されなかったという彼の結論は正鵠を得ているだけでなく、最高司令部の公式見解と鋭く矛盾していた。こうした独自の考え方は彼の出世を促すものではなかったようだ。その後、彼はウクライナ人女性と恋に落ち、情報部部員と旧ソ連の市民との関係を否定する正式命令に逆らって彼女と結婚した。安全上の危険性大とみなされたリッター少佐は退役せざるを得なかったが、彼の妻はCIAに通訳として採用され、正々堂々と国家機密を委ねられた。リッターの経歴を再検討したエケウスは躊躇することなくメンバーに加えた。彼らはおしなべて地図無き領域に足を踏み入れようとしていた。第一次世界大戦後、敗戦国の兵器製造能力の破壊を試みて（失敗に終わったが）ドイツ中を巡った戦勝国の集合委員会以来、こうした試みは無かった。

サダムの根城に対するエケウスの最初の進撃は欺瞞に迎えられた。彼はイラク外務省の古くからの知人に会わされた。全員が流暢な英語を話し優雅な外交儀礼を忘れていなかった。彼が体制の真の姿を垣間見ることになったのは、一九九一年六月下旬になってからである。それは、国連活動とイラク政府との最初の対決現場だった。査察官がひょんなことから秘密核計画の決定的部分の手がかりを発見したのだ。

専門的に言うと、イラク核問題の処理は国際原子力機関（ＩＡＥＡ）に属する。戦争前、イラクが核非拡散条約を全面的に承認し、核兵器計画を隠蔽している兆候が無いと定期的に報告していたのが、この組織であった。従ってＩＡＥＡは、官僚的利害に相反するいかなる証拠も軽視しようとした。しかしイラクでは核監督官がエケウスのチームの一員として活動していた。そのリーダーが元気満々のアメリカ人、デービッド・ケイであった。

六月下旬、ケイのチームがバグダッドから車で数時間のタルミヤという場所にあった核施設とおぼしき場所に赴いた。核開発努力を続けるというサダムの計画も――そしてどの程度、空爆で破壊を逃れたかも――その秘密はすでにバレていた。一ヵ月前、ジャフルの研究員たちがクルディスタンになんとか逃れて撤退前の米軍と接触していた。研究員たちが黒焦げになった死体まで添えて自動車事故を装ったので、イラク人核監督官はまだこの裏切り行為に気づいていなかった。脱走者はアメリカ側に知っていることはすべて話し、その情報はバグダッドに待機していた査察団に伝えられた。中でもとりわけ興味深い項目は、イラクがカルトロン装置――全周約七・五メートルの巨大電磁石装置――を使った効果的な方法を実際に発見していたことであった。これはアメリカで数年前に試されたが破棄された方法である。

この頃、ＣＩＡがイラク上空にあった静止スパイ衛星で収集した情報を伝えようとしていた。分析官が巨大な円形の物体が、アル・トゥワイタという被重爆地点からバグダッド西郊外のアブグレイブにある軍宿営地に移動しているのに注目した（情報の伝達には非常に難しい仕掛けが試された。国連査察団にはまだ安全な情報手段が無かった。そこですべての秘密メッセージはジョージ・ブッシュの自伝を使った面倒な暗号で送らねばならなかった）。

二台のランドローバーとバス一台にすし詰めになったケイとそのチームは用心深く目的地に向かったが、同行のイラク人「番人」には行先を間違ったように見せかけて、いかにも突然妙な場所に来てしまった振りをした。軍駐屯地のゲートに、驚いて憤慨した様子の司令官が出てきて立入りを拒否した。ケイはここで嫌なアメリカ人を演じ、衛星電話でニューヨークの国連安保理に連絡すると脅した。最終的に査察官三人が基地内の給水塔に上る許可を取った。数秒後、給水塔の上からケイに無線が入った。

「反対側から出て行く者がいます」

ランドローバーが轟音とともに追跡を開始した。国連とワシントンによる査察活動が規定する重要性からすれば、査察団のメンバーが乏しい資金で活動しているのはおかしい。カメラは私物で、トランシーバーも『ラジオ・シャック（電気製品のネットショップ）』で買った物だ。車はイギリス軍の廃棄品でイラクに不向きの右ハンドルだ。基地の背後に向かった一台は燃料計が壊れていた。こいつが基地の塀から四キロ弱走った所でガタンと停まった。ガス欠だった。もう一台のランドローバーが残された査察官を乗せて出発する。重いカルトロンを積んで慌てて基地を後にした輸送コンボイを追跡するのだ。査察官リッチ・ラリーはトラックを二度追い抜いて写真を撮った。イラク兵がトラックから頭を狙って発砲してきた。リッチはシートに身を伏せ、また身を起こしては素早くシャッターを切った。将校たちが追ってきてランドローバーを止め、カメラとフィルムの提出を求めたが、リッチはフィルムを抜いて体に隠していた。彼はカメラの引渡しを拒否した。

「出発前にカミさんに言われたんだ」

基地の正門前でリッチはケイを振り向いて言った。

「カメラだけは失くしちゃだめよってね」

ケイはようやくエケウスの衛星電話に連絡してチームが銃撃されたと伝えた。エケウスは引き上げを命じた。

核施設での騒動がターニングポイントになった。核開発計画は戦争で破壊されたとか、査察団に協力するといったイラク側の言質はことごとく粉砕された。エケウスは急遽バグダッドに向かった。彼はティグリス川近くにあるタリク・アジズの別荘で「イラクが核開発計画を行なっている」ことは今や明白だとアジズに言った。外交官を務めたエケウスは「兵器」ではなく、より礼儀正しくあるため「開発」という言葉を選んだ。アジズは困った顔一つ見せずに全否定した。エケウスはこの時初めて、その後数年にわたり何度も耳にすることになる説明を聞いた。

「われわれにそのような企みをする能力があると本当に思われるのですか？」

このイラク人はいかにも謙遜した欺瞞的な顔で言った。

「われわれはそんなに進歩していませんよ」

外務大臣と、その横に座った彼の補佐は口をそろえて、イラクが核兵器計画に乗り出したなんてまるで有り得ないことだと、彼らなりの理由で説明するのだった。

このイラク人が、国連査察団への対応はすべて外務省が担当せよ、とサダム・フセイン大統領に命令されたと説明していたその最中にドアが開き、軍服姿の新顔が音を立てて部屋の中に割って入ってきた。そして、エケウスに言わせれば、まるで「わがままな子供みたいに」ソファにふんぞり返った。これが、防衛大臣で共和国防衛隊の創設者で大量破壊兵器製造の大作業の総監督、フセイン・カーミルであった。彼が部屋に入って来た途端、一群のイラク高官たちは明らかに威圧され、緊張でコチコチなって椅子に腰掛けていた。その場にいた中ではカーミルだけが英語が話せなかったが、丁寧に理論立てたエケウスの論点のアラブ語翻訳は「ソファからの粗野な笑い」に迎えられた(原注10)。

四日前の六月三十日にサダムが、兵器と材料とこの計画をエケウス以下の査察官から隠蔽する工作を協議する特別高官委員会(議長アジズ)を設けたことを知っていたのは、部屋にいた者のうちカーミルとアジズだけであった(原注11)。

七月七日、委員会は厳しい決定を下した。カルトロンが露見したことを考慮して、イラクは核計画の存在を白状すべきである。しかし同時に、高官グループは、禁止兵器と材料の大部分は廃棄するが、キープしておきたい主要アイテムは隠した方が良い、という計画を秘密裏に立てていた。廃棄作業はティクリート近郊の乾燥した河川敷で七月の後日実行された。この決定はその後数年にわたり、サダムの隠蔽兵器問題全体につきまとうことになる。なぜならUNSCOM(国際連合大量破壊兵器廃棄特別委員会）が事実経過を追及した時、イラク側は何がどれだけ廃棄されたかの正確な証明を求められることになったからである。

廃棄作業が続けられる一方、イラクの兵器準備のより重要な部分は隠されていった。七月のある時期、アブグレイブにある別荘の人目につきにくい庭が掘り返され、イラクの国産ミサイル製造計画、プロジェクト一七二八に使ったパーツと製造用具類から慎重にセレクトした物を兵士が懸命に土中に埋めていた。（原注12）ＵＮＳＣＯＭはこの後四年間も、プロジェクトの存在を知らないでいた。作業していたのは、これ以降サダム・フセイン個人の安全を守ることを任務とするようになるエリート部隊、共和国特別防衛隊の兵士である。別荘の主は防衛隊の将校、イッズ・アル・マジード少佐、フセイン・カーミルの従兄弟で義理の弟である。

同様の光景はここだけでなく慎重に選んだ国内の随所で、ムカバラート情報局やアムン・アル・カース特別安全保障局を含む、特に信用できる組織の人間たちの手で再現されていた。この責任はきわめて重く、この任務に選抜された少数の人間は家族、部族のつながり、サダムへの絶対的忠誠についてこの上なく綿密に調査された者からの選りすぐりであった。彼らに託された秘密は指導者サダムが自身の身の安全にも劣らぬほど重大と考えていたものであった。実際のところ、サダムにとってこの二つ（兵器と身の安全）は言わば分かち難い一つのことであった。彼はつまるところ、これらの兵器を（クルド人が思い知らされたようにイラク国境内は言うまでもなく）国外の敵に対する究極的な抑止力ととらえていたのだ。

一九九一年の真夏の段階で、戦勝同盟国が国連を通して求めていた各種禁止兵器製造装置の完全報告を作成する用意がイラクに無いことは関係者のほぼ全員（核兵器計画に関してイラクにどこまで騙されていたかを認めたがらないＩＡＥＡ事務局長ハンス・ブリックスは別にして）には明らかなことだった。サダムはそこで、査察官を妨害することでワシントンに経済制裁を継続する既成の口実を与えつつ、とんでもない賭けに出た。すでに見たように、ブッシュ大統領と政府高官たちは、公式見解として経済制裁はサダムがいなくなるまで継続すると述べていた。経済制裁によってイラク国民の中に可哀想な犠牲者が目に見えて増えていた。それに怒りをおぼえた国際世論が兵糧攻めを解除せよと国連に対してプレッシャーをかける可能性がかすかにあった。しかし、サダムが兵器を隠して国連を欺いているのは明らかだとワシントンとロンドンが熱心に主張している間はそうも行かない。

サダムの頑なさは全面的に非論理的となる。サダムは、特に初めのうちは査察官を「騙し」、さっさと追っ払えるものと思っていたので、多少のリスクも仕方ないという立場に留まっていた。ヴァージニア州ラングレーの本部で敵の出方をじっくり検討していたＣＩＡの高官たちは、湾岸戦争で通常兵力が被った被害から、サダムには多くの選択肢は残されていないとの結論に達した。

「一九九一年　サダムの通常兵器兵力はゼロだった」

高官の一人が説明する。

「戦争終結直後は日々の仕事に追われて長期戦略を練る余裕は無かったと思われる。『われわれは戦争に負けた。ここで持ちこたえ、兵器計画を進めよう』と彼は考えた。非通常兵器は手薄だったが、これしか選択の余地は無かった。彼の方向はそこにあるとしか考えられなかった」

「非通常」兵器の使用が究極、並外れて効果的なことはすでに証明されており、サダムがこれに惹かれたのは当然なことであった。すでに述べたように、イランに対して撒き散らした化学兵器は前線の勢いを変えてしまい、一九八八年の最終決戦を勝利に導くキーポイントとなった。イランの他の都市に対しても化学兵器を使うぞ、という脅しもテヘラン政府にタオルを投入させた要因である。同じ時期のクルドへの毒ガス攻撃はクルド人レジスタンスの背骨を叩き折り、恐ろしいまでに人口を減少させた。

一九八〇年代、湾岸諸国のジャーナリストの訪問を受けた和やかな会見で、サダムはためになる逸話を披露した。

「子供の頃、ある男が武器も持たずに村を歩いていた。そこへ老人がやってきて言った。『お前さんは騒ぎでも起こしたいのか?』　男は訊いた。『何のことだ?』　老人が答えた。『武器も無しに歩くのは、どうぞ襲って下さいと言うようなものだ。武器を持っていれば誰も死なずに済む』」

この話は故郷アウジャの日常の一端が垣間見えるだけでなく、丸腰で行くことの危険性とサダムが強い抑止力を保有する利点を確信していることを示すものだ。彼はその「戦略的」兵器をたとえ切れ端であれ守るためにはとことん必死に戦うのだ。アメリカと同盟国は、ファハド王はじめ中東の仲間たちが枕を高くして眠れるためにも、サダムのこのような能力を奪い去る決意だけは固めていた。かくして舞台は対決場面へと移る。

ＣＩＡのベテラン秘密工作員は、イラクの秘密計画の規模が少しずつ明るみに出てきたことに自分も同僚も驚いたと言う。

「戦争前のイラクの能力を大きく過小評価していた分、戦争後のそれもかなり過小評価していた。それでも、エケウスとは違い、イラクが嘘をついていたことが判ってもわれわれは落胆などしなかった」(原注13)

一九九一年の夏、ＣＩＡはエケウスのことを誤解していたと感じるようになった。武装解除推進の実績はなかったけれど、このスウェーデン人が本気でサダムの秘密を暴こうとしていることが判った。その結果、ＣＩＡはもっと情報を分かち合うようになった。まず初めに、エケウスに現段階の上空からの偵察写真を見せ、さらに重要な事として、イラクの核計画関係書類の「主鉱脈」の存在とその場所を教えた。一九九一年八月、慎重に選ばれた四十五人の国連査察官がイギリス国内の秘密の場所でこれまでにない重大作戦のための訓練を受けた。

作戦準備は入念を極めた。ＣＩＡの情報によると、件の書類はバグダッドの中心にある中央公文書館に保管してあった。エケウスらに建物内にある厖大なデータ書類をじっくり見ている余裕など無いのははっきりしていた。イラク側にこちらの狙いを知られたら最後、対決状態になるのは明らかだ。チームはそこで建物の何階のある部屋に間違いなく突入する訓練を懸命に繰り返した。この任務のための準備はきわめて念入りに行なわれ、イギリス国内某所にあった訓練施設にはバグダッド中央公文書館の実物大の特製レプリカまで建てられた。査察官たちはアラブ語の複雑な書類の見分け方、迅速な写真撮影の仕方、そしてこれらすべてをぶっつけ本番でいかに適切に実行するかを体得せねばならなかった。チャンスは一度しかない。

九月二十四日、チームはバグダッド滞在中の宿舎であるパレスチナ・ホテルからバスに乗り込み、目的地を目指した。訓練では、査察団が核兵器のデータを「発見する」ためにとるいつもの調査に見えるよう周到な計画の下に行なっていた。それでも出発前、ふたたび査察作戦の指揮に当ったデービッド・ケイはアメリカのネットワークテレビ局のバグダッド特派員に、公文書館の駐車場で間もなく面白い場面が展開されるから撮影できるようスタンバイしておけ、と知らせていた。
報道陣の期待が裏切られることはなかった。五時間後、国連チームが駐車場に戻って来た。バスに乗り込もうとした彼らは、怒れる武装兵士に囲まれた。館内で彼らは特定の部屋を急襲し、作戦通り書類をコピーし、ビデオと写真を撮っていた。怒り狂った治安部隊が写真撮影を阻止すると、そこで両者は衝突した。

イラク側はコピーした文書を引き渡すまでは査察団を出発させないと言う。エアコンの効いたバスに閉じ込められた査察団は資料無しの出発を拒否し、睨み合いは夜まで続いた。対決はエスカレートし、ケイが査察団の窮状をテレビを通じて全世界に訴えた。彼は車の中から衛星電話で、迅速な捜査によりイラクの核兵器計画指令の構造を示す完全な証拠が見つかったと発表した。

「われわれはフィルムとテープを引き渡すつもりはない」

ケイは宣言した。

「査察官の仕事としてこれは絶対に守る」

タリク・アジズは衝突を誘発した国連部隊を提訴することで対抗した。彼は、ケイはスパイで、持ち出した書類は個人的な極秘文書だ、と言った。別のイラク高官は、査察団が得たイラク人学者の名簿はイスラエルの諜報機関モサドに利用され、暗殺の対象にされる、と発言した。書類に名前が載っている者の関係者だという子供も混じった五百五十人の人たちがバスに乗ってタイミングよく現われた。彼らは「わたしたちの夫を追いかけないで」とか「人事（ママ）情報を返せ」とか「モサドが記録を狙っている」と英語とフランス語できれいに書かれた横断幕やプラカードを用意していた。(原注14)

作戦が全体として順調に進んでいた間、エケウスは補佐のボブ・ガルッチに対して怒り心頭に発していた。ガルッチは作戦実行のためにバグダッドに発っていた。国連職員としての役割とアメリカの外交機関の役人だったしがらみの間でどっちつかずのガルッチは、ほとんどの時間をワシントンの国務省との連絡に費やしており、彼の意見がそこから報道官を通して世間に流布されていた。その中でガルッチは、特別委員会はアメリカのスパイ工作の仮の姿に毛の生えたようなものではないかとイラク政府がつけた文句を暗に肯定していた。エケウスは彼にストップをかけた。これに業を煮やしたワシントンの役人は、事情も分からないままエケウスの指令のニュースをすぐにリークし、これが「エケウス、部下を非難」の新聞見出しとなった。イラク査定を進めていたブッシュ政権は、イラク特別委員会のことをアメリカの政策の有効な武器と考えるようになっていたと思われる。エケウスはブッシュ政権に対して、自分は安保理のために働いており、ガルッチはその下で働いているのだということを確認させねばならなかった。

その間も、イラクでの対立はエスカレートしていた。ブッシュ大統領は、ペンタゴンが部隊を中東に戻し始める中で、これは「重大問題」であるとの声明を出した。査察団を支援するための対イラク軍事行動は緊急性を帯びていた。おそらくアメリカがイラクを空爆してから半年しか経過していなかったからか、イラク政府は事件発生後四日目に駐車場包囲網を解き、査察官たちは貴重な資料を持って現場を後にすることができた。じっくりと検証した結果、イラクがミサイルに搭載可能な核兵器を実際に製造していたことが単なる疑惑ではなかったことが明らかになった。イラク側の否定、部分的発覚、さらなる国連査察団の調査、そしてイラク側の是認と続くパターンが出来上がるには、これからまだ七年も待たねばならなかった。そんなわけで、イラク政府は、禁止兵器――この場合は核であるが――に関与していたことを最初は否定した。国連の査察官による最初の調査に続いて、バグダッド政府は爆弾レベルの核分裂性物質の製造方法を研究していたことを認めたが、しかしそれは実際の爆弾まで開発する段階にはないというものだった。駐車場包囲事件の後は、バグダッドは核兵器を製造する「実行可能性」に着手していたことを容認するくらいにまで潔くはなっていた。

次いで、他のカテゴリーの禁止兵器に及ぶ。イラクはロシアからミサイルを輸入したとの情報を認めたが、国産長距離弾道ミサイルの製造を目指す「プロジェクト一七二八」は長く隠蔽していた。一九九一年、イラクは生物兵器を研究していた事実も全面否定した。この否定は、イラク政府が提出した六項目にすぎない「全面的、最終的で完全な情報開示」を通して、イラクが兵器製造を認めるところまで徐々に修正されたが、イラクはすべての作業は一九九一年に完了し、すべての兵器と材料は廃棄されたと主張、UNSCOMは当然この主張を一笑に附した。イラクは広領域に放射能を浴びせるための「アル・カカ」電磁波爆弾製造計画に着手していた。これもまた、最初は否定し、後になって認めた。イラクは最初、化学兵器研究所におけるVX神経ガス物質の研究の事実を否定した。これも最終的には、このような計画は存在したが三百キログラムの物質を製造しただけで研究は不成功に終わった、と訂正してきた。実際に製造された物質の量は、後に四トンに上昇した。

一九九二年、彼らが作成した記録とUNSCOMが依拠する記録資料との間にある食い違いについてイラク側は、元来安保理の決議がUNSCOMの立会い抜きの廃棄を禁じていたにもかかわらず、先立つ七月に大量の兵器と装備を単独で廃棄したからである、と釈明し始めた。それ以降イラクは、帳尻が合わない兵器、製造装置、原材料などについて追及されると、それはもう廃棄してしまったという主張に逃げ込むのであった。彼らは論拠の不備を、廃棄に関する十分な記録が作成できなかったという事実のせいにした。イラクのような厳しい独裁体制国家で、重要な戦争の道具を将校や役人が上部からの文書による明確な命令無しに廃棄するなど到底考えられることではない。こうした命令が一切なされなかったか、あるいは一定量の廃棄報告がなされていて、それがＵＮＳＣＯＭの収集した証拠と明らかに一致しないことが判明したからか、のどちらかである。

イギリス諜報部が安全通信センター用に完全装備した「ゲートウェイ」と呼ばれるバーレーンの海外本部から、ＵＮＳＣＯＭ同行の科学者が到着し、疑わしい工場、事務所、研究所その他証拠を隠していそうなあらゆる場所に辿り着くだけでも大仕事で、証拠などすぐには出て来なかった。集めた証拠は分析され、イラクの海外での購入記録、亡命者からの報告、衛星写真、ＵＮＳＣＯＭが米軍から借用したＵ‐２高空偵察機撮影の写真などと照合された。最後にエケウスが、定期訪問の一環としてバグダッドにやって来て、イラク高官の選抜チームを相手に交渉のテーブルに付き、イラク側の主張とチームの調査で露わになった事実との齟齬(そご)を一つ残らず根気よく突きつけた。

一九九一年四月、エケウスは荷物をまとめる間もなく短期滞在の予定でニューヨークに赴くが、それが一ヵ月に延び、ついには数年にも及ぶことになった。後に、特別委員会委員長は妻を例外としてタリク・アジズと一緒に過ごした時間が誰よりも長かったと悔やしがっていた。エケウスは馬鹿を相手にしていたなどとは思っていなかった。タリク・アジズ、イラクの国連大使ニザール・ハムドゥーン、外務大臣補佐リヤド・アル・カイジなどは、彼が思い出すに「とてもとても優れた外交官だ。彼らは本題から外れることも、くたびれたりすることもなく何時間でも議論を続けることができた」。それに劣らず印象的なのがフセイン・カーミルの補佐役でイギリスのバーミンガムで研修を受けたテクノクラートのアミール・ラシード将軍だった。

しかしながら、外交用語の難解なニュアンスを摑むのに長けたアジズやハムドゥーンのような国際派と、優れたテクノクラートでありながら視野の狭いラシードのようなローカル派という違いはあった。例えば一九九四年、エケウスはニューヨークにいる最高の人脈を使って『ニューヨークタイムズ』の社説で、イラクが兵器に関する要求を受け入れ次第直ちに経済制裁を解除すべきであると主張させた。数日後、『ワシントンポスト』が『ニューヨークタイムズ』に反駁、サダム・フセインが権力に留まる限り制裁は解除すべきではないと社説で述べた。

「アメリカのことは分からない」

その直後、ラシードがエケウスに言った。

「『ニューヨークタイムズ』はユダヤ人が経営している。それなのにわれわれの肩を持っている。『ワシントンポスト』はわれわれを攻撃している。どっちが本当なんだ?」

ラシードを相手にする際、エケウスにはスミドヴィッチという秘密兵器があった。このロシア人が自国の生物兵器計画の捜査で軍部と渡り合った経歴はイラクの暗い部分に入り込むには大いに役立った。イラク側は彼のことを相手にとって不足無しと見ていた。ある時など、申告していないミサイル関連資産を議題にしたラシードとの議論で、スミドヴィッチは――彼は沈黙を守るように言われていた――頭をゆっくり左右に振り始めた。これは、エケウスと事前に打ち合わせていたイラク側が嘘をついているという合図であった。ついにラシードがキレた。

「ニキータが頭を振っていると話ができん！」

「オーケー」

エケウスが言った。

「ニキータに頭を振るなと言いましょう」

協議再開となった。ふたたびスミドヴィッチは、ラシードが真実を話していないと判断した。皮肉な笑いで唇がゆがみ、垂れた口髭の先端がゆっくりもち上がった。ラシードはもう耐えられなかった。大声で言った。

「彼が笑っていると話ができない」

経済制裁維持のありきたりの口実をサダムが提供し続けることでワシントンは満足していたが、エケウス自身は問題と真剣に取り組んでいた。初期の段階で彼はイラクに対して、石油輸出禁止措置の解除はイラクの非通常兵器能力を無能力化し廃棄する命令の承諾が条件である、とするあの決定的な国連決議６８７第二十二項の重要性を指摘していた。エケウスは、イラクが決議を遵守したと証明するのはアメリカ政府ではなく彼であると主張したが、この要求はワシントンには快く受け入れられなかった。

エケウスも時には、暗いトンネルの向こうにかすかな光明を見出すことがあった。例えば一九九四年十月、彼は安保理にイラクの大量破壊兵器に関して「特別委員会は過去の計画の全面的解明に到達しつつある」と通知した。しかし実際には委員会はそれらの計画の全面的解明には程遠い状態にあった。(原注15)

エケウスがあの通知をしたためた二ヵ月後、がっしりした体躯の身なりの良い男が、クルド反乱勢力の本部に現れた。彼はサダム・フセインの射程圏から十日間も歩いて脱出してきていた。他でもないこの男は、湾岸戦争時から敗戦後にかけて以降ずっと上級将校の地位にあった元イラク軍情報局長ワフィク・アル・サマライであった。彼は三年以上、北部のイラク反体制派と連絡を取っていたが、極秘兵器計画に関する爆弾情報をバグダッド政府との最終的訣別を決意するまで明かさずにいた。脱走兵に対する扱いは提供する情報の新しさと価値に直接影響するということをこの老獪な情報のプロは知っていた。

UNSCOMの委員はクルディスタンに急行し、やってきたばかりの将軍に話を聞いた。軍情報局で彼が目を通した文書についてアル・サマライはなかなか信じようとはしない相手に向かって、イラクが全ての化学物質の中で最も恐ろしいVXの製造に成功しただけではなく、それが現実にミサイル弾頭に搭載されていると伝えた。このことは全てUNSCOM（またCIAとイギリス諜報部）にニュースとして伝わっていた。アル・サマライはさらにまた、イラクの生物兵器開発がこれまで考えられてきたよりも――そっくりそのまま――はるかに前進していることを明らかにした。彼はまた、イラクが生物化学爆弾を搭載した作戦ミサイルを一定量保有しているとも証言した。

誰もアル・サマライの言うことを額面どおりには受け取らなかった。彼の情報は、イラクの兵器計画についてそれまで信じ込まれてきたことに真っ向から対立するものであった。さらに一九九五年二月、タリク・アジズがエケウスに興味深い取引のアウトラインをよこした。もしUNSCOMがミサイルと化学兵器に関して異常無しの診断書を発行してくれたら、アジズとしては生物兵器問題解決の「手助け」をするつもりだと言う。

生物兵器計画はサダムの兵器戦略の中でも極秘中の極秘で、初めはタリク・アジズや軍参謀長などの高官レベルにさえ秘密にされていたものだ。UNSCOMは活動初期にはサダムの細菌兵器についてはわずかしか判らなかった。しかも委員会は一九九四年になるまで一人の生物学者も雇わなかった。一九八〇年代の終わり頃、イラクがアメリカのメリーランド州ロックビルにある生物学用材会社から炭疽菌とボツリヌス菌トキシン(毒素)の菌株を購入していた事実を発見したのは米連邦議会の調査官であった。(原注16)この会社はこのような恐ろしい病原菌がバグダッド大学からの注文と称して(記録にはそうある)怪しいほど大量に購入されたことを気にも止めなかったし、報告さえしなかったが、実際にはイラク軍の命令でなされていたことだった。UNSCOMは、バグダッドから車で一時間の所にあるアル・ハカムの約十二平方キロの砂漠に建つ巨大な施設に疑惑の目を向けていた。イラク側は、鉄条網に囲まれ監視所まであるこの建物が家畜の飼料と殺虫剤の専門工場だと主張した。しっかりした証拠が無く、査察団はそれ以上何も明らかにできなかった。

UNSCOMが、長く廃止されてきたアメリカの細菌兵器計画の生き残り科学者であるリチャード・スパーツェル博士を起用すると、イラクの生物兵器計画の調査は次第にスピードアップした。イラクによる購入事実や物品に関する情報を諸外国に求めた回状に答えて、まずイスラエルが返事をよこした。それは、イラクが、細菌を菌株から増殖させるために使う「細胞培養培地」をイギリスの会社から十トンも購入したことを示す記録であった。細胞培養培地は病原菌の特定のために病院や研究所で広く使われているものには違いないが、この量の多さは兵器製造に十分に足りるものと言えた。間もなくスパーツェルのスタッフ研究員が四十トンにも及ぶ細胞培養培地がイラクに、それも最終的にアル・ハカムに向けて出荷されつつあるのをつきとめた。

エケウスは部下が見つけ出した反論不可能な証拠を突きつけてタリク・アジズに迫った。しかし敵は涼しい顔をしていた。タリク・アジズは鮮やかに答えた。

「新しい衛生大臣を任命する時、学者を選ぶか管理畑の人間にするか迷ったのです。結局、忠誠心の強さを評価して管理畑の者を起用しました。でもこれが無能な奴でね。要りもしない材料をやたらと発注したのです」(原注17)

イラク側のこのようなでたらめの言い訳とは裏腹に、証拠がざくざく出てきた。ついに一九九五年七月、報告によればイギリスで学んだ熱心な科学者であるリハブ・タハ博士*が一団の査察官を前にして、兵器そのものは製造されなかったけれどイラクが実際に細菌兵器計画を持っていたことを、ほとんど涙を流さんばかりに認めたのだった。彼女が生物兵器計画のリーダーの一人であったことは事実だ(エケウスは知らず知らずのうちにタハ博士の人生にとって大きな役割を演じることになる。一九九三年、彼は国連でUNSCOM―イラク関係を討議するために博士と、かの恐るべきアミール・ラシードをニューヨークに伴った。イーストリバーで恋が芽生えた。ラシードは妻と別れ、間もなくタハ博士と結婚した。「わたしがこの恐怖のカップルの仲を取り持った」とエケウスは苦々しく話す)。

八月、UNSCOMは最盛期状態にあった生物兵器計画の決定的証拠をきわめて劇的な形で入手した。結果として、イラクはアル・ハカムの真の機能が細菌兵器製造の中心的センターであったことをついに白状し、数ヵ月後にはUNSCOMは建物の爆破に立ち会わねばならなかった。

しかし、ＵＮＳＣＯＭの生物学者の任務がこれで終わったわけではなかった。数千ページに渡る書類と数百時間に及ぶ訊問を選り分け選りすぐっても、一時期にイラク空軍用に製造されたはずの百五十個もの爆弾と弾頭をどうしても見つけることができなかった。圧倒的多数の一般イラク人は生物兵器あるいは核兵器工場などを当然見たこともなければ聞いたこともないのであるが、そんなことには関係なく、エケウスと科学者たちにとっては、まだある所在不明の兵器を含めてこれらの場所を探し出すことこそが主要な課題であった。

ＵＮＳＣＯＭ査察官はある程度まで、彼らの名の下に延長継続されていた経済制裁の効力を目にすることから視界を塞がれていた。彼らはバグダッド滞在中、隔絶された環境の中で生活しており、思い切った行動に出たとしても出会うのは餓えた子供たちではなく、しょっちゅう故意に活動を邪魔し嘘をつく役人たちだった。彼らは、サダムには国民の深刻化する貧困を救う資源が潤沢にあると深く信じ込んでいた。しかも、査察団はサダムがむしろ兵器計画に金を使っている証拠を再三再四見つけていた。例えば一九九五年、ＵＮＳＣＯＭは長距離弾道ミサイルの誘導システムをロシアから密輸入する極

＊リハブ・タハ博士：一九五七年生まれ。サダム・フセインの生物兵器計画に従事し「細菌博士」と呼ばれた女性。バグダッド大学卒。イギリス、ノーウィッチのイーストアングリア大学のジョン・イネス研究所で博士号を獲得した微生物学者。バグダッドの南にあるサルマンパク秘密研究所で炭疽菌・ボツリヌス毒素・コレラ・ペスト・サルモネラ・リシン・葡萄球菌・エンテロトキシン・アフラトキシンなどを開発し、アル・ハカムの生産工場で大量の凝縮ボツリヌス菌と炭疽菌を作り出した。ＵＮＳＣＯＭの査察期間中の一九九三年にイラク石油大臣のアミール・ラシード将軍と再婚。一九九七年にフセインから科学者賞を受賞。二〇〇三年に連合国軍に投降、アブグレイブ刑務所に収監されたが、二〇〇五年十二月、イラク国民選挙後に釈放された。

秘作戦を察知した。一九九五年のある時など、イラクはエケウスが有利になるようなデモ行進を仕組んだ。女性たちのグループが死んだ赤ん坊を彼に抱かせようとした。この非道な宣伝策謀にエケウスが激怒したが、これはある意味でせっかくのチャンスをサダムが残虐なやり方で台無しにしたケースであった。サダムのお蔭で、イラクが国連決議687の定める責務を遵守している事を証明できる日程が無期延期となった。制裁のお蔭で、棺桶に入れられる小さな命の数は増加し続けた。

これはすべて湾岸戦争の続きであった。犠牲者の数は今や爆撃と戦闘で死んだ人の数よりはるかに多い数十万人に達しようとしていた。イラク包囲網は、戦争が正式に終結した一九九一年にはまだ生まれていなかった子供の命まで脅かしていた。

第5章
「代価はイラク人が払う」

Chapter 5

一九九一年五月、ブッシュ大統領の国家安全担当副補佐官ロバート・M・ゲイツが、すべての可能な制裁は維持され、サダム・フセインが権力を握る限り「代価はイラク人が払う」との公式声明を出した。クウェート侵攻後に適用された貿易封鎖は継続された。

二ヵ月後の七月、バグダッド市のゴミ回収員は集積場に運んだゴミの中身に悲惨な変化を認めた。一年前は市内の各世帯のゴミの三分の一ほどが残飯類だった。ところが、戦争が終り、経済制裁が開始されて以来一年経った現在、ゴミはほとんど出ていない。食べ物といえる食べ物は棄てるには余りにも惜しくなっていた。メロンの皮でさえ棄てずにとっておき、貪り食っているのだ。人々は飢餓状況に向かっていた。(原注1)

戦争と制裁の時代になるまでは、肥満がイラクの大きな問題で、医療関係者は全国の母親に子供たちの過食を抑えるよう説いていた。サダムは対イラン戦争や兵器プロジェクトに数百億ドルもの法外な金を濫費していたが、その反面では国家石油収入のかなりの部分を国民生活に割くようにしていた。世界銀行はイラクの経済的、社会的発展はギリシャと同じ水準であると評価していた。(原注2)イラク国民は、世界の多くの先進国も面目丸つぶれになるような医療費無料の福祉水準に慣れ親しみつつあった。浄水は無料だったし、貧困層でさえ一日一回は鶏肉を食べるのが当たり前になりつつあった。

その鶏がもう底をついていた。最初の空爆で発電所が攻撃された際、最新設備の鶏舎の電力供給が突然ストップし、アメリカの農学者が開発した「イラク・チキン」として有名な血統の種を繁殖させた鶏が大量死した。イラク・チキンの飼料は入念に配合した輸入飼料に依存していた。経済制裁によって飼料の補給がストップ、市場で売っているのはやせ細った鶏で、値段は三十七ドル(四千円以上)も

した。卵の生産量も年間二十億個――イラク人一人当たり週に二個――から、わずか二百万個に激減した。(原注3)

豊かな食生活、特殊医学療法のためのロンドンまたはパリまでの航空運賃の国庫負担、上水道供給、これらはすべて一九八九年の石油輸出収入の百三十億ドルで賄われていた。二年後、政府が捻出できたのは、国連命令の制裁を無視してトルコ国籍のトラックで密輸出した石油によるわずか四億ドルだけであった。(原注4)戦争が終わった最初の夏、アメリカのカトリック救援奉仕団がバグダッドに派遣した活動家のダグ・ブロダリックは、医療体制、食糧補給そして制裁が及ぼす経済的影響全般を専門的に検証した結果、十七万五千人のイラク人児童が死ぬのは避けられないだろう、と冷静に予測した。

クウェート侵攻後一年のうちに食料品が二百倍に値上がりしたことは貧困層には壊滅的打撃であった。(原注5)バグダッドの東のサダム・シティ*にある広大な労働者地区の街路にゴミの山のようなものが点在していた。近くでよく見ると、ボロきれを売っているのであった。(原注6)

イラクに行った外国人が、荒廃した社会の現実を最もショッキングに思い知らされたのは中流階級の惨憺たる風景だった。

---

*サダム・シティ:現在のサドル・シティ。一九五九年にバグダッドの貧困者層の住宅対策として開発された地域で、レボリューション・シティとして出発したが、反バース党派の拠点となり、またイラク共産党の地盤にもなった。一九六三年のバース党のクーデター以後、サダム・シティと改称されたが、二〇〇三年の同盟国軍のイラク占領以後、シーア派宗教指導者ムハンマド・サデク・アル・サドル師の名を冠するようになった。二〇〇四年から始まったサドル派のマハディ軍と米軍との衝突、その他武装勢力の爆弾テロが続発、現在まで続いている。

一九九一年四月、終戦後に起きた反乱の後に、サダムから逃れる数万人のクルド人が映るテレビニュースを観た西側の人々は、寒風吹きすさぶ山岳地方でぶるぶる凍えている亡命者たちの実に多くが「自分らと変わらない」人たち、つまり三つ揃えを着た医者や弁護士であることに身につまされる思いがした。同じく、アメリカやイギリスの郊外にいてもおかしくないような高学歴の専門職の人たちがバグダッドにも住んでいて、そんな人たちが無情にもぎりぎりのところまで追いつめられている光景は、もともと貧しかった人々が窮しているのよりも、ある意味でもっとショックが大きかった。

戦争終結直後の七月の猛烈に暑いある木曜日、一群の男女がバグダッド中心部の閑静な高級住宅街にあるサン・ファティマ教会の閉じられた門に殺到した。中には下層階級に多い黒いチャードル*姿の女性たちもいたが、同数かそれより多くの女性は西洋風のスーツやハイヒールを身に着けており、彼女たちは間違いなく中流階級であった。この人たちはカトリック救援奉仕団が食料を配給すると聞きつけてこのキリスト教会にやって来たのだった。ダグ・ブロダリックは門の中で、このようなイラク人の反応は世界中の飢餓に苦しむ様々な場所でこれまで嫌になるほど見てきたと言う。

「今この国中に食糧不足の典型的反応、前飢餓状態が起きている。バグダッドでは宝石を売る人がいる。時計の中古市には出物が溢れている。絨毯や家具や金銀製品が質に入っている。カメラでもビデオでもラジオでも売れるものなら何でも金に変えて食料を得るのだ」(原注7)

鉄門扉の外で、数百人もの群衆が食糧受給券を振りかざし、わめいている。気温は五十℃近くまで上がっている。一番前の女性たちは門扉に押しつけられ、顔がひん曲がっている。門が曲がるように破られ、突如群衆がどっと唸り声を上げて乱入する。

今や剥き出しのパニック集団となった群集は中に入るやどうにか鎮静化した。女性はスカートの乱れを直し、ハイヒールが壊れていないか心配している。男たちは背広の埃を払う。セーフウェー・スーパー（アメリカのスーパーチェーン）のレジよろしく一列に並ぶ。ここはさすが中流階級らしい。石油大国ではどこも同じだが、中流階級のバックボーンを構成する公務員、医者、大学教授はイラク政府に雇われていて、かなりの高給取りだった。それが度し難いインフレとともに昔日のサラリーは減少し、はっきり言えば雀の涙となった。

端正な顔で体格も立派なムハンマド・ジャワド（仮名）はバグダッド大学で二十五年間エンジニアリングを教えていた。郊外の高級住宅街の、木々も鬱蒼（うっそう）と茂る庭付きの快適な家に暮らし、最新型スバルに乗っていた。妻のハラは才能豊かな装飾アーティストだった。クウェート侵攻から一年半、彼の月給は引き続く災難とインフレのせいで五ドルにまで落ちた。このぶんだと年金は七十五セントという勘定だ。

ジャワドは亡命寸前だった。

「サダムがクウェートに侵攻した時、ドイツに就職口があった」

彼は残念そうに振り返る。

＊チャードル：イラン、イラク、アフガニスタンなどイスラム圏の女性が公衆の面前に出る際に着る体全体を覆う黒系の布のこと。全身を覆う丈の半円の布で、前が下まで開き、頭からかぶって前を閉める。顔は両目の部分から白い長方形のヴェールで覆う。現在のイラン政府は、ホメイニ師の教えに従い、黒がチャードルとして正式な色としている。シーア派のクルド人や、部族によっては黒のチャードルの着用に抵抗しているものもある。

「でも博士論文の最終段階だった学生がいたので残ることにした」

クウェート侵攻の四日後に国連がイラクに科した制裁で、一般イラク人の旅行が不可能になった。

「私はここに幽囚の身となってしまい、もう国外には行けなくなった」

彼は大学を退職して他の仕事を見つけようとした。だが政府は公務員の離職を禁じた。そうこうするうち、彼は同盟軍の爆撃を受けて壊れた橋や建物を再建する民間企業のコンサルタントの仕事を見つけ生活の足しにすることができた。湾岸戦争後の最初の年、彼は制裁もサダム・フセインもどちらもすぐに終わるものと期待していた。友だち同士の間では体制批判は明けっぴろげにできた。その頃は、治安当局は活発に動いてはいたが、楯突いてきたとしてもタカが知れていた大学関係者などよりも、もっと重大な敵を追っていた。

戦争終結後一年、ジャワド夫妻は信頼できる親友たちを招いてパーティーを開いた。妻のハラが、ヒヨコマメとヨーグルトとアメリカ製の缶詰のハムを使った質素な鍋料理でもてなした。ハムは、前年に反乱後の反撃から逃れ、トルコ国境の山岳地帯で飢えに苦しんでいたクルド人のためにアメリカが空輸してきた救援物資を入手したものだった。ハラが説明した。

「クルド人はイスラム教徒だからハムは食べないのよ。食べるのはクリスチャンと、私たちのような無宗教の人間だけね。アメリカがクルド人たちに投げ落とした物が市場で売られているってわけ」

食卓ではもっぱら、前年起きた様々な災難の話になり、誰もが戦争の六ヵ月前から続いている経済制裁はもう終わるに違いない、と言うのだった。

「もう一年半になるじゃないか。これ以上は無いだろう」

来客の何人かは、戦争がクウェートの解放ではなく、イラクとイラク人を直接攻撃するものに変化したことで、経済制裁がサダム体制を強固にしたと指摘した。テレビ番組「ポートフォリオ」の時間になった。アリステアー・クック*のスタイルを真似た、アンカーマンがナレーターも務める、とても人気がある海外戦争シリーズである。これはイラク国営テレビが無断で放送しているものだが、二ヵ月半に及んだ空爆攻撃の花火のような映像が画面に流れると、それまで「あいつ」のことをぶつぶつ罵っていた声が止んだ。ジャワド家の居間でテレビを観ていた来客たちは、アンカーマンが淡々と述べるコメントを何度も繰り返していた。

「イラク人一人当たり四キロの銃弾が撃ち込まれた」

この頃を最後に、ジャワド家ではディナーパーティーを催さなくなる。それから間もなく、ムハンマドはバグダッドの北の目抜き通りにあるサンドイッチバー「シュヴァルマ」で旧友たちと会うようになる。友人を家に招かなくなった理由は、安全のためだと彼は言った。秘密警察の動きは厳しさを増していた。

「みんなどれほど恐れているか、とても分かってもらえないでしょう」

＊アリステアー・クック：アメリカのテレビで活躍したジャーナリスト。一九〇八年イギリス生まれ。BBCのアメリカ特派員となり一九四六年に始まった報道番組「アメリカからの手紙」がアメリカのテレビに強い影響を与えた。新番組「オムニバス」（CBS）で取材記者・ナレーターをこなし新しいスタイルを確立した。NBCの「アメリカ」で歴史、文化、政治、社会をテーマに全米を歩き回るドキュメンタリー手法で描き一九七三年にエミー賞を受賞する。一九九二年まで現役で活躍、二〇〇四年に九十四歳で亡くなった。

彼はそう言うのであった。しかし、なぜ彼が安い喫茶店で話を済ますのかにはもう一つ理由があった。人をもてなすにはあまりにも貧しくなっていたのだ。

貧困化する中流階級の増加という悲惨な兆候はますます顕著になっていった。バグダッドの中心部にある、アル・ラシード通りの黄色いレンガの遊歩道スク・アル・サライに、ドストエフスキーやプルターク『英雄伝』の英語版が五セント（六〜七円）で手に入る古本市が出現した。歩道に積んだ古書の傍らに腰掛けて蔵書を売っているのは、イラクの知識階級であった。本の奥付を見ると、多くのイラク人留学生がいた一九三〇年代のロンドンで勉強熱心な学生が買い求めたとおぼしき書籍も少なくない。

イラクの中流階級は深い不安感の中に沈潜していった。その多くは、ここ三十年の政治的混乱の時代を上手に生きてきた人たちである。彼らは、バビロニア*からウル*の時代へと拡大したイラクの文化史を意識し、誇りにしていたが、一九九〇年代初めになると、国外脱出を切望するようになった。この展開は悪い兆しの始まりだった。この、広汎で高い教育水準の無宗教グループの存在こそが、油田にも劣らぬ貴重な資源となり、サダムの虚飾の軍事計画などより強い国力の形成に間違いなく貢献し、イラクを第三世界から押し出すのに寄与していたはずだ。

ムハンマド・ジャワドは、以前客員として招かれたことのある十数ヵ所のアメリカやイギリスの大学、カレッジに応募したが、願書を送付するのに使うヨルダン経由の手続きさえ複雑化していた。いずれにしても、その努力は報われなかった。サダムの残虐性が西側世界に呼び起こした恐怖感と嫌悪感は、クウェート侵攻以来深く浸透しており、罪無き国民まで差別の対象になっていた。イラク人と見れば誰でも外の世界からのけ者のように扱われていることが、ジャワドにも次第に分かってきた。

イラクの他の大学人たちは、国を出られるのならどんなに屈辱的な仕事でも受け入れるようになっていた。戦争が終わって四年、リビア大統領ムアンマール・カダフィは、それまで数十年にわたってリビアで教師、計理士、下級役人として働いてきたパレスチナ人を国外に追放した。その真意が何であったのか分からずじまいだが、おそらくそれは、パレスチナ難民の数を増やすこと、そしてイスラエルとパレスチナとの間で交わされたオスロ合意*がパレスチナ人の祖国帰還に役に立っていないことを強調するためではないかと思われる。これは効果の無いジェスチャーだったが、リビアに教員不足を

＊バビロニア：BC一八九四年にチグリス・ユーフラテス川の沖積平野に興った王国。「複数の河の間」というギリシャ語の意味からメソポタミアと呼ばれた。首都はバビロン。南半分のシュメールと北半分のアッカドを含み、北西側にアッシリアと隣接する。シュメール文明とアッカドを征服し、後にアッシリアの支配を受けた（古バビロニア）。紀元前六二五年にナボポラッサルがアッシリアからバビロンを奪取し、紀元前六一二年にニネヴェを陥落させて建国したのが新バビロニア王国。二代目王ネブカドネザル二世はイシュタル門や空中庭園などの建設で有名であり、またユダ王国の離反に対して二度の遠征を行ない滅ぼした。ユダヤ人の大量移送、いわゆるバビロン捕囚が行なわれたのも彼の時代である。

＊ウル：古代メソポタミアにあったシュメール人の都市国家。元来はチグリス・ユーフラテス河口近くにあった。旧約聖書のアブラハムはこの地の生まれと言われ、ここからカナンの地へ旅立った。遺跡のテル・エル＝ムカイヤル（ムカイヤルの丘）がナーシリヤ近郊にあり、シュメール初期王朝時代のウル王墓が発見されたが、一九九一年の湾岸戦争の時、多国籍軍のミサイルの破片が当たり、大小数百の穴があいた。

＊オスロ合意：一九九三年八月、イスラエル・パレスチナ紛争中にイスラエル政府とパレスチナ解放機構の間で交わされた「暫定自治原則合意」協定。両者との関係が良好なノルウェー政府がこの成立に尽力し、交渉はオスロあるいはその周辺で内密に行なわれた。二〇〇六年七月のイスラエルによるガザ地区・レバノンへの侵攻により、事実上崩壊したとアラブ連盟では見なしている。

生んだ。そこで、パレスチナ人の代わりの教師を募集するためにリビアの使節団がイラクに来た。使節団来訪のニュースがイラクの知識人の間に広まった。ほとんどは児童に読み書きを教えるという低レベルの仕事だった。しかし、マンスール地区にあるリビア大使館前には、イラクの大学人が殺到し、さながら暴動の様相を呈した。スーツやドレスに身を包んだ人々が、医学博士であるとか外国語ができることを各国の言語でしたためた履歴書を握り締めて、大使館の鉄柵に押し寄せた。ジャワドもそこにいたが、これもだめだった。

この時、教授ジャワドは少なくとも大学の桎梏からは自由になっていた。彼は希望を実現するために手の込んだ詐欺、買収工作を弄するしかなかった。

「私は辞職するのに二年かかった」

後に彼が説明してくれた。

「教授たちは皆辞めようとしていた。私は結局、ある医者を買収して重症の心臓疾患の診断書を書かせた。それでも二週間入院させられ、不要な薬剤投与まで受けねばならなかった。ベッドには重体と書いた嘘のカルテまでぶら下げておいた」

大学人としての人生をそんな形で終わらなければならなかったジャワドは、苦しい笑いを浮かべた。

「二十五年尽くして来た結果が、これだ」

サダムが権力を握る前もその後もずっと、イラクは中東地域では特筆に価する行政事務の厳正さで知られていた。それが今、日常業務の見返りにわずかな支払いや食料でさえピンはねするような腐敗した社会に変わってしまった。イラクの代表的陶芸家のヌーハ・アル・ラディが戦中戦後ずっとつけて

いた日記には、車検の更新に五ドル相当の現金と、バケツ一杯のヨーグルトが必要だったと書かれている。(原注8)

政府が紙幣を増刷したせいでインフレに拍車がかかったが、貨幣を製造する者は他にもいた。バグダッドに常駐していたある国連機関が気づいたのは、最初にイラク人職員が備品としてバグダッドに送るようヨルダンに依頼したのが、非常に高価なカラーコピー機だったことだ。職員はこれがそれまでのスイスで印刷した紙幣に代わって、最近新発行された偽造しやすい二十五ディナール紙幣をコピーするためではないかと疑った。イラクの商店は一斉に、政府発行の紙幣に描かれている棕櫚(しゅろ)の透かし模様を判別できる青色ランプを設置し出した。一九九〇年、一イラクディナールは三ドル二〇セントだった。五年後には、一ドルが二五五〇ディナールにもなっていた。バグダッドの両替商は、重くてかさばる札束の持ち運び用にプラスチック袋を用意するようになった。

イラク人の多くが現金を全然使わなくなった。ヌーハ・アル・ラディの日記には、家賃一年分として卵二ケースで部屋を借りた人がいたとあるが、一年分の家賃に鶏一羽を要求され、それすら払えなかったという一家もあったと聞く。重要なビジネスには米ドルの百ドル札が使われ、一九九六年以降は、表にベンジャミン・フランクリンの絵が描いてある偽造困難な新札だけが通用した。イラク人にはフランクリンの丸い額と、ぱさぱさの白髪がお化けのように見えたらしく、このドル札は「ゴースト」と呼ばれた。あるイラク人が言った。

「この時期、百ドル札なんてとても貴重で、偽札を作ったところですぐに疑われただろう」

生活がぎりぎりまで疲弊すると、バグダッドをはじめ国全体が物騒になった。それまでは法と秩序がとやかく言われたことなど無かった。以前は誰も戸締りなどしなかった。それが今では、隣人同士の話題もジャワドのアパートの場合のように、近頃起きた犯罪や被害者の話題が増えた。国連の車が四台も盗難に遭ったが、ほとんど銃で脅迫されたものだ。バグダッドの住民なら誰でも大胆不敵な、あるいは巧妙な手口の盗難や、血も涙もない強盗の被害に遭っていた。こんな話もあった。とても信心深そうな婦人が、バグダッドの旧市街にあるスンニ派の寺院アブ・ハニファ・モスクの守衛に、鍋に入れた肉と野菜の煮込み料理ドルマを差し入れてくれた。ところが何と、この料理には大量の麻薬が混入されていた。聞くところによれば守衛は二日間も昏睡していたらしいが、賊はその間に、古い絨毯と大きなシャンデリアまで盗んで行った。

バグダッドの住民が泥棒を恐れていたことを示す証拠はまだある。毎週金曜日、中央市場のあるアル・ガーリ地区の端にある幹線道路脇の空き地に、犬のマーケットが立つ。湾岸戦争後の数年間は番犬の需要が多かった。すばしこいテリアから獰猛なシェパードまで、ここにはあらゆるサイズの犬が売りに出ていた。

「ニミールは利口な犬だよ」

ある男が傍らの喧嘩っ早そうなハウンドドッグを指して言った。

「こいつは、お宅に近づいてくる敵は誰でも耳を食いちぎる。だが、主人の知り合いと知ったら絶対に襲ってこない」

ニミールは十八ドル相当の値段で売っていたが、それだけの値打ちはありそうだった。

皆が苦しんでいたわけではない。一九九二年の初め、ハラ・ジャワドは彼女の芸術的才能が生かせるかもしれないと思った。空爆されたビル、発電所、橋などを復旧する、予算もふんだんな公共事業でしこたま儲けた「ニュー・ビリオネア」(億万長者)ビジネスマンたちが、贅沢な結婚パーティーを開き、その飾り付け用の豪華なフラワーアレンジメントの仕事があったのだ。アル・ラシード・ホテルなど一流の会場で催す結婚披露宴は、疲弊し絶望的になる一方の世間とは恐ろしく対照的だった。ホテルの広いバンケットホールに並べられたテーブルには、高級料理があふれ、ジョニ黒(イラクの国民的酒)五分の一ガロン瓶がカップル毎に供された。

競売場や骨董商が、市内のニューリッチ(制裁成金)とニュープアー(新貧困層)との接点になった。市の中心部に近いバグダッド・オークションハウスで毎週行なわれる競売に、ジャワド教授のような、一時は裕福だった知識人や専門家たち、また闇商人やバース党の幹部たちがこぞって持ち寄る絨毯や家具や絵画など先祖代々のお宝を見ようと大勢の人が詰めかけていた。買い手の中には、ヨルダンからのディーラーがごっそり混じり、瀕死の中流階級が大切に守ってきたお宝をわれ先にと買い占めていた。

ニュープアーは、国内のニューリッチがアメリカや同盟国だけでなく、新植民地支配階級、つまり国連職員という新たに流入して来たドル払いの高給取りのお世話になっていた、という現実に対しても憤りを抱いた。ジャワド教授は一度、バグダッドの東にある厳重に警備されたカナル・ホテルの国連本部に運転手の仕事の応募に行ったことがあった。ある国連職員が自室に敷いた一枚千五百ドルもする豪奢な絨毯を二枚も見せて、バスラで四十ドルで買ったと自慢したという。

こうした叩き売りには腹が立つけれども、手放す側にとっては生きるか死ぬかの瀬戸際だったに違いない。制裁一年目、所得は九十パーセント減少し、その後五年間にさらに四十パーセント落ちた。イラクの国家公務員の月収は五ドルにまで下がった。バグダッドのアルウィヤ産婦人科病院では、妊産婦や新生児の洗浄用の水が無かった。入院患者は蚊帳を持参するように言われた。他の病院でイラクの福利厚生状況を視察していた西側の医師団は、「切れなくなったハサミで開腹手術をしようとしていた」のを目撃している。(原注9) 餓えのせいで、食べ物を確保する手段は昔のやり方に戻った。五月の収穫が終わった後、麦畑で女たちが落穂拾いをする風景が見られた。

没落はワンパターンでは進行しなかった。クウェート侵攻後に即刻適用された経済制裁は、医薬品を例外として、イラクへの食糧とその他の物品の輸出を止めるのが狙いだった。短期間だが、クウェートで略奪した物品の流入により貿易封鎖の効果は顕著ではなかった。そこへ、多国籍国軍が空爆を加え、さらにクルド人が反乱を起こしたせいで経済基盤が麻痺した。発電所が爆撃されて上下水道を汲み上げるポンプの電力が無くなり、製油所が爆撃を受けて輸送用燃料が無くなった。反乱で政府役人が逃げてしまったシーア派やクルド人地域の行政は混乱した。超インフレとなり、戦争終結後一ヵ月半で物価は六百倍にハネ上がり、さらに上昇した。(原注10)

こうした惨状に、戦争終結後最初の数週間は冷静かつ妥当な分析をした観測筋までもが、これを大異変と形容したのもうなずける。一九九一年三月中旬にバグダッドを訪れた国連職員のマルッティ・アーティサアリは戻って来て次のように述べた。

「今回起きた衝突によって黙示録的結果が生じた……イラクはしばらくの間に、産業革命以前に逆戻りしてしまった(原注11)」

三ヵ月後、国連事務総長から特別に派遣されたサドルディン・アガ・カーン殿下*がイラク国内を視察し以下のように報告した。

「急激に崩壊している食糧補給状況でイラク国民は深刻な飢餓状態寸前にある」

そして、「大量飢餓」が逼迫し、疫病が蔓延すると予測した。(原注12)

結局、疫病は住民の間に容赦なく蔓延したにもかかわらず、テレビで見慣れていたスーダンやエチオピアやソマリアの飢饉の光景のような大量飢餓までにはすぐには至らなかった。イラク国民は、政府の配給制度のお蔭で少なくとも食いつなぐことだけはできた。一九九一年に制裁措置が適用されてから、国民はすべて国の委託を受けた五万軒の民間商店のどれか一軒に登録していた。国民はこうした店で、小麦粉九キロ弱、米一・五キロ、食用油四分の一リットル、砂糖一・五キロ、ベビー粉乳一・五キロ、そして要望すればお茶四十グラム強といった規定量の食料品を購入できた。また、石鹸と洗剤の支給もあった。配給量は一九九四年に減少したが、それでもまだ、成人のイラク人が生きるために必要な最低量の約五十三パーセントの食糧が確保されていた。(原注13) 一九九六年に西側の専門家チームが行なった

---

*アガ・カーン四世：一九三六年スイス生まれ。イスラム教シーア派から分かれたイスマイリ派のイマーム（指導者）で予言者ムハンマド直系の子孫。国籍はイギリス。二十歳で祖父アガ・カーン三世からイスラム教シーア派の分派イスマイリ派の第四十九代イマームを継承。父アリ・カーンが交通事故により死去。祖父が運営していた競走馬事業を受け継いだ。持ち馬が英国ダービー、仏ダービー、キングジョージ、凱旋門賞、BCターフ、仏二〇〇〇ギニー・エクリプス・ステークス、プリンスオブウェールズ・ステークスなどを制覇。シャンティイー城などの修復事業に五十七億円を寄付。アイルランドに千五百ヘクタールもの土地を所有。宗教指導者・オーナーブリーダーの他にもアガ・カーン財団、ビジネス事業、慈善事業などを手懸け、世界的な富豪としても有名。

世帯調査は、「制度はきわめて公平なものであり、世界で実施されている最も効率的な分配方式の一つである」と規定した(原注14)(おそらくワシントンでは注目されなかったが、この制度の意義の一つが、国民が国家の配給に依存することで政府の支配が強化される、ということである)。サン・ファティマ教会の玄関に詰めかけた群衆は、慈善物資がなくても飢え死にはしなかったし、それほど腹を空かしていたのでもない。やせ衰えた体をテレビで見せられて、初めて第三世界の貧困を実感するのが通例の西洋人にとって、イラクの状況はそれほど悲惨なものには見えなかった。しかし、毎月配給されるミルクが二週間しか持たなければ、赤ん坊を抱えた母親にはきわめて辛いことだ。

戦後の国連制裁規定*により、イラクには食糧と医薬品の輸入が許されていたが、これには代価を払わねばならず、石油輸出禁止措置を受けていたイラク政府が、配給制度用の食糧を輸入する金をどう捻出していたのかを説明するのは難しそうだ。クウェート侵攻を受けて、ブッシュ大統領が最初にとった行動は、アメリカの銀行にあるイラクの金融資産を凍結することであったが、これは同盟国も後続してとった措置である。これらの資産の少なくとも一部が差し押さえを逃れたことは判明したが、それがどれくらいであったかは誰にも分からない。侵攻後、亡命状態にあったクウェート政府は、ニューヨークの調査会社クロール・アソシエイツを使ってサダムの隠し財産を見つけようとした。調査は上手く行かなかったが、クロール社は雑誌『エル』を出版しているフランスの会社を含めて、イラクが海外で密かに保有している株の存在をつきとめた。一九九一年初め、クロール社はサダムが五十億ドル近くを隠し持っている、と報告した。仮にサダムがその銀行預金を洗いざらい差し出したにせよ、この推定五十億ドルだけでは、イラク国民の基本的需要を長期間満たすには不十分だ。豊かな時代、イラクの食糧輸

入は年間約四十億ドルにも達していた。（原注15）

食糧輸入のための資金をどうやって融通していたか、その答えの謎は国境を超えた先の町、アンマンで解くことができた。ヨルダンの首都はイラクとの交易集散地になっており、町の商売人の多くは亡命イラク人で、その彼らがイラクとの交易で大儲けしていた。イラクの高官たちは金のインゴットを売るために中東一帯に出没し、金属スクラップや工業機械類が、陸路を通って密輸されていた。クウェートからの略奪品も扱われ、イランに恰好のマーケットがあった。皮肉にもイランとの取引の多くは、密輸業者が好んで使う国境ルートを抑えていた反体制クルド人と協力して行なわれた。さらに南にイランとの直接ルートがあったが、そこで地域のイラク軍司令官が徴集する賄賂は、アンマンの業者に言わせれば途方も無く高かった。

「五割も持ってくんだぜ！　利益が出るわけがないだろ？」

イラン人はドルで払った。そのドルが西のヨルダン、シリア、トルコ、そしてさらに遠くへと向かい、必需品を仕入れる。さらにまた、イラクの国営企業の株を牛耳るためにドルを使うベンチャー投機家もいた。

＊国連制裁規定：国連憲章第五条に従って、国際平和と安全のために国連安保理が設置した制裁委員会がとった措置は、国際的軍事行動を伴わない経済的その他の制裁で、国家または団体に対して適用される。安保理は平和が脅かされ、外交的努力が結実しなかった場合に容認しうる経済・貿易封鎖そしてあるいは武器輸出、旅行禁止、経済外交的制限を行ない、また政治エリートあるいは政治組織の資産の凍結、送金活動の停止も対象になる、と規定している。

戦後一年、アンマンの辺鄙な場所で持たれたある会合は、国民に食糧を与える助けとしてサダムが採り入れた自由市場のからくりを如実に示すものだった。革ジャンにジーパンの若いバグダッド出身の運び屋が、事務所に集まった商売人たちとの商談にやってきた。金回りのよさそうな連中は、この若い運び屋を下司な成り上がり者か何かのように見下していた。バグダッドから来た男は、地元の連中と同じようにローレックスの時計をしていて、商売も贅沢品を扱っていた。しかしこの男は、自分は「良心」から砂糖も仕入れて政府の配給活動に寄付するのだ、と言った。

この男が去るや否や、その寛容の精神に侮蔑の言葉が浴びせられた。

「ウソつけってんだ！」

地元の一人が言った。

「砂糖を買うのは良心からとはね。爪だろ、爪」

爪とは「イラクのマニキュア」と異名をとった、手や足の爪まで剥ぐというサダム体制の拷問部屋のおきまりコースを暗に表わしていた。言い換えれば、革ジャンの運び屋は、より儲かる仕事の許可を得るのと引き換えに、砂糖のような基礎食料を輸入するよう強迫されていたのだ。(原注16) 爪どころでは済まないケースも時にはあった。一九九二年七月、四十二人の商店主が、バグダッドの市場地区にある彼らの店舗の前で「儲けすぎ」という理由から即決で処刑された。(原注17)

イラクには農業資源もあった。石油ブームの年月、このことは無視されてきた。米はカリフォルニアから、牛肉はアイルランドから、小麦はオーストラリアから輸入する方がはるかに簡単だったからだ。イラクでは、大戦後の数十年間に人口が地方から都市に集中してきたのだが、その流れが向きを変えた。おそらく、イラクの人口の三分の一がバグダッドとその周辺に集中している。しかし、その多くが最近移住してきた人たちで、故郷の村とはまだつながりがある。その人たちが大都市を棄てて故郷に戻り始めた。メソポタミア平野の農地に突然人が溢れ出し、先祖たちが機械化文明以前にやっていたように重労働を始めた。農業大臣のカリド・アブドゥル・ムナム・ラシードは説明する。

「機械が不足しているので、大部分が手作業だ。これまで二人でこなしていた作業を八人でやっている」(原注18)

労働社会福祉省は、イラクの人口の四十パーセント近くが何らかの形で農業にかかわっており、それがクウェート侵攻以前の三倍に増えた、と推定している。(原注19)

イラク政府は、農業をその時間と作業に見合うものにすべく、穀物一トン当たり約百ドルに相当する代価を通貨の下落にもかかわらず、確実に支払った。それは、戦前よりも四十ドルも高い価格になった。大地主が大金を手にした。

「彼らは鏡やシャンデリアを買いに来たわ」

ニューリッチ農家相手の骨董商が言った。バグダッド人は昔から田舎者を馬鹿にする傾向がある。彼女はつけ加えた。

「趣味は最悪」(原注20)

意外な所に食糧危機を和らげる資源力を見出した政府は、爆撃の被害を被った発電所のようなライフラインの修復にも奇跡を呼び起こした。「フジュム・アル・ムドゥハド（反撃）」と名づけた復興事業は、戦後数週間でスタートした突貫計画だった。その実質的主導者は、やる気に溢れたイギリス帰りの専門技術者で、サアド・アル・ズバイディといった。彼は外国から部品も買わず、専門家も呼ばずに損傷を修復する任務を与えられた。仕事にかかって一年、「白紙委任状」と二万八千人のスタッフに支えられ、彼は見事な手腕を見せた。

「われわれは新しい吊橋を考案した」

上流階級が住むマンスールの棕櫚並木の通りにズバイディが自分で建てた家を見れば一目瞭然だが、「反撃の英雄たちへの報酬には相当なものがあった。幸運にもダンプカーを貰った者は、日に千ディナール（当時の平均月収の五倍）は稼いだ。ホームバーに首を突っ込んでグレンフィッディック（「そうなんですよ、ジョニ黒はもう一つ旨くなくてね……」）のボトルを探しながら、ズバイディはイラク人が以前は他人に頼って建てていた物を自力で再建している誇りを語った。

「主要な橋の九割以上は外国企業が建設した。電話交換機も発電所も。産油国はすべて似たような病を持っている。全面的に外国に依存している。何か足りなくなれば、日本にテレックスを送った方が簡単だからね」

体制に気に入られ、たっぷり報酬を貰った下僕として、ズバイディがこのような話をするのは当然だが、再建事業の誇りは政治の領域にも及んだ。

「われわれは自力でやったのだ！」

政府が五十の橋の復旧を発表した時、ジャワド教授はこう快哉した。

フジュム・アル・ムドゥハド（反撃）の達成は、実際に素晴らしいものに見えた。バグダッドの中心部でティグリス川に架かるジュムリヤ橋は、同盟国軍の爆撃で破壊されたが、一年以内で再建された。

五月には、イラクの行政区域とされる各地方への送電網が復旧した。バグダッドの電力を大量に供給する市の南にあるアル・ドーラ大発電所は、他の発電所から部品を持って来て稼動状態に戻った。同盟国軍の爆弾で倒れた四基の巨大煙突のうち一基は再建され、イラクの色（赤、緑、黒）に塗られた。バスラの主要発電所アル・ハルタは十三度にわたる同盟国軍の空爆を受け、ひん曲がった金属の山と化した。だが奇跡的にも、わずか一年後には再び電力を生み出していた。

再び電気が通い出すと、状況はぐっと明るくなった。戦争終結後四ヵ月で、イラクは前年の電力生産量の四割を生産していた。操業している工場が少なかったので、電力の大半は消費者に向けられた。戦時下のガス不足で、国内の食料輸送システムが止まっていた現状に影響を受けていた一部の外国企業関係者から、これを最優先の緊急課題とすべきだという報告が出された。彼らはシステム停止がずっと続くものと考えていた。だが電力の回復とともに、修復された製油所（先見の明があった職員が爆撃直前に石油を抜いておくように指示していたお蔭で、大半が全壊を免れていた）では石油の精製が可能になった。再び、ガスがほぼ無料で使えるようになった。これで、食品が地方やヨルダンからトラックで運ばれるようになった。ムハンマド・ジャワドは、もう一度スバルに乗って仕事に出かけられるようにもなった。つるつるになったタイヤの交換はまず無理だったけれど。

電力がほぼ全面的にストップしていた頃、下水を汲み上げることができず、ボランティアや地方の役人は伝染病の発生を予想していた。インティファーダの直後、バグダッド市長カリド・アブドゥル・モネム・ラシードは私たちに言った。

「下水処理ができず、伝染病が蔓延すれば、バグダッドだけで優に五万人が死ぬ」

少なくとも下水が川に流せるようになって、この心配は無くなった。

政府は、時には野蛮な方法で他の領域での悪化も食い止めた。戦後三年、革命評議委員会は増加する犯罪に対抗して、強盗及び自動車の窃盗で有罪になった者は、すべからく右手の手首から先を切断するという政令を発布した。再犯者はさらに左足まで切断される。発効したその日に、サダム・フセインの息子のウダイが創刊し支配する日刊紙『バベル』が、この法律の適用の失敗は許されないと書いたことで、イラク国民にはこの政令を真剣に受け取らねばならないことが分かった。新聞は、以前の政令で売春宿の女将たちを処刑できなかったことを例に挙げて、その手ぬるさは許されるものではないと書いた。一九九四年六月、バグダッドのラジオ放送は、バグダッド北東バクバの町のモスクから絨毯を盗んだ二人組みの手首を切り落とす判決と、親戚の家からテレビを盗んだ女性に同様の身体切断判決が同じ日に下されたことを一日中伝えていた。

このような刑罰はもちろん、イスラム法の伝統的な刑法体系によるものだが、イラクにおいては新しい傾向のものであった。バース党が権力を握る前も握った後も、イラクでは、少なくとも大都市では、新しい非宗教的社会があった。戒律の厳しいサウジアラビアから来た人は、女性がヴェールやスカーフで身を覆うよう強制されていないのにほっとした。現実に、女性も仕事をするよう奨励された。再建の初期段階、忙しい建築現場ではっとするような美人のエンジニアが、長い髪に黄色いヘルメットを被って指示する姿が見られたものだ。アルコールは自由に手に入ったし、金があるなら酔っ払うまでいくらでも飲めた。アメリカ大使館に近いバグダッドのナイトクラブ街で、スコッチを注文すれば最低でも一リットル瓶が出てきた。

この気楽な雰囲気が、戦後三年もせずに変わり始めた。変化は下からと上から、両方からやって来た。生活水準が崩れ出すと、バグダッドの給与生活者層は次第に宗教に救いを求め始めた。市内のご利益高いモスクで祈る人の数が急増した。サダムはこの傾向を見て取った。身体切断刑罰の制度を犯罪への報復としながら、支配体制を徐々に「イスラム化」させることで抜け目無く利用した。(原注21)政府はまた、アルコールの市販を素早く禁止した。一般のイラク人は、体制側とコネのある闇ブローカーだけが大儲けしていることに深い憤りを覚えた。これ見よがしに大手を振って横行するニュー・ビリオネアの出現がこの怒りに火を付けた。ハラ・ジャワドのささやかな稼ぎ口になっていたアル・ラシード・ホテルの豪華な結婚式が良い例だ。ベリーダンサーの見事な踊りにうっとりして、足元に白紙の小切手を投げたという一夜成金実業家の話など、似たような散財、浪費の噂はすぐに広まった。(原注22)この出来事はたちまち有名になり、政府上層部の耳にも入った。「ケミカル・アリ」ことハッサン・アル・マジードは「汚らわしい夜の行状」を告発、ダンスホールの経営者は投獄され、二万五千ドル相当の罰金を科せられた。

対策はさらにエスカレートした。一九九五年になると、ナイトクラブやディスコは閉鎖になった。特別認可を受けたキリスト教徒経営の店では、まだウイスキー、アラック酒（イラクの地酒）、ビールが買えたが、レストランでのアルコール類の提供はできなくなった。これを政府の恐怖政策と見たレストランの経営者は、たとえ経営が破綻することがあろうとも規則違反はしなかった。アブ・ナッワス通りにあった高級レバノン料理店のアル・ムディフをはじめ、どこへ行っても酒は一滴も飲めなくなった。外国人がポケットウイスキーを持ち込もうなら、ウェイターがあわてて飛んできて、手首を交差してみせ、囁いた。

「早くしまって下さい。ブタ箱行きですよ」

一九九四年、サダムはイスラム教に対する信任を、非常に具体的な形で再確認することを決めた。間もなく世界最大のイスラム教寺院をバグダッドに建設する、と発表したのだ。建設用地には多国籍軍の爆撃機とミサイルで破壊されたムタンナにある旧国内空港の広大な跡地が使えた。巨大建築の名称は、サダム大寺院とされた。

これは一九九二年の熱狂的再建時代が終わって以来、初の大きな建設プロジェクトで、ジャワド教授のような仕事に飢えていたプロには朗報だった。サダムは自分自身で建設総指揮を務めることにしたが、十一の設計技師チームが結成され、ジャワド教授もその一つに加わることができた。計画では、サッカー場の広さのコンクリート製ドームを建設することになっていた。このドームは、アラブ世界を型どった人口湖にティグリス川の水を引き込み、その中央に建つ。礼拝者は寺院に入るとサダムのコンピューター画像を目にする。湖の角には四棟の大きな塔が建てられ、そこにイスラム教大学が入る。

これは空しい夢だった。その昔、イラクにはこのような途轍（とてつ）もない贅沢な物を建てられるだけの資源があった。だが今は無い。ジャワドや同僚たちは、このようなプロジェクト用の資材も機材も国内には無く、経済制裁ゆえに輸入もできないことが分かっていた。最も基礎的な必需品が入手できないのだ。彼は言っていた。

「高張力鋼材も杭打ち機も補強鋼材もセメント添加剤も無い」

建設開始の年、唯一完成した寺院の一部であるパビリオンから、建設総指揮者サダムが眺めることができたのは、何も無い荒地だった。

サダム大寺院は、ある意味で「反撃」総体の神聖さの象徴であった。イラクは表面的には、戦争終結後に救援者たちが深刻に予測した疫病、飢餓の脅威を見事に乗り越えたかのようだった。発電所は再び息を吹き返し、市内に溜まっていた汚水は、下水管を通ってどうにか流すことができた。配給制度で国民を飢えから守り、経済は制裁がしまいには解除されるその日まで最低水準には留まれそうであった。

しかしながら、大寺院の計画のように、再建の努力は妄想と化した。発電所は、崩壊した時点で交換できなかった他の発電所のパーツを持ってきて修復されていた。爆撃された工場は再建されはしたが、生産のための原材料は輸入できなかった。作物も新たに植えられたが、殺虫剤も肥料も、飼料も灌漑用機械のスペア部品もわずかしかなかった。

ティグリス川一つをとってみても、事実としても象徴的にも、いかに国土が病んでいたかを示している。ジンギスカンの孫のフビライが、一二五八年にバグダッドを攻め落とした。イラク人はティグリス川の水の色は二度変わったという。一日目、川の色はモンゴル人に殺された数千人の血で真っ赤になった。二日目、その色は書物のインキで黒く変わった。当時、バグダッドは世界一の図書館と言われ、フビライは書物を川に投げ捨てたのだ。

一九九〇年代、ティグリスは再び色を変えた。それは今、濃いカフェオレ色をしている。川の上流からの水ではなく、バグダッド市民三百五十万人が出す下水が注いでいるからだ。部分的に復旧した発電システムで下水を汲み上げることはできた。以前は、下水はきわめて最新式の効果的処理施設を通過させてから川に流されていた。しかし、濾過設備が修復不能で、集められた下水はそのまま川に直行していた。

下水処理施設もないは様々な理由で使われていなかったが、ことごとく人災である。設備は発電所が爆撃された時に操業停止した。下水がたちまち逆流を始め、市内の下水道の数ヵ所で送水管の破裂を引き起こし、逆戻りして住宅の玄関口まで押し寄せた。

復旧した電力で、少なくとも一定の地区では下水システムを使った下水の処理が可能になったが、バグダッドの基幹施設であるアル・ルスタミヤなど、いくつかの下水処理施設そのものが爆撃で破壊されていた。下水処理施設は高度に複雑な構造で、つねにメンテナンスを欠かさず、修理を施さねばならない。爆撃の被害が無かったとしても、イラクではつねにスペア部品を外国から取り寄せておかねばならなかった。だが、政府にはそれを買う外貨を工面したくともできなかった。必要なパーツが買えたとしても、経済制裁委員会の時間のかかる精査を通過するまでは輸入できなかったのである。

問題はまだあった。下水処理施設は機械類だけではなく、化学薬品も必要としていた。最も重要な物質は塩素だった。塩素は化学兵器の製造にも使われる。そこで塩素は、「二重利用」物品として制裁委員会の厳しい規制対象になった。その結果、輸入はユニセフが持ち込むものだけに制限された。イラクは自国でも一定量の塩素を生産していたが、その大部分はいくつかの重要浄水処理施設にまわされていた。それでも浄水処理施設用に使用できた塩素の量は最高でも、必要な分の七割にしか満たなかった。処理施設が故障すると、未処理の水を供給するしかなかった。

浄水の確保は最も基本的に必要な事であり、これが実現されなければ「反撃」の達成感は無い。ハーバード大学公衆衛生学部の調査団は、一九九一年末に上下水処理システムの崩壊に関する報告を出したが、彼らが再びイラクを訪れた一九九六年にも事態は何一つ変わっていなかった。「イラク国内の水処理工場は、現在極度に限られた能力において操業している」。

調査団は二回目の訪問の後、こう報告した。

「そして事実上、下水処理システムの機能は停止している」[原注23]

その最終結果は、病院の小児病棟に行けば一目瞭然だった。一つ統計を挙げるなら、一歳の誕生日を迎えずに死亡した乳幼児の数は、制裁が適用された年の年間三十人当たり一人から、七年後には八人に一人に増えた。保健衛生の専門家は、汚染された水が死亡原因であると認めている。汚水が胃腸炎を引き起こし、汚水中のコレラ菌はすでに衰弱した幼児の体内で容易に繁殖する。[原注24] イラク国民、特に子供たちには十分な食料が無かったのである。[原注25]

「平均月収で鶏二羽しか買えなかった」

一九九五年に国連のイラク救済活動副調整官をしていたヴィクトール・ワールースが説明する。

「イラクの子供たちの四分の一が栄養失調だった。政府の配給は、国民が必要としていた食料の五割しか満たさず、後の半分を買う金が無かった」

子供達がバグダッドの目抜き通りに物乞いに集まるようになった。信号待ちの車に近寄り、スタートしようとする車のドアのノブやサイドミラーにつかまる。子供たちは小銭が貰えるまで離れようとしない。バグダッドの五歳以下の子供二千百二十人を対象にした一九九五年夏の調査で、彼らが戦争以来いかに健康を蝕まれていたかが明らかになった。一九九五年、二十九パーセントの児童の体重が標準以下であった。因みに、一九九一年に体重が標準に満たなかったのは七パーセントである。「発育不全」と診断された子供の数は、十二パーセントから二十八パーセントに増えている。調査の実施者は、このような状態は非常に貧しいことで有名なマリのような国にしか見られないと言う(原注26)。

一九九〇年末には、イラク中どこへ行ってもインフラ崩壊の兆候が嫌でも目に入るようになった。バグダッドの東にあるディヤラは、クルディスタンの山から流れるティグリスの支流ディヤラ川の恵みを受けた肥沃な土壌の豊かな地方である。川沿いのアル・ヤアト村の農民は、一見しただけでは経済制裁の犠牲者には見えない。肥沃な土地があり、作物を自給し、高値で売れる果物を出荷している。

「私らが楽な生活をしているように見えるでしょう」

村一番の農家の一人、ブハア・フセイン・アル・サイェフは、ナツメヤシや柘榴が影を落とす庭を見下ろす屋敷のバルコニーに腰掛けて言った。彼は田舎の方が都会より暮らしは楽だとは認めたが、村に足りないものを挙げた。村の小さなろ過浄水器が壊れて久しい。だから汚染された灌漑水を家庭で使っている。家族や一族の健康が心配である。ブハア・フセインが、見るからに病気と判る二十四歳の従兄弟のアハマドを紹介した。彼は、一九八五年にロンドンのクロンウェル病院で心臓疾患の手術を受けている。まだ手術の必要があるのだが、その費用は払えない。

薬品が不足し、病院が破壊されていることで、イラク人は経済制裁さえなければどんな病気でも治すことができる、と思い込むようになっていた。イラクの田舎では、村人は病気の家族の曇った映像のレントゲン写真を保管していることが多いが、これはいつの日か経済制裁が終わった時、治療できると考えているからであった。ブハア・フセインの果樹園からそう遠くない所の灌漑用水路の側に住むアリ・アハマド・スワイダンもこうしたレントゲン写真を持っていた。写真には五歳になる彼の娘、ファティマの頭部が写っていた。ファティマは父の足元で遊んでいる。彼の説明はこうだった。

「この娘は体のバランスがとれません。立てないのです」

父は娘を引っ張り上げ、それから手を離した。ファティマはすぐに彼の足元にぺちゃんと崩れ落ちてしまった。

近くの灌漑用水路の川辺を、黒っぽい農民服姿のみすぼらしい女性が、ロープをくくりつけたブリキのバケツを持って這い降りようとしていた。彼女の名前はナハイ・ムハンマドといった。

「もちろんこの水は良くないです」

彼女は言った。

「腹痛になるし、腎臓にも悪い。でも一九九一年から浄水が止まってしまいました」

同じ村の農民、ヘリアタン・アルワンは最近、飲料水の供給が再開できるかどうかを確かめようと一番近い町まで出かけて行ったが、無理だと言われて帰ってきた。

サダムが、自分たちと軍隊のためにまだどれだけの量を確保していたかは分からないが、国民が必要としていた食料は尽きていた。一九九四年、配給量は削減された。一九九六年、アンマンの業者は、イラクの高官が持ち込む金のインゴットに変化があるのに気がついた。以前は、インゴットは中央銀行認定基準の形と純度の物だった。それが今では詳しく検査すると、金の延べ棒が結婚指輪や宝飾品を溶かした物であることが判ったのだ。

貿易封鎖が緩和されることはなかった。イラクに合法的に輸出される品目は、まず国連安保理の保護の下で機能する制裁委員会の認可を通さねばならなかった。この委員会は、軍事的使用に「二重利用」される疑いがあれば、たとえどんなに非攻撃的な品目でも徹底的に削除した。化学兵器製造に使用する可能性から削除された塩素の他に、救急車用の自動車部品が、輸送部隊に使われるかもしれないから、と削除され、鉛筆は黒鉛が核に利用できるから、と削除された。ベッドのシーツも一度削除されたことがあったし、ノートも同じだった。自動車タイヤは間違いなく軍事目的に使うことができるので絶対に許されなかったから、ジャワド教授が車に乗る機会はますます減った。時に寛大な場合があっても、認可の手続きは緩慢だった。部品一つの輸入許可が下りるのに一年を要することもあった。

経済制裁によって引き起こされた困難性に対して、それを科した側からの正式な行動が起こされた。一九九一年夏、国連安保理は「イラク・石油・食糧交換計画」*案を提起した。最初の計画案では、イラクは十六億ドル相当の石油を半年毎に輸出することが許された。代金は国連が管理する口座に支払われ、国連の保護下で制裁委員会の認可済みの食糧と医薬品の購入に使われる、とされた。これは、戦勝国の寛大さと人道主義を示すために考案されて登場したが、国連がその使用を管理できるのであれば、なぜ扱う金額を制限する必要があるのかは決して説明されなかった。

それにしても、十六億ドルとは相当な額である。サダムはそれでも石油収入に対する国連の監視を厳しく要求するのはイラクの主権を侵害するものだとして、この提案を破棄すべく敵に迫った。彼は以後四年間、同じ理由で拒否し続けた。一九九五年、安保理はイラクの食糧事情が悪化の一途を辿っていることを鑑みて、決議案986を採択、前提案を改正して三ヵ月毎に十億ドルを得ることを認めた。しかしその金のほとんどはクウェートに対する賠償金と国連への支払いに充てるとされた。イラクは主権問題については、世界保健機関が「国民のきわめて大多数が数年来、半飢餓状態に置かれている」

と報告してから間もない一九九六年五月にこの提案を受け入れるまで反対し続けた。(原注27)

一九九六年末に石油輸出が開始され、一九九七年三月に食糧交換計画協定による最初の積荷、トルコ産のヒヨコマメと小麦粉がイラクに到着した。食糧はもっと大量になったが、経済制裁八年目を迎えた一九九〇年代の終わりには、イラク経済は人道支援だけでは再建できなくなっていた。

「インフラは崩壊し、再建までには十年から二十年かかるだろう」

こう語るのは、アイルランド人クエーカー教徒で五十七歳になるデニス・ハリデーだった。一九九七年に国連人道支援調整官に任命された彼は食糧交換計画協定で自由になった金の使途をまかされた。彼は例として一つの事実を挙げた。たとえ使える金はできても、ほとんどの電力システムは復旧の見込みが立たなかった。

「発電機は二十年も使われていた代物だった。製造元に問い合わせたら部品はもう作っていなかった」

ハリデーのオフィスは、イラクの電力システムが復旧するには百億ドル必要と見積もったが、一九

＊イラク・石油・食糧交換計画：一九九一年、経済制裁を受けているイラク国民の救済の目的で国連がとった特別措置。石油代金は国民の食糧や医薬品などの購入代金のみに充て、国際市場の価格よりかなり低い値段でしか販売できないという条件であった。国際石油資本は安いイラクの原油に群がった。しかし、本来なら国連のイラク石油基金に支払われるはずの売上代金の一割がフセインの秘密個人口座に振り込まれ、国連に振り込まれた石油代金から総額一千億ドル（約十一兆円）の使途不明金が判明した。基金の監査担当者はアナン国連事務総長の息子コジョ・アナン。二〇〇五年、ヴォルカー元連邦準備制度理事会前議長を委員長とする独立調査委員会は計画最高責任者、国連幹部ベノン・セバンの不正を認め、国連の管理や運営に「落ち度があった」とする内容の報告書を出した。汚職の証拠は見つからなかった。

九八年初頭にイラクと国連が合意した拡大食糧交換計画の枠をもってしても三億ドルしか無かった。一九九〇年代の終わりには、イラク経済は至る所で破綻していた。国連安保理が一九九八年二月に、イラクは将来石油五十二億ドル分を半年以内に輸出できると発表していた時、アル・カティン病院で生後八ヵ月のフセイン・アリ・マジハウルが、南バグダッドの市外の病院で感染した伝染病で息を引き取ろうとしていた。乳児のベッドの傍らにあった酸素ボンベは空になっていた。

「この子は脳膜炎を罹っています」

院長のデライド・オバウジー医師が疲れた表情で、フセイン坊やのうなじを優しく撫でながら話す。

「この子にはもう意識はありません。神の手に委ねられています。病院にはもう酸素がありません。新しい酸素を詰め替えてもらうにも、バグダッドの反対側にある工場までボンベを運ぶトラックを借りるお金がないのです」

病院の前庭には遠目にはトラック隊のような物が見えた。しかし近づいてよく見ると、車輪は無く、車軸は石の上に載っていて、肝心のエンジン部分は空っぽだった。この八年の間に、別の車を走らせるために、部品は次々に取り外されてきたのだ。

歳より老けて見える四十六歳のオバウジー医師は、制裁をくぐり抜けてバグダッドまで辿り着いた『イギリス医学ジャーナル』誌のバックナンバーを物憂げに読んでいた。彼が四年間勤めていたイギリスの病院では、「このような場所は間違いなく閉鎖されるでしょう。こんなのはゴミだと言われます。これから暑い季節に入りますが、窓には網戸も無いし、エアコンも無い。ベッドカバーも足りません」(原注28)

病棟を一回りすれば納得する話だった。消毒剤も、トイレの悪臭をカバーしきれていなかった。患者は、米とヒヨコマメの貧弱なスープを飲んでいた。フセイン・アリ坊やのベッドの側に母親のナダと、その夫のアリが座っていた。アリは工場で働いていて、毎月の収入は一万四千ディナール（約十ドル）、それで家族と夫婦の両親が食べていかねばならなかった。ナダは小柄で痩せていた。

「彼女も明らかに栄養失調です」

と医師は言った。彼はそれからオフィスで患者の貧困について語った。彼の正式な給料が十ドルにも満たないことを打ち明けてくれた。それで私設の医院を開業しているが、これがまた、患者が私財を売り尽くし、彼に払う金も無くなり、医院の収入は病院より少ないと言う。彼のテレビもラジオもずっと前に食べ物に変わっていた。

カナル・ホテルにある国連救援本部のデニス・ハリデーは、イラクの現実を目にして愕然とさせられていた。彼は国連開発計画の一員として、貧困国の資源開発にあたってきた。そして今、経済制裁で崩壊した国の集中的援助が仕事だ。

「学校には机が無い」

彼は言った。

「子供たちは床に座っている。夏は暑く、冬は凍えるほど寒い」

とにもかくにも、ハリデーは思う。人道的支援など「バンドエイドみたいなものだ」と。これは、食糧交換協定が適用されてからも栄養失調の状態は変わっていない、という事実に裏付けられた指摘だ。唯一の現実的解決は「制裁を解除し、金をつぎ込む」ことだ、と彼は言った。この人道的な国連職員にとって、これは道徳の問題なのだった。ハリデーは制裁が「国連の道徳的信頼性を傷つけ」、しかも

「国連憲章にある人権擁護の精神に違反している」と指摘した。

一九九一年、イラクに対する貿易封鎖が数年にも及ぶかもしれない、という意向にイラクの国内状態を知るものなら誰もが耳を疑ったのだが、あの時、支援活動家ダグ・ブロダリックは、公衆衛生状態が原因で十七万五千人のイラクの子供が死亡するという衝撃的な意見を提出した。彼は封鎖を「スローモーションの災害」と呼んだ。七年後、この予言は正しくないことが証明された。死んだ子供の数は、十七万五千人ではなく五十万人に上りつつある。一九九五年の終わりだけで、国連食糧農業機関の調査によると、五十七万六千人のイラクの子供が経済制裁の結果として死亡している。(原注29) 世界保健機関は、イラク保健省の数字を引用して、九万人のイラク人がイラクの公共病院で死亡していると推定しているが、これは「通常」の状況をはるかに超えた数字である。(原注30) 多くのイラク人が医療保険制度の利用をやめてしまったせいで正確な数は分からない。

しかしながら、ブロダリックが状況をスローモーションの災害と呼んだことは正しかった。湾岸戦争の終結時、西側の大衆はクウェートから北に向かう「死の行進」での殺戮の報道に同情をおぼえた。イラク軍の百台ものトラックや自動車部隊が、国境に向かう道路で多国籍軍の空からの攻撃の餌食となり手も無く倒されていった。この「ターキー・シュート」(戦闘機による滅多撃ち) が呼び起こした不安感が、ブッシュをして停戦命令を出さしめたのだった。実際は、道路上での戦死者は、戦闘と爆撃によるイラク人全体の死者に比べれば比較的少数で、おそらく四〜五百人くらいだった。本物の殺戮はこの後やって来た。だがこれは、胸もあらわな犠牲者の死屍累々といった光景で人目を惹くようなこともなく、スローモーションで始まり、西側でのインパクトは最小限に留まった。増加する子供の死亡率や、平均体重以下の子供のパーセンテージ、あるいは町を横切って行くトラックが無いせいで死んだフセイン・アリ・マジハウル、これらすべてを無情に扱うそっけない統計では、経済制裁に対する国際世論の怒りを湧き上がらせることはできなかった。経済制裁を強制する側は、ここに引用した嬰児殺しに関するすべての統計と引き換えにして、死の兵器をわずかに隠しているサダムの不正行為の最新の証拠を指摘できたのである。一九九六年、アメリカCBS放送の「シクスティ・ミニュッツ」はぞっとするようなやり取りを放送した。特派員のレスリー・スタールがアメリカの国連大使メイドリン・オルブライトにインタビューした。オルブライトは、経済制裁はサダムが兵器計画をさらに認めたことと、クウェートの独立を承認した（戦争直後の一九九一年）ことでやる価値はあった、という考えを貫いた。

「五十万人の子供が死んだと言われています。これは広島での死者を超える数ですね」

スタールは続けた。

「それだけの価値があるのですか?」

「これはとても難しい選択だと思います」

オルブライトは答えた。

「でも、それだけの代価は得られたと思います(原注31)」

これまでの議論では、どちら側も頑に考えを譲ろうとはしていなかった。イラクの一般市民の窮状に同情していた者は、サダムの兵器の隠し場所を探すUNSCOM査察官の、時に無駄に終わる努力をあざ笑っていた。他方、UNSCOM委員は、イラクの苦しみはイラク政府によって意図的に誇張されており、この問題を取り上げた者はだまされている、と真面目に信じていた。イラクでの多くの査察任務に参加したベテラン査察官の一人が私たちにはっきり言った。

「死んでいく赤ん坊の話を報道している連中は、政府によって実に巧妙に特定の病院に案内されている」

オバウジー医師が勤めているような病院では食べ物が不足しているわけではなかった、と言ってもこの査察官は全く納得しなかった。

ワシントンにとって制裁は、一九九八年初めに元CIA高官が述べたように「明々白々な成功」であった。彼は、サダムが中東の強国だと再び主張できないほどにアメリカはイラクを弱体化させた、と言いたかったのだ。この尺度において、政策はまさしく自己を正当化した。四分の一以上の子供が「発育不全」になり、一時は豊かで高い教育を受けた中流階級が全面的に崩壊し、すべてがギリシャ並みの経済水準から、亜サハラ地域の荒廃したマリのそれにまで落ち込んでしまった国の指導者は、今や脅威でも何でもなかった。(原注32)

もし、それでも、経済制裁政策の目的がサダムを現実的に倒すことであったなら、それは明白に失敗したのである。実際に、ある観点からすれば、制裁は現実に独裁者の立場を強化した。一般イラク人の苦悶はマスコミで適切に報道されているが、アメリカでは大して共感を呼ばなかったかもしれない。しかしアラブ世界では話は違う。サダムを最も恐れ嫌悪する立場にある者でさえ、同胞の窮状には心を動かされた。サウジアラビア王で湾岸戦争におけるアラブ軍司令官の甥、カリド・ビン・スルタン王子は「イラク国民が飢えているのに、制裁は大統領サダム・フセインの権力維持を補強しているに過ぎない」としてイラクへの制裁措置の終了を求めた。これは、後に見るように、アメリカには高くつく感情

であった。(原注33)

イラク人は、自分たちの問題についてサダムではなく見当外れにもアメリカを非難して、王子の意見に盲目的に賛成した。ジャワド教授の友人で、高い教育を受けたエコノミストであるアリ・ジェナビは怒りに声を大にして言った。

「イギリスとアメリカが本当にイラクの生物兵器を恐れていると思いますか？　もちろんノーです。イラクにある代物など、どこの国でもバスタブの中で作れます。日本のカルト教団ですら神経ガスを作ったではないですか。アメリカとイギリスはイラクを弱体化させて石油を山分けしたいだけなのです」

美辞麗句ではなく、サダム・フセイン自身も、イラク国民の窮状に心を痛めているしるしを垣間見せたことがある。彼にとっても、制裁を実施していた側にとっても、人々は人質であり、その苦しみそのものを資本にして勝負していたのである。かくしてサダムは、おそらくは何とか隠しおおせた兵器製造計画の残存物を使って、何としてでも権力を再構築するため、ロルフ・エケウスに対して行なったように、敵を辱めるために死んだ子供の遺体までさらしものにするのだ。

しかし死んだ子供は現実である。悲劇は、アメリカと同盟国が誘拐犯人を狙ったのに、人質の方を殺してしまったことである。

これはイラク観測者全員の意見が一致するところであるが、この間サダムとその一家は、深刻化する欠乏状態から逃れ、どんなわずかな建築資材でも使えるものは全部使って建てた新宮殿におさまっていた。自分たちだけは安全な場所で安楽に過ごしながら、この一家は誰にも邪魔されることなく、どす黒く血なまぐさい陰謀をめぐらしていた。

第６章
ウダイと王族

Chapter6

一九九二年二月半ばの寒い夜のことだった。バグダッドからイラク全土にかけて、サダム・フセインの民たちはかつてない深刻な窮乏状態に陥っていた。一年前、戦時下で炎上する製油所の煙と混ざり合い黄色くなった気味の悪い霧がまた街を覆っている。霧は、今では貧民街となったサダム・シティ南部郊外の戸口にひたひたと押し寄せる汚水溜りの上に、そして一時は豊かだったアル・マンスールの中流階級の別荘の庭にも垂れ込んでいた。次は一体どの家財を売りに出せばいいのか、人々が頭を痛めていたそんな夜、アル・ラシード・ホテルがある高層ビルの表玄関に高級スポーツカーに乗った一団がやって来て、ロビーの前に横付けにした。

霧も貧困もホテルの前でシャットアウトだ。ホテル内にある、バグダッドの最高級レストランの一つ〝ナショナル〟はいつものように繁盛していた。カスバゴールド模様や黒漆で装飾したインテリア、成金家族が席を陣取り、ボーイたちが忙しそうに羊肉のケバブや分厚いステーキやティグリス川の魚料理を満載した皿を、まっさらのテーブルクロスの上に所狭しと並べている。客のほとんどが、経済制裁で生じた物資不足につけこんで莫大な利益を上げている密輸業者や悪徳業者で、夜毎の宴会に一般家庭の一月分の収入を超える散財をしている。皿の騒音と、喧しい(かまびす)しゃべり声と、専属ミュージシャンのアブドゥラが弾くサンティールの音色。

すると突然、入口の辺りがざわめいた。また客が来た。今しがた着いたばかりのスポーツカーの連中である。うち何人かは黒い皮のジャケットを着ている。政府の治安部隊のトレードマークだ。黒皮ジャケットの男たちは広いフロアーにぱっと散らばり、目の前の客をボディガード独特の疑い深い目つきで睨みつけた。二人が厨房に入って行った。ボディガードの後から、洒落れたカジュアルルックの一団がぶらぶらやって来る。一番若そうな二人を先頭に、後から残り全員が家来のように一歩下がってついてくる。若い二人はどちらも黒髪で、一人はキザな無精髭、もう一人はイラク中に貼ってあるポスターの人物だが、実物は写真より優しい顔だ。

この新しい客が入って来た途端、今まで騒々しかったレストランが急に静かになった。一行は、アブドゥラが演奏している脇にある隅のテーブルに向かうが、連中をまともに見る度胸のある者は一人もいない。だが、彼らがいることは全員承知している。ようやく、こんなささやき声が聞こえる。

「大統領の息子だ!」

無精髭の若者はウダイ、二十八歳になるサダム・フセインの長男である。彼と弟のクサイは上座に陣取り、連れの者たちと気楽におしゃべりしている。

おそらく、彼の父親を除いて、当時イラクで最も忌み嫌われ、恐れられていたのは、このウダイであろう。彼の強欲さ、この上ない残忍さ、さらに一般人に対する暴力性は広く知れ渡っていた。この数日前、ムハンマド・ジャワドが二人の客を招いた時、庭で「ここだけの話」だと、ウダイが自分の管理する紙幣印刷局を二十四時間操業させている、と言っていた。そして、この事実を知っている人はわずかしかいないが、軍のある将校が六年前、ディスコでウダイに言い寄られている自分の恋人を守ろうとして、ウダイに銃で撃たれ即死した、とも話してくれた。タクシーでさえ、彼の事務所の前を通るのは嫌がったほどだ。

何も知らない人には、ウダイ一行はただ陽気で屈託の無い仲間が夕食を楽しんでいるようにしか見えないだろう。しかし、彼らがやって来て数分もせぬうちに、賑やかな雰囲気はがらり一変してしまった。テーブルはさっさと片付けられ、ちょっと口をつけただけの皿がちらほら残っているだけになった。イラク人客は、突如闖入して来た、下手をすると命までとられかねない危ない連中を避けて、夕食も早々にこの場を急いで後にしたのだ。

アブドゥラが演奏を再開した。一行はすぐに「千夜一夜物語」（レストランのオーナーが後で教えてくれた）からの曲を大声で合唱し、ウダイはその間、太いハバナをくゆらせて時間をつぶしていた。腰の低いスーダン人のボーイ長のジョニーがタバコに火を付けたり、テーブルに並ぶグラスにジョニ黒やシャンパンを注いだり、と忙しげに給仕する。ウダイはといえば、持参していたデキャンタのコニャックだけ飲んでいた。ウェイターの額に光る汗粒だけが、ぴりぴりした空気を物語る。やがて一人が立ち上がり、二人のアメリカ人ジャーナリスト（レスリー・コバーン〔筆者の妻、テレビプロデューサー〕とアンドリュー・コバーン〔筆者〕）のテーブルに歩み寄り、目の前に立ちはだかった。手にはシャンパンのボトルを持っている。二人のグラスにシャンパンを注ぐと、彼は「アハマド」と自己紹介した。彼は後ろのテーブルに向かって手を振り、言った。

「イラクには一頭の獅子がいる」

男はシャンパンを手に、やや声を落として続けた。

「そこにいるのはその子供の若い獅子たちだ(原注1)」

サダム・フセインは、仔ライオンたちをつねに慈しんできた。イラクの指導者が口にした、たった一つのジョークは、ウダイが「赤ん坊の時から政治活動をしていた」という意味の愛情たっぷりの表現だった。彼の話によれば、サダムが一九六四年に刑務所に入っていた時、妻のサージダが面会に来た。

彼女はこの年の六月十八日に生まれたばかりのウダイを抱いていた。二人はこの前の年、バース党がカシム大統領を暗殺し、サダムが亡命先のエジプトから凱旋してきた時に挙式した。サージダは、サダムの叔父で育ての親のハイラッラー・トゥルファーの娘で、二人はサダムが五歳の時に許婚者になっている。新婚当時の二人の珍しい記念写真を見ると、サダムは濃い口髭も無く、従兄弟同士の二人は似てさえいる。どちらも同じややおちょぼ口で、彫りの深い大きな目が冷たくカメラを見つめている。(原注2)

なぜサージダが刑務所に新婚の夫の面会に行かねばならなかったかといえば、バース党が再度権力を失い、その新進幹部の一人だったサダムが逮捕されていたからだ。後年サダムが語った話のさわり部分はこうだ。サージダがサダムに赤ん坊を抱かせた(看守は父性愛の仕草に何も疑いを抱かなかった)。サダムは長男を抱きしめると、バース党の仲間が獄中の同志に宛てた極秘のメッセージが隠してあったオムツの中を探ったのだった。

ウダイが成長するにつれ、絆は深まった。海水浴を楽しむ父と子の家族写真もある。愛情はウダイにだけ注がれたのではない。一九六六年に生まれたクサイも海辺の写真に写っている。サダムは、ラガド、リナ、ハラの三人の娘を、目の中に入れても痛くないほど可愛がる親バカだと自分でも認めている。一九七八年にイラクの女性雑誌『アル・マラ』に掲載された彼の最初で唯一のインタビュー記事で、サダムはこう語っている。

「あの子たちが小さい頃、ラガドをはじめ娘たちが一番可愛かった」

サダムは、可愛い茶色の髪のラガドが十歳の頃、長女の花柄のピンクのドレスの袖を針と糸でかがっている自分を撮った写真を持っていた。

このインタビューを受けた翌年、サダムはバース党内のライバルを排除し、最高権力者として頂点に立った。このような不可侵の権力は、中世のカリフ時代以来バグダッドには存在しなかったもので、統治者は中世の王国さながら王子、大貴族、小領主と一族で構成される王室を拡張した。イラクでしばしば「ザ・プリンス」と言えば、ウダイのことを指した。

上流貴族は、サダムの拡張家族であるベジャート一族の二家系の出身者たちで、ベジャート族はアルブ・ナシール部族の一角を代々引き継いできた部族である。(原注3)これらの二家系のトップが、サダムの父フセイン・アル・マジードの甥にあたるサダムの従兄弟たちである。サダムは実の父を知らない。彼らは軍を管理し、クルド人とシーア派抑圧の公的かつ攻撃的な役割を果たした。サダムが頼みにしたもう一家系は、サダムの継父イブラヒム・ハッサンと母スッバの間に生まれた彼の異父弟、バルザン、ワトバン、サバウィのイブラヒム一族であった。彼らは情報部門と治安部門で重要な役割を果たした。一九八三年にスッバが死ぬと、彼らは一時的に影が薄くなったが、湾岸戦争後に再び陽の当たる場所に戻った。

サダムにとって、彼の拡張家族内の血縁関係で強められた絆だけではまだ十分に緊密とは言えなかった。さらに緊密なつながりを創るため、サダムは従兄弟たちを、婚姻によってさらに強く結びつける方法をとった。イラクの部族社会では従兄弟同士の結婚はよくあることで、ラガドとリナの愛娘はマジード家の従兄弟たち、フセイン・カーミルとサダム・カーミルに嫁がせた。この二人は一九八〇年代の一族の新星であった。バルザンは、サダムの叔父、ハイラッラー・トゥルファーの、とりわけ美人の娘イルハンと結婚した。ウダイは、革命指導評議会副議長で、有力部族ダウリの首長として長くサダムと連帯してきたイザート・イブラヒム・アル・ダウリの娘と結婚したがすぐに別れ、バルザンの娘サジャと再婚した。

一九九一年初めにイラク南部とクルディスタンで反乱が勃発すると、サダムはまずマジード一族の二人、アリ・ハッサン・アル・マジードと甥のフセイン・カーミルを起用した。三月五日、サダムは最近まで占領イラクの司令官だった五十歳のアリ・ハッサンを内務大臣として治安を担当させた。ネズミのような怖い顔に薄い髭で糖尿病、しかも高血圧で脊椎に疾患があったアリ・ハッサンは、他にも資格十分なライバルがいたけれども、何よりも一族のこわもてとして君臨していた(原注4)。

アリ・ハッサンがクルディスタンを制圧したことは高く評価された。元は軍の運転手で下士官だったこの男が、サダム体制最大の犯罪を指揮した。一九八七年、彼はバース党北部ビューローの書記長に選ばれ、イラン・イラク戦争に乗じて反乱を起こしたクルド人の弾圧をまかされた。その後二年余りの間に、アリ・ハッサンは毒ガスと処刑部隊を使って、六万人から二十万人のクルド人を殺戮した。クルディスタン地方のほとんどが無人の荒野と化した。一九九一年に再びクルド人反乱が起き、反乱軍はアリ・ハッサンがその特徴あるかん高い、馬のいななきのような声で、さらなる残虐行為を部下に熱っぽく指令している様子が写っているビデオテープを含む、イラク治安部隊の資料を押収した。彼はその中で、一九八八年にクルド人男女と子供を処刑したことを非難される可能性に対して、凝った言い方で答えている。

「彼らを丁重に扱うべきかね?」

回りくどい訊き方だった。

「いや、ブルドーザーで埋めてやる」

別のビデオでは、バース党の幹部に向かって、クルド人に対する化学兵器の使用への国際社会の反応は無視せよ、と命じている。

「誰が何を言うのかね？　国際社会？　クソ食らえだ」

一九九一年に内務大臣に任命された直後、アリ・ハッサンはイラク代表の一員としてクルド人指導者と会った。クルド代表は、アリ・ハッサンの任務期間中に姿を消したクルド人の数は、少なくとも十八万二千人と数えられると告げた。アリ・ハッサンは俄然立ち上がり、大声で言った。

「十八万二千人だと？　この大げさな数字は一体何だ？　十万人を超えることなどないはずだ(原注5)」

一九九一年三月に、捕えたシーア派捕虜（第一章参照）を訊問し殴打するアリ・ハッサンのビデオを見ると、彼のやり方が変わっていなかったことが分かる。

サダムが反乱の間に、その権力を防衛するために起用したアル・マジードの二番目の甥が、サダムの愛娘ラガドの夫で三十七歳のフセイン・カーミルだ。サダム体制におけるカーミルのそれまでの働きは、どちらかといえば叔父のアリ・ハッサンのそれよりも重要なものだった。

一九九一年の恐怖の三月、体制が崩壊の危機にぐらついていた時、フセイン・カーミルは聖地カルバラを強襲したイラク軍装甲部隊指揮官として戦闘の真っ只中にいた。戦闘が終わると、彼は無残に破壊された十七世紀シーア派の殉教者で、聖人であるイマーム・フセインの墓地寺院に進軍し、勝利の雄叫びを上げて言った。

「われらはどちらもフセインという名だ。そして勝ったのは俺だ」

フセイン・カーミルがイラク・シーア派の創始者を侮辱した、という話はすぐに噂になって飛び交った。彼が軍靴も脱がずに寺院に足を踏み入れた事実は、彼の傲慢さとイラク人の五十五パーセントが属するイスラム宗派に対する侮辱を表わすものであった。(原注6) カーミル自身、後になって自分がとった行動の無分別さに疑問を抱いた。一九九四年に脳腫瘍の診断を受けた彼は、寺院を汚した罰が当たったと信じた。ヨルダンのアンマンで受けた手術が成功して帰国した彼は、救急車をカルバラの寺院に差し向けさせ、イマーム・フセインの墓地に祈りを捧げ、命を助けてくれたことに感謝した。

フセイン・カーミルの無慈悲な傲慢さの標的になったのはイマーム・フセインだけではなかった。軍の職業将校たちは、彼の急速な出世と経験の無さに内心、忸怩（じくじ）たる思いであった。彼は一九八二年の時点では一介の大尉にすぎなかったが、対イラン反撃の先鋒を務めるべくエリート軍団、共和国防衛隊を創設する仕事を与えられた。さらに中将に昇進し、一九八八年に軍の調達部門責任者となった。フセイン・カーミルはどちらの仕事も精力的にこなし、軍需品契約では業者にコミッションを要求する飽くなき欲望を見せた。フセイン・カーミルが後援していた、紅海までパイプラインを敷く計画案が、ジェネーブで行なわれた入札でサダムの異父弟のバルザンが支持していた競合相手に負けた時、カーミルは汚職摘発攻勢をかけた。入札に勝った側とつながっていた石油副大臣と、卓越したイラク人実業家のナジール・アウチが買収罪で告訴され、即刻処刑された。

サダム一族のほとんど皆と同様、カーミルはまず情報部門で名を挙げた。彼の場合は、八〇年代半ばに起きた、サダム暗殺未遂事件の後に創設された大統領周辺警備を担当する特別内部治安機関、アムン・アル・カース（特別治安保障局）の組織化に尽力した。だが彼は、名声を勝ち得たのは、イランとの戦闘で大量の犠牲者を出して疲弊していた一旅団をエリート軍団、共和国防衛隊に作り変えたからだと信じて止まない。

「ある連隊などは兵隊が六人しかいなかった」

彼は言っていた。

「第二連隊には二十四人しかいなかった(原注7)」

彼が最も自慢にしていたのはこの時期だ。彼は、正規軍の中から好きな将校を自由に選び出せる権限を与えられた。カーミルは二〜三年の間に共和国防衛隊を、三十七旅団を擁するまでに作り上げ、イラク軍の主力戦闘部隊に仕上げた。

ウダイとはまったく対照的に、カーミルは堅物だった。酒どころかお茶さえ口にしなかった。驚くべき克己心である。イラクの一般生活やビジネスライフでは、事ある毎に小さなグラス一杯の甘いお茶を飲みながら仕事をするのが普通だからだ。カーミルは攻撃的で怒りっぽかったが、プレッシャーに弱い面が見られた。人のことを過剰なまでに攻撃する反面、自分への批判には神経質だった。一九九一年、バース党の地方大会で彼の発言に党員たちが激高し、五人が席を立って議場から出て行ったことがある。数日後、彼は国防大臣を辞任し、再考を打診された時、拒否したばかりか、「三ヵ月、執務室に顔を出さなかった」とは彼自身の認めるところである(原注8)。

フセイン・カーミルの権威は、身内だけで成り立っている中枢部の御多分にもれず、サダムとのパイプが頼りだった。一九八八年から一九九八年までジュネーブの国連でイラク政府代表を務めていたバルザンは後に、カーミルは「大統領の周りに囲いを作って他の者を近づけなかった」と言ってはばからない。バルザンはさらに言う。

「サダムは、カーミルが軍人として、技術者として、また政治家としても相応しいとは言えないのに、多くの面で彼を頼りにしていた。一九七五年当時、彼は大統領の車列の運転手だったが、その後大統領は彼を不相応な地位に抜擢した。彼は大統領にいつでも会えるポストにありついた」

カーミルの出世は、一族のイブラヒム家系の連中に嫉妬の怒りを誘った。一九八〇年代早々のことである。頭が良く理論的で、見たところサダムを痩せさせたようなタイプのバルザンは、サダムが権力を掌握する過程で、治安責任者として大切な役割を果たした。彼も、彼の二人の兄弟も、カーミルとサダムの長女で当時まだ十六歳になったばかりのラガドとの結婚には歯軋りして耐えた。彼らは、これは権力の弱体化につながると正しくも予測した。十二年後、バルザンの憤りは変わらなかった。(原注9)

「フセイン・カーミルの唯一の正統性は、大統領の娘と結婚したことだ。そうでなければ誰もあんな男は相手にしない。カーミルは何かと一族を引き合いに出すが、あの一族には彼に取って代わる世代がごっそりといる。彼は粗暴で、攻撃的で、礼儀をわきまえない無分別な小僧だ」(原注10)

踏んだり蹴ったりとでも言おうか、この後フセイン・カーミルの弟のサダム・カーミルが、サダム・フセインの次女のリナと結婚した。情報部将校のサダム・カーミルはずっと兄弟姉妹の影に隠れていた。そもそも彼がイラクで有名になったのは、サダム・フセインのカシム大統領暗殺未遂事件を描いた長編映画『ザ・ロングデイズ』で主役を演じたことだった。

バルザンによるフセイン・カーミルの資格欠如論は正鵠を得ているが、反乱を前にしてサダムはおそらく、マジード家の従兄弟たちの直情的なエネルギーが必要だと直感したのだ。その間にも、サダムの異父兄弟であるイブラヒム兄弟は、八〇年代に失った影響力をいくらか取り戻していた。彼らは情報・治安関係の、目立たないけれども重要なポストに配属された。この領域の支配が、サダムの権力の確立と維持のための秀逸の装置であり、彼は戦後の数年間にこうした重要機関の一族支配を強化するようになった。サダムの一番下の異父弟サバウィはアムン・アル・アム（国家安全保障局）の局長にしてもらった。治安総監督官だったクサイは当然、より強力な地位に就いた。

一九九一年十一月、フセイン・カーミルは終戦直後から大臣を務めていた国防省を辞め、軍の調達部門に戻った。彼が影響力を失くしたという兆しは無かった。国防大臣のポストはアリ・ハッサン・アル・マジードが占め、内務大臣には彼に代わって、サダムの異父兄弟のワトバン・イブラヒムが就任した。

このサダムの身内間での椅子取りゲームで、体制が抱く警戒心の中身が変化していたことが判ると言える。一九九一年の夏の終わり頃、軍は大敗を喫してクルディスタンから撤退した。クルディスタンでは、マジノ線*のように要塞化した戦線に沿って麓の平野にくねくねと巡らされた地下道が掘られていた。イラクでは、南部湿地帯の葦原でのシーア派ゲリラとの散発的衝突を除いて、地上戦は姿を消していた。

武装蜂起の脅威は去ったが、イラクはクウェート侵攻後に形成された国際包囲網の中にいた。経済制裁に変化は無かった。石油はほとんど輸出されなかった。政治的孤立が現実的に深化していた。イラクの旧同盟国ソ連は一九九一年に崩壊した。湾岸戦争時には友好的中立国で、外部世界への（クルド人地域を通る密輸ルートとは反対に）唯一の合法的アクセスだったヨルダンは、バグダッドとの関わりを再検討し始めていた。

お膝元では、サダムの初期の頃からの権力基盤のカギであるスンニ派部族が、中央政府との関係を再検討する恐れが出ていた。一致団結し、石油収入でこの上なく裕福になり、中東地域の軍事大国として成長しつつあったイラクを統治していた頃のサダムは、何があろうともスンニ派部族から部族間のつながりゆえに、好意的に支持されていた。イラクのスンニ派支配を脅かすシーア派とクルド人の反乱に直面した彼らは、サダムの下に結集した。

しかし反乱が一旦潰され、サダムの統治が継続する中、部族の負担が利益を上回るようになった。アメリカはサダムが権力の座にある間は制裁を解かないと明言していた。経済制裁は、支配機構から全面的に排除されていたシーア派のみならず、スンニ派のテクノクラート、バース党幹部、軍の将校にまで及ぶ大量の国民を貧困化させていた。この状況に対し、何の反応も起きないのは有り得ないことで、事実その後の数年間、長く体制を支えてきたスンニ派イスラム教徒部族出身の将校の中から一連の反体制的陰謀の動きが出てきた。例えば、北部の都市モスルを中心にしたジュブリス族はサダムの統

＊マジノ線：一九三六年、仏独国境を中心に構築されたフランスの対ドイツ要塞線。当時のフランス陸軍大臣アンドレ・マジノの名をとってマジノ線と呼ぶ。北はロングヴィ（ロレーヌの国境の街）から南は地中海のフランス・イタリア国境までの長大な複合要塞。総工費約百六十億フラン。百八の主要塞を十五キロ間隔で配置、連絡通路として地下鉄を通した。戦艦に準じた構造の火砲や射撃装置を配置、前方には対戦車用に配置された鉄骨と対歩兵用の鉄条網地帯を設けている。厚さ三百五十センチ以上のコンクリートで防御され、発電室や武器弾薬庫は全て数十メートルの地下に建造、各区画は装甲鉄扉で区分された。難攻不落を期待されたが、一九四〇年、ドイツ軍はマジノ線を迂回し要塞構想の範囲から全く外れていたアルデンヌ奇襲により国境を超えた。

治下で繁栄し、部族出身者の多くが軍や治安関係の高い地位に就いていた。しかしながら一九九三年、ジュブリス出身の二人の空軍将校、副司令官と作戦本部長がクーデター未遂の容疑で逮捕された。アル・ダウリス族やダライム族といった、他の重要な部族出身の上級将校たちも穏やかではなくなった。サダムにとって危険だったのは、陰謀の首謀者がラマディ、モスル、サマラといった一九九一年当時、彼の支持基盤だった都市の出身だったことである。一九九二年の演説でサダムは、「帝国主義者」が陰謀のために「ティクリートで暮らしたことがある信用できない裏切り者を雇った」と揶揄(やゆ)した。(原注11) 最早サダムは、一時は彼の王座に群がってきた小領主たちの忠誠心を当てにはできなくなった。好機到来と見たワシントンは、アメリカがプレッシャーをかけ続ければ、イラク軍がサダムを放逐することもあながち有り得ないことではないと考えた。結局、北部の反乱で政府の支配力がかくも急速に消失した大きな要因は、以前は忠誠的で武装力もあり、サダムがジャシュ民兵として組織化したクルド人部族が、突然、反乱軍側に投降したことにあった。

サダムはこのクルドの例を二度と繰り返してはならなかった。体制を支える人材をつねにティグリス川とユーフラテス川上流の、部族間のつながりが密接なスンニ派の町々から得ていたのではあったが、ここでサダムは手段を選ばず、国内すべての部族の首長と和解することにした。南部シーア派の首長には車を与え、バグダッド旅行に無料招待した。一九九二年、アル・ラシード・ホテルで、田舎から出てきた偉い坊さんたちが、昇ったり降りたりエレベーターをいじくり回して文明の利器と格闘している姿が見られたものだ。口さがない外国人ジャーナリストは、これを指して「空飛ぶシェイク（首長）」と綽名した。一九五八年の革命後に導入された独占的土地所有禁止法は廃止された。一九九二年、サダムは南部の部族首長たち対して、過去の農地改革の謝罪までした。[原注12] 政府は農産物を高価で買取り、土地を所有していた多くの部族長が金持ちになった。バグダッド市内では、ぴかぴかの四輪駆動を乗り付けてディスダッシュ（ナイトガウンのようなイラクの民族衣装）をなびかせて、レストランにうじゃうじゃやってくる部族成金をよく見かけるようになった。

こうした伝統的集団の台頭は、一九六八年の革命から湾岸戦争に至るまで、あらゆる市民組織を操作してイラク市民社会を掌握してきたバース党組織の重要性が低下したことと並行する現象であった。一時期は力のあったイラク共産党の指導部メンバーで理論派政治評論家でもあるファレー・ジャッバーは、洞察力のあるエッセイで、この事を雄弁に物語る事例を挙げている。

「イラク軍創立記念日（一月七日）と建国記念日（七月十七日）に大統領に届く祝電は最早、商業組合、学生組織、専門家団体、政治政党、その他新しい社会的団体からのものではなくなっている」

これは一九九四年に書かれたものだ。

「こんにちでは、祝電は部族の名前と部族の人数を明記した首長の署名が入ったものばかりだ。旧社会階層の復活には明らかに、とりわけ南部における新たな社会的連合形態をでっち上げようとする意図が見える[原注13]」

サダムは彼の草の根支持者と和解し、彼らに報いようと試みたのかもしれない。しかし、周期的に起こる陰謀（どれもが未遂に終わったが）に示されるように、そうした部分はまったく頼りにはならなかった。そこで彼は自分と体制を守るため、次第に直系家族に傾いた。あの恐るべきアリ・ハッサン・アル・マジードやフセイン・カーミルが役に立つことはすでに証明されたが、体制基盤が不安定さを増すに連れ、サダムは自分にも劣らぬ強烈な暴力性と残虐性で名高い一人の男に手を伸ばした。若きプリンス、ウダイである。

ウダイは何から何まで派手であった。支配者一族は目立たぬようにしていたが、ウダイはバグダッドのホテル、レストラン、ナイトクラブなどでよく姿を見かけた。一九九〇年代初め、彼の本拠は東バグダッドにある黄色い十階建てのビルで、周囲に機関銃を据えた中世様式の見張り櫓が付いていた。ウダイはここにオリンピック委員会を設置し、自らが委員長を務めた。ここがおそらく世界で唯一の私設刑務所付きオリンピック委員会本部であろう。

ウダイは迫力のある面構えをしていた。ぎょろりと大きな茶色の眼に無精髭。一九七七年、彼が十三歳の時の写真を見ると、ウダイはけばけばしい縞の上着に黒い大きな蝶ネクタイをしている。そこから受ける印象は、圧倒的に不利な賭け率にもかかわらず全人生を賭けようとする男、といったところか。同窓生は、彼は滅多に学校に出なかったが、来る時はボディガードを五人従えて来たという。弟のクサイも学校では落第生だったと言うが、二人とも流暢な英語を身につけている。ウダイには早くから原子物理学者になる夢があった。彼は十六歳の時にこの事を話していたが、一九九二年にバグダッドで受けたレスリー・コバーンの取材でも、果たされなかった夢として、また同じ話をしている。(原注14) 彼は勉強を続けるためにアメリカに留学した。

「私はSAT（アメリカの学力適性検査）も受かったし、すべてやった。とても良い成績だった。高い点数でパスした(原注15)」

しかし、と彼は言う。彼の夢はイラン・イラク戦争の勃発に阻まれ、潰えてしまった。

「私は原子核物理学を学びたかった。でもあの時は、イラク人がそれをやることが問題だった」

それは苦い打撃だった。

「MITに入りたかった」

ウダイは寂しそうに語った。

彼が小さい頃に受けた教育は、少なくとも彼自身の話では、ユニークなものだった。一九七〇年代の終わりごろ、サダムは妻のサージダと息子たちをバカンスでスペインに行かせた。付き添ったのは当時駐マドリッドのイラク大使で、後に反対派に投降したハッサン・アル・ナキブ将軍だった。アル・ナキブにはサダムの息子たちとほぼ同年齢の二人の息子と娘が一人いた。四人の男の子たちは一緒に遊んだ。ウダイは彼の父親が「将来の困難な仕事に備えて」刑務所での拷問を見に連れて行ってくれる、と自慢した。女の子の気を惹くために、ウダイは自分たちも時々囚人の処刑をさせて貰えるのだ、とさらに詳しく説明したという。サダム一家の日常的空気を考えるとこの話は本当かも知れないし、いずれにせよウダイがガキ仲間に吹いた大法螺(おおぼら)の主題そのものが尋常ではない。一九七九年に、子供たちが、父と対立したバース党の指導部の半公開処刑を見学させられた、という話には確かな証拠がある。(原注16)少年時代の経験のせいか否か、ウダイはつねに、特にウイスキーやコニャックを飲んで酔った時、恐怖を植えつけ、また非常に大っぴらに暴力性を見せつけるのを楽しんでいた。ウダイの下で働いていたあるイラク人は、彼と一緒にナイトクラブに出かけた時のことを話した。こんな夜だったそうである。

「ウダイはジプシー男性歌手たちを数人、ステージの上に一列に並ばせ、ズボンを下ろし、頭上に機関銃をぶっ放すから、その間ずっと歌っていろと命令した。十分後、何人かは恐怖で失禁した。するとウダイは全員に服を整えろと命令し、いくらかの金を渡すと、出て行けと言った」

バース党が創立したバグダッドのサダム工科大学では、ウダイは王子様の甘やかされた学生生活を送った。彼は「ウスタブ・ウダイ」という名で通っていた。ウダイ先生という意味だ。彼は十二歳でバース党に入党した。イラク全国学生連合議長のムハンマド・ドゥブドゥブ（通称クマクマ。彼の名はアラブ語のクマと同じ発音である）がウダイの政治指導教官になった。一九八〇年にイラン・イラク戦争が始まると、ウダイは前線に行った。彼にはいつもイラク軍参謀長のアブドゥル・ジャッバー・シャンシャル将軍が同行し、彼の後ろから恭しくくっついて歩いた。父サダムはウダイが危ない目に遭うのを心配はしていたけれども、息子が分相応の働きをするところを見せたかった。そこでウダイは軍用ヘリコプターの操縦の訓練を受けた。

一九八二年、父と息子はいつものように忠実な参謀長を従えてバスラに現われた。当時、軍情報部の新星的存在だったワフィク・アル・サマライは、父と息子が行なった軍隊教化の現場に居合わせ、目撃した。東で激しい戦闘が繰り広げられていた。サダムは長男に向かって、行って敵を叩いて来いと大声で命令した。シャンシャル将軍は折を見てサダムに、この危険な任務にウダイを送らないよう頼んだ、「しかしウダイはヘリコプターに乗り込み、ミサイルを発射していた。その後、ウダイが味方を誤爆したことが分かった」

アル・サマライは笑って話す。

「一人が負傷した。やられた部隊から報告書が出された。『パイロットを処罰すべきである[原注17]』」

数年経って初めて、アル・サマライは、安全な距離でのミサイル発射を含むすべての出来事を引き起こしたのはサダムとウダイだった、とフセイン・カーミルから聞かされた。

　戦争の最後の年、フセイン・カーミルらの従兄弟たちはイラクの核兵器計画の管理といった重要な機能を動かしていたのだが、サダムは長男にあまり重要でない政治的役割を与えていた。ウダイは一九八七年にイラクオリンピック委員会を引き継ぎ、それを青年省に変えた（それまでの青年省大臣は、青年省を「バース党の掲げる理想に従って」廃止することを提案した功績でサダムから勲章を授与された）。それからの数年、ウダイはオリンピック委員会をイラク人の生活全般を巻き込む拠点に利用した。応募してきたベテラン役人を誰でも採用したウダイには資金が無尽蔵にあるようだった。彼はサッカーチームを結成し、運営に当たった。ゴールに失敗したり、相手にゴールを許した選手が投獄されるのは日常的なことだった。観客はどの選手が牢屋にぶち込まれたかすぐ判った。投獄された選手は頭を丸刈りにされていたからである。

　ウダイは、粗暴なプレイボーイとしてイラクのエリートたちの評判になっていたが、暴力には慣れっこになっていたイラクのような国でも、一九八八年十一月にウダイがティグリス川の小島でのパーティーで、父親に最も近い副官の一人を殺害した罪で服役したニュースは衝撃的驚きだった。

　殺人の動機は、殺人行為に負けず劣らず驚くべきものだった。サダムは一九六三年にサージダ・トゥルファーと結婚したが、彼には数人の愛人がいた。情報大臣のハメド・ユセフ・ハマディの妻マージダもその一人だった。しかし、イラン・イラク戦争の最中に、サダムは美貌の眼科医サミラ・アル・シャバンデールと恋に落ちた。二人はこっそりと結婚し、アリという息子が生まれた。サージダは怒り狂った。サージダはサダムの妻であるだけでなく、彼の部族の重鎮たちと縁故関係にある。彼女の兄のアドナン・ハイラッラー・トゥルファーはサダムの少年時代の友達で国防大臣である。怒れるサージダは、大のお気に入りの息子ウダイを呼び出した。お前の父さんは私をこんな悲しい目に遭わせたけれど、こうなった責任は誰でもない、ずっとそばにいたカーミル・ハナー・ジャジョ以外にいません、と言った。ジャジョは何年にもわたって、事実上家族の一員としてサダムの側近、護衛そして時にはお毒見役までこなしてきた男である。

　十月十八日、ウダイのはらわたが煮えくり返っていることに気がつかなかったのか、それとも怒ると手がつけられないことを忘れたのか、ジャジョは大統領宮殿からそう遠くないティグリス川西岸に浮かぶウム・アル・カナジール（母さん豚）という島でパーティーを開いた。エジプト大統領夫人スザンヌ・ムバラクが名誉招待客の一大イベントであった。ジャジョはこの日ウダイを招かなかった。これを侮辱と受け取ったウダイは、自分もパーティー会場のすぐ隣でパーティーを開いた。二つの会場を分かつのは丈の低い生垣だけだった。続いて何が起こったか、その詳しい話はラティフ・ヤヒアが知っている。というのも、彼はウダイにとてもよく似ていて、公けの席に出る時の替え玉として一年前に雇われ、胡散臭（うさんくさ）い役得とは言え、少しの間はウダイの社交界の一員に混じっていた。

　この夜のドラマチックな事件の顛末（てんまつ）を、ウダイの影武者が語る。ウダイはカタをつける気でいたが、自分から仕掛けるつもりは無かった。[原注18] 彼は可愛がっている歌手のアデル・アクルに、演奏はＢＧＭ程度に抑えるよう指示した。夜が過ぎ行き、バーでウイスキーやコニャックのストレートをがぶ飲みしていたウダイはひどく酔っていた。真夜中、生垣の向こうで銃声が響いた。ジャジョであった。機関銃を空に向けて乱射する典型的なイラク流儀の騒ぎ方である。ジャジョも泥酔していたのだ。ウダイは騒音を立てるなと言うために側近を差し向けた。

戻って来た側近が言うには、ジャジョは騒音のことには耳を貸さなかったばかりか、逆にこう言い返したと言う。

「カーミル・ハナーは大統領の言うこと以外には従わない、と伝えろ」

かっとなったウダイは、生垣をかき分けて隣に乗り込んで行った。彼はずっとマジック・ワンドという電動ナイフを携帯していた。普段はバラの手入れに使っている物だ。酔ったウダイは苛ついてナイフのスイッチを入れたり切ったりしてはフルーツやナプキン、あるいは口にくわえていた葉巻までスライスしていた。ウダイが二次会の席に行くとジャジョは片手には機関銃、もう一方には弾薬カートリッジを持ってテーブルの上に立っていた。ウダイは怒鳴った。

「降りろ!」

ジャジョは降りた。だが、また言った。

「俺は大統領の命令にしか従わん」

ウダイはジャジョに飛びかかって行き、電動ナイフで頭を二度殴った。ジャジョがよろけて後ろに下がった。すかさずウダイは彼の喉を掻き切った。ジャジョは床に倒れ落ち、落とした機関銃を掴もうとした。ウダイは機関銃を蹴り払うと、自分の拳銃を出してジャジョに二発撃ち込んだ。それから生垣を越えて自分のパーティー会場に戻ったが、すぐに出て行き、近くの政府庁舎の一室にこもってしまった。パーティーにいた将校の誰かが宮殿に電話し、数分後にサダム自らが普段着のままでやって来た。靴下も履いていなかった。救急車が到着し、ジャジョをイブン・シナ病院に運んだが、ヤヒアによればその時すでにジャジョは絶命していた。

ウダイはその間に睡眠薬を一瓶飲んで同じ病院に担ぎ込まれてきた。すぐに胃の洗浄を施すうち、サダムが救急治療室に飛び込んできて、医師を押しのけウダイの頬をひっぱたいた。そしてこう怒鳴りつけた。

「お前が死んでどうする！」

サダムが実の息子まで殺すのではと動転した妻のサージダが駆け込んだ先は、ヨルダンのフセイン国王だった。国王は当時、後見人としてサダム一家と親しい関係にあったようだ。(原注19) アンマンの王宮に電話したサージダは大声で訴えた。

「ウダイがジャジョを殺したの。だからサダムはウダイを撃つというのよ」

フセイン国王は誰にも訳を話さず、飛行場まで車を飛ばすとバグダッドに急行した。彼が述懐するところによると、それから数日間、一家と王は「事態について何度も何度も話し合った」という。

王の助言か、サージダの嘆願が効いたのか、あるいはただただ父性愛の故なのか、サダムの怒りは静まっていった。殺人の事は完璧にもみ消され、新聞は一ヵ月間一言も触れなかった。そして十一月二十二日、サダムは公式に法務大臣を召喚し、事件の調査を命じた。彼は、ウダイがジャジョを過失で殺害したと言明、また彼の息子は一ヵ月間拘留中であり、三度にわたって自殺を図ったことを付け加えた。政府が仕組んだマスコミキャンペーンは、サダムに寛大な処置を乞う調子のものだった。最終的に、三人委員会が事件を調査し、ウダイを釈放、ウダイは叔父のバルザーニの付き添いでスイスに移った。ウダイの行状は直らなかった。スイス警察に、武器を隠し持っていた疑いで捕まり、国外退去を求められた。

バグダッドではサダムの愛人騒動と「母さん豚」島殺人事件がミステリアスな最終章にさしかかっていた。イラク国防大臣アドナン・ハイラッラー・トゥルファーは妹のサージダ側に立ち、これで彼の地位も危なくなるのではないかという噂がバグダッドに流れた。事実、トゥルファーは翌年ヘリコプターの墜落事故で亡くなった。公式には、事故は砂嵐が原因とされたが、彼の父親は、これはあまりにも都合が良すぎる話で、おそらくサダムがヘリコプターに爆薬を仕掛けさせて彼を殺させたのだと思っていた。その日は本当に一寸先も見えない砂嵐で、今回に限りサダムは無実だ、という意見もあった。

サダムは亡くなった国防大臣の遺児たちを宮殿に住まわせたが、それでも父親を含めた全家族は、ハイラッラーがサダムの命令で殺されたということを信じて疑わなかった（サダムには、軍での人気が高く、対イラン戦争で司令官として高い能力を見せた義弟のハイラッラーを排除したいという別の動機があったとも言える）。しかし彼らは、自分たちの兄弟を殺したに違いない支配者の宮廷から逃げることもこれまたできなかった。一九五八年の革命後に国外に逃げたイラクの旧家出身の若いビジネスマン、アブドゥル某（仮名）は当時バグダッド滞在中で、ウダイとその一党を何度も目撃している。彼は言う。

「ハイラッラー一族は、アドナン・ハイラッラー・トゥルファーの死はサダムのせいだとしていた。みんなサダムを憎んでいた」(原注20)

もし彼らが本当にそう思っていたとするなら、死んだ国防大臣の異母兄弟、ルアイ、マアン、ムフヴァール、カーランたちが、しょっちゅうウダイ一派に加わって日々を過ごしていた、というのもぞっとする話だ。プリンスの誘いは断れなかった。ウダイは特にルアイがお気に入りで、それはどちらも凶暴な性格だから気が合ったとも言える。ルアイはある時、学校で気に入らない先生を拉致し、先生は哀れにもボディガードに袋叩きにされた。支配者一族の中でも、完全なる治外法権を謳歌していたのはウダイとクサイだけである。この事を知った時、サダムはルアイを家族会議にかけ、棒でルアイの腕を叩き折った。この家庭内規律の執行はビデオカメラが記録している。

「彼らはみんな野獣だ」

彼らの性格を指して、少しの間付き合いのあったアブドゥル某は言う。それでも、このジャングルの野獣たちにも序列というものがあった。アブドゥルが見たのは、いかにファミリーの若手が従兄弟のウダイを恐れていたか、である。

「特にマアンは大柄で肥っていて、若干のろまなところがあった。ウダイはマアンをよくからかった。ウダイが室内にいるとマアンは黙って座り、じっとしていた」

ウダイは友達を年中取り替えてはいつも連れ回り、こき使い、二〜三ヵ月もするとポイと棄てた。

「連中は仲間からはずされて喜んでいたよ」

アブドゥル自身、ウダイの側にいる危険性を意識していたが、ビジネスマンの彼は数年前に国有化されていた広大な家族の所有地を取り返さんがため、この付き合いに耐えた。だが、ウダイが、次の飛行機でバグダッドに来いよ、とひっきりなしにパリのオフィスに電話をかけてくるので怖くなった。

この関係の基盤には、洗練された西洋人に憧れるウダイの自意識過剰な視野の狭さがある、と彼は説明する。

「ウダイはいつも礼儀正しく、手厚くもてなしてくれた。彼はヨーロッパ育ちの私に憧れていたのだと思う。私はずっと西洋で暮らし、裕福でもあった。もちろん、イラクが丸ごと自分の物だった彼の方が何倍も金持ちだったがね。でもそれは関係なかった。彼はいつも私の意見を聞きたがった」

西洋の趣味と文化への憧れが、その分、自国民への限りない蔑みと相まって行く。一九九〇年のある時、アブドゥルはウダイとバグダッドを車で走っていた。道端で十歳くらいの二人の少年がひまわりの種を食べてはぺっぺと殻を吐き棄てていた。

「彼は電話をとると後続の護衛車に少年たちをひっぱたけと命令した。何と、子供らが自分に向かって唾を吐いたと思ったのだ！『イラク人はクソだ』」

ウダイは走り続けながら、こう一人で呟いていたという。

スイスから戻ったウダイの復帰は早かった。彼は、ジャジョ殺害事件で辞任したオリンピック委員会の委員長に再選された。彼は父親の伝記に前文を書いた。サダムがクウェートに侵攻する数日前の一九九〇年七月三十一日、ウダイはイラク代表団の一員としてジッダでのクウェートとの最後で最悪の会談に赴いた。だが彼の世界観は相変わらず視野が狭かった。侵攻四日後、国連がイラクに経済制裁を科したその日、アブドゥルはウダイと一緒だった。ウダイが制裁はどのくらい続くと思うか訊ねた。アブドゥルは、今回はけっこう長くなると思っていたが、無難に答えることにした。

「一ヵ月くらいかな」

ウダイは、頭がおかしいのじゃないかとでも言いたげにアブドゥルを見た。

「彼は言ったよ。『冗談だろ、せいぜい長くて二日か三日だよ。石油企業がそこまでさせると本気で思っているのかい！』ってね」

アブドゥルは言う。

「彼も一族も、イラクが世界の中心で、イラクとその石油なしには生きていけないと考えていた」

サダムも共有しているかもしれないこの考えが誤りであることは絶望的に証明された。一年半後、経済制裁は依然として解除されず、ウダイ、その弟、親友たちはアル・ラシード・ホテル内の「ナショナル」で歌い騒いでいた。「仔ライオン」に会うため空っぽになったレストランで粘っているアメリカ人ジャーナリストを、友達のアハマドに命じて呼び寄せたのはおそらく、ウダイの手の届かない西洋世界への憧憬のなせる業だったのかもしれない。

あの席では、ウダイは圧倒的な存在に見えた。クサイはジェイクルーのカタログ通りのファッションでキメていて、ダンスパーティーで手のひらに汗をにじませるような、家で蛙の解剖でもしている方が似合いの小僧っ子に見えた。照れくさそうに頬をぽっと紅潮させ、時折許可でも貰うように兄の顔色を窺っては、メソポタミア文明について物静かに話す。ウダイより二歳若いだけなのにまだ少年のようで、これまでどんな事をしてきたかを控え目に訊ねたところ、兄弟たちの賛辞が横合いから飛び出した。

「そんな坊やじゃないよ」

兄のウダイが甘い笑顔で言った。

「治安関係は全部仕切っているんだから」

すでに一族の個人崇拝の一角に組み入れられてはいたが、この物腰柔和なクサイが体制の抑圧装置において頭角を現わしつつあることに諸外国はほとんど気づいていなかった。当時の宣伝ポスターには、ライフルを持った馬上豊かな父なる首長サダムを、鷹の目のように眼光鋭い二人の息子が左右から守っている姿が描かれている。弟は明らかに父親の統治能力と勤勉さを受け継いでいた。続く数年、クルド人の諸勢力が内輪争いを演じている中、UNSCOMの査察官との知恵比べを指揮するという重要な責務や、そしてとりわけ、父親の身の安全を守るという仕事を含めて、彼の行政責任は増大する一方となった。

指揮管理能力にはつねに鋭い判断を下すサダムは、ウダイには決して似たような責任の仕事を与えなかったが、レストラン「ナショナル」で食事をしていた時期、兄は新しい日刊紙『バベル』の創刊の許可を貰っていた。これは、ウダイの力がオリンピック委員会のもたらすささやかな特権をはるかに超えて拡大してきた徴候だった。

「イラク唯一の独立日刊紙」と主幹が誇らしげに謳うように、政府閣僚を遠慮なくなで斬りにしたので（社主の父親は除いて）新聞は見事に大当たりし、バグダッド中の話題になった。これはウダイの意見だったからではなく、記事が面白く下克上的なものだったからである。この時期、一番ハンサムな大臣を選ぶ読者投票を企画し、保健衛生大臣が圧倒的に勝利した。閣僚にまつわるゴシップ、闇ビジネスの悪徳業者の告発、戦争被害の復興事業にからむ手抜き工事の暴露など、『バベル』は何でも記事にした。アル・ラシードの夜の少し前、『バベル』紙は、空爆で破壊され、急遽再建されたティグリスに架かるバグダッド自慢のランドマーク、ジュムリヤ橋が中央部で歪みを見せていることを明らかにした。

「わが政府は何でも準備する。反対派まで」

とはジャワド教授の皮肉な感想である。しかし、改革派新聞は、戦争とインフレと経済の崩壊で傷ついていたイラク国民のフラストレーションを発散させる最高のはけ口となった。百人にも及ぶ人たちが、毎日のようにパレスチナ通りにあるバベル本社にやってきてお役所仕事の不平不満を訴えた。

「ナショナル」のウダイのテーブルの下座に座り、タバコを立て続けに吸いながらスコッチをちびちびやっていたのが『バベル』の編集主幹、アッバス・ジェナビである。『バベル』の前はどこにいたかを訊ねると、『イラク・ニュース・エージェンシー』の特派員としてハバナにいたと言った。彼はキューバが好きになれなかったそうだ。

「個人の自由が全然無いからだ」

サダムを「捕まえる」ためのCIAの極秘作戦がワシントンからリークされた、という話題になった。「仔ライオン」たちはこぞって、最近ペンタゴンのスポークスマンが公表した、サダムの周辺に「内部亀裂」が生じており、これはクルド人とシーア派の反対勢力への大きな後押しとして利用できる、とした考えに腹の底から大笑いした。

「いいか」

ウダイが大きな茶色の目を細めて言った。

「われわれを分裂させるなんて話はナンセンスだ」

彼はウイスキーのボトルが転がっていたテーブルの周りを葉巻で指しながら言った。

「ここにはシーア派教徒が二人いる。クルド人の部下もいる」

強力なシーア派部族の出身であるジェナビがその通りと頷く。

「私は大家族だ」

ジェナビは誇らしげに言う。

「一族だけで二百万人いる」

スンニ派支配者集団の忠実な支持者であるこのシーア派教徒は、イラク政治の変わりつつある連合関係の一つのケーススタディだった。彼は最初の頃、長くクルド反対派指導者であるバルザーニ一族が社主の新聞社にいた。その後一九九八年、彼の主人ウダイの恐るべき性格と、彼に囚われてかけられた拷問の記憶も生々しいまま、ジェナビはイラクを脱出した。

レストランのあの場にいた誰もが、戦争や制裁で苦しめられた風にはとても見えなかった。

「われわれは殿下（ウダイのこと）の下で戦争を過ごした」

グループの陽気な連中の一人が言う。

「飲んだり、トランプしたり、巡航ミサイルが飛んでいくのを眺めたりしてね」

今この男は、トルコとの「貿易」でうまくやっている。数年後、サダムはウダイにこの男の会社はいかがわしいと文句をつけた。あの夜アル・ラシードのパーティーにいた全員が、大統領一家とのコネで何らかの利益を得ていた連中であることは明らかだった。殿下様の下座には二人のアルメニア人がいた。一人はすごい太鼓腹をしたうるさい酔っ払いで、もう一人は痩せていたが、この男の方がもっと酒豪だった。痩せた方はサダム家の出入りの宝石商で、目玉が飛び出るほど高くなった食料品を買うために宝石を質入せざるをえない一般イラク人の苦しみにつけ込んで儲けている輩だ。その隣に座っていた栄養満点の男は、サダムのおかかえ仕立屋のハルートで、この面々からは「哲学者」ともてはやされている。話題がアメリカに移ると、ハルートはポマードを塗った白髪を分厚い手で一撫でして、訊いた。

「ハワード・ヒューズに会ったことはありますか？　誰かはご存知でしょう。彼と一緒に仕事したアルメニア人のことは？　カジノを全部所有している人ですが？」

答えがノーだと分かるとこの男は御満悦で言った。

「私があなたたちよりアメリカに詳しいとはどういうわけですかね？　実は、私は『アルメニア』マフィアなんですよ。困ったことがあったら何でも相談して下さい。マフィアがお手伝いしますから。私が何とかします」

彼はラスベガスの楽しかった日々に思いを馳せた。

「あれは何という名前だったかな、あの大きな指環をはめて、大きなハートをつけた？　そう、リベラーチェ＊！　ああ、素晴らしい歌手だったですね」

ハルートはウダイの方を振り向いて、訊いた。

「リベラーチェはご存知ですか、ラスベガスの？」

「いや」

ウダイは面倒くさそうな顔で答える。

「エンゲルベルト・フンパーディンク＊なら知ってる」

ウダイの素行を思うと、このような浮世離れした会話の最中ですら、彼らがきわめて危険な連中であるという思いがなかなか頭から離れないものだ。それでも、弟や同僚と同席する彼の振る舞いは、一貫してまだ礼儀正しく丁重なものだった。だが、現実に彼がどのような人物であるかを知りたければ、まさしくほとんど誰もいないレストランに偉そうに入って来た治安部隊の若い将校のとった態度で察しがつく。彼は咄嗟に、隅のテーブルにいるのが誰かを見てとった。一瞬にして踵を返すと、レストランから飛び出して行った。

ウダイはすでに新聞を使って年少者大臣を攻撃していた。それから数年にわたって彼は、もっとでかい標的に目を向け始め、最終的には一族内の年長者とぶつかるようになった。しかし彼は、政治的影響力のため以上にイラクの政界要人と競い合っていた。ウダイの中では、欲望は権力と同じく重要なモチベーションになっていた。テーブルの先端で、葉巻の煙をくゆらせながら、ウダイは戦争と制裁で崩壊させられたイラク経済という残念な事実にも取り柄がある、という考えに至っていた。

「この状況だからこそ、貿易がどんどん必要だ。だから俺は貿易をやる」

＊リベラーチェ：一九五〇年代アメリカでテレビが生んだ最初のスーパースターの一人。前代未聞の派手な衣装と過剰なステージ演出で一気にスターダムにのし上がった。プレスリーに派手な衣装を着るよう勧めた本人。アメリカ、ウィスコンシン州でポーランド系イタリア移民の一家に生まれ、七歳でウィスコンシン音楽大学の奨学金を獲得した早熟の天才歌手。一九五二年NBCの音楽番組『リベラーチェ・ショー』が大人気になった。テレビだけでなくラスベガスのリヴィエラ・ホテルでショウを始め、人気は長く続いた。一九八二年、リベラーチェの秘書兼ボディガード兼運転手兼恋人だったソーソンが手切れ金の支払いを求めてリベラーチェを訴えた。訴訟は泥沼化したがリベラーチェが九万五千ドルの示談金を支払い和解した。一九八七年二月、六十七歳でエイズにより死去。ロック・ハドソンもリベラーチェと恋人関係にあったことを認めている。

＊エンゲルベルト・フンパーディンク：イギリスの歌手。甘いマスクで「キング・オブ・ロマンス」と称され、一九六〇年代から七〇年代にかけて女性を中心に絶大な人気を誇った。「リリース・ミー」「ラスト・ワルツ」などのヒット曲がある。「リリース・ミー」はイギリスで五十六週連続チャートインし、ギネスブックにも掲載された。

ウダイはこれまで控え目すぎた。新聞は成長するビジネス帝国の旗頭にすぎない。彼はバベルテレビにバベル運輸、バベル・ホテル、バベル・フード・プロセシングも経営していた。[原注21] イラクが石油を輸出していた時代は、支配者一党は外国企業との数十億ドルの契約の手数料で莫大な財産を手にすることができた。今は政府には金がない。そこでウダイやフセイン・カーミルたちは、食料品、タバコなどの消費財の輸入や、クルド人地域を横断する石油の密輸ルートでの儲かる交易を独占するために政治、治安権限を悪用していた。

「即金では払わず、儲けは五割」で要約できるウダイのビジネス流儀は、アブドゥルにはしっくり来なかったそうだ。彼がウダイと一番よく付き合った時期は、クウェート侵攻前の一九九〇年で、イラク政府は民間ビジネス開放政策をとっていた。権力者の友人の後押しがあったにもかかわらず、アブドゥルは一家の昔の事業を取り戻すことに失敗した。彼は言う。

「われわれは成功できなかった。なぜなら、どんな事業のプロジェクトもフセイン・カーミルに押さえられ、カーミルが自分に都合の良いようにビジネスを動かした。ウダイも、ビジネスでは長い間カーミルを出し抜けなかった」

これは戦争前のことである。一九九一年の戦災を受けて、父親からより大きな政治的指導権を任されたウダイは、彼自身の新たな立場を活用して、それまで難攻不落だったカーミルの牙城に迫り始めた。当然カーミルはウダイの侵入に憤った。長男の人物像をアップさせようとする中で、サダムは支配者一族の緊張感まで悪化させていた。それは、きわめて宿命的な展開であった。

それでもなお、ウダイの力は着実に増大し、それとともにその目標とするところも高くなっていった。一九九四年二月、『バベル』紙は先立つ二年間に十回も起きたバグダッドの「きわめて成功的」連続爆弾テロ攻撃――これは『バベル』が意地悪く指摘したように、対イラン戦争の八年間を通してバグダッドで起きた爆弾テロの二倍の数だが――の防止に失敗したウダイの叔父のワトバン内務大臣を槍玉に挙げた。一九九四年三月、ウダイは新団体「サダミスト・ユニオン」の指導者に指名された。ここにはすべての上級官僚と上級将校が登録された。メンバーには昇給、特別ローン、年齢・資格不問の大学在籍権が得られる特別の身分証明が与えられた。ユニオンのメンバー数はすぐに二十五万人に増えた。大部分は軍に所属するものだった。この年の終わりには、ユニオンは一万五千人からなるフィルカット・フィダイッイ・サダムまたはサダム・コマンドーという名の民兵組織を作った。隊長はウダイである。ウダイは今や、自分の治安部隊を持つようになった。以前は弟のクサイが仕切っていた領域である。この突撃隊員（コマンドー）は大体が十代のごろつきで、荷台に機関銃を据え付けたピックアップに乗ってバグダッドを走り回り、レバノンかソマリアの殺し屋民兵みたいだと言う外国人もいた。

一九九四年春、ウダイはイラクのメディア全体を監視する責任を引き受けた。この指令的ポストからウダイは政府閣僚の怠慢、無能力、「指導者同志」の叡智を無視していることに対する全面的批判を推進した。特に、通貨の下落を止められなかったという理由で、バース党の古参、アハマド・フセイン（サダムの部族とは無縁）首相への攻撃を煽動した。

首相は一九九四年五月に正式に解任され、サダム・フセイン自らが後を引き継いだ。イラク人は、今後サダムが「暗闇と絶望をとり払い、希望を創生する」ために何かをなすのだ、と聞かされた。大統領兼首相は行動派的印象を与えるために外に出た。彼は、病気でない限り大臣は全員「毎朝八時に登庁せよ。弁解は一切無用である」との通達を出した。

官僚の時間厳守が問題にされなかった時代はすでに過去の話だった。経済の衰退はディナールの急落に顕われ、サダムの積極的な動きにもかかわらず、一九九四年初頭には一ドルが百四十ディナールだったのが、一九九四年十二月には七百ディナールに下落した。市民は家財道具を売りに出し、バグダッドはまるで巨大な蚤の市同然となった。すでに乏しくなっていた毎月の配給も削減された。

そんな中で、ウダイだけはますます勢いを強めているようであった。密輸業者やクルディスタンの有力者との有利な取引関係により、「貿易」業界での彼の相対的地位が高まり、ほんの数年前までは圧倒的だったフセイン・カーミルの力は衰えを見せていた。

イラクの内政をつねに巧みに操作してきたサダムは、上昇するウダイを、機を見るに敏と見た。だが、支配者一族内の諸勢力を抑えるために、サダムは息子を使って、一枚岩を誇った一家の団結をばらばらに壊すという危険な賭けに出た。父親に気に入られるために成功を収めたウダイを起用することは、反乱以来最悪の政治危機を招くことになる。

その頃、イラク北部の険しい山岳地帯と、遠く海の向こうのワシントンDCで、強敵たちがサダム支配体制全体への新たなる反撃の策をじっくりと練っていた。

第７章
山中の策謀

Chapter7

一九九四年十月十日のコロンブス・デー＊、一連の上級官僚がホワイトハウスの状況分析室（シチュエーション・ルーム）に集まった。国家安全上の緊急秘密会議が開かれる部屋だ。つい数日前、アメリカ政府に、サダム・フセインがクウェート国境に向けて軍隊を進めているとの情報が入った。イラクの指導者が、またもやトップニュースの主役にしゃしゃり出て来た。上級官僚たちは週末返上で空軍、海軍の部隊を緊急配備させた。

サダムが最後にクウェートに兵を向けたのは、一九九〇年の侵攻の直前だった。この時は、ジョージ・ブッシュは何もしなかった。ビル・クリントンは当然、同じミスを犯さないためにアメリカ本土からインド洋に至るまで、米軍を配置に就かせた。クリントン大統領はニューメキシコ州のキャンペーン訪問を中止し、全米に向けて戦時体制の調子を帯びた演説を行なった。クリントンは言明した。サダム・フセインは「アメリカ合衆国及び国際社会の意志を踏みにじることはないであろう」(原注1)。

状況分析室での会議の目的は、すでに公表済みの米軍の動きについてではなく、サダム・フセインを永久に抹殺するための極秘活動の進行状況を再検討するためであった。一九九一年四月に戻って（第二章参照）、ブッシュ政権はイラクに対して二面戦略で臨んだ。サダムを経済制裁で包囲し、同時にCIAが彼を仕留める、というものだ。クリントン政権はブッシュの手法をおおむね手付かずに継承した（これは直ちに放棄されたものだが、サダムとの通常的関係は可能であるとする粗雑な大統領見解は別）(原注2)。制裁は、これまでになく厳正に維持された。一九九三年、副大統領アル・ゴアは、国連によるイラク政府の戦争犯罪の調査を求める案を発表したが、それ以上の展開はまったく見られなかった。イラク治安機関の部隊がウイスキー密輸グループと組んで、一九九三年にクウェート訪問中の前大統領ジョージ・

ブッシュを暗殺しようとしていた計画の詳細が明らかになると、クリントンはバグダッドのイラク情報本部に向けて巡航ミサイルを二十三発発射した。目標を失った一発でイラクのトップ女優レイラー・アッタールが死んだ。

クリントンは極秘に、サダム排除のためのブッシュのCIA指令要綱を追認した。一九九一年に戻ると、任務の完遂を可能にする仕組みをあちこちに探し求めていたCIAは、アハマド・チャラビの協力を受け入れることにした。チャラビは亡命イラク人の億万長者であったが、彼がヨルダンで経営していた銀行は詐欺・横領で告発され倒産していた。続く年、チャラビはサダムを打倒し、イラクに民主主義を打ち立てることを誓う反対派支援組織、イラク国民会議（INC）の指導者になった。（チャラビを除いて）INCに関わる者のほとんどが知らない事だが、INCの資金はCIAが出した。初年度だけで二千三百万ドルを超えた資金の大部分は、イラク内外に向けた反サダム宣伝活動につぎ込まれ、一部は経済制裁による窮状を懸念する国際世論の目をそらすためにも流用された。このキャンペーン活動は、広告代理店と抜群のコネを持つ広報活動のプロ、ワシントンのジョン・レンドンが下請けになった。

CIAとINCのつながりは極秘中の極秘で、公に謳われていた反対派連合の目的はすばらしく尊

＊コロンブス・デー：コロンブスが一四九二年にアメリカ大陸に到着したことを祝うアメリカ合衆国の休日。十月の第二月曜日。一七九二年十月十二日にタマニー派の人々がニューヨークでコロンブス到着三百年を記念して祝って以来、公式祝日となった。現在はコロンブス・デーの日はアメリカ合衆国の公共施設が休日となり、休みにする学校もある。

重するに値するものだった。すべての民族と宗教を代表する政府を擁した民主主義イラク、である。設立メンバーには、イラク反体制派の政治領域全般からの個人及びグループが含まれていた。その中には、シーア派亡命イラク人のムハンマド・バール・アル・ウルムのような明瞭なイスラム教徒的要素もあれば、一時は力のあったイラク共産党の残党、スンニ派の元将軍で大使だったハッサン・アル・ナキブ、一九八八年前後にアメリカを回りハラブジャの殺戮への関心を引き寄せるために孤軍奮闘した民間技術者のライト・クッバなどがいた。ＩＮＣに加盟したグループで最大にして最重要だったのはクルド人党派で、彼らだけが指揮下に相当な軍事力を持つ組織であった。ＩＮＣ支援を誓った者の大部分は、サダムとバース党支配の反対派として人生の大半を過ごしてきた人たちであった。だが、反体制派に付く前にはバース党体制の高い地位にあった者もいた。この後者のグループの多くはスンニ派イスラム教徒で、イラク国民合意（ＩＮＡ）または「アル・ウィファク」という名のグループに身を寄せていた。イラク国民合意は一九九二年にＩＮＣに加盟したが、最初から独自路線をとってきていた。

チャラビ一派はサダムに打撃を与える方法として、下から、つまり解放区のクルディスタンを拠点に、体制内官僚の離脱と軍人の脱走を宣伝、激励するやり方によって独裁者の権力を徐々に切り崩していくことを考えていた。ＣＩＡのバックアップを受け、これを主要な政治戦略に据えていた。イラク国民会議（ＩＮＣ）がサダムに対する民主主義反対派として自己規定し、大衆の不満を助長している限りにおいては、親分（アメリカ）は満足していた。ＩＮＣとしてこれ以上に過激な動きを見せるのはワシントンは良しとしなかった。

ＣＩＡの雇われ者だという事実にもかかわらず、チャラビは平然と自己の考え方と路線を進めた。

一九九三年十一月、彼はイラク各地の軍隊内の反乱を助長し、最終的にバグダッドへと拡大させサダムを倒す、という野心的計画を明かすべくワシントンに飛んだ。キーブリッジ・マリオット・ホテル（情報部仲間のたまり場）にやって来たＣＩＡ、国務省、国防省の官僚たちを前に、チャラビはこの冒険的計画の細部と、実行に必要なアメリカの支援の概要を説明した。(原注3) それからイラクに戻り、返事を待った。なしのつぶてであった。

チャラビの大計画のどこが問題かと言えば、ことワシントンに関する限り、アメリカの支援そのものであった。イラク兵を大量に脱走させれば、間違いなくサダムの激しい報復を呼ぶことになる。イラク軍隊がいかに腐敗し大量の不満分子がいようとも、サダムには装備も万全な共和国防衛隊もいる。反撃に耐えるにはだから、ペンタゴンによる空からの援護が求められる。しかし米軍サイドはイラク国内の戦闘に巻き込まれることについてはきわめてはっきりしない態度だった。

「私はＪＣＳ（統合参謀本部長）のところへ行ってこう言った。『反乱の意志があるという部隊が特定できればやってくれますか？』」

イラク作戦を担当したＣＩＡ局員が回想する。

「決してノーとは言わなかった。決してイエスでもなかった。『こちらから連絡する』の一点張りだった」

チャラビの大提案に反対していたのは米軍だけではなかった。ＣＩＡの秘密工作局の近東・南アジア情報分析局（ＣＩＡ内では通常ＮＥと略称されていた）部長だったフランク・アンダーソンによれば、当時彼はＩＮＣが単に「サダムにとって新たな、事実上深刻な問題たり得る」組織を超えるものではないと考えていた。(原注4) 政策決定者は内心、恵み深くて優しい大人物(できれば)をサダムの代わりに据えられる王宮内クーデターのような簡単な解決を希求していた。ブッシュ大統領の一九九一年三月の所信表明以降、CIAはそのようなクーデターを仕掛けるような人物、またはグループの登場を注意深く待っていた。一九九四年夏、CIA要員の何人かはこの実現が近づいていることに期待を膨らませた。

これは、あながち非現実的提案とも言えなかった。すでに見たように、ジュブリス族やダライム族といった、サダム体制を古くから支えてきたスンニ派イスラム教徒部族出身の将校たちによる一連の反サダム陰謀があった。すべては発覚し、陰謀者は残酷な処罰を受けたが、もしCIAがしかるべきグループと時宜を得て接触できていたならば、クーデターは成功していたかもしれなかった。不幸にも、CIAがイラク国内の不満分子と接触を図るには唯一、サダムの情報機関がじっと目を凝らして見張っていた亡命イラク人を経由するしかなかったのだ。

イラク国民合意のリーダー、イヤド・アラウィは魅力ある理論派で、情報部の官僚たちに好かれる才能があった。彼と、彼のことを老練で貴重な諜報員として優遇していたイギリス情報部MI‐6との間には長年にわたる密接な関係が生まれていた。

「イギリス人は惚れっぽい」

イラク作戦にかかわったあるCIA要員がイギリスの仲間を評して言った。

「イギリス流ロマンチシズムだね。面白いことには、FBIも同じだ」

一九九四年四月初めから、アラウィはロンドンとイギリス南部海岸のいくつかのリゾート地で、数度にわたってイギリス人の盟友との密談を開始した。彼がイラク国内の連絡網から受けた情報は、イラク軍部の上級レベルで不穏な動きがあるという耳寄りな話だった。必要なことはすべからく、支援と何よりも海外からの資金援助だと、アラウィははやる相手に念を押した。ＭＩ‐６はこのニュースをＣＩＡロンドン支部の「いとこ」に知らせた。ロンドンＣＩＡはそれをラングレーのＣＩＡ本部にいる話の判る相手に伝え、イラク国民合意のお手柄だと力説した。

これが冒頭の、一九九四年コロンブス・デーのホワイトハウスでの会議の背景である。状況分析室に集まった上級官僚の顔ぶれは、国務省政務次官ピーター・ターノフ、国家安全保障会議国家情報長官ジョージ・テネット、国連大使メイドリン・オルブライト、統合参謀本部長で海軍大将のデービッド・ジェレミアであった。ＣＩＡが敵陣奥深く、実際に何を達成したのか、それを聞くために彼らはこの極秘説明会に呼ばれたのであった。

ＣＩＡ代表をリードしていたのは、極秘作戦の全責任を担っていた工作本部副部長のテッド・プライスである。イェール大学出身で元海兵隊のプライスには皆一様に感心させられた。一九八〇年代にＣＩＡの高官にまで登りつめたすべての官僚の例に漏れず、プライスはいわゆる「ハード・ランゲージ（難解な言語）」プログラム、つまりアラブ語圏や中国語圏の仕事を経験していた。彼の専門は中国で、流暢な北京語を話した。彼の優秀さは誰もが認めたが、ある元同僚は彼のことを「鋭いが、賢くはない」と評している。彼はまた大いに野心的で、一九九三年十二月に任命されるかなり前から「ＤＯ〔Directorate of Operation 工作本部の略称〕」の席を虎視眈々と狙っていた。アメリカの別の情報機関の元長官は、背が低くて薄茶色の髪の毛のプライスは、「政治家としても専門家としても非常に優秀」であったと言う。さて、ホワイトハウスはイラクの政治秩序を全面的に転覆させることなく、サダムをすげ替えるスンニ派武装勢力たちによる「銀の弾丸」クーデターを長く待望していたわけで、そこでプライスは当然、これらの勢力内にCIAの強力なコンタクトをつけようとした。

この説明会の目玉は、サダム体制内のCIAネットワークの詳細図だった。これには、イラク軍部、情報部、そしてイラク統治機関の主要構成要員の官僚の名前がぎっしりと記されており、衝撃的効果を狙ったものだった。このプレゼンテーションに立ち会っていたある官僚が述懐する。

「そこにあった名前を見ると、彼（サダム）はまるでぐるりと包囲されているみたいだった（原注5）」

しかし、ヴァージニア州ラングレーのCIA本部には、このイラク不満分子一覧表は、CIAが実際にイラク国内で持っていたコネクションをはるかに超えた印象を与えてはいないかと考える者がまだいた。この官僚は言う。

「誰々と直接連絡が取れるという話と、『俺の従兄弟のアリはサダムが憎くてぶっ殺したいと思っている』という話は違う。一覧表の人物の多くは後者の類だった」

出席していた局員中、プライスだけが大物という存在ではなかった。その横にはフランク・アンダーソンもいた。三年半近く前にジョージ・ブッシュからサダム・フセイン排除の「条件設定」を命じられた人物である。アンダーソンが、ブッシュの指示に「気に入らない」となぐり書きした日から、極秘工作でサダムを追い落とす計画に対して悲観的なのは変わりなかった。事実、作戦に関与した局員の話では、アンダーソンは当面の諸情報にはなるたけ気をとられないようにしていた。当時の部下の一人が語る。

「フランクは、私が例えば国務省から何か言われたら助け舟を出してくれたりはしたが、仕事の大半を当時起きていたイスラエル・パレスチナ和平交渉に費やしていた。彼はイラクに関する説明会には、まず間違いなく決して顔を出そうとしなかった」

どうやらコロンブス・デーの説明会は例外といえる。もしプライスが派手に打って出る、というのであればアンダーソンは黙っているわけにはいかない。二人の仲は良くなかった。

工作本部中枢にいたロシアのスパイ、オルドリッチ・エイムズ*が一九九四年二月に逮捕された。それ以来、CIA長官のジェームズ・ウルジー*は、ロシアにいたCIA諜報部員を裏切ってモスクワから多額の金銭を貰い、札びらを切っていたエイムズの酒びたり生活を見抜けなかった上級局員の処分に頭を悩ませていた。その上級局員の一人が、前防諜部長のテッド・プライスだったのであるが、彼

*オルドリッチ・エイムズ：(Aldrich Hazen Ames、一九四一年生まれ)一九八四年からソ連KGBのスパイとなった。ソ連圏のスパイを審査する枢要部署の工作本部東欧局防諜部長。一九六二年に入局、メキシコの米大使館勤務時代に知り合った二度目の妻の浪費癖と離婚慰謝料から経済的窮地に陥り、一九八五年ソ連に情報を流し始めて以降、大量の極秘情報を含めソ連国内のCIAスパイのリストも提供し五億円以上の金を受け取り、約半分をソ連の銀行に隠していた。面子からスパイの存在を隠していたCIAはエイムズをポリグラフにかけたが効果なく、FBIの捜査に委ねられた。一九九四年二月、モスクワ出張寸前に逮捕され、同年国家反逆罪で死刑判決を受けたが減刑され終身刑になった。

*ジェームズ・ウルジー：(Robert James Woolsey Jr.一九四一年生まれ)元CIA長官で外交専門家。オックスフォード大学で博士号、エール大学卒。民主党タカ派だが、カーター、レーガン、ブッシュ、クリントンと民主共和両党の歴代政権を通して影響力を持った。現在は共和党マケイン上院議員の後ろ盾で外交顧問。ワシントン中近東政策研究所メンバー。一九九八年にクリントン大統領にサダム・フセインの排除を迫る書簡を提出した一人。9・11同時多発テロ直後にテレビに出演し、イラクの関与をほのめかした。アメリカが中東の石油に高度に依存しているのは国家の安全に関わる問題だとし、ハイブリッドカーの普及やバイオマス燃料の開発を主張している。

は自分の尻に火がついているのを忘れていた。プライスはクビにはならず、叱責処分を受けただけで、工作本部副部長の席に留まった。ウルジーはそれでも、エイムズの上司だった者には局はいかなる褒賞も表彰も与えることは無い、と通達した。(原注6)

フランク・アンダーソンはエイムズと接触を持ったことは無かったが、彼の旧友のミルト・ベアデンにはあった。ベアデンは一九八〇年代、近東・南アジア情報分析局において、アフガニスタンを占領したソビエト軍と戦うアフガンゲリラ、ムジャヒディンへの武器・資金大量輸送作戦の指揮でめざましい働きをしたことで、局内ではつとに名を馳せていた。この成功に続き、ベアデンはエイムズがいた東欧局（現ロシア・欧州情報分析局）を引き継いだ。このホワイトハウスでの説明会の二週間前にベアデンは退職していた。

ウルジーの通達にもかかわらず、アンダーソンと工作本部のベテラン局員でベアデンの友人だったジョン・マガフィンは、アフガンの勝利に対して自分たちの昔の仲間が何らかの評価を得られないまま引退させるわけにはいかない、と決心した。そして、アンダーソンは同僚からの記念プレートをベアデンに贈呈した。この「規律違反」の噂はすぐにＣＩＡ本部と、耳ざといテッド・プライスに伝わり、早速ウルジーにこの旨ご注進申し上げた。

弁護士で国防省のインテリのウルジーはどちらかと言えば、むこうみずな事やスパイもの好みではあったものの、プライスの報告通りアンダーソンとマガフィンを降格処分にする以外に選択肢はあまり無いと考えた。当事者たちは、辞職することで彼の選択を否定した。かくして、アンダーソンは説明会に出席するためにホワイトハウスにやってきた時点で、もう自分は終わりだと覚悟していたし、それが誰のせいかも分かっていた。

彼は、中では最高位の局員であるプライスに説明を任せることもできたかもしれない。だがそのかわりに、彼は詳細図に歩み寄ると、ＣＩＡの猛者が丹念に仕上げたプレゼンテーションをビリビリに破いてしまった。アンダーソンは、周到に敷かれたサダムの治安機関と、隣国にあるＣＩＡ支局との連絡網は噂の域を出ず、指導者への反逆の策謀の意志を示すメッセージをよこしたとされる連中は究極、バグダッドのスパイ司令部に操られた二重スパイと思われる、と指摘した。

このパフォーマンスには皆たじろいだ。朗報を期待してやって来ていた高官グループの面々は驚愕し、怒り出した。アンダーソンが話し終わると、メイドリン・オルブライトは憤慨して口を開いた。彼女は怒って訊ねた。

「何のために呼ばれたのですか？」

あるＣＩＡ局員はこの日の出来事を評して、アンダーソンは「パレードに雨を降らせた」と言う。これは彼の辞世の句だったのだ。クーデターの可能性の追求を否定したのでもなく、イラク問題に別のアプローチがあったのでもなかった。彼はただ、政策決定者に真実をありのままに伝えようと決心しただけである。プライスの一世一代の晴れの日に暗い影を投げかけたのは、ちとやり過ぎだったかもしれない。高級官僚というのは先天的に、深い思い込みと欲望に反するような良くない話は受け入れようとしないものだ。アンダーソンは、水はコップに半分しか入っていないと言いたかった。彼のパフォーマンスの甲斐も無く、高級官僚たちは、水はコップ半分まで満たされている、と思いたかったのだ。ホワイトハウス内でも、例えば国家安全保障会議国家情報長官のジョージ・テネットは、強硬なクーデター支持派であった。彼の上司の国家安全保障問題担当大統領補佐官トニー・レイクも同じくらい興味をそそられていた。

フランク・アンダーソンは、NE（近東・南アジア情報分析局）局長として、反サダム工作のすべての側面に対して偏った立場はとらなかった。上手く行きそうだとは思えなくても、どんな手段でも喜んでとらせた。ロンドン支局が、イヤド・アラウィと彼のクーデター計画に心躍らせた時も、アンダーソンは喜んで計画を進めさせた。一方で、アハマド・チャラビとイラク国民会議とで進めている作業があった。アンダーソンはこれも喜んで進めさせた。アンダーソンはCIA局員チームをイラクに送り込むのにもゴーサインを出した。彼らはクルディスタンの解放区をベースにするINCと協働しようとしていた。アンダーソンは、彼が何を決めたかを後にこう解説している。

「彼らにやってもらいたかった事は、サダム体制の打倒に向けて前進するために希求されていて、未だ実現されていなかった武装勢力の連合を図れる位置に就くことだった（原注7）」

アンダーソンはこう言いながら苦笑いしたが、これは彼がこのような勢力が生まれる可能性を実はそれほど信じていなかったことを示すものかもしれない。

CIA局員をイラクに送る決定は連邦議会で強力な支持を得た。一九九四年九月、上院情報問題特別調査委員会委員のクリス・ストローブとドン・ミッチェルが実地調査のためクルディスタンに入り、アハマド・チャラビ、クルド人指導者のマスード・バルザーニ、そしてこのような機会に有力スンニ派武装勢力のINC支持派代表として慣行上顔見世に来たイラク軍元将軍のハッサン・アル・ナキブらと会った。これら勇猛果敢な自由戦士との出会いの結果、ストローブとミッチェルは大いに感動してワシントンに戻って来た。イラク北部にいるCIAのお得意先への上院による支援はバランスよく増加し、CIAチームの派遣は情報問題特別調査委員会で迅速に承認された。十月上旬、赤ら顔のシカゴ人ウォーレン・マリク率いる第一団がクルディスタンに到着、営業を開始した。

後続部隊もそうであったが、このチームのメンバー四人は軍隊では中佐と少佐に該当する佐官クラスで、アンダーソンやプライスのような上級局員とは地位も権限もはるかにかけ離れていた。政策を立案し検討するのは、彼らよりずっと高い給与等級の人たちであった。彼らの仕事は、イラク国内に漏れ出て来る諸情報を収集し評価することで、この場合はクルド人とイラク反体制派グループを動かして事を運ぶ。この種の仕事は以前に経験があった。例えばマリクはベトナムに従軍した後CIAに入り、一九八〇年代にロシアと戦っていたアフガンゲリラのムジャヒディンを訓練し、支援するCIAの大規模作戦の一員になった。クルディスタンに行く一年前にラングレーのCIA本部イラク担当部局に配置され、〝ビッグ・ロンレン〟の名でイラク工作の直接任務に当たった。そこで彼は指揮管理を担当したが、ジョン・レンドンのプロパガンダ工作にかかる多額の費用を抑えるという試みは徒労に終わった。

「イラクで何かある度に、ジョンはコンコルドを使った」

と後に彼は嘆いていた。CIA本部では、彼はほぼ毎日、遠くクルディスタンにいるチャラビと連絡を取っていた。そしていよいよ彼らは事態の核心に入ろうとしていた。

サラフディン。クルディスタンを横切り、イラクへと延びる世にも美しいザグロス山脈の西の山麓の町だ。ここに厳重に警戒された山荘があり、そこにアメリカ人たちはいた。山荘は、遠く南のペルシャ湾まで広がる平野を臨み、その近く、平野へと下るジグザグ道路を車で四十五分走った距離にアルビルの町がある。この辺りは一九七〇年代に避暑地として開発され、一般的なホテルやスイス風のプレハブ製山小屋が建ち、アルビルの中流家族が夏の焼け付くような暑さを逃れて訪れる避暑地であった。一九九四年、バカンスはもう遠い昔の話となり、ホテルはイラク反体制派が占領するところとなった。INCはホテルを一軒丸ごと借り切り、サダム打倒近しを語りかける派手なポスターで飾り立てていた。チャラビと部下たちは全員、一軒ずつ家を借りていた。他に、INCのラジオとテレビの放送局、また新聞社の事務所もあった。

「小さな国のようだった」

当時INCの活動家だった男が懐かしく振り返る。CIAがINCを設立して以来、この小国家は約三十年前の悪名高い反カストロのピッグス湾作戦*に匹敵する規模のCIA作戦を設定した。この二年後にINCは災難に遭うが、その時はアメリカが五千人を数える人々を避難させた。

クルドという異種文化圏が公式にはイラク国内では遮断されていたという事実とは裏腹に、クルドとイラクの二つの地域にまたがってかなりの交流があった。個人はもちろん、イラク軍の将校も親戚や友人に会いに行き来していた。緊密な密輸ネットワークが境界線を越えて油田（依然としてサダムがしっかり押さえていた）からディーゼルオイルを、クルド人が支配するトルコ国境の町ハブールに運び、食料品とその他の日用品を持ち帰っていた。こうしたルートを使ってINCは（クルド人グループや北部で活動する多数の外国情報機関のように）境界線の向こうのニュースを伝達する自分たちの連絡網を作り上げることができた。この仕組みを整えるには金がかかり、その資金は最終的にはCIAが供給した。

残念ながら、これは情報を持っている者は報酬を得るが、情報が無ければ金にはならないシステムで、これで情報量は増えるが、それが果たして正確かどうか怪しかった。

ＩＮＣの情報システムがらみの「収穫」はサダム体制から逃げてきた人たちであった。これらの多くは逃げる前までは国家機密にかかわる地位にあった。バレると大変な機密や連絡網を握っているなら国外の大いなる自由世界に行ける希望がある。アメリカのグリーンカードは究極の報酬だ。時に、高位の将軍や情報部将校といった超大物が投降してきた。彼らとは違い、早くアメリカに行きたい一心から、バグダッド政府での地位を誇張する二流連中が困り者だった。

事情聴取はすべて通訳（チャラビまたはクルド人グループが用意した）を使わねばならなかったが、専門情報将校が現場でこうした「志願者」の聴取に当たり貴重な情報を逃す危険性を最小限に食い止めていた。一九九四年十月から一九九五年三月の間にサラフディンに配属されたＣＩＡ局員のうちアラブ語が話せたのは一人だけである。クルド語が話せる者はいなかった。マリク自身はトルコ語をこなし、数人の同僚はイランの言葉であるファルシ語を身に付けていた。

＊ピッグス湾作戦：ヒロン湾作戦とも呼ぶ。一九六一年四月十五日、亡命キューバ人部隊が国籍を隠した米軍爆撃機でキューバ軍基地を空襲、続く十七日にキューバのコチーノス湾（豚の意）に上陸を開始した。亡命キューバ人部隊は二千人以下で、約二十万人のキューバ軍に惨敗。その上、二隻の補給船がキューバ軍の戦闘機に撃沈されるなど補給経路が断たれ、アメリカ正規軍の空爆をケネディ大統領が中止。思い直したケネディは戦闘機による援護を送ったが時差を計算していなかったなどのミスにより失敗。米兵八十人が戦死、千二百人が捕虜となり作戦は大失敗に終わった。

ＩＮＣにとってアメリカ人の存在は、アメリカが支援を容認しているということを意味した。チャラビは後に、アメリカ人はクルドに入った時、「アメリカ政府はサダム・フセインを排除すると決定し、そのためにあなたたちの援助を求める」と言ったと主張した。これは、この任務を発令した時にアンダーソンの頭にあった控え目な目標よりも、目的をもっとドラマチックに解釈したものだった。軍事力が微弱で、サダムの代わりに別のバース党の有力軍人を据える方針には異議ありと広言していたＩＮＣは、サダムを「ツブす」ための確実な道具とはみなされていなかった。しかし、アメリカはＩＮＣと協働するためにだけそこにいたのではなかった。アメリカはＩＮＣに、イラク国民合意が名目的にＩＮＣ傘下であることを無視して、イラク国民合意と直接共闘するよういくつかの極秘指令を出した。

イラク軍元将軍のアドナン・ヌリが指導するイラク国民合意はクルディスタンにおいて独自の存在感を持っていた。ヌリはどこか陰険な顔つきのトルクメン人（イラクの少数民族。中央アジアのトルクメン人とは民族的つながりは無い＝訳者）でＣＩＡと直接のコンタクトがあった。一九九二年六月、ウィーンでの（ＣＩＡが作った）ＩＮＣ結成大会直後、ＣＩＡはヌリをワシントンに派遣し、タイソンズⅡのショッピングモールの中にあるシェラトン・プレミア・ホテルで隠密会談を持った。(原注8) 会談の席上、ヌリ自身が言うところでは、ＣＩＡの代表はヌリにこう言った。

「あなた方にはＩＮＣとは別行動をとっていただきたい。だがＩＮＣは脱退しないで欲しい。ＩＮＣにいながら、動きは別だ」

アメリカがここで言った「行動」とは、クーデターを促進する、という意味であった。その間、米政府はイラクに関して公的には全然異なった印象の計画を出していた。ヌリを釣り上げてから間もなく、ホワイトハウスはＩＮＣに対して「独裁者オプション」、すなわちサダムの代わりに別の独裁者をすげ替える軍事クーデターに興味は無い、と明言した。

クルディスタンにおけるアメリカの工作は、先発隊がサラフディンに颯爽と現われた時点から、このように陰謀と二股作戦へと変貌して行った（「あなたたちの作戦はオープンなのか秘密なのか、どちらなのか？」とクルド人の役人が意地悪な質問をした）。ＣＩＡ局員は複雑な立場となり、しかもそこは政治的地震多発地帯のど真ん中であった。

ジョージ・ブッシュが一九九一年四月にクルディスタンにしぶしぶ軍隊を送ることになって以来、クルド人は故郷の山に安全地帯（セイフ・ヘブン）を得た。部隊は去ったが、トルコ国境のインサーリク基地から毎日飛んでくる米軍機のお蔭で、サダムの軍隊が再び平野から攻め上ってくることは無さそうだった。結果として、イラクのクルド人は事実上の独立国家を享受していた。トルコのクルド人は軍事的能力が高く冷酷無比なＰＫＫ＊ゲリラ組織の旗の下、一九八四年以来アンカラ中央政府に対する血なまぐさい謀反を続けていたが、犠牲者の数が増大する中、目的達成に近づいているようには思われなかった。（原注9）東では、

＊ＰＫＫ：クルド労働者党。二〇〇二年四月にクルド自由民主会議（ＫＡＤＥＫ）に改称し、二〇〇三年十一月十五日に現名称となった。これらの改称はテロリスト集団認定を法的に回避することが目的だったといわれている。現在ではＥＵによって、国際テロリスト集団に認定されている。二〇〇七年十月に入り、トルコ南東部で同国治安部隊への攻撃を開始、トルコ政府は越境軍事作戦を承認するよう議会に求めた。アメリカは、イラクで最も治安が安定しているクルド人自治区をめぐる情勢の流動化を懸念しトルコに強く自制を求めている。十一月初旬現在、事態は流動的である。

自治を求めるイランのクルド人の企ては長続きせず、一九七九年のイラン革命後間もなくテヘランの宗教指導者たちによって即座に潰されてしまった。長い苦闘が続くクルド人は、唯一イラクにおいてだけ自治を実現できるポジションにいる。そして一九九二年春、クルド地方政府指名権限を持つ議会選挙が実施された。大いなる意気込みをもって船出した新政府、クルド地方政府（ＫＲＧ）は戦争で疲弊し、地雷が埋まったまま、ほとんど機能しない経済状況の中で、山積する難題を乗り越えて果敢に奮闘した。クルドの問題は、一九九一年末にサダムがクルド人居住地域に対して、交易と国際機関が供給する人道支援物資をバグダッド経由で運搬することを禁止する制裁を加えたことと絡み合っている。国連が科した制裁がイラクのクルド解放区とサダムが支配する地域とを一切区別していないので、これはクルドにとってはダブルパンチとなった。これらの緊急問題は先の戦争と、地域を荒廃させた反乱が原因であった。それに加えて、この半独立異種文化圏には、同じように破壊的な歴史的遺産との戦いがあった。

クルドは、昔から敵対する党派闘争に呪われてきた。クルド人社会は、周辺社会が国民国家に組み込まれてからも長く部族的系列に従って分割されたままであった。二十世紀になってクルド民族主義の感覚が芽生えてきたのは良かったが、これまでの分派の存続が決定的な弱点として残った。クルド人指導者が再三再四バグダッド中央政府に挑んでも、敵対部族の指導者たちが敵と取り引きして、現金や地域的権力へのテコ入れを交換条件に反乱を売り渡す、といった結果になるのであった。分立が自然なあり方として続いてきた半封建的社会なのである。

人口こそ約二千五百万を数えるクルド人であるが、問題は彼らが国境にまたがって居住しているという事実である。トルコ、イラク、イランに集中しているが（一部はシリアと元のソ連にも住んでいる）、それぞれの国家では中央権力にとって十分に脅威的存在で問題を起こしては来たが、当該国家の支配力をもぎ取るほどには強力でもないし、統一もされていなかった。それぞれのどれかのクルド人党派が、それぞれの理由から、事あるごとに起こして来た反乱の支援や応援で助け合うことはあっても、一度たりとも成功したためしは無く、ほとんどいつも最終的にはどちらかが裏切って終わりとなるのであった。例えば、一九七四年から一九七五年にかけて、クルドの部族指導者ムスタファ・バルザーニはバグダッド政府に対する大反乱を起こした。バルザーニはイランのシャーの軍事援助を受けた。シャーは他の地域の割譲をバグダッドに迫る手段としてそうしたのにすぎなかった。バルザーニは愚かにもホワイトハウスの指示でＣＩＡが味方についてくれるものと思い、同盟国テヘランがいなくなった場合の保険になると考えた。(原注10) サダム・フセインがイラン・イラクの南国境にあるシャット・アル・アラブ水路の権益の増大を求めるイランの要求を呑むや、シャーはバルザーニを見放し、米政府はそれについて何ら文句はつけなかった。結果として、米議会記録にあるように、この作戦に関するＣＩＡの極秘報告書にはホワイトハウスとシャーはクルド人連合が勝利することを歓迎しないことが明らかにされている。報告書にはこのように書かれてあった。

「彼らが期待していたのは、反乱が『イラク』の資源を搾り取りやすくするのに十分なだけの強さを維持することであった。（中略）極秘工作とは言え、皮肉な仕事だった」

アメリカともあろう者がこんな裏切りをしたのも、またクルド人を利用して政府間でこうした八百長を演じてそれぞれの目的を達するというやり方が決して目新しくないのも、ショッキングな話である。湾岸戦争に続いて起きたクルドの反乱の最中に、国民に向けて行なった演説でサダム・フセインはこの事に触れている。

「外国人とつながり、政治的に軍事的にまたは物質的に依存していたクルド人の運動はことごとく、わがクルド人民に喪失と破壊しかもたらさなかった」(原注11)

バルザーニの蜂起が一九七五年に潰されると、反乱を敗北に導いたクルド民主党(KDP)は正式に分裂した。バルザーニ一族の封建的支配に長く不満を抱き論争してきた都会派知識人のジャラル・タラバニはライバル組織、クルド愛国同盟(PUK)を結成した。それから数年間、両者は熾烈な党派闘争を繰り返した。指導者が『ムラー・バルザーニ』(亡命中に死亡)の息子のマスード・バルザーニに変わっていたKDPは、一九八〇年にイラン・イラク戦争が勃発すると、反サダム援助と引き換えにイランから武器と資金を受け取った。タラバニのPUKは逆に、サダムと一時的に連合した。一九八六年、事態は再び動き出す。クルド人グループは同盟関係を結び、サダムと戦うために両者ともテヘランの支援を受けた。一方、サダムはイランのクルド人を慌てて手なずけ味方につけた。(原注12)

このように、クルドの主たる二人の指導者とそれぞれの支持者は、一九九一年に新たな反乱を計画するべく力をあわせたが、起きた反乱はかなり自然発生的なもので、すぐに制御不能に陥った。サダム軍を北部地域から放逐した(アメリカと同盟国軍の力を借りて)のに続いて、クルディスタンの脆弱なミニ国家を維持することで共に利益が得られるのに、バルザーニとタラバニは決して手を結ばなかった。二人のリーダーが自己の利益ばかり追いかけている間に、「政府」は彼らの子分らが代表することになった。

「彼らは党派闘争にとらわれ過ぎていた」

あるクルド人政治家が、クルド現代史研究の第一人者デービッド・マクドワルに言ったという。

「彼らは共通した戦略で動こうとしない。戦略がまったく無い。ライバルをやっつけることしか考えていない」(原注13)

それぞれが外国の援助を得るために策略を立てる。タラバニはトルコに接近し、バルザーニは長くイランをスポンサーにしてきた。ここでどちらも、最大にして最強のパトロンに取り入った。ワシントンである。両派はさらに極秘に、バグダッドで戦った旧敵との連絡を保った。

イラク・クルディスタンを統治する正式パートナーでありながら、二人のクルド人指導者は同時にイラク国民会議の指導メンバーでもあった。その設立に際し、アメリカがＩＮＣに警告を発していた理由の一つは、独立を目指し、ポスト・サダムの統一イラクで一翼を担うことを誓い合うクルド人の連帯は、アメリカの同盟関係にあるトルコを深く傷つけ、懸念させるという事実であった。結果として、ＩＮＣはイラク国境内に安全な基地を獲得し、同時に理論上は少なくとも三万人に及ぶクルド人組織ペシュメルガの民兵が使えた。(原注14) ＩＮＣは一九九三年から軽装備の数百人の部隊からなる独自の軍隊を配備し始めた。そのほとんどはイラク軍の脱走兵で、外国人に聞かせる目的でその数は「数千人」に誇張されていた。

ＩＮＣとその後援者ＣＩＡが作戦を継続するには、不和と闘争に明け暮れている土地での政治的安定が頼みになる。もしクルド人同士が論争と陰謀をエスカレートし、ふたたび戦争状態へと回帰していくようなら、山岳地帯への反撃の機会をサダムに与えることになる。そうなればＩＮＣの未来は無い。

一九九四年、クルド人はまたもや喧嘩を始めた。
直接の原因は金であった。戦争で経済的に孤立し疲弊したクルディスタンには、一つの大きな財産があった。イラクとトルコの国境である。制裁破りの輸出用ディーゼルオイルを積んだ大型トラックがザクホの向こう側、トルコ国境の町ハブールに行くために行列を作って待っており、この国境線の取り締まりが確実な利益を生み出している。入って来るのも出て行くのも、トラックは皆通行料を払い、その総額は年間数億ドルに上る。ザクホとその周辺はマスード・バルザーニのクルド民主党の支配下地域で、そんなことから早速バルザーニの甥のナチルヴァンが治めるようになった。人道支援活動に関与した米国務省職員はバルザーニを「クルド一のベストドレッサー」と呼ぶようになった。彼のワードローブは、彼が定期的にワシントンのショッピングモールにあるニーマン・マーカスなどのブティックに通う度に流行のデザインに変わっていた。
ジャラル・タラバニの代表的な支援者はもっと東にいた。クルド愛国同盟はスレイマニアなどの大都市とイランとの国境地帯にある若干の小都市を押さえていた。タラバニは金が儲かる国境地点を直接支配してはいなかった。一九九二年にクルド地方政府が樹立されて数年の間は、これは論争の種にはならなかった。地方政府の「財務大臣」はクルド愛国同盟の人間が担当し、ハブールでの通行料徴収に当たっていた。それをクルド民主党のスパイがしっかりと監視していた。だが少なくとも金の一部は共同積立金になった。そして一九九四年五月、クルドの暫定協定が瓦解し始める。(原注15)
直接原因は、それぞれが連合している党派が異なる二グループ間の土地紛争であった。どちらのリーダーも指導力は完璧ではなく、両者の戦闘は次第に北へと拡大し、戦死者も数百人規模になっていった。

停戦の仲裁役としてＩＮＣのリーダー、アハマド・チャラビにお鉢が回ってきた。立ち会うアメリカ側は、チャラビとその配下が――ほとんどはアラブ人と若干のクルド人――仲介能力にきわめて長けているからとこれに同意した。ＩＮＣはまず、両者が現実に銃火を交えている最中に、グループ間をつなぐ道路に旗を立てたチェックポイントを設けて、両者の間に割って入った。一九九四年夏の終わり、この不断の努力が功を奏し、容易ならざる和平が山岳地帯に訪れた。結果、地域でのＩＮＣの評判は急上昇した。

チャラビはしかし、クルドの和平を維持するのは高くつく、とワシントンに不満をぶつけ出す。チャラビは、本部へのメッセージに、チェックポイントと緊張関係の破裂に備えた仲裁部隊の維持費を記載した。ＩＮＣ要員は少なくとも、薄給で時には無給というペシュメルガの民兵よりはましな報酬を得た。彼はもっと要求したけれど――百万ドル、と言った――ワシントンから返ってきたのは、支払期日を引き延ばしたはっきりしない約束だけで、ただ平和維持の継続を奨励するものに過ぎなかった。ＣＩＡはサラフディンにいる手下への関心を失くしているようだった。

ウォーレン・マリクはチャラビの苦境に全面的に同情した。ＣＩＡ本部への怒りの電文で、マリクは敵対するクルド人の殺し合いの回避と若干の金、の重要性を指摘した。

「貰った返事は、小口の送金程度の約束だけだった」

後にマリクは語った。「ＩＮＣの仲裁勢力に資金供給する正式認可は下りない」ので、現場に金を送るには法的に問題がある、と聞かされたのだ。ラングレーの関心の低下は、ワシントンにとってのＩＮ

Ｃの魅力の衰えを反映したものだったことをマリクは後になって理解した。

一九九五年十二月、クルドの内紛が再発、今度はさらに激しさを増した。ＰＵＫ（クルド愛国同盟）がハブールの国境の通行料から間接的に得ていた幾ばくかの収入も、タラバニが投資していたトルコ国境を越える航空会社からの高い配当金も、永遠に途絶えてしまった。だがタラバニは、クリスマスにサラフディン山麓にあるクルディスタンの「首都」アルビルからＫＤＰ（クルド民主党）の部隊を放逐し、奪取するというかなりの軍事的成果を挙げた。バグダッドに支配されることなく自由に自分たちの社会を維持してきたクルディスタンは、最悪の内乱に巻き込まれていった。

内乱が再発すると、サラフディンに最重要人物が投降して来た。ワフィク・アル・サマライ将軍がその人で、しばらく前からバグダッド脱出を準備していた。一九九一年夏、周辺諸国がどこもクルドの独立に賛成しない以上、クルド人自身が仇敵と何らかの和解に至るべきだと考えたマスード・バルザーニは、その協議のためにバグダッドに赴いた。クルド問題は軍情報部が扱うのが慣例であったため、サダムはアル・サマライにクルド人代表団の護衛を命じた。フセイン・カーミルとの会談の席上、クルド人たちの目の前で、乱暴な言葉遣いで粗野で横暴なカーミルがアル・サマライを無実の嫌疑で罵り侮辱した。会談の後、車の中でバルザーニはアル・サマライに、よくも軍の高官ともあろう人間が「軍曹」風情のあのような仕打ちを許せるのか訊ねた。窓の外を見ていたアル・サマライは呟いた。

「いつまでもそうは行かない」

サダム支配下のバグダッドでこのやり取りは危ない。アル・サマライもクルド人も百も承知だ。サダムとの交渉が決裂してバルザーニ一行が北に戻った後も情報部将軍との連絡はあった。これは身の毛もよだつような危険極まりない行為だったが、将軍をよく知るイラク反体制派の一人がこう言った。

「ワフィクはこちら側だ。彼は情報部のやり方を見てきたし、そのかわし方も心得ている」

一九九二年初頭、サダムはアル・サマライを大統領宮殿の情報部に移したが、一九九四年の終わり頃にアル・サマライは友人から、疑り深いサダムが彼を殺そうとしていることを聞かされ、脱出を決心した。アル・サマライはバルザーニに脱走の手助けを求めるメッセージを届けることができた。バルザーニは彼の願いを叶えた。一九九四年十二月二日、アル・サマライはサラフディンに着いた。彼に会った旧知の友は本人を目の前にして驚きを隠せなかった。着任したばかりのCIA要員が将軍を一目見るなり喜びの声を上げた。

「アリ！　ここで何してる？」

ずっと以前、この要員は対イラン戦争でサダムを助けていたCIAの連絡要員としてバグダッドに派遣されていたことが判明した。彼はアル・サマライと直接動いていたのだが、その当時は彼のことを暗号名で「アリ」と呼んでいたのだ。

部屋に詰めかけていたゲリラや革命活動家たちは二人の諜報のプロが懐かしそうに昔話をするのをぼんやりながめていた。

「あそこに本質があったね」

チャラビが笑う。

「CIAがイラクで持っている本物の友達とかつながりは、バース党員だけなのだ」

イラクの情報部将軍は多くの秘密を握っていた。UNSCOMのためには、進行中のサダムの化学兵器計画の情報があった。チャラビのためには、イラク軍の内部状況と、どの司令官が不満を抱いているかといった情報があった。彼はサダムが近い将来、アル・サマライの故郷サマラを訪問することを考慮中だと言った。そうなったとしたら、将軍は配下の多くの強力な部族に命じて、街に入る橋を渡るサダムの車列を待ち伏せ攻撃させることができるかもしれないと考えた。

この種のヨタ話では完成度の高い暗殺計画は成立しなかった。熟達した策謀家たちは彼と話をしたが、誰一人としてアル・サマライの話をまともには受け取らなかった。

「おそらくワフィクは、クルディスタンでの役割を大きくするために何でも誇張していたのだろう」

後にＩＮＣの役員が仄めかした。しかし、サマラ暗殺計画の議論は後になって物議をかもすことになる。

金銭問題にまみれていたチャラビは、ＣＩＡの都合にもＩＮＣ傘下のクルド人勢力間の苛烈な党派闘争にもあまり関心が無い態度で、彼が呼ぶところの「二都」構想なるものでＩＮＣの名を上げることを目論んでいた。解放地帯の南には、モスルとキルクークという二つの大きな重要都市があった。もしサダムがこの両都市を失えば、体制にとって大きな痛手になる。チャラビの考えは「ニンジンと棍棒」を適用することであった。これらの都市内外に配備されたイラク軍守備隊の司令官を懐柔してＩＮＣを自由に市内に入れさせれば、サダムはそれに対応してこれらの司令官を解任する動きに出るであろう。その時に彼らを、バグダッドに帰って怒れるサダムに対面するよりも、家族を伴ってＩＮＣに投降する方を選ばせる。守備隊の将軍たちがこうした懐柔策に乗らなければ、ＩＮＣ連合の軍事攻撃という「棍棒」を取り出す、というわけだ。前線近くにいるイラク軍通常部隊は貧弱なもので、この攻撃は将軍たちを困惑させ、バグダッド中央に追及される事態を引き起こすに十分な効果があるだろう。どちらの方法でも、イラク軍は次第に弱体化し、さらには志気の低下を招き、サダムの支配力の漸次的な喪失につながっていくであろう。アル・サマライはこの計画に声を上げて賛成した。いくつかの報告によると、アル・サマライは、北部でINCが攻撃をかけてサダムの気をそらせている間に、イラク国内にある部隊の友人や支持者が反乱を起こすと確約したそうである。チャラビにとって最善の可能性は、北部の反撃が米軍の介入を呼ぶ、という結果になることであった。

これは、しっかりした拠点と外部の支援を持っているゲリラ部隊の司令官でなければ、敵の主力部隊を弱体化させる鋭い戦術としては承認できない類の、込み入った、机上の計画であった。しかるに、チャラビにはしっかりした拠点はない。連合勢力は党派闘争をしている。CIAの上層部はクーデターの可能性に凝り固まる一方で、確実な外部の支援も無い。チャラビは資金も不足し、実際のところ密輸で大儲けしていた地元の金持ちにかなりの借金をしたばかりだった。[原注16] もし彼が劇的な勝利を収められれば、状況は一気に逆転する。だがすぐに行動を起こさねばならなかった。なぜなら、CIAが鞍替えしそうなライバルのいることがよく分かっていたからである。

CIAの近東・南アジア情報分析局の上層部は、INC（イラク国民会議）によるクーデター準備は完全に闇に覆い隠されているものと思い込んでいたふしがある。だがそれは間違いだった。

「INCは何が起こっていたか正確に知っていた」

イラク北部に配置されていたことがあるCIAの作戦要員の一人が語る。

「国民会議は茶漉し（ちゃこ）同然、何でも洩れる。チャラビは先取りしようと考えた[原注17]」

チャラビの動きに火を付け、そうすることでINCの計画を台無しにした人物が、一九九五年一月初旬にサラフディンにやって来た。その後、マスコミで「ボブ」として知られるようになった男は、身長六フィートを超えるひょろっとした体型で、アフガニスタンで任務に就いていた。さらに彼は、シリアを含む中東全般にあるアメリカ大使館内のCIA支部で各種のポストに就いた関係上、中東には詳しかった。及第点のアラブ語を話した。

ラングレーの本部に与えられたボブの任務は、十月以来クルディスタンに出入りしていた他のCIA要員のそれとあまり差が無いように思われた。それは、情報収集そして極秘とされているヌリ将軍とイラク国民合意の計画の支援だった。ボブがもっと冒険的な試みを決意したのは、どうやらイラクに来て間もない頃だったようだ。それは、イラク体制に対する直接攻撃であった。

当時このCIA要員と顔を合わせた何人かは、サダムに対するエネルギッシュな行動への、焦りにも似た熱い思いを、滑稽なほど素朴なものに感じた。戦場で、そして交渉の席で、裏切り、敗北、虐殺、亡命、変わる連合関係など、イラク・クルドの政治的日常に数え切れないほど苦い思いを経験してきたベテランたちは一人残らず、ボブにはこの地域の状況が全く理解できていないと思った。

「ボブはいい奴だった」

マスード・バルザーニの先輩相談役だったホシュヤール・ジバリは言う。

「彼は本当に面白い男だった。ありとあらゆる事について熱心に語ったよ。でも彼の考えることは本当に変わっていた(原注18)」

ボブの行動に火を付け、全面展開させることになった火花はクルディスタンのはるか南、イラク南部のイラン国境にまたがる湿地帯に近いアル・クルナという所ではじけた。一九九五年二月十二日、イラク軍第四二六旅団は武力衝突の結果、手ひどくやられ、戦死者と捕虜数百人を出した。相手は「バドル旅団」の一部、イラク・シーア派の武装勢力でイランの資金援助を受けていた。

一九九一年三月のシーア派反乱にイランがわずかしか、いやむしろ何の手も差し延べなかったことが想起されるかもしれない。イランが蜂起を援助しているというワシントンの危惧にもかかわらず、テヘラン政府はアメリカを挑発しないように、少数の武装亡命イラク人グループにしか国境を越えさせなかった。その少数のグループとは、元はイラク・シーア派の指導者ムハンマド・バキル・アル・ハキムが育成した同じバドル旅団の兵士たちで、イラン・イラク戦争ではイラン側で戦い、かなりの活躍をした。反乱以降、旅団はイラン政府からイラク南部の湿地帯にある自然保護区域から武力侵入することを許されていた（ここの湿地帯は、サダムが戦略上、干上がらせて以来、数千年来暮らしてきたマーシュ・アラブ*の貴重な共同体を排除した。マーシュ・アラブの窮状への関心を喚起させるために生きた数少ない人々の一人が、現在イランに亡命中のフセイン・アル・シャハリスタニである）。

イラクにとって最強の隣国であり、宿敵でもあるイランはこの地域の政治において非常に重要なフ

---

*マーシュ・アラブ：イラク南部、ティグリス川とユーフラテス川の合流部に位置するメソポタミア湿原に暮らしてきた先住民族。マーシュ・アラブとは湿原のアラブ人の意。アシで囲った家に住み、農業と漁労を生業とするマーシュ・アラブは一九五〇年代には四十万人を数えた。一九九一年の湾岸戦争以降、フセイン政権がここを拠点としていた反政府勢力を追い出すため、湿原に通じる水門を次々に閉鎖して生活基盤を奪い去った。干上がった湿原は消滅の危機に瀕し、マーシュ・アラブの多くが難民化した。

ァクターであるが、アメリカは政策上の問題としてはその事を無視するようにしてきた。一九九二年の夏、アメリカ国家安全保障会議の官僚数名が、サダムを手こずらせている南部の武装勢力を支援し、ブッシュ大統領の再選キャンペーンを援助する見地から、ハキムが派遣した特使を迎え入れた。ブッシュは南部イラクに――南部で戦う勢力支援の完璧なジェスチャーに過ぎない――多国籍軍の航空機によって強制されたイラク人の「飛行禁止区域」を設定したが、この策は失敗した。ホワイトハウス入りした直後、クリントン政権はイランとイラクを同等にのけ者扱いする「二重封じ込め」政策を非難した。サダム追い落としのためにイランと協力することは絶対に問題外であった。アハマド・チャラビとワフィク・アル・サマライから熱烈に元気づけられて、ボブはこれを全部変えてやろうとした。

「ボブは、バドル旅団がやった事を聞いてとても興奮した」

チャラビが言う。

「彼はほとんど狂い出しそうだった。あれでイラク軍が弱いことが判った」

ボブとチャラビは「二都」計画についてすでに随分と話し合ってきた。そこで、チャラビによれば、「ボブは『計画は北と南から実行しよう』と言った」。

アル・サマライが、北からの攻撃を同時に起こせる軍主導の反乱の可能性を強く主張して、ボブの興奮に油を注いだようであった。しかしながら、サマラでサダムを暗殺するというアル・サマライの話は考え直した。外国の元首の暗殺はアメリカの法律に違反する。ブッシュ政権が湾岸戦争の空爆攻撃でイラクの指導者を標的にしたことは、見えすいているけれども「司令部と統制センター」が標的という婉曲な表現で合法的にカバーされた。サダムを銃で撃ち殺すという計画に関わればとてもあのような言い訳はできないし、ＣＩＡ作戦要員としてとるべき行動ではない。

昔のＣＩＡの同僚によれば「ボブは恐くなった。サマラに関する調査報告を出すことで保身を図った。あのメッセージは『連絡』システムに乗って国家安全保障会議まで届いた」。

後に見るように、この報告はこの先ボブに多くの問題を引き起こすことになった。

その間（ボブは認めていないが、チャラビ、ＩＮＣの幹部、ＫＤＰのホシュヤール・ジバリの証言によれば）、ボブはサダムの軍隊に対する攻撃計画にイランを参加させるプランを立てていた。現行命令でＣＩＡ局員はいかなるイラン人とも接触してはならないと厳重に警告されており、これは絶対に立ち入り禁止の領域であった。ボブはイランの情報部にいる同類連中と直接コンタクトをとるほど向こう見ずではなかったが（イラン側のシーア派勢力とは話し合いを持ってはいた）、チャラビによると彼は最高の手を打った。

「ボブは私にこう言った。『ここにホワイトハウスからイラン宛にこんなメッセージがある。〔アメリカは、イラク領土の獲得に関わらない限りにおいて、イランがサダム・フセインとの戦いに参加することに異議は無い〕』」

ボブはこんな話をしていないと言い、チャラビはこのようなメッセージは信じられなかったと言う。尤もな事だ。もし本当なら、これはクリントン政権の外交政策の基礎であった「二重封じ込め」の突然の放棄を意味するからだ。

「私は言った。『それはできない』」

チャラビは言った。

「でもボブはあきらめなかった」

はっきりとはしないが、「イラン人」はすぐそばにいた。CIAと同様、テヘランの情報機関もサラフディンの展開に注目していた。CIAチーム同様、彼らもアメリカ人と話すことを厳しく禁止されていた。一九九五年二月下旬、イスラム革命防衛隊*（イランのイスラム体制のきわめて有力な軍事・情報組織）所属のパースダラーネの情報将校が二人やって来た。CIAの人間が直接話せないので、チャラビがボブのメッセージを伝えるため彼らに会いに行った。彼はボブから託された衝撃的内容を伝えたが、こう付け加えるのを忘れなかった。「メッセージが本当かどうか、保証はできない」

こうは言ったものの、チャラビも一役買って出た。打ち合わせ通りボブがサラフディンのアル・ハドラ・ホテルのロビーに姿を現わし、ホワイトハウスのメッセージが本物であることを証明した。そこへチャラビを訪ねてイラン人がやって来た。

「どちらも相手と直接口をきいてはいけないので、会話はボディーランゲージになった」

パントマイムを思い出しながら、チャラビは可笑しそうに笑った。

「どちらもロビーで立ったまま、ボブがイラン人をじっと見ると、イラン人がボブを見る。三分から五分くらいにらみ合っていた」

この無言のやり取りは、少なくともしばらくは功を奏した。イラン人はこのアメリカのメッセージという重大ニュースを、イラン情報部クルド問題責任者のムハンマド・ジャアファリ将軍に報告するため、かなり興奮して飛んで帰って行った。

こうなるとサラフディンと周辺地帯に陰謀の数々が渦巻き、どんどん複雑さの度を増した。裏で操っているのは自分だと思い込む者が色々出てきた。ボブは自分の指導でチャラビが行動に移ったと思っていた。

「私はチャラビに、彼が金と時間を無駄遣いしているだけでなく、またとない歴史的機会まで無駄にしていると言った」

ボブは後に、新聞のインタビューに答えて言っている。(原注19)

「彼には私が正しいことが分かっていた」

チャラビは、こうした流れに乗じるやり方はまんざら嫌いではなかったようで「ボブは『いつになったら動き出すんだ?』としきりにせかしていた」と言う。

一方で、本当はワフィク・アル・サマライから多くのアドバイスを受けているチャラビがボブを操っているのだと、この話を信用しない者もいた。マスード・バルザーニの先輩相談役だったホシュヤール・ジバリはこう述べている。

「われわれはワフィクが北にやって来る前、彼から情報を買っていた。因みに、彼の情報は少なくとも他よりは良質だった。ワフィクは、われわれが彼らを軍事攻撃で援護するということを含むある種のク

---

*イスラム革命防衛隊：一九七九年のイラン・イスラム革命後、王政への忠誠心が疑われた正規軍であるイラン・イスラム共和国軍への平衡力として創設されたイラン・イスラム共和国の軍事組織（パースダラーネ・エンゲラーベ・エスラーミー）。正規軍と並んで独自の陸軍、海軍、空軍、情報部門、特殊作戦部門を有し、戦時には数百万人単位で大量動員できる民兵部隊バスィージも管轄している。革命防衛隊は国防省ではなく革命防衛隊省の統制下にある。マフムード・アハマディネジャド大統領もイスラム革命防衛隊の一員であった。

ーデター計画を検討していた。(原注20) チャラビは、一九九五年の二月に攻撃計画をボブに売った。チャラビには一九九四年に北部イラクのビジネスマンから借りた多額の借金があり、何か事を起こさねばならなかった」

チャラビの昔の親しい仲間も同感だ。

「チャラビはボブの言葉や約束を信じたというよりも、むしろ彼を道具として使っていた」

超活動的なこのCIA工作員本人は当然例外であるが、関係者全員がいよいよボブが大見得を切った大計画に向かって核分裂的突撃を開始したと思った。彼は言明した。イラク軍戦車部隊は反乱側につくために投降する、と。チャラビとジバリの話では、特にクルディスタンで、軍事的に最強の武装勢力であるバルザーニのKDPを始めとした様々な党派を鼓舞するため、軍事攻撃には勝利を事実上決定づける米空軍の支援がある、とボブは確約した。

今ボブは、空軍の援護を約束したことは無いと言い張る。

「これを言うとボブはすごく怒る」

チャラビは言う。

「しかし、彼は確かに米空軍の援護があると思わせてバルザーニを勇気づけた。バルザーニが空からの援護はあるのかと訊いた時、ボブは『ある』と言ったのだ」

少なくともある領域では、ボブは注目に値する顕著な成果を見せた。仲介の労に全精力を傾け、彼とチャラビは戦争状態にあった二つのクルド人党派を説得して停戦に導いた。希望は、これらの党派が反サダムの戦いに参戦することにあった。しかし、クルドで最強の男、マスード・バルザーニは依然として、なかなかうんとは言わないのだった。

「ボブはみんなに嘘をついた」

ホシュヤール・ジバリはあっさり言う。

「彼がやって来てこう言った。『私は合衆国大統領を代表している。私は彼の計画を実行するためにここにいる』 彼は空軍の援護を約束した」

バルザーニは決して馬鹿ではなかった。ＣＩＡの約束を額面通りに受け取ったのは北部イラクではバルザーニが一番最後だった。彼の父が一九七五年に味わったアメリカの裏切りの記憶はまだ消え去っていなかった（面白いことに、バルザーニにどのような過去があり、なぜ彼がアメリカにそんなにも不信感を抱いているのかを真に理解していたＣＩＡ局員は、おそらくボブだけに違いないと元ＣＩＡ局員は強調している）。

二月下旬の会議で、イラク反体制派の消息筋の話では、バルザーニは疑念を露わにした。

「アメリカの政策に大きな変更があったに違いない」

彼はボブに向かって言った。

「なぜなら、ここに来たアメリカの役人はすべて、イラクを挑発するなといつも言っていたではないか」

彼はこの的確な指摘に続けて、いくつかの鋭い質問を投げかけた。

「われわれがモスルとキルクークを占領したらどうやって守るつもりだ？」

「飛行機を使う」

「空軍はわれわれの味方についた部隊と、まだサダムに忠誠を誓う部隊との区別をどうやってつけるのだ？」

ボブの速やかな返答にクルド人たちは喜んだ。

「われわれはモスルの部隊にいる秘密の工作員に、戦車やトラックに塗れば飛行機から識別できる特殊な塗料を渡してある」

バルザーニの疑いは消えなかった。彼は話の裏をとるため最も信頼する副官ジバリをロンドンに行かせた。ジバリはロンドンからワシントンに電話した。聞こえてきたのは、何が約束されたかを知った相手の動顚した叫び声と、アメリカはイラク北部におけるいかなる種類の軍事行動も検討していないという強い否定であった。バルザーニは適切な結論を引き出した。KDPの支援無しにはいかなる攻撃もなされない。彼はこの決定を同盟勢力に伝えなかった。

ボブの上層部が本当はどれだけ彼の動きを知っていたか、そしてどの時点で知ったかについては今も異論が多い。彼がしつこく言うように、進行中の事柄については、すべてワシントンに報告していたということはあり得る。いわゆる空軍支援の確約も、イランの情報将校がサラフディンでボブと接触したことを上官に報告した無線連絡を傍受していた国家安全保障局（NSA）には、ボブがアル・サマライとサダム暗殺を相談したことについて分かっていた可能性がある。ジバリの電話でも秘密は洩れている。

それに加えて、CIAの好意と支援が欲しいチャラビのライバル勢力は、INCが成功を収める恐れは無いと確信した。攻撃開始は一九九五年三月三日に設定された。その二日前、北部のイラク国民合意指導者アドナン・ヌリ将軍は、ワシントンに飛んで、彼の知るＣＩＡ関係者に垂れ込んだ。(原注21) 彼は言った。ＩＮＣの作戦はワフィク・アル・サマライ立案で、アメリカをサダムとの新たな戦争に引き込む筋書きになっている。アル・サマライは「一緒にやろう。アメリカ人をコケにしてやろう」と言って、自分も計画に参加させようとした、と。

ヌリの奸計を真に受けたかどうかはともかく、アメリカ政府上層部はこのクルディスタンからの知らせにぞっとした。反対派が全面攻撃を仕掛ければ、十分サダムに北部を反撃させることになるだろう。ホワイトハウスと国防総省とＣＩＡが最終的に望んだことは、北部イラクの少数民族クルド人を保護するアメリカの責務を果たすことであった。

攻撃は三月三日の深夜十二時に時刻設定された。その午前中、ＣＩＡ連絡網経由でホワイトハウス高官の国家安全保障担当補佐官トニー・レイク発ＩＮＣ指導者宛ての電文が届いた。ボブがこのメッセージを届けるよう託されていた。これは嫌な役目に違いなかった。なぜならそこにはこう書かれていたからだ。

「アメリカ合衆国はこの作戦を、軍事的にも、またいかなる形においても支援するつもりは無い」

この意気消沈させる知らせにもチャラビはあきらめなかった。開戦前夜、司令官たちへの演説で彼は、これはイラク解放を目指す戦いであり、断固推し進めなければならない、と訴えた。すべての前線に進撃の司令が発せられた。

攻撃は二面作戦だった。東部戦線はジャラル・タラバニのＰＵＫペシュメルガがキルクークを攻める。西百六十キロの地点からＫＤＰペシュメルガ義勇兵約一万とＩＮＣ民兵総勢一千名の混成軍がモスルに進撃する。モスルに向かう前線上にはティグリス支流の大ザブ川が流れ、KDP軍が配置についていた。小規模だがやる気満々のINC部隊が川にさしかかるとKDPは渡河を拒んだ。

その日二度目の背信に遭ったことが分かったチャラビは、サラフディン郊外数キロにあるサラ・ラッシュに飛んで行き、バルザーニの派手な装飾の個人オフィスに怒鳴り込んだが、バルザーニは留守でトルコに向かっていると言われておしまいだった。穏やかでないINC指導者は、お洒落で知られたナチルヴァンに泣きついたが、夜を徹した嘆願の甲斐なくKDPを動かすことはできなかった。

その間、バルザーニは攻撃から抜けたけれども、ジャラル・タラバニとPUKは全面的に支援を続けた。タラバニの目的はイラク軍をアルビルから遠く引き離すということに限られていたが、アメリカとKDPの支援が消滅しても、戦いを強行することには異論はなさそうであった。アルビルはタラバニが十二月の戦闘で勝ち取った成果である。

当初、攻撃は快調だった。あるアメリカ人人道支援活動家が見たところによると「おそらく二週間何も食べていなかった」七百人のイラク兵が降伏した。軽武装のペシュメルガ部隊が数キロ四方の田園地帯を「占領」した。国内のどこにもイラク軍の反乱は起きなかった。始まってから二週間で攻撃は終わった。三月十九日、大量のトルコ軍が北からイラク・クルディスタン国境を越えて入ってきた。彼らは、公式にはイラク国内基地を置いてアンカラ政府と戦っているPKKゲリラの掃討を名目にしていたが、実際はサダムの支援要請を受けていたのだった。いずれにせよ、タラバニは急遽、トルコ軍の進路上にあるアルビルの守備のために自軍を撤退させ、前線は再び元の位置にまで戻った。捕虜も解放せざるを得なかった。INCには捕虜のための食糧が無かったからだ。少なくともキルクーク前線にあったイラク軍の師団長は、行動に移るのが「のろい」という理由で解任された。それでも彼が投降することはなかった。

この惨めな顚末は、アハマド・チャラビとイラク国民会議、そして外国の支援と反乱を起こすことでサダムとその体制を転覆できると期待していた者にとって最悪の惨事であった。CIA自体はこの密議に一度も加わったことはなく、このような大胆な行動を試みたチャラビの図々しさに怒りをぶつけた。CIAの備品INCはすでに価値を落としていたが、今や大スランプに落ち込んで行った。外側からサダムを痛めつけるやり方はもう無さそうであった。この時点からCIAは、イラクの指導者の内部サークルからクーデターを起こす長期的計画を立てることに大きな関心を寄せるようになった。イランの耳にも入ってしまったボブの立派なサマラ暗殺計画書は、ホワイトハウスで処罰の根拠にされた。ボブは続く数年間の大半、外国元首の暗殺を企てたとしてFBIに訊問されることになった。最終的に、司法省は告訴引き下げを決定した。「軍事的選択肢」とCIA局員が名づけるところの、とみに有名になってきたクーデター計画がサダムの暴力的排除という結果になるのはほぼ避けがたい。

一九九五年、春から夏に季節が移るとともに、CIAとイラク反体制派勢力との間に非難の応酬が見られたが、サダム・フセインの宮殿内部ではそれよりももっと悪意に満ちた争いが激化していた。「内部の亀裂」、アメリカ政府スポークスマンが期待を込めて喧伝してきたことが劇的な現実になろうとしていたのである。

第8章
裏切り者に死を

Chapter8

黒塗りのベンツの一団が夜の闇の中、荒涼としたイラクの砂漠地帯を疾走していた。五時間も走った頃、ヘッドライトに照らされたヨルダンとの国境検問所の白いコンクリート・アーチが浮かび上がった。一九九五年八月七日の深夜、イラクで最大の権力者たちの中の大物、イラク軍陸軍中将フセイン・カーミルは、亡命途中にあった。カーミルは弟だけではなく、サダムの二人の愛娘である妻のラガドと義理の妹リナ、それに彼の子供たちは言うまでもなく、友人とマジード家の親戚たち十五人も連れていた。サダムの内輪に、前代未聞の重大な亀裂が生じたことがまさに明らかになろうとしていた。

国境検問所に向かってばく進していた車の一団は、国境を見張るように立つ等身大のサダム像が一瞬ヘッドライトの光に照らし出されると、少し速度を落とした。国境警備隊員は堂々たる旅客たちを確認し、丁重に敬礼した。車列がアーチをくぐりヨルダン側に滑り込むと同時に、彼らは支配者一族のますますつのる憎悪と怨恨が絡みついた政治体制に別れを告げた。一行がアンマンに向かう細い道路を走っているその瞬間にも、銃撃と流血の中で抑えのきかない怨恨が爆発していた。

一九九五年の初めから、一族内の争いはウダイのせいで悪化の一途を辿りながら、より激しさを増していた。前の年、サダム自らが首相に就任するという仮定のもとにウダイが激しく展開した政府官僚批判キャンペーンが最高潮に達した。一般情勢に何も進歩は無かった。イラクの政治的、経済的孤立は続いていた。バグダッドでは爆弾事件が相次いでいた。ユーフラテス上流、バグダッド西方にあるラマディの町を中心とするスンニ派部族は、特に強い勢力のダライム族を始めとして、一時期は強固な忠誠心を見せていたが、今はここが不安な兆しを強めていた。一九九五年の初め、サダム暗殺の陰謀らしき事件の後、ムハンマド・マズルム・アル・ダライム将軍が逮捕された。五月、政府は拷問で切断された彼の遺体を親族の元に送還した。激怒した彼の部族仲間が暴動を起こし、警察署を襲撃した。サダムが特別隊を派遣して事態を収拾したが、ダライム部族に数百人の死者と負傷者を出した（翌月に軍隊で起きたダライムの反乱の詳細で派手な報告はほとんど間違いなく偽情報で、おそらくは「クーデターの噂」の空気を創り出すためのＣＩＡの戦略の一環だった）。

ウダイはこうした情報部の失策を新聞で容赦なく批判し、暗に彼のイブラヒム家の叔父たち、内務大臣のワトバン、国家安全保障局（アムン・アル・アム）局長でサダムの異父弟（サダムの母の二度目の夫の息子）のサバウィなどを直接攻撃した。五月、ワトバンは解任された。

だがウダイは、イブラヒム家の仇敵であるマジード家出身のサダムの父方の従兄弟たちにも矛先を向けた。一九九一年から国防大臣を務めた、クルドの斧として名高いアリ・ハッサン・アル・マジードが攻撃され、このサダムの腹心の部下も一九九五年七月半ば、国防省を解任された。かくも自分に近い人物たちへの攻撃をサダム自身が積極的に奨励したのか、それともウダイへの歯止めが効かなくなったのか、どちらとも言い難い。アリ・ハッサンが解任される一週間前、もうお気に入りではなくなった親族にそれとなく匂わせるためなのか、「肋（あばら）に刺さった矢を一本ずつ抜いている」のを邪魔した者がいる、とサダムは誰かとは言わずに批判した。

いずれにしてもサダムは、フセイン・カーミルの軍部での特権を侵しつつあった息子の動きを抑えることはしなかった。すでに見たように、ウダイは数年にわたり実業界を牛耳ってきたカーミルとしのぎを削っていた。カーミルの叔父のアリ・ハッサンが失脚してから二週間後、ウダイは突然、軍用車両の修理を公式監査するという名目で軍輸送部門を乗っ取る動きに出た。八月三日、軍事産業への強い関心を見せるためウダイは航空ショーに出席した。これは権威と金をめぐる争いであった。この時ちょうど、フセイン・カーミルは東欧の企業との契約を控えていた。ウダイはそこに割り込もうとした。

カーミルが後に語ったところによると、彼と、アムン・アル・カースの大統領治安部隊にいた中佐の弟は七月の終わりに国外脱出することを決めていた。彼は、ラガドとリナ（サダム・カーミルの妻）にこの話をしたと言う。カーミル夫妻の間には三人の子供がいた。

「出発する十日前、私はすべてを事細かに打ち明けた。初めは、女房たちが親たちに喋るかもしれないとも考えた。しかしそれでも構わなかった。私は言った。『一緒に行ってくれるか、それとも私一人で行くか』。彼女たちは全然構わないと言い、アンマンまでついて来た」(原注1)

カーミルは当然、出国計画を入念に練った。砂漠を越えて行く運命の旅立ちのしばらく前から、彼はお抱えの計理士に徴発命令書を持たせていくつかの管轄省庁に差し向け、金庫にあった外貨を残らず持ち出させた。絶大な権力を持つカーミルの特使を誰も拒むことはできず、この方法で数百万ドルの現金をかき集めた。(原注2)

「私はよく知られていたからね」

カーミルは決して消えることのなかった傲慢さでこう語った。

「兵隊は私を捕まえられない」

それでも彼は、暗闇にまぎれるためか、あるいは西部砂漠の焼けつくような真夏の太陽を避けるためか、八月七日の夜まで出発を待った。彼は、その日がサダム体制にとって大きな意味を持っていることを知っていたはずだ。なぜならその日は、一九八八年に対イラン戦争に勝利した日の前日だったからである。この勝利の大部分はカーミル自身が設立したエリート軍団、共和国防衛隊師団によるものだった。国から出ようとしていた将軍はまた、イラク支配者集団の多くの者がバグダッド郊外の別荘に集い祝宴を開くことも知っていた。

カーミルはこのパーティーに出席しなくてラッキーだった。七年前にティグリス川の小島「母さん豚」で、ウダイが、酔ってかっとなった勢いで、父サダムの助手兼小間使いをしていたカーミル・ハナー・ジャジョを殺してしまったが、色々な意味であの夜の再現と言える出来事が起きたからである。出席していたフセイン体制の重鎮たちの中に、サダムの従兄弟のワトバン・イブラヒムがいた。そしてウダイの従兄弟で親友のルアイも来ていた。ルアイは、学校の先生を拉致して暴行を加えたのでサダムに腕を折られたことがあった。

パーティーがなぜ修羅場と化したかについては諸説がある。ある話によると、ワトバンの息子のアハマドがルアイと口論になり相手を平手打ちした。ルアイがウダイに電話をかけ、ウダイが午前三時半ごろ自動小銃を引っさげて会場に乱入してきた。別の証言では、ウダイが怒ってやって来たのは、ワトバンが彼の悪口を言っていると聞いたからである。いずれにせよ、ウダイのリアクションは過激すぎた。宴会の席上に殴りこみ、機関銃をぶっ放した。あられのような銃弾が叔父のワトバンに当たり、脚に大怪我をさせた上、若い女性とティクリート人の催し物には欠かせないジプシーの踊り子、歌手など六人が亡くなった（この日の午前中、アハマドは本物のティクリート人らしく、ルアイの父親の家にロケット推進式手榴弾を一発お見舞いして一家の仇討ちを果たした）。

ウダイに撃たれた犠牲者が病院や死体安置所に運ばれていたちょうどその頃、フセイン・カーミル一行は、ヨルダンの首都アンマンの中心部にあるアル・アムラ・ホテルにチェックインしていた。

ヨルダンの政府役人は後に、カーミルの亡命は全くの寝耳に水だったと主張している。

「フセイン・カーミルと弟以外に、誰もこのことを知らなかった」

当時ヨルダンの外務大臣をしていたアブドゥル・カリム・アル・カバラティは語る。

「彼が入国したのは知っていた。しかし、イラクの高官が目的を告げずにヨルダンに入国するのは不思議な事ではなかった(原注3)」

すらりと背が高く、インテリの元銀行家のアル・カバラティは、この数年前にフセイン・カーミルに会ったことがあったが、たちまち嫌な男だと思ったと言う。

「彼は核兵器など誰にでも作れるとしきりに言っていた。その気と金と原料さえあれば、とね」

外務大臣はヨルダンのフセイン王の王宮に呼ばれ、初めてイラクの将軍がヨルダンに入国した理由を聞かされびっくりした。そこにはすでに他の閣僚たちが集まっていた。王は、フセイン・カーミルが王宮担当者にアル・アムラ・ホテルから電話をよこし、家族と一緒にヨルダンに政治亡命を求めたいと言っている、と皆に告げた。

ヨルダン王が閣僚たちより先にすべてを知っていたのではない。カーミルは、行動に移る前のどこかの時点でヨルダン王国に連絡をとっており、それとなく計画を伝えていた。王はそれをワシントンに注意深い言葉で伝達した。その中身を知っている元CIA局員は、それはイラクで「大変な事が起こりそうだ」という表現だった。

カーミルの秘密を守り、到着した時は歓迎する、というのはフセイン王にとって重大な決心が要った。彼はアラブ世界におけるイラクの最も親しい友人であった。彼はイラン・イラク戦争の間、サダムと同盟関係にあった。イラクはヨルダンの最大の市場であった。彼は湾岸戦争では友好的中立を保った。フセイン・カーミルがドライブしてきたアンマンとバグダッドをつなぐ長いルートは、イラクにとって唯一の外界への入り口だった。ヨルダン人の大多数は、元々はパレスチナ人である。彼らは一九九一年にサダム・フセインがアラブ世界の既成秩序に一撃を加えたことに共鳴した。彼らはイラクのミサイルがイスラエルに打ち込まれたときには喝采した。アンマンでは数ヵ月にもわたってサダムのポスターが店頭やタクシーに飾ってあった。

ヨルダンは、バグダッドとの友好関係のために多くを費やしていた。湾岸戦争後に、親イラクとみなされてクウェートから国外追放になったパレスチナ人三十五万人のほとんどをヨルダンが受け入れた。それまでヨルダンを援助してきたサウジアラビア、クウェート、それに湾岸諸国と敵対関係が生まれた。一九九三年、王はヨルダンの新聞でこう言った。

「サダムにえらい荷物を背負わされたものだ」

フセイン王は一九九四年にイスラエルと和平協定を交わし、アメリカに気に入られることにした。そしてバグダッドの旧友とはすっぱりと手を切った。王は閣僚たちに言った。

「サダムのわがままはこれまでだ」

ヨルダン王がカーミルの政治亡命の要請を認めたその二日後、ウダイとアリ・ハッサン・アル・マジードがアンマンにやって来てフセイン王に会見を求めた。フセイン・カーミルはヨルダン側に、親族、特に叔父のアリによる殺害計画の可能性を警告した。彼は言った。

「陛下、この男と握手してはなりません。彼は手の中に何か隠していて、陛下は殺されるかもしれません」(原注4)

フセイン王には二人の特使に会うより他に良い方法があるとは思えなかった。彼らは脱走者の引渡しを求めたが、実は最初からそんなことができるとは考えていなかった。彼らの主目的はカーミルの銀行預金カード——当然、出国前に資金を引き出していたことは分かっていた——を回収すること、そしてラガドとリナに会うことであった。女性たちは意思に反してヨルダンに連れて行かれたのだ、と彼らは主張した。フセイン王は彼らの要求を突っぱねた。彼は言った。

「私の娘たちは彼女たちと一緒にいる。そしてここにいたいと言っている」

王は彼女らの面倒は見る、と約束した。(原注5)

ウダイとハッサンは手ぶらでバグダッドに戻った。二人は、カーミル兄弟の亡命で生じたチャンスに乗じてサダムに歯向かって来たフセイン王のやり口を見せつけられた。王はあるインタビューでカーミルを賞賛し、イラクの指導者が「交替してもいい時期だ」と言った。さらにこう付け加えた。

「もし変化があるとすれば、良い方向の変化しかないだろう」(原注6)。ヨルダンの外交的忠誠が新たな方向性を取ったことを、王はイスラエルの日刊紙『イェディオト・アハラノト』のインタビューで、その新しいスタンスを敢えて公にすることで強調した。クリントン大統領は王に電話をかけ、イラクが報復に出ればヨルダンを守ると約束した。

フセイン・カーミルの亡命は国際的センセーションを巻き起こした。各国のニュース解説はどこも、カーミルのドラマチックな脱出は、サダム体制が「沈みつつある船」ということのしるしであると解釈していた。[原注7] 四日間の隔離状態を経て、あのバグダッドのミステリアスで恐ろしげな体制の主柱であった人物が、王宮庭園での記者会見に初めて姿を現わした。まさにサダムに強敵現わる、といった感じであった。ダブルのピンストライプのスーツに身を固め、カーミルは彼自身の経歴を述べた後、こう言明した。

「われわれはサダム体制を倒すために働いている」

彼は、民衆蜂起ではなく、「軍と共和国防衛隊、特別防衛隊将校らすべて」に呼びかけたクーデターを目指しているのだと明言した。イラクを「完全な孤立」に導いている、と現体制を糾弾したカーミルは、確かに事実に立脚し、よく実情を把握していた。彼は「身内のよしみ」から、サダムや一族への個人攻撃はしなかった。彼は、インパクトは無いわけではなかったが、革命的迫力を持つにはあまりにも長く権力の座にいすぎたきらいがあった。

サダム批判への突然の変身にもかかわらず、カーミルは反体制派指導者にはとてもなれそうになかった。数日前まではイラクの体制側トップとして、その罪の一端を担ってきたからだ。バルザーニはフセイン・カーミル問題には偏った見方をしてはいたが、一理ある発言もしている。

「彼とクルド人の間には深い痛みが横たわっている。クルド人代表が（一九九一年に）バグダッドを訪れた時、最も厳しく攻撃し、スパイ呼ばわりまでしたのがカーミルだった……カーミルがイマーム・フセイン・ビン・アリの墓を蹂躙した時、シーア派イラク人はよく我慢できたものだ」[原注8]

カーミルは治安部隊と軍にサダム・フセイン転覆を呼びかけた。だが、そうしたクーデターを指揮するべき場所はバグダッドだ。彼とその弟がアンマンに逃げたというまさにその事実は、彼らが軍の反乱を本気で信じていなかったということを示していた。

カーミルが義父と元の主人の転覆を指揮する男ではなかったとしても、彼は情報的には大きなネタ元かもしれず、ヨルダン、アラブ諸国、西側諸国の情報組織は皆、彼と会いたがった。

「彼らは情報が欲しかったし、カーミルは情報を持っていた」

カバラティは言う。

「だがそれは期待はずれだった。クウェートは（クウェート占領の時に行方不明になった）人質のことを聞き出そうとした。サウジはイラクの方針について何か聞けると考えていた。アメリカはイラクの大量破壊兵器に関する若干の説明があるだろうと思っていた。ところが、カーミルには情報が無かったか、もしくは見返りに何かを要求したのだ」

それはすべて事実とは言えない。確かに、傲慢な将軍とCIAとの会談は上手くは行かなかった。彼に会いに来た局員は下っ端だったし、アラブ語も話さなかった。そして、その代わりにCIAチームが連れて来た通訳はエジプト出身でカーミルのティクリート訛りが良く分からなかった。CIAの立場からすれば、カーミルは「ただの馬鹿」で、後に同僚の一人が言ったように、「奴の計画は、アメリカの陸軍と空軍に守られてバグダッドに戻ること、以上終わり」だった。

彼はまだツイていて、もう一人彼と話した人がいた。ロルフ・エケウスが初めてフセイン・カーミルに会ったのは一九九一年六月のことで、イラクのパワー全開の頃だった。この時、カーミルはUNSCOM委員長とイラクの穏健な外交官数名との会議を無作法に妨害した。それから数年、カーミルはUNSCOM妨害作戦を練り、イラクの大量破壊兵器計画をできる限り隠蔽する任務にあった。昔の宿敵は今、きわめて異なる状況の下で相対することになった。

アンマンでの両者の最初の会談は、カーミルの亡命後ほぼ二週間後に持たれたが、驚くべき展開から始まった。部屋に入ると、カーミルはテーブルについていたエケウス側の出席者たちの顔を注意深く見ていった。そして彼の視線はUNSCOM委員長のアラブ語通訳の上にぴたりと止まった。

「お前はシリア人か?」

彼が訊いた。通訳はそうです、と答えた。カーミルが質問した。

「名前はタナウスというのか?」

見るからに緊張していた通訳は、その通りだと言った。

「今すぐここから出て行け。お前は俺の下で働いていたではないか。自分の部下から訊問を受けるのは断る」

カーミルの説明によれば、通訳の男はUNSCOMに就職の形で潜り込んで、長年にわたり多くの有用な情報を流していた。会議をモニターしていたヨルダンの情報部員はこれを見て大いに楽しんでいた。(原注9)

イラクのスパイが排除されると、カーミルは擦り寄ってきた。

「前は敵同士だったが」

彼はエケウスに言った。

「今は味方同士だ」

エケウスが兵器の話に移ろうとする前に、彼は義理の弟の不平を言おうとした。ウダイは酒場と喧嘩と酒と女に明け暮れている。将軍は不平そうに、それに引き換え自分は長時間仕事をしてきた。彼は禁酒主義者で家庭人でもあった。サダム一族は経済制裁に締め付けられ、ＵＮＳＣＯＭの査察に乱されて、「憎悪で煮えくりかえっている」[原注10]。

胸のうちを洗いざらい打ち明けてすっきりしたカーミルは、エケウスの興味に話題を移した。ＵＮＳＣＯＭの能力には舌を巻いた、最初彼らがやって来た時はイラクの権力者は誰もあれほどの力量があるとは思っていなかった、とカーミルは言った。エケウスの方は、まず何よりもカーミルの部下が兵器、材料、書類をＵＮＳＣＯＭチームの立ち入り調査から隠蔽するのに採った方法が知りたかった。

「私の最初の質問の一つは『どうやったのか?』だった」

とスウェーデン人外交官が回顧する。

一緒に逃げてきた将校連が、イラクの治安部隊に染み付いた秘密厳守の習慣を忘れるのがなかなかできない中で「カーミルは、最終的には協力的だった」。

エケウスは慎重に話を進めた。特に、カーミル一行の中にいたアル・マジード一族の将校の一人が非常に重要な情報をくれた。イッズ・アル・ディン・アル・マジード少佐は共和国特別防衛隊将校で、彼のアブグレイブにある別荘の庭には一九九一年七月、プロジェクト一七二八の非常に貴重な部品や工作器具が埋められていた。支配者一族に属し、エリート治安部隊の将校であったイッズ・アル・ディンは、禁止されていた兵器と材料をＵＮＳＣＯＭの調査が及ぶ範囲から移し隠すことをまかされた数少ない一人であった。そのような経歴から、イッズ・アル・ディンの話は隠蔽システムがいかに機能していたか、そして誰が関与していたかについて重要な認識を得る助けになった。

いずれにしても、カーミルの亡命はアンマンで面会する以前の段階ですでにエケウスに大いなる利益をもたらしていた。カーミル兄弟が出国する三週間前、サダム・フセインはバグダッドで挑戦的な演説を行ない、その中で彼は、経済制裁の解除に関して国連安保理に進展が見られない場合はUNSCOMに対する協力をすべて停止する、と脅しをかけていた。黒塗りベンツの一団が国境を走り抜けた日の三日前にエケウスがバグダッドでタリク・アジズに会った時、アジズは、安保理が方針を変えるべき期限は八月一杯であると付け加えながら、同じ脅しをかけてきた。このイラク総理大臣は太い声でこうも言った。イラクは生物兵器の研究は試みたが、イラクの科学者にはどうしても兵器として使えるようにすることはできなかった。エケウスはもうこれにはうんざりだった。

「もちろんあなたたちはできた」

アジズは葉巻を一服吸い込むと、困った時の常套句、何度も聞いた逃げ口上をまたぞろ口にした。

「イラクは計画をすぐ実行できるスウェーデンとは違います。わたしたちは無力です」(原注11)

八月十三日、フセイン・カーミルの記者会見の翌日、イラク政府は突然の劇的方針転換を仕掛けてきた。国家の最高機密をぶちまけられて、裏切り者にうれしい思いをされるのが嫌なのか、イラク政府は先制攻撃を仕掛けることにしたのだ。

この時ニューヨークに戻っていたエケウスは、カーミルの代理としてUNSCOMの対応に当たっていたイギリスの大学出の優秀な技術者、アミール・ラシード将軍から、できるだけ早くバグダッドに戻られたし、とのメッセージを受けた。ラシードはまたこうも書いていた。「フセイン・カーミル将軍には、イラクの技術関係者に情報を開示しないように、またこの指示をタリク・アジズまたはアミール・ラシード将軍に伝えないように命じることで、イラクの禁止兵器計画の重大な情報をイラク特別委員会とＩＡＥＡから隠蔽した責任がある」

エケウスはバグダッドに戻り、アジズ、ラシードその他上級官僚と会ったが、誰もが突然のように好意を前面に出してきて協力を約束するのだった。彼らが言うに、すべてはフセイン・カーミルの仕業であった。(原注12) イラク政府の誰も禁止兵器を隠蔽していた彼の極悪非道には気がつかなかった。今後は、イラクとしてはＵＮＳＣＯＭとの全面的協力と周辺諸国との「善隣友好路線」の方針を追求して行く。さらに、イラクは生物兵器の製造に成功していただけではなく、それを爆弾百六十六個とフセイン・ミサイル二十五基の弾頭に搭載していることも認めた。

これが全部でもなかった。エケウスはバグダッドを発とうとしていたが、依然としてこうした新しい興味深い情報を裏付ける文書が一つも無いことに不満を表明した。すると、一時間もたたぬうちに、ラシードから電話があり、空港（制裁期間中、国連使用機以外には閉鎖されていた）への途中にあるフセイン・カーミル所有のハイダールという農場に立ち寄るよう促してきた。そこに「非常に役に立つアイテムがある」というのだ。それは、はいどうぞとばかりに置かれてあった。鶏小屋の中に金属製と木製のケースが積んであり、書類五十万枚以上、マイクロフィルム、フロッピーディスク、写真が出てきた。この獲物のほとんどすべてに極秘兵器計画の、特に核兵器製造の詳細な内容が大量に含まれていた。先立ってＵ-２スパイ機から撮影された農場の航空写真を注意深く分析した結果、ＵＮＳＣＯＭ委員は鶏小屋で発見したファイルはカーミルの逃亡後十二日間の内に大切な部分を入念に削除したものである、という結論に至った。(原注13)

ヨルダンでの報告と「鶏小屋」資料のお蔭で、エケウスたちはイラク側がいかに巧妙にこの四年間彼らのウラをかいてきたかを知った。ワフィク・アル・サマライのVXおよび生物兵器に関する情報が確認され拡大されただけでなく、同時にプロジェクト一七二八と秘密のミサイル発射試験が一九九三年に行なわれたことも初めて明らかになった。そしてまた、UNSCOMを出し抜くために「隠蔽メカニズム」と呼ばれることになった秘密機関が設立されたことも分かった。

エケウスはまた、バグダッドに「政治的パニック」があるという報告をアンマンに持って来た。(原注14) ウダイのフィダイッィ民兵組織がヨルダンに通じる国道に配備された。フセイン・カーミル自身、彼がヨルダンに逃げて以来「バグダッドには手配者を捜索する共和国防衛隊のいない道路は無かった」と語っている。(原注15) 一般イラク人は興奮した。独裁者一族にこれまでこんな仲間割れが起きたことは無かったからだ。

「バグダッド中、みんなお祭り騒ぎだった(原注16)」

自分も祝杯を上げたという人が言った。

「上がぐらついてるぞ、とみんな思った」

サダムが一番危なかったのはカーミルの亡命直後だった。カーミルたちは逃げる前に陰謀は組織していないと言ったが、サダムは不安だった。フセイン・カーミルが大統領治安部隊にいながら特別防衛隊と共和国防衛隊にどれほどの基盤を築いていたのかが分からなかった。出国後、逮捕や処刑が頻発するものとフセイン・カーミルは思っていた。しかし、サダムはカーミルがアンマンからクーデターを演出することはできないと確信していたに違いない。なぜならヨルダンとの電話回線はきらなかったか

らである。（原注17）

その間イラクでは、カーミルが重要なポストから次々にはずされていた。八月十日、工業大臣と軍工業化委員会委員長の職を解任されたとの発表があった。一週間後、バース党がカーミルを除名した。

亡命者カーミルがより恐れていたことは、サダム・フセインとアル・マジード部族から告発されることの威力だった。八月十一日に行なった演説で、サダムは言葉を選んだ遠まわしな表現で、フセイン・カーミルをアベルを殺したカインに、またキリストを裏切ったユダに、あるいは強欲なクロイソス王に、そして甥に当たる預言者ムハンマドを迫害したアブ・ラハブ*にそれぞれ喩えた。サダムは、「歴史に石もて追われ」るであろう彼の娘婿は「恥辱に生きるよりも死を選ぶ」べきであると言った。サダムは名目会社を使って数百万ドルを盗み出したカーミルを告発した。彼は、フセイン・カーミルはこれから彼の外国の新しい主人の慈悲にすがって、「言われるがまま」追従する人生を生きていくのだ、と予言した。（原注18）

さらに断罪的だったのは、サダムへの反逆罪を告発するフセイン・カーミルの叔父、アリ・ハッサン・アル・マジードが署名したアル・マジード部族の声明であった。これもカーミルの命の危険を直接に脅かすもので、同時にいかにイラクでは部族の掟が重要視されているかを強調するものだった。

「裏切り者のフセイン・カーミルはイラク人という一族に属してはいるが」

アル・マジードは言明していた。

「イラクのこの小さな一族は彼の卑劣な行為を許しはしない」

彼らは処罰を要求した。彼の親族は、彼を殺した者に対して復讐することはない、と公式に発表し

た。言ったのはただ単に、

「彼の一族は、流血があってもそれを罰することなく許す、と全員一致で決定した」[原注19]。イラクの新聞はサダム・フセインの「寛容」を利用し、金を盗んだ裏切り者を告発した。むき出しの罵倒が浴びせられた。しかしマスコミは、フセイン・カーミルが教育程度の低いつまらぬべんちゃら屋であることを典型的に曝け出す、ある一文を掲載した。それは一九九四年十月十三日、アメリカとの小競り合いの後、イラク軍がクウェート国境から撤退する際に、カーミルがサダムに送った書状であった。文法的に間違いだらけのアラブ語で、いくつか綴りの間違いもある。手紙にはこうある。

「親愛なる閣下。制裁の解除は重要ではありません。大切なことは、世界が閣下の名を毎日口にすることであります。わたしたちの望みは物質化されています。神が閣下を守られることを、そして閣下の前ではわたしたちの魂は無きに等しいものであります」[原注20]

この頃、ウダイに脚を撃たれたワトバンは病院でキューバ人の医師の懸命な治療を受けていた。ワトバンの怪我を担当していたイラク人医師が、毎晩病院から刑務所に戻らなければならなかったのも、イラク政府の取り締まりの厳しさをあらわしていた。この医師は、外国のテレビを観るために衛星放送のアンテナを非合法に立て、六ヵ月の懲役刑を受けていたのだ。

＊アブ・ラハブ：天使ガブリエルに唯一神アッラーの啓示をうけたムハンマド（マホメット）はアッラー神の預言者であると自覚し、偶像崇拝の多神教にかわって厳格な一神教であるイスラム教をとなえた。しかし富の独占を批判するムハンマドはメッカの大商人であった叔父アブ・ラハブに迫害され、六二二年に少数の信者をひきいてメディナに移住しイスラム教徒（ムスリム）の共同体を建設した。

ウダイの叔父とジプシーダンサーに対する殺人的行為をイラクのマスコミは自主規制したが、プリンスは初めて正式かつ公的な非難に曝されることになった。外務大臣のムハンマド・サイド・アル・サッハフは、ウダイのことを「政治家には不適切」と言った。ジュネーブにいたバルザンはウダイにフセイン・カーミルを重ね合わせて言った。

「自分がどの程度の器なのか分からない人間が問題のタネだ。権力世襲主義はイラクには適さない。国民はウダイもフセイン・カーミルも受け入れない。どちらも統治する正当性を有しない」

サダムでさえ公的にはウダイから距離を置いて帝国を取り締まっていた。イラクサッカー協会は百五十五対〇でウダイを会長に再選したが、協会役員は、彼はスポーツに専念すべきであると言った。サダムは、「国家の中に国家はいらぬ」と言明した。イラク治安当局はウダイのオリンピック委員会本部を強制捜査し、私設監獄から三人を解放した。おそらく政府からこぼれた話であろうが、サダムが息子の広大なガレージに出向いたという噂が街に流れた。ウダイが高級車を六十台も持っているのにショックを受けたサダムは、車に石油をかけて火を付けるよう部下に固く命じたという。(原注21)

ウダイのワトバン銃撃事件やフセイン・カーミルの亡命があろうとも、支配力は無くしていないことを見せつけるため、サダムは攻撃的戦略を採る。政府はイラク国民八百万人に対する国民投票を十月十五日に実施することを発表した。国民には次のことを問う。

「あなたはサダム・フセインがイラクの大統領であるべきだと思いますか?」

結果がどうなるかは明らかなものの、このキャンペーンの狙いは、髭は染めているし腰痛持ちではあるけれど、まだ五十八歳のかくしゃくとしたイラク大統領に焦点を絞ろうとするものであった。(原注22)数百人もの外国報道陣が投票所の取材に呼ばれた。一九九一年以来、これほどの数の報道陣が入国を許されたことは無かった。報道内容は好意的ではなかったが、政府がクルディスタンを除くイラク全土で権力を堅持していることは伝わった。

バース党組織の不断の効果的働きによる国民投票キャンペーンはさらに、サダムへの個人崇拝を発揚させるものでもあった。

「おお、偉大なる山よ！　おお、イラクの栄光よ！」

アリ・ハッサン・アル・マジードが書いた。

「困難を極めた時、神が貴方を遣わせ賜うた。咆哮する獅子、勇敢なる騎士、真の男がここにある」(原注23)

イラク中に、あからさまなサダムの神格化が始まった。石油の町キルクーク、アラファ地区の投票所には壁に十三種類のサダムの写真が貼ってあった。アラブの首長の装束、クルドの民族衣装の袋ズボン、白いスーツのビジネスマンなど様々な装束のサダムである。投票箱には写真が十四枚も貼ってあった。地元の小学校には掲示板がしつらえてあり、子供たちが書いたイラクの指導者へのラブレターや誕生祝のカードが展示してあった。その向かいには、指導者の言葉である「勝利は甘き哉」を復唱するイラク兵の壁画があった。(原注24)サダムは得票率九十九・九六パーセントを獲得した。このような国民投票は、一九二一年にイギリスがイラク人の九十六パーセントがファイサル一世を王にしたい、とした似たような不正投票が行なわれて以来のことであった。(原注25)一九二一年にも一九九五年にも、対立候補はいなかった。サダムにはさらなる目的があった。ウダイの動きを抑え、党の支援を得て国民投票を行なうことで彼は、バグダッド在住のある外交官が言ったように、「これからの政府は、同族グループではなく革命評議委員会やバース党のような機関の手に委ねられる」と言おうとしたのである。

一族は力を失ったのではない。クサイはただちにフセイン・カーミルが不在となった重要な省庁の指揮権を踏襲した。権力の主要なてことなっていたのはやはり、人参ときわめて残忍な棍棒、それに変わりはなかった。サダムは相変わらず、絶対的忠誠心ゆえに登用された部下——基本的には一族の者たち——と、高い能力を持った専門家たちとの間のバランスをとる天才的な才能を発揮した。情け深いところをしばしば報償という形で見せるものだから、授与された者たちは思いがけない栄誉に皆感激するのであった。例えばカーミルが逃げた時、彼の副官だった聡明で有能なアミール・ラシード将軍は非常な危機感を覚えたに違いなかった。裏切り脱走犯の側近なら間違いなく嫌疑をかけられただろうし、真綿で締め付けるようなクサイ配下の尋問にさらされるはずだったろう。しかし、逆にサダムはラシードを石油大臣のポストにつけ、さらにカーミルの仕事だったUNSCOM担当を任せた。それればかりか、ラシードはカーミルが盗んだに違いないとサダムが思っていた数百万ドルの在り処をつき止める役目まで仰せつかった。

フセイン・カーミルは、イラクから逃げたことがここまで大変な結果になるとは予想していなかった。彼がアンマンに来たことでヨルダンは外交政策をアメリカ陣営に転換する絶好の機会に恵まれた。これでイラクは完全に孤立してしまった。これ以降、反サダム体制の策謀はイラク、クルディスタンではなくアンマンから発信されることになる。

アンマンのフセイン・カーミルは亡命のプレッシャーに上手く対処できなかった。王はカーミルに、ヘリコプター事故で亡くなった前妻が住んでいた王宮コンパウンド内の屋敷を貸し与えた。カーミルはそこに、折り合いが悪くなっていた妻のラガドと三人の子供たち、弟、リナ、その子供たちと住んだ。彼は健康診断のためにたった一度外出しただけだった。[原注26]彼は退屈し、孤独でもあった。王の長女のアリアの宮殿はこの屋敷に隣接していた。カーミルは毎日、庭園を通って彼女にビデオを借りに来た。亡命者夫婦はアリアの家にやってきては長居するのであった。二人の相手をするのが嫌になったアリアは、とうとうフロリダ州パームビーチの別荘に逃げて行った。

フセイン・カーミルは、主にロンドンとイラク北部にあった反体制派勢力から撥ね付けられた。イラク軍エリート部隊への支援要請も甲斐なく、反乱は一回も起きなかった。数ヵ月経つと、外国情報機関もカーミルの話には関心をなくしていった。亡命状態にあった反体制派勢力のイラク国民合意を、すでにサダムを打倒する手段として選択していたヨルダンは、カーミルがアンマンにいることに何の魅力も感じていなかった。フセイン王はラガドとリナを晩餐に呼びはしたが、夫たちは呼ばなかった。

数少ない訪問者の中に、イラクの兵器製造計画の情報を探っていたロルフ・エケウスがいた。[原注27]カーミルの周りを見れば、凋落するカーミルの哀しい運命はエケウスの目にも明らかだった。初めの頃は家中ごった返していたものだ。電話は鳴り止まず、ファックスがひっきりなしに入り、護衛や使いの者が出たり入ったりしていた。だが今は、カーミルは一人ぽっちだ。壊れたエアコンがキーキー音を立てている。家具には埃が溜まり、電話はうんともすんとも言わない。

フセイン・カーミルは受話器をとると、ワフィク・アル・サマライ将軍に連絡を取った。サマライは一九九五年三月のＩＮＣの攻撃失敗後、急遽シリアのダマスカスに移り、シリア国家の保護と援助を受けている。十月、カーミルは自分もシリアに行くことを考えた。だが問題にぶつかった。フセイン王に許可を求めたところ、王はカーミルと弟がシリアに行くのは自由だが、妻と子供たちは連れては行けないと告げた。王は八月に、ウダイに「サダムの娘たちは私の娘同様だ」と確約していた。ヨルダンはカーミルを受け入れたことと、アメリカサイドに鞍替えしたことで、すでにサダム・フセインの危険な怒りを買っていた。イラクの指導者の実の娘たちを、イラクの仇敵ハフェズ・アル・アサド大統領のシリアに送るなどして、これ以上サダムを挑発したくはなかった。王は言った。

「彼女たちはここに残る」(原注28)

亡命イラク人とヨルダンの保護者の関係はそれから数ヵ月で冷却化していく。一九九六年一月、カバラティがアンマンの日刊紙『ドゥストゥル』のインタビューに、フセイン・カーミルについて、「来た時は大歓迎だった。出て行くときも同様、大歓迎する」と答えた。

カーミルは「イラク救国最高評議会(Higher Council for the Salvation of Iraq)」なる反対派勢力の指導者になろうと少し頑張った。(原注29)これはイラクのスンニ派団体に働きかける計画のものだった。サダムに対抗するものではあるが、サダム排除のための外国勢力の支援は拒絶した。サダム放逐後も魔女狩りは行なわず、選挙を約束するが、連邦制は採用しない、と謳っていた。クルド人は統一イラク内で基本的人権を保証される。この最高評議会提案には誰もこれっぽっちの関心も見せなかった。

二月初旬にヨルダン首相に就任したアブドゥル・カリム・カバラティは優しくも、フセイン・カーミルがうまくいかなかったのは愚かさではなく「権力が無かったせいだ」と言う。彼は命令し、実行させることには長けていた。イラク軍に支援を要請する演説ですら、援護を求める政治家というよりも、司令官が命令を下しているような調子であった。カバラティと同程度にカーミルのことを知るようになった他の人たちも、カーミルから知性や能力はあまり感じなかった。

「共和国防衛隊やその他の仕事に根ざした管理者としての彼の評価は高かった」

ロルフ・エケウスは言った。

「だが、管理者は限られた手段方策の中から一つの選択をする時に能力を問われる。カーミルはただ単に、限りない選択肢と限りない冷酷さでやっていただけだ。後は、ただの愚か者だ」

将軍カーミルが自分の権威も地に墜ちたことを特に痛感した出来事があった。カーミルは、フセイン王の汎アラブ主義的反イラク戦線を樹立する構想を批判し始めた。彼はバグダッド政府が行なった小改革を賞賛した。アンマンの日刊紙『ビラート』編集委員のナイェフ・タワラーはカーミルに彼のフセイン王批判集を出版する意向を話した。カーミルは止めさせようとした。彼はバグダッドでは当たり前のやり方に立ち戻ってしまい、タワラーを殺すと脅した。

「ばらばらに切り刻んでやろうか」

そう言ったカーミルの声をこの記者は録音していた。

タワラーはカバラティとは知り合いで、カーミルを告訴すると声明した。ヨルダン政府はカーミルに出廷を通告した。カーミルはカバラティに対し、記者の行為は「理解し難い」と抗弁した。ヨルダンの首相は粛然と所見を述べた。

「われわれは皆、ヨルダンの法の下に暮らしている」

カバラティはある種楽しげに振り返る。

「彼にはこれが全く信じられなかった。顔面蒼白になり、まさに色を失った。彼は枕を抱きかかえるようにして、何度も繰り返した。『嘘だ、嘘だ、嘘だ』」

サダムはフセイン・カーミルが逃げた後すぐに、彼の新しい仲間は「燃えかすになるまで」情報を搾り取ったら「道端に放り棄ててしまうだろう」と予言していた。(原注30) そして今、カーミルを戻って来させるための恐ろしき誘惑の魔手を伸ばし始めていた。サダムはラガドの母親サージダを仲介に、カーミルの父親とラガドに対して、カーミルは安全にバグダッドに戻れると確約した。少なくとも一度はカーミルに直接電話し、お前は馬鹿な放蕩息子だがお仕置きの心配はするな、戻って来い、と念を押してもいる。

「可愛い孫たちの父親を私が傷つけると思うのか？」

サダムはいかにも心底からそう訊ねた。信じられないことに、カーミルはこれを真に受けた。長引いている交渉があった。バグダッドでは、カーミルが軍の備品調達責任者時代に海外企業から多額のリベートを取って巨万の富を築いていたと思い込んでいた。バルザンは正確な数字を挙げていた。彼は言った。

「一九八五年から一九九五年の間、彼はイラクの軍備の七十三パーセントを管理していた」

ウダイとアリ・ハッサン・アル・マジードが、アンマンで脱出したカーミルから銀行のカードを取り返すことに失敗した時、二人は預金の凍結を掛け合った。金に関する交渉が長引き、殺されるかもしれないという半年前のフセイン・カーミルの恐れは回避されていた。

二月十九日、フセイン・カーミルは、帰国に関する正式な書状を義理の父に送った。彼は新聞記者に「返答は肯定的だった」と述べた。家族全員が彼の決心に賛成したわけではなかった。イラク出国以来半年、取り立ててインパクトの無かった存在のサダム・カーミルは、ここで初めて強硬に反対した。

「何を馬鹿なことを言ってるんだ」

彼は兄に向かってこう怒鳴ったらしい。

「わざわざ殺されに行くようなものじゃないか」

それに答えてカーミルはピストルを持ち出すと、こう言った。

「戻るんだ」

イッズ・アル・ディン・アル・マジードは訪問中のトルコからヨルダンの情報部に電話した。

「私の子供たちはどうなる？　殺されてしまうのか？」

彼は悲痛な声で訊いた。ヨルダンの方からは、子供はバグダッドに帰したくないとの旨を（バグダッドに）ファックスで伝えなさい、と答えてきた。（バグダッドからは）何の返事も来なかった。再びイッズ・アル・ディン・アル・マジードから電話があった時、彼はあきらめたように言った。

「帰してやりましょう。神の御意志に任せます」

裏切り者に対する義父の態度がどんなものかが分かっていたはずのカーミルが、なぜ帰国の決心をしたかについては、イラクという国家とその悪党支配者一族と束の間の関係しかなかった人たちにとっても謎である。短い亡命期間の終わりの方でカーミルと話したことがあったある友人は、カーミルはフセイン王とその助言者たちには「頭に来ていた」と言う。特に、新聞記者の告訴を許した決定で、将軍は王が自分を監獄に入れたがっていると思ったらしい。

「ヨルダンの牢屋で朽ち果てるくらいなら、身内に殺される方がましだ」

カーミルはこう言っていたという。

ヨルダン側も最後になって若干の良心の呵責を感じた。二月二十日、フセイン王はカバラティを呼んで、イラク大使館邸にいたフセイン・カーミルは今、アンマンの中心にある俗悪なバビロン様式建築のイラク大使館に移ったと伝えた。

「行かせるべきかな？」

王は訊いた。

「行かせましょう」

政治家は答えた。

「これで大いに気が楽になります」

今、フセイン・カーミルとその一党は、七ヵ月前にアンマンに来る時に乗ってきたあのベンツのセダンに荷物を積み込んでいる。

フセイン・カーミル自身、ヨルダン東部の砂利の多い砂漠を四時間走り続けながら、自らのとった行動が賢明なものであったのかどうか怪しくなっていたに違いない。その道は、狭い上に、アンマンとバグダッドを往復する大型トラックが行き交う危険な道だった。彼は三十分ごとに運転手に「止めろ。小便だ」と言うのであった。運転手は後に、車を止めるとフセイン・カーミルは「外に出て、決心を固めるように行ったり来たりしていたが、用は足さなかった」と語っている。

フセイン・カーミルと彼の弟が、どの時点で自分たちの死を悟ったかはよく判らない。イラク政府は、彼がトレベイルの国境に着いた時、「彼の要求を受け入れるようにとの指令があった……それは一般市民として帰国したい、というものだった」[原注31]。

不気味にも、ウダイが待ち構えていた。ウダイはカーミル兄弟を逮捕しようとはしなかったが、ラガドとリナの姉妹と子供たちを自分の車に乗せた。

国境の反対側では、ヨルダンの治安要員がそれを近くから見ており、アンマンの王宮とホットラインで連絡していた。彼はカーミルが家族から切り離されたのを確認すると、こう報告した。

「ハッラス」――「お陀仏です」

とりあえずは自由にされた形の兄弟は、ティクリートにあった自分たちの家に向かった。家に着くと、怒れるアル・マジード部族の者たちがやって来て恫喝をかけた。ここに長居は無用とばかり二人はティグリス川沿いに南下し、夫のイッズ・アル・ディィンの抱く不安にもかかわらず、子供と一緒に戻って来た妹の家があるバグダッドに車を走らせた。

大統領宮殿から招集がかかった。ウダイの仲間で『バベル』編集委員のアッバス・ジェナビが後に語ったところによると、怒れるサダムは、兄弟に娘たちとの離婚届けに即刻署名させよと命令した[原注32]。二人が拒否すると、一族の一人がその場で射殺すべきだと主張したが、サダムは割って入り、二日間の猶予を与えるので考え直すよう言い渡した。二月二十三日、ウダイのテレビチャンネルが、ラガドとリナが夫たちと離婚したと発表した[原注33]。報道はフセインとサダムのカーミル兄弟に情状酌量の余地はほとんど無い、という調子のものであった。また、ウダイとアリ・ハッサン・アル・マジードが七ヵ月前にフセイン王に言ったように、サダムの二人の娘は自らの意思に反してアンマンに連れて行かれたとも主張していた。彼らはヨルダン王に対して「彼らは二人の負け犬の裏切り者に騙されたのであり、道を踏み外した」と告げた、とも伝えた。

そして、ラガドとリナが「祖国と、気高き一族郎党の信頼と崇高なる尊さを裏切った男と結婚状態にあることを拒否した」と伝えて締めくくった。

ここでフセイン・カーミルは、もう逃げ場が無いことを悟ったに違いない。父親と二人の兄弟とともに、彼はバグダッドの妹の家で待機していた。フセインとサダムのカーミル兄弟が一時は所属していた大統領防衛隊員四十名がやって来て彼らの家を包囲した。サダム・フセインがボディガードを親戚関係から抜擢していたことから考えれば、この兵士たちがすべてアル・マジード部族の出身者であることに間違いはない。指揮していたのは他でもない、アリ・ハッサン・アル・マジードであった。

部族争いの作法を尊重するかのように、襲撃隊はまず応戦用の自動小銃と弾薬を満載したホンダ車をカーミル一家に差し向けた。正々堂々の勝負というわけだ。ウダイとクサイは近くに停めた車から成り行きを見物していた。

襲撃が始まると、フセイン、サダム、ハキムのカーミル親子は激しく撃ち返した。打ち合いは十三時間続き、カーミル一家は敵を二人殺した。弾薬が尽きると、すでに負傷していたフセイン・カーミルは戸外によろよろと出て来て叫んだ。

「俺を殺せ。こいつらは殺すな」

彼はそこで撃ち殺された。サダム・カーミルはバルコニーから撃っているところをロケット推進擲弾に当たって死んだ。父親、カーミル・ハッサン・アル・マジード、妹、子供たちは屋内で死んだ。戦闘が終わった時、アリ・ハッサン・アル・マジードは倒れた自分の甥の前に立ち、頭部にとどめの一発を撃ち込み、言った。

「小人とつるむ奴はみんなこうなる（小人とは小柄なフセイン王の蔑称）」

当時バグダッドで流布していた裏話によれば、襲撃隊は死んだ兄弟の目に食肉用のフックを掛けて引きずって行った、と言う。

ウダイのバベルテレビは一部始終を独占放送した。「マジード一族の若者の集団」がカーミル兄弟三人を殺した、と言う内務省報道官の発表を伝えた。公式な論調は、国としては彼らを赦免することができたが、彼ら自身の一族はそうは行かなかった、というものであった。その後、アル・マジード族は次のような声明を発表した。

「われわれは崇高なる一族の木から不忠な枝を切り落としたのである。恩赦の精神といえども、一族の必罰の権利を奪うことはできない（原注34）」

サダムはアル・マジード族の行為について後にこう言った。

「彼らがどうするか尋ねてきたら、止めろと言っただろう。訪ねてこなくて良かったのだ（原注35）」

翌日、ウダイは部族の衣装に身を包み、カーミル一家の銃撃戦で死んだアル・マジード部族員の葬列に参加していた。

サダムの愛娘だったラガドとリナではあるが、夫らを殺したサダムを決して許しはしなかった。彼女たちは、サダムがアル・マジード部族の襲撃を指揮したと信じていた。彼女たちは五人の子供とティクリートの実家に住み、外出もせず、黒装束に身を包み、母親以外には一族の誰とも会おうとしなかった。

サダムは、初めは体制を揺るがすかもしれなかった危機を脱した。フセイン・カーミルの亡命は、イラクを支配していた一族グループに確実な亀裂があることを示したが、それでもこの背教者の娘婿は潰され、最終的には比較的たやすく削除されてしまった。

だがしかし、フセイン・カーミル逃亡の劇的な物語は、サダムを引きずりおろそうとする西側情報機関の行動の基本軸に変化をもたらすことになる。彼らは今、ヨルダンを拠点に動き出し、数ヵ月後には、サダム打倒のためこれまでになく強固な企図を立てることになる。

第９章
「サダムの首を持って来い」

Chapter9

素人のカメラマンが、書類が散乱した机の向こうに座っている、薄い髭を生やし黒っぽいスーツを着た男にピントを合わせていた。季節は真冬で、後ろの窓の向こうに見える北イラクのザグロス山脈の頂は雪に覆われていた。ここは、東クルディスタンの首都スレイマニア、混雑する目抜き通りには車が溢れていた。カメラのレンズをじっと見る男のネズミ面に緊張の面持ちが窺える。この男、アブ・アミネ・アル・ハダミは、CIAに雇われた爆弾テロリストとしての自らの過去を語り始めた。

一九九四年と一九九五年にバグダッド周辺で頻発した爆弾テロは、犯行宣言する者がいなかった。映画館で爆発したのも、モスクで爆発したのもあった。バース党機関紙『アル・ジュムリヤ』社の前に駐車してあった車が爆発した事件では、子供一人を含む多数の通行人が死んだ。締めて百人近い一般人がこれら犯人不明の爆弾テロの犠牲になった。すでに見たように、ウダイは爆発事件を政治的に利用し、叔父の内務大臣ワトバン・イブラヒムを次第に弱らせていた。一九九六年一月二十五日のこの日、アミネは殺人爆弾事件で自分が果たした役割を記録するため、自分のオフィスにビデオカメラを持ってきた。

それから一時間半、アミネはタバコに火を付ける時以外は中断もせず、雇い主がどのような工作指令を出していたかなどを織り交ぜながら、しっかりと語った。この男は、殺人を後悔して懺悔の告白をしていたのではなく、大義のための行動を爆薬と資金の不足に妨げられたことに対して、くどくどと不平を言っているのであった。

アミネの主張によれば、爆弾テロは「アドナン」の指令によって計画され実行されたものだ。アドナンとは、サダムの軍の元将軍アドナン・ヌリのことで、一九九二年にCIAのスパイになった人物である。それ以来、ヌリはクルディスタンのイラク反体制派勢力であるイラク国民合意の作戦司令官にまでなった。CIAが与えたヌリの任務は、サダムを最終的に抹殺するイラク軍内部からのクーデターの準備工作であった。

ヌリは、イラク国民合意のメンバーを殺そうとして捕まり、マスード・バルザーニのクルド民主党によって拘束されていたアミネを一本釣りして、サラフディンの刑務所から出してやった。アミネは、「ワシントンのCIAに『アミネを刑務所から出すよう』マスード・バルザーニに電話しろと言った」のは自分だ、とヌリが自慢していたのを引き合いに出して、釈放されたのはCIAの直接介入によるものだと語った。釈放されたアミネはサラフディンからスレイマニアに行き、指示を待つように言われた。だが彼はすぐ、ヌリはイラクのスパイで、自分をバグダッドに引き渡すつもりなのではないかと疑い始めた。そこで彼は、イラク国民合意の指導部に警告するため、彼らの代表部のクルディスタンにおける裏切り行為と思われる話をビデオテープに収めていた。

アミネの説明によれば、爆弾攻撃の目的は、資金提供している組織の能力をCIAのヌリの雇い主に印象付けることにあった。この目的のために、スパイは爆弾を仕掛けるだけでなく、バグダッド市内に宣伝ビラを配布する任務を与えられた。サダムのお膝元の首都バグダッドで反体制派の宣伝物を撒くのは危険を承知の難しい仕事だったが、ビラを廃棄させないため配布活動の状況はビデオカメラに記録するとヌリが言い張ったため、余計に危険度を増した。アミネはその内の一枚を手にとって見せながらぼやく。

「ビラは爆弾より高くついた。爆弾は誰かが一人でそこへ持って行き、置いてくるだけだ。ビラは二人必要だった。ビデオを撮る者と、ビラを配る者だ」

アミネは言う。このような警告をしたにもかかわらず、ヌリはいつも「アメリカ人は資金援助を止めようとしている」と焦っていた。ヌリの資金が減っていたのかどうか、報酬と経費の額を親方がいつも少しずつへずってくるやり方に、爆弾テロリストは負担しきれなくなってきた。

「われわれは車を爆破すれば二千ドル貰える約束だったが、アドナンは千ドルしかよこさなかった」といった不平に始まり、アミネはこんな不平もぶちまけた。二トンの爆薬があるはずの倉庫に一トンしか無かったが、倉庫の管理人は残りは盗まれたと言った。彼は車を買う金も、十二人の手下に払う金も無かった。ある時など、ヌリが支払ったドルは偽造紙幣だった。世界一金持ちの情報機関の下請け業者なのに、アミネは「闇市で買った時計で時限装置を作っていた」。

ビデオテープの証拠から、CIAはバグダッド爆弾事件における彼らのスパイの役割について知っており、時には抑制も示唆していたようである。(原注1) ある時アミネは、アメリカサイドから「テロリストすぎる」と批判されたこともあるが、彼は「サダム・フセインは国をめちゃめちゃに壊したではないか。どうして私たちがテロリストと言われねばならないのか?」と言い返した。

秘密工作の一兵卒が仕事の内容に好き嫌いを言うことは滅多にない。ただ一度だけ、アミネがヌリの指示を拒否したことがあった。この仕事を始めて間もない頃、別の反体制派勢力のリーダーでCIAの援助を受けているアハマド・チャラビを殺すよう言われた。ヌリは車に爆弾を仕掛ける方法を使えと言ったが、アミネはこの提案をその場で拒否した。それは、チャラビを殉教者に仕立ててしまうことになるからだった。

「奴は盗人で、何も分かっちゃいないし、ろくでも無い人間とつるんでいる。だからと言って殺す理由にはならない、しかも」

彼は言った。

「後ろにアメリカが控えているじゃないか」

道徳的分別がつかない者がいた。一九九五年十月三十一日、サラフディンで大爆発が起こり、イラク国民会議本部が入っていたビルが滅茶苦茶に破壊された。イラク国民会議（ＩＮＣ）の治安隊長を含む二十八人が死んだ（チャラビもアメリカ人もいなかった）。ＣＩＡはイラク国民会議、クルド民主党と共に一斉に捜査を開始した。ＣＩＡは爆発現場から爆弾の破片をいくつか回収したが、捜査内容は一切明らかにしなかった。クルド民主党はすぐに三人の容疑者を逮捕し、厳しい尋問の末、彼らはイラク国民合意のメンバーで、アドナン・ヌリの命令で爆弾を仕掛けたと発表した。（原注2）テープの中でアミネはヌリの責任を繰り返し告発している。

この野蛮な爆弾攻撃の犠牲者と容疑者犯人のどちらもが、ＣＩＡ（誰もアメリカが背後にいたとは口にしなかった）から資金を貰い支援を受けていた以上、ＣＩＡが捜査の結果についてだんまりを決め込んだことは驚くに値しなかった。ライバル勢力がＣＩＡの寵愛を失っていただけに、イラク国民合意がＣＩＡ上層部から反サダムの戦略配備のためのより有効な道具として一層気に入られつつあったという事実を考えると、この経緯はますますわけが分からなくなる。

一九九五年三月のイラク国民会議（ＩＮＣ）の攻撃の大失敗は、ＣＩＡの権力構造に大きな波紋を生じた。すぐに処罰が始まった。攻撃の一ヵ月後、『ニューヨークタイムズ』に、ＩＮＣのバックはＣＩ

Aで、チャラビの崇高な独立主義の隠れ蓑が引っぺがされ、そこで北部イラクの怒りを演出する、というそれまで秘密にしていた事実が洩れてしまった。五月、チャラビはロンドンのCIA支部に呼び出され、適正な承認なしに攻撃を敢行したことを容赦なく糾弾するつもりでいた上層部批判者層が出席する会議に喚問された。しかしながら、CIAにはまだ彼の友人や支援者がおり、怒れる官僚の丸め込み方をアドバイスしてくれた。

「ただ、こう言えばいいんだ。『私はやっておりません。二度とやりません』とね」

と、チャラビ派工作員の一人が助言した。

「CIA官僚は上役、下役、同僚、それから他の機関の官僚とのやり取りには慣れている」

この皮肉屋のベテラン秘密工作員は後にこう解説した。(原注3)

「彼らはアハマドのような『クソ食らえ』などと言いかねない人間の扱いには慣れていない」

そういうわけで、この大会議はアハマドが小言を食った程度でお開きとなった。

告発してきた連中を威圧してチャラビは気分が良かったが、ワシントンから吹く風は寒くなる一方だった。五月のロンドン会議の後、おそらくはホワイトハウスから直接、CIA本部はINC指導者をペルソナ・ノン・グラータ(好ましからぬ人物)とするという通達が出た。CIAはまだサラフディンにINCと協働するチームを派遣していたので、このことは辻褄が合わないようでもあり、チャラビの支持者は彼の出入り禁止を解くために策略を用いた。

十月に起きたINCへの破壊的攻撃が、イラク国民合意のスパイが仕組んだものではないかという疑惑は、CIA内部での分裂が拡大しているという劇的かつ究極の兆候であった。一時は相対的に調和の取れていた作戦行動が次第に、チャラビとＩＮＣ応援団と、イヤド・アラウィとイラク国民合意の有効性と有望さに肩入れする部分との二派に分裂していた。これは「クライアンティズム」*として知られている現象であった。

「実にまずい状態になっていた」

サラフディンで最初にＣＩＡチームを率い、チャラビ陣営に長く身を置いていたウォーレン・マリクが回想する。

「『ＣＩＡ』のイラク事務所の『国民合意支持者』が、両者のバランスを保とうと試みていただけの事務所のトップを攻撃したり馬鹿にしたりするのを見て、クライアンティズムが一人歩きしているのが分かった。彼らは『無血クーデター』構想を支持していたホワイトハウスの誰かと直接コンタクトがあったので、その方法で行けると考えているのではないかと私は疑った」

国民合意の本部はロンドンにあり、それがイヤド・アラウィの支持者がＣＩＡのロンドン支部にたむろする理由だった。しかし、まだアハマド・チャラビとＩＮＣを支持するＣＩＡ要員は、ラングレーのイラク作戦ルームに集まっていた。だがＣＩＡでも路線は真っ二つに割れていた。クルディスタンの山岳地方の都市で展開していた爆弾闘争は海を越えて戦われていたのだが、今や怒れる極秘通信でも火花を散らしていた。例えば、イヤド・アラウィがロンドンの仲間にチャラビが不渡り手形を振り出し

*クライアンティズム：それぞれに独立した団体、組織を広く育成し、決定的な状況（選挙など）になった時に有効なものを採用、利用する政治支配戦略。

たと伝えた。

「ロンドンから抗議のメッセージがワシントンに届いた。『チャラビが不渡り手形を振り出した、彼は金を何に使ったのか、けしからん話だ、などなど』」

マリクは言った。

「私は言った。『待て待て。小切手を調べようじゃないか』。私はアハマドに電話した。彼は言った。『不渡りなんかじゃない。相手が信用できないので支払いを止めたんだ』。私は裏を取った。確かに支払いは止めてあった」

些細な事では負けてはいなかったが、パワーバランスはチャラビに不利に傾いていた。彼は攻撃の失敗と、上層部が早い解決を欲しがるせいで評価を落としていた。いずれにしても、ロンドンは内部論争では有利な面があった。一九九〇年代の中頃、ロンドン支部のトップはそれまで重要なポストに就いていた実力者たちだったからだ。

「基本的に」

マリクが説明してくれた。

「まずいのは状況のせいだった。通常、ロンドンは力が無い。支部長になるのは引退寸前のロートルだ。だがこのケースでは、ロンドン支部は非常に深く関わっていた。それはイギリスとアラウィとのつながりがあったからだ。二番目に、たまたまこの時期ロンドンを仕切っていたのが、体重百キロのゴリラ、元ＤＤＯ（工作担当次官）のトム・トウェットンと元現場ＤＤＯのジャック・ディヴァインであったことだ」

「そういうことで、全体が度し難い官僚同士の争いに巻き込まれてしまった。アハマドの手形をめぐってファックスが乱れ飛び、サダム・フセイン追撃の事などどこかに行ってしまっていた」

ラングレーのCIA本部のイラク作戦ルームのドアに、一九九四年に室長に就任したボブ・マッテインリーが架けていた幟には、一九二一年に英国植民地省長官に任命されイラク担当になったウィンストン・チャーチルが書いた手紙からの引用文が記してあった。チャーチルは書いている。

「メソポタミアのごたごたが孕んでいる難渋と憎悪をこの両肩に負えば、将来政治家としてどのような結果が待っているか、私は少し不安だ」(原注4)

CIA内の関係がますます苦く分裂的傾向を帯びてくる中で、今度はなかなかの重鎮が登場してきた。

INCの一九九五年の攻勢に対応して、クリントンはジョン・M・ドイッチをCIA長官に指名した。エイムズ問題の処理に失敗し窮地に立ったウルジーは一月に辞任し、彼らの私生活に関する調査で明らかになったことから、予定されていた二名の移動人事が次々と流れた。

元MITの事務局長をしていたドイッチは、きわめて聡明な人物だった。彼はまた、きわめて野心家で、CIAに対する二千五百億ドル以上の年間予算を会計監査していた国防総省国防次官という権力ある地位を離れるのをとても渋った。CIA周辺筋によれば、彼は国防長官になることを生涯の目標として見据えていた。CIAで大活躍すれば、目標実現に大いに役立つに違いない。

新長官が国防長官の椅子を狙っているのは周知の事実で、局員間の評判は良くなかった。

「CIAを出世の踏み台と考えている長官は叩け、という不文律があった」

彼に批判的だった局員の一人は不快げに言った。(原注5)

五月に正式に就任したドイッチが、上級局員たちのお眼鏡に適わなかったとすれば、その逆もまた然りと言わねばならない。ドイッチは、部下たちの手腕や専門的能力などは当てにしていないと明言したばかりか、CIA局員をペンタゴン時代の同僚を引き合いに出しては酷評してはばからなかった。「CIA局員との会議の場に軍将校が入ってくると、よくこう言った。『やっと脳ミソのある人間が来た』」(原注6)

CIAで非常に高い地位にあった局員がはっきり言った。

「決済にサインする度、彼は『これは国防長官になるのにどれくらい役に立つかな?』とばかり考えていた」

他にも批判者はいる。

「ドイッチは人を信用しなかったし、物事を曲解していた。彼は欲しい物だけを部下に探させ、部下はその誤りを指摘していた」(原注7))

新長官は就任に当たり、CIAの「大掃除」をすると約束した。それからあらぬか、重要なポストに新顔が入ってきた。エイムズ問題の大騒動の時、八面六臂の活躍を見せたテッド・プライスは工作本部副部長の椅子を情報分析畑専門だったデビッド・コーエンに奪われた。海外旅行したアメリカ人から情報を聞きだすという単純業務しか経験していないコーエンは親分同様、工作本部のベテラン連からは好かれなかった。本書の舞台でもある近東・南アジア情報分析局は、一月にフランク・アンダーソンに代わってCIA対テロセンター出身のスティーブ・リヒターの手に委ねられた。リヒターは全局的に高い評価を得ていなかった。それはおそらく、一九八八年にＣＩＡのスパイ網がイラクで一網打尽になり、多くが処刑された事件にまつわる暗黒の部分に起因する（内部調査の結果、事件に関してリヒターはお咎め無しとなった）。

何よりも重大だったことは、ドイッチが選んだ副長官が、議会活動家から国家安全保障会議（ＮＳＣ）情報部長を務め、実地経験無しに秘密工作について習得していた頭脳明晰なジョージ・テネット*だったことである。国家安全保障会議の情報活動を監督しながら、実行可能な選択肢としてのバグダッドにおけるＣＩＡ主導の軍事クーデターの企図を絶えず推進していた人物が、いよいよＣＩＡを直接動かすトップに加わって来たのだ。

以前イラク作戦に関わっていた何人かのＣＩＡ局員は、サダム・フセイン抹殺の緊迫感が長官室フロアーの「七階」で盛り上がってきたのとタイミングを合わせるように、ドイッチが着任して来たと見ている。ドイッチの新統率班はそれまでのイラク作戦の記録を再検討した上で、イラク作戦はイラクの政治体制に総体的変更を加えるには及ばず、イラク指導者の転覆という目標それ一点に精密に焦点

*ジョージ・テネット：一九九七年から二〇〇四年までのＣＩＡ長官。ギリシャ移民の子としてニューヨークのクイーンズに生まれた。コロンビア大学卒。上院情報問題委員会スタッフを経て、クリントン大統領から国家安全保障会議情報計画委員長に抜擢された。一九九五年にＣＩＡ副長官に選ばれた後、ドイッチ長官の突然の辞任に伴い長官となった。９・11後のアフガン攻撃をブッシュに進言した功績が讃えられたが、一方でアルカイダの情報を事前に察知していた、と暴露された。イラクで大量破壊兵器を発見できずに辞職したが、ブッシュ大統領は「ジョージはアメリカのために偉大な仕事をしてくれた」と辞任を惜しんだ。

を絞って実行すべきである、と結論付けた。(原注8) ドイッチは、国防総省の兵器準備計画の運用にのっとった手順に基づき、サダム・フセイン失脚という最終目標への進展段階を設定した「道標」を発令した。抜擢された新顔局員たちは、「メソポタミアのごたごた」の難渋を引き受けようとする親分のやる気に疑問を抱いたとしても、そんなことは口に出さなかった。

「ドイッチは、がみがみ言われるのが嫌いな者を連れて来た」

ある引退した局員はそう見ていた。(原注9)

実のところ、サダムをやっつけに行くのにはちょうど良いタイミングのようであった。フセイン・カーミルがアンマンに逃げてきたという劇的なニュースの直後の一九九五年八月初頭に、フセイン王がイラクで一触即発の重大危機が展開しつつあるという慎重な報告をよこした頃に、ようやく新チームの態勢が整った。ＣＩＡはすぐにカーミルは使えないと判断したけれども、彼がヨルダン政府の手の内に入った効果はこの上なく有利なものだった。王はついには反サダム陣営に立場を変える決断を下し、その結果として重要な隣国政府との関係修復に入った。

湾岸戦争の期間中、イラクを支持するヨルダン王国国民大多数の熱い世論に押されてフセイン王が採ったサダムとの柔軟路線に対するサウジアラビアの不満は何年も解消されなかった。アンマンを反サダムの策謀拠点に使い、リヤドを作戦の資金拠点――これはアメリカとの情報部門関係のサウジの伝統的役割だったが――にしたいと考えていたＣＩＡにとって、このサウジアラビアの態度は悩みのタネであった。ある元ＣＩＡ局員は回想している。

「サウジがもたもたしているのでヨルダンの扱いには大いに手間取った(原注10)」

カーミルがヨルダンに着いて間もなく、サウジの情報長官、トゥルキ・ビン・ファイサル王子は「極秘」といいながらその実、大っぴらにフセイン王に会いに行き、今度は反対に反イラク派のヨルダン外相のアブドゥル・カリム・カバラティがリヤドを訪問した。(原注11)

九月の終わりにワシントンを訪問したフセイン王とヨルダン外相は、ラングレーのCIA本部に招かれ、さらに精密なクーデター計画の全体説明を受けた。説明の一部には、イヤド・アラウィのイラク国民合意への熱烈な支持も含まれていた。王の顧問の話によれば、クリントン大統領自らが王に全面的協力を強く要請したという。誰もがそれほど楽観していたのではない。何年も前にCIAに勤務し中東を熟知していた王の旧友の一人が注意を促した。彼はこの時、直感的に拙いと感じたと言う。「何の説明も聞いていなかったけれど、私は老農夫のように嵐の来るのが何となく分かる。(CIAの)担当者たちは経験不足だったが、やり方も違っていた。プロの仕事とは呼べなかった。第一、多くの人に知られすぎていた。あれでは極秘作戦ではなく、まるで公開作戦と言うべきだ。でも、王は私の進言を聞かなかった。(原注12)アメリカ合衆国大統領に両手を握り締められて『陛下、どうぞお助けください』と頼まれたらとてもノーとは言えないと思う(原注13)」

事態は今や一定の速さをもって進み出した。新しいCIA支部長がイラク作戦特別班と共にヨルダンに派遣された。このアメリカ人たちは、イラク側に買収されていた疑いのあった多くのヨルダン人情報部員とは隔離された特別チームの援助を受けた。この特別チームは、情報部門の新しいヘッドになったサミ・バティフキに直結し、アラブ語通訳、車両確保、イラク軍将校との秘密会合設定などの任務でCIAのパートナーをアシストする役目を負った。CIA要員は日々の作戦任務に就く前にCIA情報本部で情報分析をする。極秘工作の経験は無くとも、指令部にあっては上司に進行中の作戦に関する流暢かつ筋道の通った報告をすることで大いに評価される。

一九九六年の一月中旬、デビッド・コーエンとスティーブ・リヒターは、情報部高官の秘密大会議に出席するためリヤドに飛んだ。会議招集者はトゥルキ王子とサウジ情報機関のイラク担当将校、アブ・アブドゥル・モホサン、出席したのはイギリス情報部MI6、ヨルダン情報部、クウェート情報部であった。会議は翌日まで続き、切迫するイラク国民合意のサダム追い出しの努力を全員が支援することで一致した。もちろんサウジアラビアは、遠く一九九〇年に戻って国民合意の誕生に寄与したのだが、ここに来て創立メンバーのイヤド・アラウィとサリー・オマールの両者の仲が、おそらくはサウジ情報部からの小切手をめぐる論争で決裂しているのを目の当たりにした。アラウィはロンドンに移り、そこで再び息を吹き返し、今ではイギリス情報部の保護下にあった。会議出席者は作戦実施のための資金拠出にも同意した。アメリカは六百万ドルを保証、サウジアラビアも同額の寄付を申し出た。クウェートも拠出を誓約した。

湾岸戦争以来、イラク問題に関して同盟国間にはここまで攻撃的かつ高レベルのやり取りがなされたことは無かったし、振り返ってみても、それがなぜなのかは良く分からない。フセイン・カーミルの亡命がサダムの敵の情報機関を活気づけたことは確かだが、バグダッドがアワを食ったのは最初だけで、すぐに堅固な体制に戻った。しかしながら、CIAの人間も十分気がついていた要因が働いていた。それは、一九九六年に切迫していたアメリカ大統領選である。イラク作戦に密接に関わっていた元CIA要員たちは、一九九五年五月にドイッチが着任してから強くなった上からの反サダム「行動」

へのプレッシャーは、一九九六年の初めにはさらにまた激しくなったと言う。そんなCIA要員の一人が言った。

「一九九六年の初め頃、CIAは『これこれこういう時期までにクーデターを仕掛けろ。とにかくやれ』という命令を受けた、と私は思う。命令はホワイトハウスから出された。ドイッチはそれを承認した」

もしそのような指示が実際にホワイトハウスから出ていたとすれば、その秘密は非常に厳しく守られたのだ。クリントン大統領の再選を目指す政治戦略が、選挙とCIAの秘密工作の間にそのようなつながりのあることが全く知られていなかったことを証明している。

「当時の大統領首席補佐官ですら知らなかった」

当時の大統領次席補佐官だったハロルド・アイックは言った。

「大統領とレイク（国家安全保障問題担当大統領補佐官）と多分バーガー（レイクの次官）、それにドイッチかな」

アイックはこのような組み合わせは「きわめて有り得ない」と思う、と付け加えた。(原注14)

他方、慇懃無礼でアカデミックな雰囲気の国家安全保障会議のお偉方、トニー・レイクを知る者は、何らかの政治的収穫を当てにしていたからこそ、あのような大胆な方針を是認することができたのではないかと言う。

「彼は、意外にそうした事には欲張りだったからね」

知人の一人はそう言う。(原注15)

ドイッチ自身はそうした役得は全然無かったと否定したし、これはレイクも強く支持するところだった。しかし、CIA本部ではそうは受け取られていなかった。ある元局員は証言する。

「ドイッチはホワイトハウスの会議から戻ってきて、ぷりぷりしながらこんな意味の事を口走った。『サダムの首を持って来い（原注16）』」

政治駆け引きはさておき、一九九六年初頭、ワシントン、ロンドン、アンマン、リヤドには君臨久しいイラクの挑戦的指導者に突然の終焉が迫りつつあるのではないか、という期待が確かに高まっていた。では、このような楽観主義はどこから出てくるのか、という疑問が生まれる。しかも彼は、イヤド・アラウィには、すでに書いたように、情報機関の人間を魅了する天賦の才能があった。しかも彼は、アンマン政府と素晴らしい関係にあった。王は彼のことが個人的に気に入っていたし、アブドゥル・カバラティも同じだった。チャラビのことを「頭は良いが賢くない」と偏見的にこき下ろすのと対照的に、カバラティはアラウィを心底から賛美してはばからず、この甘い態度が迫り来る激変の試練にさらされることになる。

「私は何度もアラウィと会った」

カバラティはわれわれに言った。

「彼のイラク内政の情勢分析は印象的だった。彼は、反サダム・クーデターを大して期待していなかった」

もしこれが本当にこの時期のアラウィの意見だったとすれば、彼は一九九六年春にアンマンに派遣されていたCIAチームにはこの事を話していない。

イラク国民合意は決して能無し組織ではなかった。アラウィと組織上層部の直近の同志たちはバース党政権下では影響力を持っていた。バグダッドの有名なスンニ派宗教指導者一族の出だったサラー・アル・シェイクリは統計学者で、一九八〇年代初頭に亡命するまではイラク中央銀行の重役にまで出世していた。タハシーン・ムアッラはカシム暗殺未遂事件で傷ついたサダムを治した医師として、一時はバース党の名誉殿堂入りした人物だ。アドナン・ヌリ将軍はイラク陸軍のエリート特別隊隊員でフセイン・カーミルの同僚の娘と結婚した。こうした男たちは、多少古い情報ではあったがサダム政権の仕組みについてよく分かっていた。

イラク国民合意に望みを与えたと思われる二つ目の要素は、フセイン・カーミルの亡命を機に王がその立場を変えたことで、アンマン発進の作戦展開に同意をとりつけるチャンスが出てきたことだ。

それまではのんびり静かな場所であったヨルダンの首都は湾岸戦争以来、第二次世界大戦中のカサブランカ*のような雰囲気になっていた。アンマンはイラクと外の世界がお互いを観察するのぞき窓のような場所だった。アメリカ合衆国は、アンマンのアブドゥーン地区郊外の丘の上に、眼下に広がる市内の喧騒から隔絶された堅牢な造りの大使館を新築してその存在を顕示していた。街の中心部にある大通りのジェベル・アンマンにあるイラク大使館は、ニューヨークの国連大使に準ずる重要性を持った外交出先機関で、能力と忠誠心の両面から慎重に選ばれた大使が赴任していた。

＊カサブランカ：モロッコの首都。一九〇六年にフランスの植民地になったが、安定した植民地統治は実現されず、第二次大戦中はナチスを逃れてアメリカへの亡命を図るヨーロッパ人たちの寄港地の様相を呈していた。

アンマンは新しい人の群れで溢れていた。湾岸戦争の直後にクウェートから報復的に国外追放されたパレスチナ人がいた。そして他ならぬイラクからの難民。その多くはモスクや公園で暮らすホームレスに落ちぶれていたが、密輸成金もいた。時折ホテルを満杯にする外国人ジャーナリストは、イラク大使館に出向いては意地の悪そうな外交官にバグダッド行きビザの発行をせがんでいた。パレスチナ人と金持ち亡命イラク人の到来が、膨張する首都の建築ブームに火を付けた。中東その他各国の情報機関員が集中し、そこにサダムのムカバラートのスパイたちが混じって、それぞれの主人の危険を察知しようと街をうろつき、時には亡命者を殺害した。一九九二年、リビアに向かう途上、妻と子供の目の前で射殺された原子核物理学者のムアヤド・ハッサン・ナジも犠牲者の一人だった。(原注17) イラク国民合意と、そのスポンサーであるアメリカが特に関心を向けたのが、イラクを棄ててアンマンに腰を下ろしたイラク軍将校たちであった。中には位の高い者もいた。例えば一九九六年三月に、元イラク軍参謀長で一九九一年の南部イラクの反乱で捕虜となり（負傷したが一命はとり止めた）、その深刻さをまず示すことになった経験を持つニザル・アル・カズラジ将軍がやって来た。サダムが反乱軍からの救出を試みたほどの将軍だったが、彼は今では「サダムの政策が、我が国土と、国民と、軍隊の分裂と崩壊を導いた」と声明した。彼はイラク国民合意と「イラク軍にいる愛する兄弟たち」と手を組む意志を明らかにした。(原注18)

しかしながら、カズラジの亡命はサダムの敵陣営から本人が期待したほど拍手を持って迎え入れられたわけではなかった。カズラジはすぐさまアラウィを持ち上げていたＣＩＡグループと会見した。ＣＩＡは彼にイラク国民合意の指揮下に入るよう強く迫った。

「なぜだ?」

元参謀長は訊いた。

「私はこの人物のことを知らない」

その結果、彼は自分のやりたいようにやるということで、特に護衛も付けずアンマンの小さな家に一人引っ込んだ(原注19)。

おそらく、CIAチームは国民合意がすでに反サダム策謀への強力な鎖の輪をしっかりつなげていると思い込んでいたので、アル・カズラジのような数年前までは大変なお偉方だったタイプがいなくても構わないと思ったのではないだろうか。

一つ目の鎖の輪は、アンマンにいたイラク特別軍ヘリコプター部隊のムハンマド・アブドゥラ・アル・シャワニ退役将軍であった。アル・シャワニは北部イラクの都市、モスルの出身で、ヨルダンの首都在住ではあったが、バグダッド政府との関係は公式には壊れていなかった。

一九九四年秋、CIAの最初のクルディスタン潜入直前、アル・シャワニがイヤド・アラウィに接触を求めてきた。彼は驚くべき提案をしてきた。彼と三人の息子、アンマール、アイヤド、アティールはサダム打倒のクーデターを組織することに決めたというのである。息子たちはまだイラクに住んでおり、しかも軍隊将校で、それのみならず間違いない政治的バックボーンがなければ入れない、というかの有名な共和国防衛隊にいるというのだ。アンマールは少佐、アイヤドは大尉、アティールは中尉である。信頼厚いバース党員として知られている三人は、治安部隊に簡単にマークされることなく同志将校たちと連絡をつけることができる。

アラウィはこの電撃的ニュースを急いでＭＩ－６の仲間に知らせ、そこからＣＩＡへと伝えられた。この展開がロンドン支部とラングレーとホワイトハウスにいたクーデター待望派の情熱に火を付けた。翌年の末、アル・シャワニ兄弟がイラクの軍部と治安部内で創り上げた関係は、前述したＣＩＡ特殊部隊をアンマンに派遣して作戦計画を促進させるに十分な勇気づけになった。いよいよクーデターが差し迫ってきたが、しかしアンマンにいる支援スポンサーとしては、砂漠の彼方百キロのバグダッドにいる味方諜報員と連絡を取り合わねばならない。そこで、致命的障害が立ちはだかっていることが明らかになる。

イラクの首都に通常の行程でメッセージを送りたければ、イラク秘密警察ムカバラートが認可した専門ドライバーの手に委ねるしかない。バグダッドとの電話連絡は少なくとも戦争後、とにかく難しかった。一九九五年の終わり頃以降は、国際電話は直通ではなくバグダッドの北にあるアル・ラシュディア交換局経由になっていた。交換手はすべての通話を録音し、内容は各情報機関からの特別委員会によって検閲されていた。秘密の連絡をとるためにドライバーを使うのも命がけの危険が伴った。すべては、ドライバーがサダムの情報機関の幅広い検問網をいかにかいくぐるかにかかっていた。ムカバラートも、ドライバーの重要な役割は十分承知していて、その一挙手一投足に目を光らせていた。

チームがクーデター策動の援助を決めるや大挙アンマンに乗り込んできたＣＩＡは、このプロとして恥ずかしい手渡しメッセージ作戦を超えたものを優先させた。国民合意はそこで既存の通信衛星システムを使った盗聴不可能なハイテク暗号方式を準備した。[原注20] さらに安全を期して、交信に使う単語と文章の暗号システムをＣＩＡがレクチャーした。

このような念入りの安全対策が講じられているというのに、世界でも最も効果的な警察国家の親玉を倒そうとする企みを、ここアンマンから指揮すべきイヤド・アラウィがほとんど突然、自らの存在とその意図をべらべら喋り出したのは、まさしく驚き以外の何物でもなかった。一九九六年二月十八日、アラウィは記者会見を開き、間もなくイラク国民合意の本部をアンマンに設置すると発表した。(原注21) アラウィは、この出来事は「イラク反体制派運動における歴史的瞬間であった……イラクに一条の光が射し込み、サダムはその光から身を隠すことができない」と述べた。

「ブラックマーケットで利益を得、無防備の者に銃を向け、他人の女を凌辱する」ウダイのことを特に叩いた後、アラウィは彼の組織の活動について「われわれが成功裏に事を運び、不必要に生命を危険に晒したくなければ」ここで明らかにすることはできない、と口をすべらせた。もしサダムの治安機関が、アラウィとその部下がアンマンにいることをチェックし損なっていたとすれば、アラウィの煽動行為にほとんど気がつかないままだったろう。アラウィは、イラク国民合意のラジオ局「アル・ムスタクバル（未来）」が近くヨルダンで開局されると祝いながら、間髪入れずに次の声明を出した。彼はCNNで（イラク政府官庁では全員見ていた）、こう言った。

「われわれはヨルダンをイラクへの入り口と考えており、イラクの中にいる人たちに語りかけることが重要なのだ(原注22)」。

同じニュース番組で、ヨルダンの情報大臣が公式声明を発表した。

「われわれはいかなる体制転覆計画にも関与することはない。われわれは、これはイラク人自身が平和的に起こるべき（ママ）であると考える」

アメリカ国務省の北部ペルシャ湾問題事務局の三月中旬の極秘内部文書は、アメリカ合衆国のイラク政策が「絶対的成功」だったと結論している。(原注23)

三月二十六日、アンマン郊外の警備も物々しいイラク国民合意新本部の竣工式に、ヨルダン人名士お歴々が指導部と共にずらり顔を並べた。だがこの朝、ロンドンの日刊紙『インディペンデント』朝刊の第一面に、この二ヵ月前に採録したアブ・アミネの録音テープの内容を、本書の著者の一人であるパトリック・コバーンが紹介した記事が掲載されたことで、祝の席は台無しとなった。(原注24) 爆弾テロリストがイラク国民合意に雇われてバグダッドで爆弾テロを仕掛けていたという実に困った話や、アメリカが資金を提供していた(国民合意によるサラフディンのINC本部大量殺戮事件関与疑惑は言うまでもなく)ことが記録されたビデオも出版され、実に大事件となった。(原注25) このわずか二週間前にクリントン大統領が、エジプトの海岸リゾート地でパレスチナ過激派ハマスによるイスラエル爆弾テロを非難する「反テロ」講演を行なったばかりだった。それが今、CIAが間接的にせよ類似的作戦に金を出していたことが明るみに出たのだ。(ビデオが出版されるとヌリは急いで北イラクを脱出し、結局はアンマンに行ったが、そこで誰彼構わず喧嘩した後、最終的にトルコに消えた)(原注26)。だが、この歓迎されざるニュースの後、間髪入れずに、さらに壊滅的な知らせが舞い込んできた。

一九九六年の一月か二月のどこかで、いかんともし難い事が起きた。アンマンからバグダッドのクーデター首謀者へのメッセージを運んでいたドライバーが、敵の網に引っかかり逮捕されたのだ。これだけでも大変なことだったが、ドライバーはCIAから提供された自慢のハイテク衛星通信システムを携帯していた。CIAで激論を交わし、情報部高官の会議で討議し、大統領執務室で検討し、おそらくは合衆国大統領選挙まで計算に入れていたであろう念には念を入れて作り上げてきた計画が、一挙にガラガラと崩れ落ちてしまったのだ。

目先の効いた狡猾なイラクの情報局は、敵の動きを見破ったことをちらりとも悟られないようにした。逆に彼らは、じっと待ち、目を凝らし、耳をすました。アル・シャワニ兄弟はそれとは知らず、警戒をくぐり抜けるためのCIAの助言に忠実に従い、敵からは全く疑われていないものと思い込んでいた。

ドライバーが捕まり貴重な積荷が奪われていなかったとしても、計画が水泡に帰す可能性は十分に有り得た。元CIA局員の何人かが、イラク国民合意の内部にイラクの二重スパイがうじゃうじゃいる――「少なくとも半分」はいる――という話を伝えてきた。(原注27) 数年後、カバラティ首相は、彼もその作成に助力した計画を壊滅させた惨事を省みて、イラク国民合意の組織全体に「イラク治安機関が潜入していた。何一つ成功せず、何一つ上手く行かなかった理由は、イラクのスパイに操られていたからだと思う」と結論した。(原注28)

しかし、国民合意の秘密がサダムの治安機関に漏洩していたとすれば、ムカバラートの中枢部からもこれまた情報は洩れていたのである。

一九九六年三月下旬、アラウィがアンマン本部の開設準備におおわらわの頃、アハマド・チャラビのINCが以前接触したことのあるイラク治安機関員の一人からサラフディンに緊急の知らせが中継されてきた。それには、国民合意が釣り上げた将校は一人残らずイラク側に知られている、とあった。それだけではなく、奪われたハイテク衛星通信システムはバグダッドの情報本部にインストールされて作動している、ということであった。イラクの情報将校はラングレーのCIA本部と直接つながったことに大喜びしているらしい。（実際はアンマンとしかつながっていなかった。）

これは衝撃的なニュースだった。そして三月の終わり、チャラビはワシントンに飛んだ。CIA長官室に通されたチャラビは、ジョン・ドイッチと近東・南アジア情報分析局局長のスティーブ・リヒターとに面会した。二人は黙って座り、INC指導者は彼らの虎の子の計画が水泡に帰したという証拠の詳細を理路整然と説明した。彼らの経験とプロとしての能力が試されていた。敵にしてやられたことを認め、悠然と戦線から撤退するのか？

答えはすぐに出された。ベテラン連が注意を促した際に突っ走った若手官僚たちは、この問題を問われると全員一致で、嫌な知らせは破棄せよ、とした。これは明らかに、チャラビたちとは別に、CIAの資金と支援をめぐる強敵への意識がなせる業だった。イラク側が敵の侵入をかくも見事に出し抜くとはとうてい不可能である、と彼らは言い張った。計画が現実に承認されているのであれば、それが急いで事を運ぶ理由のすべてである、とクーデター計画の指揮監督のために送り込まれた元情報アナリストは主張した。ドイッチとリヒターが同意した。作戦続行である。

クーデターのXデーは六月第三週に設定された。自信満々のアラウィはまたもや取材を受けた。今度は『ワシントンポスト』で、どうやらCIA調査官も止めなかったらしく、「極秘」作戦が近づいていることを大っぴらにしてしまった。（原注29.9）この分別の無さに当の記者も仰天したが、アラウィは「反乱は『イラク軍』のまさに中心部から起きる……われわれは内乱を呼びかけてはいない。それとは反対に、われわれは、大衆に支持された復讐や混沌の愚挙に陥ること無き、整然と組織された軍事反乱（クーデターのこと、著者）を呼びかける」

言い換えれば、一九九一年にシーア派とクルド人を恐れてサダムの下に結集したスンニ派はインティファーダの再来を恐れる必要は無い、バース党内の過去の体制支持者への「報復行為」も無い、という事だ。記者会見の内容は、ほとんどの論調がアラウィとＣＩＡのつながりと切迫するクーデター計画を強調する形で、中東初め世界各地に放送された。

記者会見がクーデター敢行にタイミングを合わせたものだったとすれば、サダムもそろそろネズミのいたぶりはおしまいにする気になった。六月二十六日の水曜日、一斉の逮捕劇が始まる。だが大量逮捕はもっと前、おそらく二十日頃にはすでに始まっていたことを国民合意は後で思い知る。(原注30)逮捕の規模と範囲はクーデターを仕組む側がイラク軍と治安機関にきわめて広汎に入り込んでいたことを証明するものであったが、それにも増してサダムのスパイが逐一、計画の傍受に成功していたことを証明するものでもあった。

検挙された将校――最初は百二十人――は共和国特別防衛隊の超エリート、国家保安捜査総局、共和国防衛隊、正規軍に属していた。(原注31)全員がスンニ派で、バグダッドそしてモスル、ティクリート、ファルージャ、ラマディといった過去には堅く忠誠的だったスンニ派の中核地帯にある主要都市の出身だった。逮捕された中には、サダム直属で国内各部隊との確実な連絡を担当する超極秘の特別連絡部隊Ｂ-三二の将校もいた。この部隊の任務はきわめて極秘かつ重要であり、全く非の打ちどころの無い忠誠心を有する者しか入隊は許されなかったくらいだ。しかもＢ-三二の司令官だったアタ・サマワッアル旅団長自身も、逮捕・拷問され、処刑された者の中に名を連ねていた。

クサイの出番がやって来た。クサイは数年前、あのアル・ラシード・ホテルのレストランで恥ずかしそうにウダイに一歩譲っていた風であったが、ここが度胸の見せ所であった。サダムはムカバラート、国家保安捜査総局、軍情報部のトップで構成された特別委員会の長にクサイを任命した。委員会は、クーデターの陰謀に関与した者は公的地位に関係なく誰でも逮捕できると言う無制限の権限を与えられた。

バグダッド市内マンスール地区の高級住宅地にあるムカバラート本部内に置かれた委員会に連行されて来た将校は、非常に高い地位の者であった。サマワッアル将軍の他に、最強の情報機関であったアムン・アル・カース（特別治安保障局）部長オマール・アル・ドゥーリ大佐、ムカバラート所属のリヤド・アル・ドゥーリ大佐などがそれだ。二人とも前年に動乱を起こした部族メンバーだが、体制への忠誠を認められていた。ティクリート出身でアムン・アル・カースのムワッファ・アル・ナシリ将軍と他のムカバラート将校も捕まった。軍隊では数名の空軍将校と陸軍将軍二名も逮捕されたが、軍隊外ではクサイはダライム部族に対して大鉈を振るった。その結果、指導的一族の数名が検挙され、他の者はヨルダンに脱出した。

犠牲者の中には将校連よりサダムや家族と親しい者もいた。サダム一家の使用人はイラクに住むアッシリア系キリスト教徒出身の人たちであった。彼らも逮捕・尋問された。コックのブトゥルス・エリヤ・トメとウィリアム・マッティはその後、サダム毒殺計画に関わっていた事を白状したと報告された。三ヵ月後、一斉検挙者数は八百人に上ったと言われる。

言うまでもなく、陰謀の中心にいた共和国防衛隊の青年将校で、ムハンマド・アブドゥラ・アル・

シャワニの三人の息子たちは早々に逮捕されていた。しかし彼らはすぐには殺されなかった。クサイ一党には別の考えがあった。

アンマンで期待に胸を膨らませていたCIA特別チームは、その希望がこの上なく直接的に残酷なやり方で完膚なきまでに粉砕されたことを知らされた。バグダッドの敵は、イラクの勝利を思いっきり見せびらかしたい誘惑に勝てなかった。六月二十六日、例のハイテク衛星通信システムが最後の仕事をした。ムカバラートからCIAにメッセージが送られてきた。

「われわれはあなたたちの人間を全員逮捕した」

メッセージは続けられた。

「荷物をまとめて家に帰られた方がよろしい」

CIAはその通りにした。クーデターのために働いていたメンバー全員が、二十四時間以内にアンマンを去った。

「彼らは逃げた」

ある亡命イラク人は怒る。

「彼らはたぶん怖かったのだ。何を恐れていたのかは知らないが」

後に取り残されたイラク国民合意のメンバーは、顚末を記録した哀しきマスコミ声明を発表した。

「われわれはある特定の集団（国民合意はクーデター計画者をそう呼んでいた）の人間たちが尋問の際に死んだと聞いた。われわれは彼らの死を悼み、彼らの死を無駄に終わらせないことを約束する」

ヨルダンから逃げ出す時、CIAはムハンマド・アブドゥラ・アル・シャワニ将軍を一緒に連れ出し、場所がどこかは厳重に秘密にされたロンドンの安全な家に保護した。数週間後、安全なはずの家の電話が鳴った。ムハンマド・アブドゥラの長男で共和国防衛隊少佐のアンマールがバグダッドから電話してきたのだ。

アンマールはイラク当局から父宛のメッセージを読んだ。

「お父さんが一週間以内にバグダッドに来なかったら」

アンマールは続けた。

「僕とアイヤドとアティールはみんな殺される」

老いた父は泣き崩れた。

「私は何という事をした、何という事をしたのだ？」

彼は泣いてこう言ったという。

「私が息子たちを殺した」

彼はバグダッドには行かなかった。裏取引が名誉あることだとは誰も思わない。しかしイラク側がいともたやすく警戒網をくぐって来たことにショックを受けた保護者は、傷心の父を急いでアメリカに移した。

一九九六年のイラク・クーデター未遂は、一九六一年のキューバ、ピッグス湾作戦の大失敗と肩を並べるほどのCIA史上最大の失敗の一つに数えられる。[原注32] あまりにも酷い失敗に関係者は別に何事も起こらなかった風に装うことで難を逃れようとした。

「中央情報局には世界のどこにでもあるようにつねに危険が伴う[原注33]」

ジョン・ドイッチは後にこう語っている。

「いつも上手く行くわけではない。政府の政策全体に賛同する献身的な人たちが責任を持って冒す危険なのだ」

クーデター計画が事前に敵に洩れていたことを知らなかったのか（チャラビは三ヵ月前に警告していたが）と訊かれたドイッチはコメントを拒否した。

謝罪することは何も無いという立場を補強するため、ＣＩＡはアラウィを使い続け、翌年だけでも五百万ドルの活動資金を援助した。

その間、圧倒的勝利にますます大胆になったサダムは、その眼を北に向けていた。サダムの敵には新たなる敗北と屈辱が待ち構えていた。

第 10 章
サダム北上す

Chapter10

アメリカ政府は何年もサダム・フセインと対決しているうちに、次第にそれがごく当然の有形資産だと考える癖が身についてしまっていた。クルド人の土地である北部イラクは、トルコとイランの国境に逃げてきた百万のクルド人難民の惨状に憤激した西側世論が与えたプレッシャーのお蔭だけで、一九九一年にイラク政府の支配から自由になった。ジョージ・ブッシュが北部イラクに同盟国軍をしぶしぶ派兵した結果、イラク軍が撤退したお蔭で、アメリカはクルド人勢力という同盟者と、イラク本土からの情報を収集するための拠点を手に入れた。しかも、サダム・フセインが自国領土の相当部分を支配できていないという事実は価値ある宣伝文句になった。一九九一年の終わりに、これからの対サダム作戦の方向性を最初に熟慮検討していたCIA局員は、北部イラクの安全地帯(セイフ・ヘブン)の存在が、局員の一人が指摘したように「北部イラクの支配力を失ったと強調する」ことで「彼の威信に一撃を加えるPRの道具になると思い至った。(原注1)

一九九六年、クルディスタンにおけるアメリカの存在は常駐的な様相を見せていた。イラクの航空機に対して北部「飛行禁止区域」を制定し、アメリカの安全保障の目に見えるしるしとして、米軍機が北緯三十六度線上空を哨戒飛行していた。ザクホでは、アメリカと同盟国軍の将校が、一九九一年の停戦交渉で生まれ、イラクのクルディスタン撤退を引き出し、今も西側の軍事援助受け入れを象徴し続ける共同軍事センターに常駐していた。国務省の海外災害援助事務所は、年間数百万ドル分の食糧と医薬品を拠出していた。CIAチームは一九九五年三月の攻撃失敗以来、情報収集任務を厳しく限定されていたが、それでもサラフディンに忙しく出入りしていた。

しかしこの安定的状態はすべて見かけだけであった。クルドの主力二党派、マスード・バルザーニのクルド民主党（ＫＤＰ）とジャラル・タラバニのクルド愛国同盟（ＰＵＫ）が一九九四年に互いに銃を向けあったのである。一九九五年の八月と九月にアイルランドで両者の停戦会談を取り持ったアメリカ国務省には、抗争の根底にある問題の解決を求めるだけの関心も情熱も欠けていた。バルザーニは依然、ハブールの国境線で懐に入ってくる厖大な収入の分け前を渡す気は無かったし、タラバニは人口の五分の一を有するクルディスタン最大の政治的中心都市、アルビルの支配権の共有を拒否した。

クルディスタンにおけるアメリカの積極的役割が徐々に減少するにつれ、横合いからの破壊的な動きが次第に目立ってきた。トルコとイランにとって、北部イラクは関心深い地域になってきていた。一九九二年以来、トルコはＰＫＫ（クルド労働者党）のトルコ国内クルド人ゲリラの掃討に日常的に軍隊を越境させていた。イランはバグダッド政府に何ら好意は抱いていなかったけれど、イラクの支配者が永久にトルコやアメリカに取って代わられるのは願い下げである。さらに、イランはイラクのクルド人地域をクルド人だけの安全地帯（セイフ・ヘブン）としてシャットアウトしてしまいたかった。その間、バグダッドのサダムは失った領土の支配権奪還のチャンスを窺いつつ、北部地方の政治的動向に目を凝らしていた。

クルディスタンの主要政治勢力の傘下には、無数の小さいけれども力のある勢力、特にハルキ族、スルチ族など、険しい渓谷に住む未だに半封建的社会制度を堅持する部族や氏族が控えていた。スルチ族は、この名の一族を首長に十二あまりの村を治め、数千人の部族軍隊を擁し、遠くロンドンやカサブランカで企業経営を行ない、これら半独立共同体の中でも最強の存在であった。

山の頂上に位置するスルチ族の本村、カラキンはハミルトン街道を見下ろす戦略的要所にある。ハミルトン街道は一九二〇年代にイギリスがクルディスタン中心部へのアクセスとしてニュージーランド人技師アーチボルド・ハミルトンに建設させた道路である。ほとんど道らしい道のないここでは、唯一の「道路」だ。クルディスタンの州都アルビルからイラン国境の町ハジ・オムランまで山岳地帯と平野部を結ぶ。この細く曲がりくねったハイウェイ道路を制する者がクルディスタンを二分することができるのであり、そのために高い代償を払った武力抗争が繰り返されてきた。三十五年間にわたってほとんど戦（いくさ）が絶えることの無かったこの土地でさえ、ハミルトン街道の血なまぐさい歴史はつとに有名である[原注2]。カラキンの麓で道路は、機関銃一丁あればそこから軍隊を釘付けにできると言われる黒い岸壁がそそり立つガリ・アリ・ベグの深い渓谷に入る。一九五〇年代あたりから、スルチ族はハミルトン街道に関所を設けて旅行者を待たせ、どこだかわからない山上の砦から旧式のイギリス製ヴィッカーズ機関銃を時折ぶっ放しては脅かし、通行料を巻き上げるようになった[原注3]。

　一九九六年頃になると、カラキンの首領たちは山の砦を下りて、一族の敷地内の豪邸に住むようになったが、ガリ・アリ・ベグは特にマスード・バルザーニとクルド民主党（ＫＤＰ）にとっては常に重要な戦略的要衝であった[原注4]。ここは、東部クルディスタンを支配するジャラル・タラバニのクルド愛国同盟（ＰＵＫ）との断続的な内乱の際の前線守備隊への主要補給路でもある。アメリカが仲介した若干不安なアイルランド停戦協定はまだ守られていたが、状況は基本的に不安定であった。バルザーニはその軍隊のライフラインを何としてでも防衛しなければならなかった。

　一九九五年にバルザーニとタラバニが戦った結果、スルチ族は、バルザーニのテリトリー内に組み込まれ、それ以来、居心地の良くない中立的立場を維持していた。ここでバルザーニは裏切りの疑念を抱いた。バルザーニの諜報機関が、スルチ族の六十五歳になる首長フセイン・アグハ・アル・スルチの長男のザイエドと東部クルディスタンのクルド愛国同盟（ＰＵＫ）部隊との無線交信を傍受した。クルド民主党（ＫＤＰ）は交信内容が軍事情報で、バルザーニの動向を詳しく伝えており、暗殺の可能性につながるものだ、と主張した。

バルザーニの部下のベテラン中尉、ホシュヤール・ジバリは、そこで起きたことにスルチ側は驚かなかった、と言う。彼が言うに、クルド民主党（ＫＤＰ）は「ザイエドに去るように言うか、無線機だけでも渡すように言うか」要求した。(原注5) スルチ側は拒否した。彼らは要求をまともには受け取ることができなかった。というのも、攻撃に対する準備ができていなかったからだ。彼らは手ごろな民兵も動員していなかったし、フセイン・アグハの豪邸も防備されていなかった。クルド民主党（ＫＤＰ）は兵力を大量に動かす必要は無かった。戦略的重要性を考えて、近くのハミルトン街道の反対側、カラキンの東にあるスピリクの旧イラク軍要塞にすでにペシュメルガを配備していたからだ。クルド民主党（ＫＤＰ）の早朝奇襲攻撃は大成功であった。

「父は、マスード・バルザーニがお昼を一緒にするためにやって来ると思っていた。攻撃してくるとは思っていなかった」

ザイエドの弟のジャフワルは言う。

「父は、三、四人の護衛に守られて休んでいた時に攻撃を受けた」(原注6)

午前五時、ＫＤＰのペシュメルガがカラシニコフ自動ライフルとロケット推進擲弾でフセイン・アグハの山荘を襲撃した。護衛が反撃する。攻撃側は降参しろと叫ぶが、護衛は拒否して戦闘を続けた。彼の家族の話によれば、アグハ老は圧倒的不利にもかかわらず四時間以上の戦闘を戦い抜いた。しまいに彼は、良い位置から撃とうとして家の平屋根に上った。

「父はロケット弾を食らった」

ジャフワルが語る。破片で負傷したアグハは階下に担ぎ下ろされた。クルド民主党が踏み込んで来て、血を流して倒れているアグハを射殺した。三人の護衛も殺された。

クルド民主党（ＫＤＰ）はフセイン・アグハ殺害が目的ではなく、ザイエドを拘束するためにカラキンを攻撃したと言って譲らない。スルチ族の首長の死は「不幸な出来事」であり、戦闘による偶然の産物であると言う。この釈明は偽って伝えられ、スルチ一族が持っている村中の家が怒りですべて打ち壊された。数日の内に解体屋泥棒がやって来て山荘を狙い撃ちにし、金になるコンクリートの補強鉄骨を丹念に取りはずした。残骸となったスルチ一族の銃弾の穴だらけの豪邸跡をアヒルが餌を探して歩き回っていた。(原注7) カラキン近郊にある三百万ドルをかけたスルチ族の養鶏場は解体されてイランに売り飛ばされた。「二束三文で！」とジャフワルは嘆く。狙われていたらしいザイエドは戦闘中に脱出し、一族の者とバルザーニへの永遠の復讐を誓い合った。

クルディスタンでも尊敬を集めていたスルチ族の首長殺害事件は大きなショックだった。このことから、いかにバルザーニが防衛態勢を固めようとしているかが分かった。

「マスード・バルザーニはもっぱら物静かで温厚な人だと言われていたが、生き残りをかけるとなると話は違う(原注8)」

と見るクルド人もいる。

「バルザーニはクルド愛国同盟（ＰＵＫ）が彼の抹殺を決めていたのを知っていた」

スルチ族がすぐに寝返ると見てバルザーニが迅速に反応したのは、北部イラクにまた内乱が始まると彼が判断したしるしである。彼は正しかった。しかし今度は、クルド人だけの戦いとはならなかった。

マスード・バルザーニよりも心変わりの激しいジャラル・タラバニはクルドの政治において、つねにギャンブラーと評されて来た。一九七五年のクルドの大敗を受けてクルド愛国同盟を樹立して以来、タラバニはイラク的基準でさえ驚くようなめまぐるしさで、組む相手を次々と変えた。一九九一年、彼はサダムの頬に接吻した最初のクルド人となった。これには多くの西側の同志たちはもちろんのこと、多くのクルド人たちが驚かされたが、その後彼はバグダッドとの協定を破棄した。

スルチ族殺害後の重苦しい静寂の中、タラバニはさらにまた危険な賭けの準備を整えつつあった。彼はクルディスタンの権力バランスを変える計画で、それを大国の力を借りて実現しようとしていた。大国とはイランである。

タラバニにとってイランの協力は不可欠だった。他のクルド人指導者と同様、彼はカラシニコフやロケット推進擲弾（RPG-7S）などには不自由していなかった。これらの武器はクルド人なら誰でも備えているものだ。彼はまたロケット弾発射機や百五十五ミリ砲を含む迫撃砲を備えていたが、それらを使うにしても必要なのは弾薬だった。それはイランからしか手に入らない。イランとの国境線沿いに部隊を安全に移動できるイランの道路網を使わせてもらうだけで、バルザーニと有利に戦えた。そうすれば部隊を集中して敵の側面に回りこみ、どこからでもクルド民主党を攻撃できる。

それと引き換えにタラバニは、イランのクルド人勢力「イラン・クルド民主党」*弾圧への協力を提案できた。[原注9] 一九九六年にバルザーニ軍が奪った文書には、タラバニがイラン情報部に協力したことが明記されている。イランのクルド人活動家はイラク・クルディスタンで捕らえられイランに引き渡された。スルチ殺害直後、タラバニはさらに駒を進めた。彼の生地であるホイ・サンジャクに土壁と機関銃で防備を固めたイラン反政府ゲリラの拠点があった。七月、タラバニはイランの革命防衛軍二千人の中隊の導入を承認した。八月、イラン・クルド民主党は、イランに対するあらゆる軍事行動の停止協定をタラバニと結んだ。これが、これから始まる戦いへの支援に対するイランへの見返りとなったのは言うまでもない。

形勢悪しと見たバルザーニは、自分も外国の力を借りようと必死になった。彼は、イランの不気味な脅威が迫っていることをワシントンに懸命に訴えた。例えば彼の部下など、イランが「七月二十六日から二十七日の夜に、部隊にハジ・オムランを通過させて欲しいとクルド民主党指導部に接触してきたが、バルザーニはそのような許可を与えることは拒否した」という報告を国家安全保障会議の中東担当官にファックスした。[原注10]

ワシントンは、クルド民主党（ＫＤＰ）が単純にイランの鬼っ子をいじめることでクルドの党派闘争への支援を勝ち取ろうとしているだけだから別に騒ぐことなどない、と勝手に解釈していたかもしれない。これは非常に近い将来に多数のイラク人にとって致命的ともなる勘違いだった。

「アメリカの最悪の勘違いは」

非常に鋭い眼を持ったクルド人評論家のカムラン・カラダギが後に言った。

「クルド人にはどこにも行き場所がない、と考えたことだ」

八月十七日、カラキン事件のほぼ二ヵ月後、クルド民主党が攻撃に出た。これは一九四六年のクルド民主党結成後、五十周年記念の祝賀大パーティーに党指導部が出席する日にきっちりとタイミングを合わせたものだった。クルド愛国同盟の事務所や検問所は黄色の党旗と、マスードの父でクルド民族自決闘争の英雄、ムッラー・ムスタファの写真で飾られていた。

初日の戦闘はクルドの山岳地帯特有の戦争になった。戦闘範囲の大きさに比して、部隊の数は多くなかった。クルド愛国同盟（PUK）にはおそらく最大でも七千から八千人の熟練ペシュメルガと五千人の民兵がいた。(原注11) クルド民主党（KDP）も同じような兵力だった。両軍とも村々、戦略要所、いくつかの舗装道路を押さえようと試みた。前進と後退を素早く繰り返す戦いだった。両軍とも中核部隊に大きな犠牲者を出すのは避けたかった。

序盤戦はタラバニのペースで進んだ。ハミルトン街道の北端にあったクルド民主党部隊はあっという間に粉砕された。指揮官が言うには、それは「イランの迫撃砲とロケット弾の助けを借りた攻撃」を受けたからであった。

場所を移動したクルド民主党隊もあった。敗れた陣地では、前線のバルザーニ兵は弾がどこから飛

＊イラン・クルド民主党：一九四五年に結成されたイラン国内クルド人地域の反体制派グループで、クルド人の主権を主張する。議長はムスタファ・ヒジュリ。一九四六年に独立国マハバド共和国を建国したが十一ヵ月で政府軍とソ連軍に粉砕され、指導者は処刑された。長い地下活動の後、六〇年代後半にシャー体制打倒に立ち上がったがまたも失敗、ようやくイスラム革命後に合法化されたが、次々に指導者が暗殺され事実上弾圧下のまま現在に至る。民主主義、反テロ、自主独立がスローガン。

んでくるのか、タラバニ軍なのかイランの砲撃隊が国境の向こう側から撃ってくるのか、区別がつかなかった。それでも、クルド民主党司令部は敵の優勢は、ただ外国人助っ人のお蔭にすぎないと頑固に信じていた。バルザーニ陣営で外部とのパイプ役を中心的に担っていたホシュヤール・ジバリはその時、「イランの歩兵砲とカチューシャ・ロケット砲発射機を使った」攻撃を抑えるのは不可能だと進言した。(原注12)

北部イラクで全面戦争が勃発したにもかかわらず、米政府は何の関心も示さなかったばかりか、事態に気づいた素振りすら見せなかった。わずか二ヵ月前には、ワシントンがかくも期待し確約し、CIAが支援したアンマンからのクーデターがいとも簡単にサダムに見破られた。クサイの拷問・処刑班は今も陰謀の残党狩りを続けていた。クリントン大統領は勝利確実と思われていた中間選挙のキャンペーンの真っ最中で、外交政策はほとんど現政権の課題になっていなかった。この時期にイラク問題を持ち出す者は政権内には誰も見当たらなかった。

クルド愛国同盟・イラン連合がバルザーニに猛攻をかけた日、バルザーニは国務省の近東問題担当次官補のロバート・ペルトローから和平会談のためにタラバニと会う、という意味の手紙を受け取った。四日後、バルザーニはペルトローにファックスし、介入を要請した。

「われわれとしてはアメリカ合衆国に対し……北部イラクへの干渉を停止するよう明快にイランに伝えてもらいたい云々」(原注13)

要請には不気味な警告が付け加えられていた。

「われわれの選択肢は限られており、アメリカが政治的反応さえ見せない以上……残された唯一の選択肢はイラク人である」

バルザーニはこれで、一九九一年以来アメリカの高官が何度となく繰り返してきたアメリカの支援の約束が、父親たちの時代になされた約束と同じように無価値なものである、と言い切ったようなものであった。八月二十二日、ペルトローがもたついている間に、バルザーニは彼の兄弟三人を殺し、意図的に彼の部族八千人を殺害し、つい八年前には二十万人のクルド人を殺戮した男に助けを求める文書をしたためた。サダム・フセインは要請を受けた。

「閣下、外国イランの脅威を和らげるべく介入願いたい」

サダムは喜んでこれを受けた。彼は気分の良い夏を過ごしていた。六月にCIAが面倒を見たイラク国民合意のクーデターを粉砕しただけでなく、副首相のタリク・アジズがアメリカの爆撃の脅威を手際よく回避していた。爆撃の脅威は、ロルフ・エケウスのUNSCOM査察官が、イラクが隠している兵器に関する情報があると睨んだ一定の「疑わしい場所」へのアクセスを試みた結果として生じたものであった。当該の場所の警備担当者は、査察官の立ち入りを阻止するよう指示されていた。UNSCOMはこれを安保理に訴えた。アメリカは、イラクが最初の停戦決議に「実質的に違反」していると安保理が認めるものと思っていた。そうなればアメリカはイラクに報復的軍事攻撃を加える権限が与えられる。しかし、エケウスは六月二十二日にバグダッドに飛び、危機を収拾し攻撃を回避させる合意にこぎつけた。彼が譲歩しすぎると思っていた米政府は極度の苛立ちを見せた。

サダムは国際情勢の風向きが十分有利に向いてきたと感じた。二ヵ月後にバルザーニの要請が届いた時サダムは、北に介入する危険を冒してでも、アメリカに歯向かおうという気になっていた。

八月最後の週にクルド民主党指導者バルザーニが出した、このままだとフセイン側につくしかないと必死で警告するワシントンへのいくつかの手紙は、彼の本当の狙いを覆い隠すものだった。彼はすでにサダムと話をつけていた。ハミルトン街道の南端を見下ろす尾根にあるサラフディンのクルド民主党本部では、タラバニの電撃戦を恐れていた。すぐにでも支援が受けられなければ、バルザーニは完全に敗北する。そこで今なすべきことは、何が起きているかをアメリカに教えないことだ。バルザーニはそこで八月三十日にロンドンのアメリカ大使館での会合に特使を派遣することに同意した。この時点で、バルザーニとタラバニのどちらもアメリカの仲介には関心が無かった。ペルトローは後に、タラバニに電話して停戦協定をまとめるように言うと、彼は「全面的協力を約束したが、(しかし)何もしなかった」と説明した。(原注14) アメリカ人外交官の話によると、アメリカには介入する力が無かった。国務省は提案された介入努力に資金を提供することを拒否し、国防総省は北部イラクには一切関わりたくなかった。

人口六十万人、クルドの州都で世界最古の都市の一つでもあるアルビルの現地では、政治情勢の変化はロンドンやワシントンよりも明らかだった。一九九一年にイラク軍がクルディスタンの大部分から撤退してから、町から二十五キロから三十五キロのところに強固な防衛線が建設された。土地は平坦で、いくつかの防御壁以外にはイラク軍を防ぐ手立ては無かった。

イラク軍の戦車がこうした防御戦を蹂躙して北上するのを、北部イラクの住民が恐れるのに無理は無い。特にあるグループにとっては、このイメージははっきり言って恐ろしいものだった。昔のパトロンＣＩＡの憶えもすっかり芳しくなくなったアハマド・チャラビだったが、イラク国民会議（ＩＮＣ）

の存在はクルディスタンではまだ格としていた。兵士数千人、行政担当、情報担当、通訳、放送担当、宣伝広報担当など多くが、地域クルド人とはつながりの無いイラクのアラブ人だ。もしサダムが戻ってきたら容赦の無い目に遭わされる、そんな立場を貫くに一点の曇りも無い人たちであった。

他方、党派闘争中のクルド人勢力の間に立って調停役を演じていたINCは、一九九四年に実力も人気も絶頂期を迎えていた。アメリカが八月三十日開始予定の和平会談を召集していたロンドンでは、アハマド・チャラビが新たなINCの仲裁の労に対する支援を要請していた。戦闘の規模からすれば（タラバニは勝つ自信があった）、このような努力をするべき時期はもう過ぎていたと言える。しかしいずれにしても、先立つ物がなくてはそれもできない。チャラビや、クルディスタンの事情に詳しい者は、仲裁を買って出る者には、交渉の成立はさておいて、仲裁者自身の安全を確保するために、両陣営の司令官連中に金をばら撒いて事を円滑に運ぶ能力が必要なことが良く分かっていた。それにもかかわらず、国務省内にはこれも悪くない投資ではないかと考える官僚がいた。もっと上の政府官僚たちは、アハマド・チャラビへの嫌悪感からこの考えに反対したと言われる。だが、ロンドンに待機するチャラビは希望を捨てず、北部イラクの部下たちに準備は怠るなと指示していた。

現場サイドにあったINC指導者の一人に、イラクの情報機関と軍に送り込んだスパイを使って、優れた情報活動を指揮していた、抜け目なく老練なアハマド・アラウィがいた。アラウィは、八月十七日にタラバニがKDPとの争いをおしまいにする努力を開始した直後に「民間と軍隊のイラク情報網から、イラクが北部大攻撃を準備しているという報告が出始めた」と言う。アラウィはこれをロンドンのINC本部に伝えた。(原注15)

翌週ずっと、アラウィは奇妙かつ究極的には悲劇的なジレンマの板ばさみになった。一方に新生INCの仲裁努力への期待があった。もし、ふたたびこの役を引き受けるのなら、INCは分散した兵力を再結集する必要があることは分かっていた。

「われわれは兵力を総動員した。全部で二千二百人から二千五百人の将校と兵士がいた。軍事訓練を開始し、アルビルの地図を渡した」

イラクの攻撃の噂はますます強まっていた。八月二十九日、アラウィはイラク軍の後方に斥候を送り、情報を集めた。イラク軍は間もなく動きを開始するだろうという情報提供者の報告が返ってきた。

「八月十三日、われわれはアルビル周辺に防衛線の構築を開始した」

アラウィは言う。

「それと同時に、クルド民主党とバグダッドが取引したとの報告を受けた。すぐにロンドンに知らせた」

ロンドンの本部にいたINC幹部のガニム・ジャワドと同僚たちは、アルビルからの衛星電話でアラウィが伝えてきた内容に警戒心を抱いた。チャラビはこのニュースをアメリカに伝えた。しかし、バルザーニのロンドン代表の言葉は、進行中の事態への恐れを和らげるよう指示されたものだった。八月三十日の大使館での会議で、アメリカの外交官がクルド民主党代表の一人に、クルド民主党とイラクとの間に何が起きているのか問いただした。

「何も起きていない」

クルド民主党代表は答えた。

「すべて通常通りだ」

それでも、サラフディンのＣＩＡチームは遅ればせながらもアラウィたちの報告に耳を澄ませていた。八月二十七日、イラクの攻撃が切迫しているというＩＮＣからの情報をベースに、ＣＩＡ要員は車に飛び乗りトルコ国境まで急行した。彼らはサダムが動き出した場合、前線近くにうろうろしているつもりは全く無かった。初期からＣＩＡが育て作り上げたイラク国民会議（ＩＮＣ）の仲間たちも逃げた。自力で何とかするだろう。

イラク軍の攻撃は八月三十一日土曜日の午前四時五十一分に、アルビルの東、西、南から猛烈な砲撃とともに始まった。防衛隊は数機のイラク軍ヘリコプターを目撃した。三十分後、ほぼ全員が元イラク軍兵士のＩＮＣ民兵と約三千人のクルド愛国同盟ペシュメルガの散発的な銃撃に向かって、イラク軍戦車隊が前進を始めた。

前進するイラク軍が向かっていたのは、アルビルの真東、イラク軍前線から四キロのところにあるクシュタパのＩＮＣ駐屯地だった。基地は丘陵などの自然要塞に守られていなかった。基地は幹線道路に近いという理由だけでここに設置されていた。大量のＩＮＣ兵士がロンドンからの仲裁努力のための命令を待つため、ここの巨大な車庫に集合していた。クシュタパは、一九八三年にサダム・フセインがバルザーニ部族の男性八千人を虐殺してから、残りの婦女子を連行してきた場所として知られていた。そこが再び悲劇の現場となろうとしていた。

「イラク軍は戦場を真っ直ぐに突っ切ってやって来た」

ガニム・ジャワドは語る。

「イラク軍は朝の七時か八時に基地を包囲し、ＩＮＣ兵を捕虜として捕らえると塹壕に突き落とした」すぐに処刑が始まった。八月三十一日の午後遅く、息子を探しにやって来たある女性はイラク兵に基地の前庭に入ることを許可された。溝が二本掘られ、その中に殺されたＩＮＣ兵が投げ込まれ、その一つには二十八人の遺体があった。流れる鮮血に、直前まで殺戮があったのだと思った、と彼女は言った。九十六人がここで殺された。六人か七人だけが、クルド人ペシュメルガの軍服を着て、クルド語を話し、クルド民主党所属を装って脱出した。「挟み撃ちにされ、逃げ道を失った」のでわずかの兵しか逃れることができなかった、とアハマド・アラウィは言う。

イラク軍はクシュタパでＩＮＣを虐殺し、その間、戦車隊はアルビルの町に向かった。市内にいたクルド愛国同盟（ＰＵＫ）の指揮官コソラト・ラスルには、三千人の軽武装兵だけしかおらず、それだけでは三万人から四万人のイラク軍の前進を防ぐのは不可能だった。彼は、前日からずっとイラク軍の動向に極度に神経質になっており、スレイマニア郊外の本部にいたアハマド・アラウィやジャラル・タラバニに情報を求めて、繰り返し電話していた。

タラバニはその間、ペルトロー国務次官補にイラク軍が来ていることを知らせ、アメリカの介入を嘆願するために狂ったように電話にかじりついていた。ペルトローは、もしサダムが実際に北に踏み込んだら、そこには「深刻な事態」が訪れると確約する返事をよこした。ベテラン外交官は、アメリカの軍事介入を直接にはなかなか約束しなかった。タラバニはしかし、ペルトローの慎重な言葉づかいを、アメリカの支援は進行中か、少なくともこのメッセージは部隊に届けられている、と解釈する方を選択した。アルビルの前線では、防衛隊がアメリカの爆撃機が飛んで来てまず敵の頭上に爆弾を落とすのを今か今かと待っていた。

イラク軍の市内への前進はゆっくり、かつ整然としていた。サダムもまたアメリカの動きを気にしていたであろう。午前十時四十分、アメリカ空軍機の爆音を聞いた防衛隊の気勢は上がった。二十分後、さらに多くの爆撃機が姿を現わしたが、そのまま飛び去り二度と戻って来なかった。アラウィはこの戦いに望みは無いと言った。

「戦車と共和国防衛隊を敵にまわして、あるのはカラシニコフAK-四七SとRPG-七S（ロケット推進擲弾）だけだった。午後二時、イラク軍戦車隊が町に入り始めた」

午前中のほとんどの時間、二年にわたってアルビルを抑えていたクルド愛国同盟（PUK）指導部はどうすべきかの方針をめぐる議論に終始していた。結局アラウィは彼らにイラク戦車隊が市の中心部にいると伝えた。クルド愛国同盟指導者はそこで初めて最終指令を出した。

「全員何としてでも脱出せよ」

夕刻七時、イラク国旗がアルビルの中心にあるクルド議会庁舎の上にひるがえっていた。イラク治安部隊は間髪入れず、敵兵の隠れ場所を恐ろしいほど正確に知っていることを見せつけた。西側外交官とクルド人政治政党はその後INCの兵力をけなしたが、イラク情報部は敵を侮ることなくINCの幹部とメンバーの捜索を迅速に展開した。十九名がイラク治安部隊に逮捕されてバグダッドに連行されたが、その後の消息は不明である。安全に脱出したCIAチームが置き去りにした人たちがその後どうなったのかを尋ねられて、ロバート・ペルトローは恐ろしいほど平気な顔をして答えた。

「殺された者がいるかどうかお尋ねなのですか？　INCの人間が沢山殺された可能性は非常に高い

です。しかし、INCは独立団体ですから」[原注16]

アルビル陥落の日、テネシー州トロイでキャンペーン中のクリントン大統領は、バスの中で、この状況に「非常に憂慮している」とコメントし、「対応を探るにはきわめて未成熟な段階である」と述べた。[原注17]ウィリアム・ペリー国防長官は、アメリカの重要な関心はイラクの南部と「戦略的地域」に集中していると述べ、サダムがアメリカの対応をさほど危惧していなかったことを暗に認め、さらにこう付け加えた。

「私は、我が国が北部イラクの内戦に関与すべきではないと判断している」

五年に及んだアメリカの北部イラクへの関与は瞬時にして忘れ去られた。[原注18]

九月二日と三日に行なわれたアメリカの報復攻撃は、アメリカがこの地域に及ぼす力の限界をはっきり指し示すものとなった。湾岸戦争時には頼りになる多国籍同盟軍の一翼を担っていたサウジアラビアとトルコは、自国からのアメリカ空軍機の出撃を初めて拒否した。クリントンはそこでペルシャ湾の戦艦から無人巡航ミサイルを発射させたが、二日間に四十四発放ったミサイルはナーシリヤのイラク軍司令部と空軍防衛センターを標的にしたもので、戦闘地域からははるか南にあった。世界の人はいざ知らず、イラク人もクルド人も隣国の人たちも、ミサイルがアルビルから六百キロ以上離れたところに撃ち込まれていることをよく知っていた。

「アメリカ人のイラク地図は方角が違っていたのだろう」

INC幹部が苦々しく言った。北を避けたことについてアメリカ政府筋から出た言い訳には、タラバニのバック、イランの同類と見られる怖れがあったから、というのである。[原注19]アメリカはまた、南の飛行禁止区域を拡大した。これも北緯三十二度線から三十三度線に平行した北方百十キロにあるイラク・シーア派を守るには全く効果が無いことが判明した。

「われわれは南部でサダム・フセインを苦しめた(原注20)」

メイドリン・オルブライト国連大使による、大失敗をつくろう発言である。

「やっつけましたとも」

成功だと言い張る公式声明をどう上手く収めるか、お鉢がCIA長官のジョン・ドイッチに回ってきた。彼は九月十九日の上院情報問題特別調査委員会で直截的に報告した。

「(サダムは)最近数週間、北部イラクに軍隊を派遣したことで中東において以前よりも政治的に力を増した」

六月のクーデター失敗で老獪さと聡明さを身に付けたドイッチは、クリントンに自分を国防長官にする意思が無いのを知っていたのであろう、近い将来サダムが倒されるような見込みもわずかしか無い、と発言した。ほんの四ヵ月前に同じ委員会の場で「サダムが来年まで生き残る見通しは低下している」としたCIAの情勢分析とは、はっきりと対照的である。(原注21)

サダムは六年前、アメリカが彼を懲らしめる気概と兵力を集結させている間、愚かにもクウェートに長居しすぎていた。サダムは、町をほぼ手中に収めるや否や、アルビルから軍隊を撤退させて、同じ過ちは繰り返さなかった。恰好だけはクルド民主党が統治していた。町中の建物の上にクルド愛国同盟の緑の旗に代わり、黄色い旗が立てられた。戦車隊は撤退したが、イラク治安部隊が後ろに控えていた。

サダム・フセインとファウスト的取引を交わしていたクルド民主党は、これ以上深入りするつもりが無いことを示したくて仕方がなかった。イラク秘密警察ムカバラートが、クルド民主党と友好関係にあったクルド人イスラム教徒の小集団のメンバーを拘束すると、バルザーニの部下たちは彼らを釈放しなければアルビルのイラク情報部員を捕らえて殺すと脅した。その間モスルの情報本部で、ワイヤーで逆さ吊りにされ拷問されていた八人のイスラム教徒は、驚いたことにアルビルに送り返され釈放された。(原注22) クルド民主党はクルド人とアメリカに対してサダムとは「限定的協定」を結んでいることを証明したかったのだ。

アメリカのトーンダウンは、クウェート侵攻以来、初めての政治的勝利をサダムにもたらした。サダムは特に、速やかに撤退すればアメリカは介入しないと読んでいたが、その読みは的中した。アルビル陥落はアメリカでは政治的反響は呼ばなかった。共和党大統領候補のロバート・ドールは、顧問たちの要請にもかかわらず、この事をキャンペーンの争点にするのを嫌がった。おそらく彼は、クウェート侵攻前にイラクを訪れてサダムに会った時、おべんちゃらを言ったのが公式に記録されていたのを意識したのだ。(原注23)

アルビル占領が与えたインパクトはアメリカやヨーロッパにおいてよりも、イラクと中東の方がはるかに大きかった。ヨルダンではアル・カバラティ首相が「アメリカ人よ」と呼びかけた。「あなたたちとは一切関わりたくない。あれをただの困った出来事と済ますことはできない。あれは反逆にも等しい行為である」(原注24)

アルビル陥落とともに、クルディスタンの戦いの流れはみるみるうちに方向を変えた。バルザーニの軍隊は、イラク人の援護を失ったクルド愛国同盟を追いまわしていた。タラバニの軍隊は、イラクが敵を化学兵器で助けている（タラバニはこれでアメリカの介入を誘う気だった）と言う指導者の馬鹿げた主張にさらに戦意喪失し、イラン国境までだらだらと後退して行った。

その間、クルディスタンにいたイラク国民会議（ＩＮＣ）の生き残りは必死に遁走した。クルド民主党とイラク秘密警察ムカバラートとの協力関係が一体どれほどの程度のものなのか誰にも分からなかった。多くがトルコ国境に近いザクホを目指したが、約二百五十人が、長く本部拠点にしていたサラフディンのアル・ハドラ・ホテルで網に引っかかった。そこからあまり遠くないところにある、以前ＣＩＡチームが根城にしていた家は空き家になっていて、クルド民主党が警備していた。ＣＩＡの連中は、ちょうど今起きているような危機が発生した時のために綿密な脱出計画を立ててある、とよく言っていた。そうした脱出計画があったのは事実だが、アメリカ人のためだけであった。イラク国民合意の者たちはとにかくトルコに逃れたかったが、その前にクルド民主党が自分たちをバグダッドに引き渡すのではないかと怖れていた。

こんな緊張の一日一日、ホテルの中では恐怖感と敗北感がほぼ具体的な形で現出していた。イラク人は時にチェーンスモーカーだが、アルビルの虐殺から逃れてきたこの男たちはほとんどひっきりなしにタバコを吸っていた。事務所のパンパンになったソファに座り込む彼らの後ろの壁には、サダムの剣を交差させた有名なバグダッドの凱旋門が、ＩＮＣの昇る星の前に崩壊する絵のポスターが貼ってあった。

「われわれの死が近づいている」

リーダーの一人、アハマド・アル・ナッサーリが言った。

「イラクのスパイがうようよいる。われわれは武器を棄てることはできない。クルド民主党はサダムの手先だ」

九月十五日、アル・ハドラ・ホテルの前庭は、彼らをザクホまで運んでくれるという青と白に塗ったバス十台とトラック二台に群がる軽機関銃を持った男たちで暴動のような有様だった。

「クルド人が何も言ってこないなら、出て行こうじゃないか」

ある男は絶望的に言った。

出発許可が出るまで数日待たされ、彼らの神経は参っていた。皮肉にもクルド民主党は、イラク国民合意の出発を引き延ばしながら、外国の支援機関と組んでいたクルド人やイラク人の脱出も遅らせていた。なぜなら、彼らはアメリカのクルディスタン介入の象徴だったからだ。バルザーニがどれほどアメリカに不信感を持っていたとしても、彼はイラク軍による全面的占領を防ぐために、アメリカ空軍機が監視していた飛行禁止区域は守って欲しかった。しかしながら、彼らの窮状を伝える記事がワシントンで報道され、少なくとも彼らを国境まで行かせてやるようクルド民主党に圧力をかけないと米政府の面目が立たなくなった。(原注25) ある政府高官は、匿名で九月九日付の『ワシントンポスト』紙に、CIAは「当該組織に資金提供したことはほとんど無く、イラク国内におけるその活動を指揮したこともない」ことが、この道義的に問題が残る現場の決定の理由だったとし、足止めを食っているイラク国民会議派メンバーを現実的に救出する試みはなされないだろう、と語った。(原注26) さらに同高官は、サラフディンのCIA要員は「(イラク国民)会議に対し四月のイラク軍の攻撃について前もって警告し、避難のための十分な時間を与えていた」と語った。この点を振り返ってアハマド・チャラビは、CIA要員に「正直者がいないのは知られたことだ」と言う。(原注27)

最終的に、クルド民主党の治安部長カリム・シンジャリがアル・ハドラ・ホテルにやって来て、イラク国民会議は行ってよろしい、と告げた。イラク国民会議メンバーは、もう一年半も給料を貰っていないとぼやくクルド人の護衛二十人に連れられて出発した。彼らの話もイラク国民会議同様、悲しいものだった。アハマド・チャラビが初めてクルディスタンに来た時、彼は特に信頼できたクルド民主党に警備を依頼した。そして一九八三年の虐殺から、逃げるか、あるいは多くの場合まだ子供だったゆえに逃れたバルザーニの部族の者をあてがわれた。

「殺された八千人のバルザーニ族の中に、私の父と三人の叔父もいた」

誰もいなくなったイラク国民会議本部でニヤズ・サレムが話す。彼はINCの逃亡を苦々しく語った。

「彼らは、アラブ人はみんな連れ出したが、クルド人はわずかだけしか連れて行かず、ほとんど全部置き去りにした。裏切られたと思った。奴らがCIAだったかどうかは知らないし、そんなことはどうでも良いことさ」

クルディスタンのどこでも、クルド人かイラク人が外国情報機関と一緒に働いていた所では同じ風景が繰り返されていた。九月三日、最初の巡航ミサイルがナーシリヤに撃ち込まれた日、国防総省はザクホの同盟軍の軍事共同センターからの撤退命令を出していた。センターの役目は、連合国側が最初にクルディスタンに介入した一九九一年以降、次第に縮小してきていた。その活動は、一九九四年に米軍機が同じ米軍のヘリコプター二機を誤って撃墜した時に縮小されたが、連合国側のクルディスタン防衛のシンボル的存在であった。

米軍、イギリス軍、その他同盟国軍の将校たちが撤収した後、屋根にアンテナや衛星受信アンテナが林立する長い灰色の軍事共同センターの建物は、アメリカとつながりがあった北部イラク人の拘置所になった。(原注28) みんな見るからに恐れていた。完璧なアメリカン・イングリッシュを喋るある男が言った。「イラクの法律は実にはっきりしている。外国人に協力するものはみんな裏切り者だ。サダムが恩赦を与えた時、われわれはもっと恐ろしくなった」

素晴らしい英語を話す、と褒めると彼は苦々しそうに言った。

「ええ、私は英語が達者です。それは私も外国人と取引きする腐敗したクルド人の一人ですから」

怯えていたのは、アメリカの情報機関に協力したクルド人やイラク人だけではなかった。ハミルトン街道の北端に近いディヤナに、マインズ・アドヴァイザリー・グループというイギリスの福祉団体があり、イラン・イラク戦争でイラク国境に沿って埋められた対人対戦車地雷の撤去作業にクルド人五十人を雇っていた。(原注29) 起爆装置も錆びついてしまった地中の古い地雷を発見するのは危険な作業だ。しかし、ディヤナのキャンプで働く五十人の日雇い労働者が恐れていたのは地雷ではなかった。私たちが訪れた時、彼らは不安そうに九月十二日付のウダイの新聞『バベル』紙の、ある記事を回し読みしていた。それは、外国人に協力していたイラク人に対する恩赦の期間について詳しく述べた政府発表だった。キャンプの男たちは殺人、強姦、公共物窃盗だけでなく「外国機関のためのスパイ行為」を犯した者まで及ぶ除外規定に関心があった、イラク政府のスパイ活動の定義は弾力的なことで有名であり、地雷専門家と来れば十分その対象にでっち上げられる怖れがあった。

待っているうちに、クルドの内乱の振り子がまた揺れ出した。バルザーニはアルビル占領後の反撃で全員を蹴散らしたが、今やクルド民主党の指導者は全面的とも思える勝利に意気揚々となっていた。しかし、タラバニ派軍隊は素早く退却していたのでダメージは軽かった。彼らはイラン国境沿いの渓谷にある隠し砦に再結集し、反撃準備を整えていた。十月十三日、イランの武器援助を得たクルド愛国同盟は、こっそり山から出て来るや、クルド民主党を叩きのめした。バルザーニの兵士たちの逃げ足も一月前のクルド愛国同盟に劣らず速かった。しかし、クルド愛国同盟はアルビルの手前、デガラの橋で前進をストップした。タラバニがアルビルの町の奪還を図るなら戦車隊を導入する、とバグダッドが明言したのだ。クルディスタンに新しい審判が登場したのである。

サダムが、一九九六年のクルド内乱の真の勝利者となった。彼は、アメリカの力と決意の限界を明らかにした。サダムは、CIAとその一味の安全地帯としてのクルディスタンを取っ払った。イラク国民会議は再起不能とも思える打撃を受けた。九十六人のメンバーがクシュタパで処刑され、三十七人がアルビル市内で銃殺され、四十人から五十人が戦闘で死んだ。弱小組織にとって大きな損失だった。勝ったサダムは、一九九一年から科していたクルディスタンへの経済制裁を解除した。イラクの安いガソリンが自由に北に流れ込んだ。秘密警察も一緒に。

九月の終わり、ワシントン政府はクルディスタンの悲劇の最も顕著な証拠の整理作業に入った。イラク国民会議のメンバーと家族、ウダイのスパイ定義に当てはまりそうな者など約六千五百人のイラク人とクルド人が遠く離れた北太平洋の島、グアムに避難させられた。彼らは、大統領中間選挙が無事終了するまでここに留め置かれ、その後アメリカに入国を許可された。

戦争、政争、秘密工作、予断を許さぬ変転からはじき飛ばされてきた新移民は、アメリカの土を踏んだ時、人生最大の困難が終わったと思っていた。大多数の者にとってそれは事実だった。しかし、FBIとアメリカ移民局の度重なるとんでもないミスの被害者も生まれた。サダムから逃れた先が何とアメリカの監獄だった、というこの六人の難民のケース以上に、サダム反対派のみならず、まさしくイラクや中東全般に対するアメリカ政府の度し難い日常的無知さ加減をありありと見せてくれる例は他に考えられない。

グアムにいる間、難民たちは、集団に紛れているかもしれないサダムのスパイ、またはアメリカ国家の安全を脅かす者を捜し出す任務を帯びたFBI捜査官に全身隈なく調べられた。FBI捜査官は普段はアメリカ国内に勤務しており、彼らにイラクとクルドの複雑な政治状況を教えるためCIAが極秘の説明会を行なった。がしかし、それはたったの四十五分間だった。こうした準備で捜査官たちがグアムに赴き、任務に就いた。

捜査官の一人、シカゴFBIの現場捜査官ジェニファー・P・レッティグはゲリラ戦士だったハシム・カディル・ハウレリを尋問して疑いを深めた。ハウレリはアラブ語で自分は「クルド解放運動」に人生を捧げてきた、と主張した。この組織の名を、通訳として徴用されていたエジプト生まれのアメリカ海兵隊員が省略して「KLM」と表現した。レッティグはKLMなどという名称は聞いたことが無く、即座にこれまで知られることの無かったきわめて警戒すべきテロ組織ではないかと推測してしまった。その結果、不運にもハウレリは妻と七人の子供から隔離され、間違いなく殺されてしまうサダムのイラクに強制送還しようとした移民局を相手に弁護団が争った一年六ヵ月、ロサンジェルスの群刑務所に身柄を拘束された。

一九九一年にイラク軍を脱走し、イラク反体制派の英雄にまでなったサファ・アル・バッタト少佐のケースもあった。少佐はバスラ生まれで、イラク国民会議に参加し南の湿地帯でイラク軍と戦った。一九九四年、クルディスタンに行った時、鼠とりに使うタリウムで毒殺されかかった。タリウムはイラク治安機関が好んで使う毒薬で、効き目がゆっくりとしていて犯人は被害者が死ぬ前に現場を離れることができる利点がある。同志が彼をイギリスに搬送してくれたお蔭で、アル・バッタトはカーディフの病院で手当てを受けることができたが、もしそれがなかったら息絶えていただろう。彼はイギリスに残って平和に暮らせたかもしれないが、北部イラクに戻り、志願してイラク国民合意の軍幹部司令官の一人になった。一九九六年九月、グアムに移送されたバッタトは尋問官に過去の経歴を話した。しかし尋問官は、おそらくはタリウムをバリウムと聞き間違えたと思われるが、彼がタリウムを気晴らしに服用しており、同時にイラクのスパイであると結論づけた。本書執筆中の現在も彼は刑務所にあり、イラク強制送還の決定に抗議し続けている。この件の証人によると、FBI捜査官のマーク・マーフェルンはイラク人を「大嘘つき」と信じており、同僚の捜査官、ジョン・コーセンザは「アラブ世界には罪の意識は無く、あるのは恥の意識だけだ」と考えていたようだ。

一九九六年はサダムにとって素晴らしい年となった。この年を通して三つの大きな勝利を収めることができた。二月、フセイン・カーミルを巧みに誘き寄せ、葬り去った。六月、彼の体制に対するこれまでで一番危なかった陰謀を根絶やしにし、イラク国民合意の面子を丸つぶれにした。八月、クルディスタンへの支配力を再び見せつけ、イラク国民合意を破壊し、その過程でアメリカのイラク政策の弱さと冷淡さを暴いた。

だがしかし、サダムの都の心臓部で、これまで知られてきたどの反体制派勢力とも、どの外国情報機関とも関係の無い、理想に燃える青年たちのグループが、独裁者一族に劇的な一撃を加える準備を着々と整えていた。その決意を長く持ち続けてきた彼らは今、その手段を摑んだ。

第 11 章
ウダイ撃たれる

Chapter11

一九九六年十二月の涼しい夜、同型の白いベンツ三台が西バグダッドのマンスール通りを疾走していた。マンスール通りは古い競馬場の白い塀に真っ直ぐ延々と沿っているが、突如インターナショナル通りとのT字路にぶつかり、車は信号に近づくと速度を落とす。時は午後七時二十五分、夕闇迫る高級住宅街の交差点周辺には街灯が煌々と灯っていた。そこを、よく見ると同じ登録番号の、すぐに誰か特別な人を乗せていることが分かる三台の車が連なって通りかかった。多少度胸のある人なら中を覗き込み、先頭車の前部座席に誰がいるのか確かめることができただろう。サダムの長男で大の嫌われ者、ウダイである。

ウダイは、バグダッド南のジャドリヤ・ボートクラブで飼っているペットの警察犬に餌をやった後、友達と従兄弟のルアイ・ハイラッラーが催すパーティー会場に向かう途中だった。後続の二台に詰め込まれたボディガードが、異常なまでの社交好きのウダイに付き合わされて後に続いていた。パーティー会場は数ブロック先の家で、マンスールはウダイもよく知っていて、安心できる地区だった。ここには制服、私服の治安警察官が溢れており、近くにはロシア大使館やヨルダン大使館があり、ハンティング・クラブのようなイラク高官出入りの場所もあった。ハンティング・クラブは、サダムや同僚のバース党員がマンスール・クラブやアルウィヤ・クラブなど旧体制の社交界からつま弾きにされたので、それではと一九六〇年代後半にサダム自身が設立した。

車は交差点にさしかかったが、スポーツバッグを持った若者がカルシュ・スポーツクラブのそばにのんきそうに立っているのをウダイも護衛も別に気にも留めなかった。この若者はここにもう数時間も立ち、マンスール通りをやって来る車を見ていたのだが、誰の注意も惹かなかった。マンスールはファッショナブルな地域で、ここに住む裕福な人たちを顧客にブティックなどが沢山あり、歩道はいつも買い物客で混んでいた。

この若者には仲間がいた。彼らはお互いを知っているそぶりは見せなかったが、やはりスポーツバッグを持った仲間が近くに三人いた。うち二人は人ごみの多いマンスール通りの反対側の角のレストラン、ルワドの前にたむろしていた。三人目はトヨタのピックアップの横に立っていて、もう一台、トヨタ・スーパーサルーン・セダンが朝早くから、近くの道路脇に駐車してあった。

白のベンツはバグダッドでは珍しい。スポーツクラブの前にいた男には、目標を確認する余裕が十分にあった。ウダイの車が近づいてくると、彼は身をかがめてバッグを開け、中からカラシニコフ自動ライフルを取り出した。銃床をセットすると車道に出て行き連射した。彼の重要な作戦任務は一台目のベンツの運転手を殺すことで、同時にレストラン前の二人が他の二台を銃撃する。一人目が撃つと同時に、二人もバッグから三〇発入り弾倉を四つ装填したAK四七Sを取り出し、後ろの車に駆け寄った。

先頭車の運転手は銃弾を雨あられと食らい、たちまち蜂の巣にされた。すべては襲撃者たちの計画通りに運んだかに見えた。彼らは数ヵ月かけて、バグダッドをうろつくウダイを監視していた。ウダイはいつも先頭の車を自分で運転する。この夜、十二月十二日に限ってなぜハンドルを握るのを止めたか、理由は全く分からない。運転手に銃弾をぶち込んでいた男も、目指す目標が助手席にいたことがすぐには気がつかなかった。しかし数秒後、レストラン側から撃っていた一人が、ウダイがダッシュボードの下に隠れてまだ無傷でいるのを見た。彼は標的を変えると、ほぼ直射の至近距離からイラクで最も憎まれている男に残る弾丸を撃ち込んだ。

襲撃者たちは、銃撃開始からウダイを射殺し逃走するまで最大で二分と計算していた。九十秒後、任務を果たしたことを確認した待ち伏せ攻撃者三人はマンスール通りの角を曲がり歩道に走って行った。四人目が、ほとんどが負傷するか、気が動顚していた護衛に向けて援護射撃し、ベンツから出て来て追跡するのを防いだ。四人は用意してあった逃走用のピックアップトラックとセダンに飛び乗り、現場から疾走した。逃走車は二台とも盗難車で、偽の登録番号を取り付けてあり、サダムに忠誠的なことでよく知られるバグダッドの西にあるアンバール地方の車に見せかけていた。こうすれば検問に引っかかりにくいと襲撃者は考えていたようだった。(原注1)

銃撃があった後、近くのヨルダン大使館から外交官が現場に来て、血を流す男がウダイ本人だと確認した。ウダイは三メートル足らずの距離から徹底的に銃撃されており、外交官はてっきり彼は死んだと思った。(原注2)別の目撃者は、彼が血まみれだったが、どれくらい重傷を負っていたかは分からなかったと証言している。ウダイはイブン・シナ病院に救急車で運ばれ、キューバ人医師団が八発の銃弾を受けていたことを確認した。サダム自ら救急治療室に駆けつけてきて、スペイン語を話すイラク人女性を通して、手当てをしていたキューバ人から、どうやら息子は一命を取りとめるであろうと聞かされた。サダムは医師の話を聞いて本当にほっとした顔をした、と通訳した女性は後に語っている。

支配者一族の健康に関する悪い知らせは、通常イラクでは秘密にされる。しかしサダム自身が重傷を負ったという噂がすでにバグダッド中に広まっていた。そこでメディアはすかさず、ウダイは「軽症」で済んだとして襲撃事件を報道した。(原注3)翌朝、イラク経済の相当部分をウダイが握っている関係上、市場を抑えていたウダイ・グループの諸企業が営業をストップしたというニュースが流れた途端、バグダッドの株式市場はストップしてしまった。（原注4）イラクの経済危機をつねに反映するディナールの交換レートは十ヵ月以来の最低値に急落した。

ティクリートで誰にも会おうとせず、ひっそりと暮らしていたフセイン・カーミル兄弟の未亡人、ラガドとリナは兄が撃たれたことを祝った。彼女たちは、ウダイが自分たちの夫を失脚させた張本人であり、殺害した犯人とみなしていたのだ。

政府はウダイが重傷を負ったとはなかなか認めようとしなかった。政府は初め、彼が生きているという事実の宣伝に終始した。撃たれてから三日後、バグダッドのラジオは、ウダイがアラブ首長国連邦で戦っているアジア大会イラク代表チームに「健闘を讃える」電話を掛けたと伝えた。ウダイが会長をしているイラク記者協会は「木曜日の夜の罪深き事件の犠牲となったウダイ・サダム・フセインの生還を祝って」協会本部で記念式典を開催した。羊を一頭丸焼きにして、会長が命を取りとめたことに対する「無上の歓び」を示した。（原注5）

翌日、政府が他の犠牲者に関する初めての公式声明を出した。イラクのメディアは、イブン・シナ病院を見舞いに訪れた際にサダムが、「卑怯なる襲撃で重傷を負った」人たちにも息子に対するのと変わらない治療を施すよう命じた、と報じることで間接的に犠牲者の存在を伝えた。（原注6）その人たちがボディガードなのか、十字砲火に当たった通行人なのかは明らかにされなかった。

同時に、二千人にも上る人が逮捕された。可哀相に、マンスール地区の店主や住民数百人まで引き立てられた。（原注7）サダムの異父弟でウダイの仇敵だったサバウィとワトバンまで尋問を受けたと見られる。（原注8）ワトバンは、およそ一年半前にフセイン・カーミルがヨルダンに逃げた夜、あの忌まわしいパーティーでウダイから受けた傷がまだ癒えていなかった。バグダッドの消息筋の噂によると、ウダイ自身、彼の父親が暗殺計画に一枚噛んでいたのではないかというあるまじき疑いを洩らしていたようだ。(原注9)

独裁者一族にとってこれほどの強烈パンチは無かった。しかし、犯行声明には事欠かなかったが、誰の仕業なのか、全くもって分からなかった。一九五八年から存続する威厳あるシーア派武装勢力、アル・ダワがベイルートで、ウダイ殺害を図ったのは自分たちだとの声明を出した。アル・ダワはバグダッドでは一九八〇年代この方、大した事はやってきていないので、このほら吹き話を真に受ける者はあまりいなかった。しかも、この勢力はイランの影響が非常に強く、イランの首脳部が、大統領の息子を殺す企みを手助けしてイラクを挑発するとはあまり考えられない。もっともらしかったのは、ウダイ暗殺は一九九五年に拷問された後処刑されたムハンマド・マズルム・アル・ダライム将軍の復讐のためだった、とするクウェートのダライム族の主張であった。

西側情報機関は、マンスールの劇的襲撃事件に、サダムに負けず劣らず面食らった。あの夜、車に駆け寄る姿を目撃されて以降、襲撃者たちは噂一つ、憶測一つ残さず、完全に姿をくらましてしまった。亡命イラク人反体制派グループの陰謀の年月、CIAがつぎ込んだ一億ドル、湾岸戦争のハイテク爆撃は言うに及ばず、どれをとってもサダムどころか家族の片割れ一人にすらかすり傷一つ負わせることもできずに来たではないか。それが今、どこの誰かは知らないが、ウダイ本人にしっかり狙いを定めて銃撃し、見事に逃げおおせたとは。

半年後、まだ童顔のイスマイル・オットマンと名乗る二十代後半のイラク人青年がロンドンに来て、本書の著者の一人に襲撃の一部始終とその背後関係について語ってくれた。

一九九一年、サダム・フセインのクウェート冒険物語の後、イラクを襲った混沌と破壊の末に、バグダッドの学生グループが反体制組織を結成した。組織の名は「アル・ナフダー」、「覚醒」という意味だ。他のグループと同様、独裁体制に反対するこの若者たちは、イラクを民族的、宗派的枠組みで分割することに反対し、民主主義を支持していた。しかし、似たような目的の良く知られた政治政党があった。イラク国民会議（ＩＮＣ）のような亡命イラク人グループは、講演会や記者会見やウェッブサイトを通して情宣活動を行ない、外国情報機関から資金の提供を受けたが、同時にイラク情報部に徹底的にマークされた。アル・ナフダーは完璧な地下組織だった。

その原点は体制側に常に活動を監視されているシーア派やクルド人社会ではない。メンバーの大半はバグダッドの大学を卒業している高い教育を受けた人たちだった。多くが女性だった。リーダーはアリ・ハムーディといい、電気技師である。彼の片腕はラジャ・ザンガナという女性で公務員をしていた。オットマンは言った。

「われわれは南米の反政府組織がいかに独裁体制の弾圧を生き抜いたかを学んだ」

グループはメンバーから逮捕者を出し、それで拷問を受けることが決して無いよう、完全に密閉した細胞で組織されていた。それは「死んだ細胞」と呼ばれ、どれかが無くなってもその代わりをする必要が生まれるまでは決して動かなかった。アル・ナフダーはまた、イラク国外との連絡は制限していた。イラク情報部は、バグダッドの反体制派グループとクルディスタンやアンマンの本部との連絡を傍受することにかけては確かな実績があった。そこで、書記長のアリ・ハムーディは外国に旅行するアル・ナフダーのメンバーは自動的に他の組織員と隔離する決まりにしていた。ある時、ヨルダン情報部がかくなる組織が存在するとの噂を耳にしたことがあったが、潜入することはおろか見つけることもできなかった。

「彼らの防衛体制は非常に優れていた」

その存在を知りえた極めて数少ない第三者の話である。

草創期から彼らは南米のやり方を見習い、体制に対する武装闘争を考えていた。しかし一九九四年、オットマンによればグループは自分たちに通常のゲリラ闘争を維持する十分な力が無い間は、標的を決めた個人暗殺作戦を実行しようと決定した。

「われわれはサダム体制には四つの柱があると考えた」

オットマンが言う。

「まずサダム、そしてウダイ、弟のクサイ、従兄弟のアリ・ハッサン・アル・マジードだ」

オプションその一、サダム・フセイン暗殺はどうか。しかし、サダムが身を守る周到さから考えて不可能と判断。彼がいつ何処にいるのか上級閣僚でさえ知らないということである。ウダイはその点、年がら年中飛び回っては人と会っているし、ビジネスの打ち合わせも頻繁に行なっているので狙いやすい。サダムを除けば、いなくなった時に最も体制に支障をきたす指導者といえばウダイではないか、アル・ナフダーはそのようにも考えた。

「サダムの次に権力を持っていたのがウダイだった」

オットマンは言う。

「彼はしばしば父親に相談せずに決定を下していた。われわれはウダイを殺ることにした」

組織は彼のバグダッドでの動きを追跡し始めた。

最初の試みは一九九六年の四月だった。アル・ナフダーは、ウダイがバグダッドから南東に車で三十分のところにあるサルマン・パックの、彼が所有する農場に行くという耳よりの情報をつかんだ。組織は軍事細胞を動員してウダイを待ち構えた。しかし彼はついに姿を見せなかった。それまでの三十年間、体制の高官暗殺を目論んだイラク人たちも直面してきた難題がそこにあった。

「シーア派は体制トップの暗殺に命を賭していた」

あるイラクの知識人が言う。

「しかし、成功につながる確実な情報を手に入れたことが無かったのだ」

サルマン・パックの襲撃計画が流れた一ヵ月後、アル・ナフダーは初めて、横の連絡を作らない形態をとっていなかったら組織の壊滅につながっていたであろう手痛い失敗を犯した。書記長のアリ・ハムーディが、バグダッドの人口のほぼ半分が住むシーア派の大スラム街、サダム・シティ（アル・タウラ）のアジトで逮捕されたのである。そして彼を訪ねてきた右腕のラジャ・ザンガナも拘束された。オットマンは語る。

「ハムーディの口からは何の情報も得ることはできなかった。彼は拷問で殺された。彼女も九月の終わりに処刑され、遺体は十月初め、兄の元へ送られてきた」

イラク情報部がアル・ナフダーの全貌を暴くことができなかったのは細胞組織のお蔭だった。万一、拘束された指導部の口からその存在が知られるようなことがあってはならない、あるメンバーもすでに国外に脱出していた。

サダムの身辺情報はエリートたちからしか得ることができない。フセイン・カーミルとサダム・カーミルのヨルダン亡命は、体制転覆に命を賭けた反体制派の人間と一族内の反対派が協力することの難しさを示した。アル・ナフダーがそれを突破できたのは、血縁の反目が原因で一族への復讐を誓うことになったある男がいたからである。

一九九六年十二月、アル・ナフダーは、サダムの親戚でティクリート出身のラッアド・アル・ハザアと接触した。アル・ハザアは一九九〇年までは大統領防衛隊の信頼された一員だった。そんな時、親戚の一人がとった行動のせいで彼の人生は台無しになってしまった（サダム政権下のイラクで多くの者がこうした不運な目に遭っている）。彼の叔父、オマール・アル・ハザア将軍はイラク軍の元師団長だったが、対イラン戦争勃発後まもなく退役していた。それからは、将軍はバグダッドのヤルムク地区にある自宅近くの将校クラブで暇を潰していた。

現在は亡命しているイラク軍の元将校の話によれば、将軍はクラブで大酒を飲んで酔っ払っては、サダムの戦争のやり方を批判していたそうである。そして避けがたい結果となった。

「一九九〇年、将軍は逮捕された」

亡命将校は語る。

「彼はアル・ウイジャに連行され舌を切られ、それから処刑された。彼の息子のファルークも一緒に殺され、将軍のバグダッドの自宅はブルドーザーで壊されてしまった」

サダムは後になって親戚のアル・ハザア一家に加えられた野蛮な刑罰に後ろめたさを感じたようだった。ウダイが撃たれた後、病院で彼を囲んで開いた家族会議でサダムは、一九九〇年に起きたこととの関わりを遠ざけようとした。彼はアル・ハザアの処刑をアリ・ハッサン・アル・マジードとフセイン・カーミルのせいにした。後者はもう一年前に死んでいたが、アリ・ハッサンは出席しており、サダムは彼の行為をこき下ろした。

「お前がいかんのだ」

サダムはぶちまけた。

「お前が私にオマール・アル・ハザアと倅を処刑させた。お前がしつこく薦めなかったら、あのような行動には至らなかったはずだ。(原注10) しかもお前は家族まで追い詰め、家を壊すように命じた。だがあれをやったのはサダムだ、といつまでも言われるのは私だ。誰も、やったのはアリ・ハッサンかフセイン・カーミルだとは言わん」

大統領防衛隊の仕事はクビになったが、ラッアド・アル・ハザアは叔父の死と不名誉をじっと堪えた。彼はサダム一家の社交界の常連で居続けた。肝心なのは彼が、ウダイの親戚で気の合った仲間でもあるルアイ・ハイラッラーとまだ付き合っていたことだ。一九九六年の終わり、彼は家族の誰にも知られることなくアル・ナフダーのメンバーと接触していたが、アル・ナフダーの方は組織が必要とする貴重な情報が彼から入手できると考えていた。

一九九六年十二月九日、ラッアドがルアイの家で一杯やっていた時、ルアイが決定的な情報をポロリと洩らした。

「木曜日にマンスールでパーティーをやることになっている」

彼はそう言うと招待状をくれた。ルアイは住所を書きながら、ウダイも来ると言った。ラッアドはこのニュースをすぐにアル・ナフダーの連絡相手に伝えた。

「われわれは仲間に三日以内に準備せよと通達した」

オットマンは語る。

「ウダイが通る経路は判った」

彼らは、待ち伏せるのに完璧なポイントとしてマンスール通りとインターナショナル通りの交差点を選んだ。なぜなら、パーティーに向かうには、どの方角からやって来てもあの道を通らねばならないからだ。長い直線道路なので少し離れていても車は識別できるし、後は待ち構えて一気に飛びかかるだけだ。

ウダイは死にこそしなかったけれども、アル・ナフダーは彼らの大胆不敵な攻撃は成功したと考えた。

「われわれは、一九九一年の反乱鎮圧にもかかわらず、イラク人はまだ行動できることを証明した」

オットマンは言う。

「蔓延する絶望感を断ち切りたかった。イラク反体制派勢力は全員国外に去ってしまっており、イラクには誰も残っていなかった」

そして、もし暗殺犯人が誰か判らないまま捕まえることができないなら、それは体制側にとって大きな政治的ダメージとなることも彼らは知っていた。

事件直後、治安当局は起きた事態に動顚してしまい現場周辺は大混乱となった。主要幹線道路は閉鎖されたが、襲撃犯人は逃げ去った後だった。オットマンの話では、彼らは西に車を走らせ、ベドウィン族の村に四日間匿ってもらったということである。そこで彼らはラッアド・アル・ハザアと落ち合い、それから全員ヨルダンに逃げた。

イラク治安部隊はどちらもバグダッドから車で三時間かからないクルディスタンあるいはイランに逃げるものと考えるだろうから、その裏をかいてこのルートを選んだと彼は言う。

これは本当の話とは思えない。西部イラクは広大な無人の砂漠地帯で、ベドウィン族も治安当局が国中でウダイ襲撃犯を捜し回っている時に、見知らぬ人間を匿うようなことはしないだろう。治安機関にイラクのスパイがしっかり潜り込んでいたヨルダンもまた、安全な隠れ場所ではないだろう。アル・ナフダーは狙撃者をクルディスタンに逃がすことを考えたが、「アルビル侵攻以来、サダムのスパイ活動が非常に活発になっており、やめるよう忠告された」。きわめて信頼できる筋の話によれば、アル・ナフダーは逆に、当たり前のコースを選んで、イラン国境から脱出したのであった。

イランでも問題が出てきた。イラク政府が彼らの送還を正式に要求したのである。イラン治安当局が、バグダッドとの秘密交渉で彼らを引き渡す怖れがあった。そこで彼らは、ナジャフのシーア派宗教指導者でロンドンに亡命中のサイード・マジード・アル・ホイ師に連絡をつけた。彼らは、自分たちが何をやったかを話し、テヘラン当局との仲介を頼んだ。また彼らは、もしイランに留まることができないなら、安全な第三国に行くことを許可してほしいと頼んだ。テヘラン当局はアル・ナフダーのメンバーがイランに逃げた事実を口外しないことにこだわったが（ヨルダンに逃げたという誤報があることから）、ホイ師は協力するようイラン政府を説き伏せた。最終的に狙撃犯はイラン人に化けてアフガニスタンに住んだが、カブールでは近所の人から「最近やってきた若い人らは何て下手なファルシ語を喋るんだろう」といぶかしがられた。

組織の中核はバグダッドに残った。現在は亡命している元バース党のある幹部は、サダムは十二月十二日の襲撃の背後関係に関して三種類の調査を命じたが、どれも失敗したと言う。失敗のしるしは、事件からほぼ二年後の一九九八年八月に、イラク治安当局は暗殺未遂計画の関係者を十二名逮捕したと発表したことにある。逮捕者が全員、ウダイ襲撃とは無関係だったことはあらゆる点から明らかになっている。

アル・ナフダーの最大の危機は全く偶然に襲ってきた。ウダイ襲撃から二ヵ月半経った二月二日、メンバー数名が北バグダッドの行楽地、アル・クリアトの一軒の家で会議を持った。クリアトは緑豊かで、ティグリス河畔の公園に市が立ち、土手にはレストランが軒を並べる有名なところだ。突然、アル・ナフダーの見張りは兵隊が一人、家に塀を乗り越えようとしているのを見つけた。彼は咄嗟に発砲した。四時間におよぶ銃撃戦となった。

「敵はロケット推進擲弾を使って家の屋根を吹き飛ばした」

オットマンが言う。

「将校一人と兵隊二人を殺したが、家の中にいた十一人が死んだ」(原注11)

治安部隊がそこに来たのはアル・ナフダーが目当てではなく、全く思いがけない理由からだった。ある組織メンバーが最近、盗難車とは知らずに偽造車検証付きの車を買っていた。警ら中の警官が家の前に駐車してあった車を発見し、しかも中で何か会議らしいものをやっているのを確認したのであった（イラクでは不審な会議は常に嫌疑の対象になる）。アル・クリアトでの死亡者名簿を見ると、アル・

ナフダーのメンバーのほとんどが優秀な専門職の人々であることを再認識させられる。ラッアド・カーミル、薬剤師。サイフ・ヌリ・ムハンマド、金細工師。経済企画省や教育省に勤務する人たちも数人いた。

一年ほどの間に、サダムの義理の息子二人が殺され、異父弟が脚を撃たれ、長男が機関銃で蜂の巣にされた。対アメリカ、そしてアルビルその他での戦いに勝ちを収めはしたけれど、はっきり言ってとても幸せな一家だとは言えない。一九九七年の初め、サダムはイブン・シナ病院のウダイの病室に家族全員を集めて臨時の家族会議を開いた。そこには、アル・ナフダーが抹殺したかった体制の大物が勢揃いしていた。クサイ、アリ・ハッサン・アル・マジード、サダムの異父弟、ワトバンとサバウィ、そして横臥するウダイ。サダムは、ずっと自分のせいにされてきたイラクでの数々の暴力行為や腐敗行為の責任を身内の者に対して一つ一つ追及していたが、彼は発言の録音テープが公にされるのを常に企図していたようだ（それはロンドンに流出していた）。彼は、一族はみんな彼におんぶに抱っこで、「権力、影響力、地位、それをお前たちは最も汚く利用している……ここは君主国ではない、少なくともまだそこまで行ってないのだ」とも言っている。(原注12)

サダムはアリ・ハッサン・アル・マジードにこう切り出した。一九六八年の革命前、「お前は下級伍長でキルクークの運転手だった」。サダムは一九九五年にアリ・ハッサン・アル・マジードを国防大臣から降ろしたが、その理由の一つは彼が穀物をイランに横流ししていたからである。アル・ハザア将軍

＊ファルシ語：イラン、アフガニスタン、タジクスタンの言語。いわゆるペルシャ語（ＰＥＲＺＩＳＨ）。

殺害をまた蒸し返した後、サダムは続けた。異父弟のワトバン、サバウィの勤務態度は唾棄せんばかりに酷評した。

「ワトバン、お前の任期中に内務省が荒廃してしまったことがお前には分かっているのか」

サダムは言った。

「こんな大変な国だというのに、サバウィはあれで治安局長が勤まると思っているのか？　出勤は寝ぼけ眼で十一時だ。治安の仕事は税金泥棒連中に任せっぱなし。お蔭で奴らを何人か処刑させられた」

非難の矛先はルアイ・ハイラッラーにも向けられた。（サダムは知らなかったが）たまたまアル・ナフダーの暗殺者にウダイ待ち伏せのチャンスを与えた男だ。ルアイは、マフィアと麻薬密売業者からイラクでのマネーロンダリングを引き受けていた。サダムは、クサイのことも偽善的だと叱ったが、怒りの多くはウダイに向けられた。

「ウダイ、お前の行動は間違っている。お前ほどひどい奴はいない……お前は一体何がしたいんだ」

父親は続けた。

「政治家か、貿易商か、社会運動家か、それともプレイボーイなのか？　お前は母国のためにも国民のためにも何一つ貢献していない、分かるか？　みんなの言う通りだ」

サダムがこの話をしている時点では、ウダイは大怪我をしていたので父親の代理総督をしていた以前の地位に戻ることはできなかった。情報省はウダイが八発の銃弾を受けたことを認めた。政府はウダイをフランスで治療させようとしたが、それはかなわなかった。一九九八年、片脚の自由がほとんど利かなくなっていたが、ウダイはふたたび車のハンドルを握るようになった。イラクでは期待も込めて、ウダイはインポになったという噂が広まった。一九九八年九月にイラクから亡命した、ウダイの昔の友だちで編集者のアッバス・ジェナビによれば、これは全く話が違う。ウダイは相変わらず四人もの女と毎日セックスし、中には十一歳の少女までいたという。彼は決してビジネスへの情熱は失っておらず、特に自分のアジア・アンド・カニ社経由で制裁破りの密輸業に精を出していた。

もっと困ったことにウダイは、枕元でサダムにガミガミ言われるのもなんのその、内輪の疫病神のようないつものふるまいで、次第に政治にちょっかいを出し始めた。一九九八年、彼は国連大使としてまだジュネーブに駐在していた叔父のバルザンを槍玉に挙げた。目に入れても痛くない、最愛の仔ライオン――社主とサダムの近親関係を新機軸で強調するウダイの新聞は、バルザンと関わりのある官僚に攻撃の矛先を向けた。一九九八年八月三十日、バルザンはバグダッドに召喚された。最初、彼はスイスを離れるのを拒否した。代わりの国連大使として前オリンピック委員会事務局長のハリッド・フセインが着任した。バルザンは初めこそ、イラクの外務関係の職から身を引きスイスに留まる、と匂わしていたが、結局バグダッドに戻った。(原注13)

ウダイは生き延び、終には再起を果たしたけれども、イラク国民会議とイラク国民合意を両方合わせたよりも大きなダメージをイラク支配体制に与えることに成功したのが、金も力も持たないアル・ナフダーであった。一族の脆さを暴き、破壊とまでは行かなかったが、サダムと取り巻きを包む無敵なるオーラを傷つけた。しかしある意味では、ウダイ暗殺未遂は遅きに失した。フセイン・カーミル殺害、イラク国民合意のクーデター陰謀の失敗、イラク軍戦車隊のアルビル進入、サダムは一九九一年以来これまでに無く力をつけた。イラクの指導者は攻めに転じる準備を整えていた。

第 12 章
大団円

Chapter12

アメリカ合衆国国連大使として四年目を迎えていたメイドリン・オルブライトは、サダム・フセインの最も執念深い敵と目されることを快しとしていた。一九九六年のテレビインタビューで、イラクの子供の命が経済制裁の代価になっているのではないかと訊かれ、「それだけの代価は得られたと思う」と答えたことはアラブ世界では有名になったが、国内ではイラク問題における彼女のタカ派としての信用度を強調しただけで、最終的に国務長官にまで登りつめる妨げにはならなかった。(原注1)

オルブライト女史が就任して間もなく、彼女がジョージタウン大学でイラク問題をテーマに所信表明演説を行なうらしい、という噂が広がった。各方面が期待をふくらませた。それに先立って、国連のイラク代表、ニザール・ハムドゥーンと親密な関係にあるやり手のイラク系実業家が、ワシントンの亡命イラク人社会に、演説の中で劇的に新しい方針が明らかにされるだろうという噂を流した。

演説当日の一九九七年三月二十六日、オルブライト女史は演壇に進み出ると、こう言明した。

「われわれは、もしイラクが大量破壊兵器に関連する義務を果たしたなら、経済制裁は解除すべきである、とする諸国の主張には同意しない」

彼女は明言した。制裁は継続する。ブッシュ大統領の国家安全保障問題担当大統領補佐官、ロバート・M・ゲイツが、サダム・フセインがイラクを統治している限り制裁は継続し、その間、「代価はイラク人が払う」と声明して以来、約六年が経過していた。何も変わっていないようであった。

これは、これ以上国連査察団に協力しても何も得るものはない、ということをサダムに伝えるもので、これほどはっきりしたメッセージは無いだろう。サダムが一九九一年以来、かくも巧妙に隠蔽してきた秘密をたとえさらけ出す気になったところで、もう何の得にもならないですよ、とオルブライトは言ったわけである。

アメリカは、サダムの大量破壊兵器保持の可能性と経済制裁の継続とは無関係である、と指摘しておきながら、兵器査察任務の重要性を依然として強調し、その実行は、これが矛盾しているのだが、イラクの協力と助力に依存する、と言ったのだ。兵器と文書が隠してある場所に査察団を案内するかどうかはイラク側次第にされた。都合の悪い所には査察団を寄せつけなくすることなど手も無いことを、イラクは繰り返し見せつけて来た。兵器関連の工場や研究所だった建物に取り付けた監視カメラやセンサーの大規模システムなど、バグダッドから電話一本で解除できる。そうなれば、アメリカと同盟国に唯一残された制裁方法は軍事行動、つまり空爆の再開しかない。しかし、アルビルでサダムへの報復爆撃作戦を完遂できなかったことがありありと示したように、中東でも国際的にも、大きな軍事衝突がある度にアメリカの軍事支援の低調さが目立ち、軍事的脅威はインパクトを失いつつあった。UNSCOMの幹部委員が語るには、一九九七年の国連安保理決議は、「ことごとく違反キップに値する」とイラクを断罪したものであった。これは、UNSCOMへのイラクの協力を危うくするもので、かえってアメリカのリスクが大きくなる。サダムは協力を拒否するタイミングを選べることがよく分かっていた。一九九七年を通して、サダムにはいつでもそのチャンスがあった。査察団はイラク指導者の我慢の限界を探っていた。

査察団の第一陣がやって来て以来、サダムは対策に大いに手を尽くさせられてきた。すでに見たように、UNSCOM問題は数ヵ月で片付き、査察団は簡単に騙せるし、買収できる、との当初のサダムの思惑はすぐに裏切られた。そこでイラクは戦闘的退却の手に出た。一九九五年の夏までに彼らは、V

X神経ガス薬品、独自のミサイル開発計画、生物兵器開発研究全般といった最新の化学的能力の隠蔽を成功裏に完了した。ところが、一九九五年八月、フセイン・カーミルの亡命ですべてが瓦解した。UNSCOM委員はイラク人にすっかり騙されていたことに気がついた。査察官は真相究明に乗り出した。

一九九七年四月、ロルフ・エケウスは安保理に、六ヵ月の作業の末に「イラクが廃棄しなかった禁止兵器の能力の詳細は分からない。しかし、数が合わない物を見過ごすわけにはいかない」と報告した。(原注2)報告書にはまた、数少ない長距離弾道ミサイルも、殺人的な生物兵器細菌VXが搭載できるものであれば、非常に憂慮すべき対象となる、と書かれている。中東では「生物細菌兵器である炭疽菌を搭載したミサイルが一発あれば、何処の都市でも一回の攻撃で何百万人もの人間を死に至らしめることができる」。

エケウスの査察に同行した者によってサダムの秘密兵器庫のことが有名になると、皮肉にもサダムの恐怖が近隣諸国に広がる逆効果となった。こうした兵器の何よりの効果は心理的なものだ。一九九一年、サダム軍がヘリコプターから小麦粉を撒いた時、クルド人は化学兵器だと思い、パニック状態で逃げ惑った。

「私は恐ろしい生物兵器のことが心配で夜眠れない」

神経質なサウジアラビアのファード王は彼を訪問したクウェートの外交官に言った。(原注3)

小さいが悪名高い兵器庫からサダムが取り出した心理的優位性を奪い取るには、UNSCOMはミサイル、VX、炭疽菌、その製造用の機械、材料のすべてを一つ残らず発見し、その数を確認しなければならなかった。これはほとんど確実に不可能といえる作業で、試しにやってみるとするなら、査察団は一九九一年の初夏にサダムの命令で作られた隠蔽システムに入り込み、破壊することを意味する。

そのような中で、このシステムの存在が白日の下に曝されたのは、フセイン・カーミルのお蔭であった。「養鶏場」の隠し場所から大量の文書が突如出てきたこと、そしてすぐにUNSCOM査察官が見抜いたのだが、そこに記録資料として存在すべき何種類かの書類が欠けているという事実から、消えた書類は困惑するUNSCOMの査察から逃れるために作られたどこかの隠蔽装置のなかに厳重に守られている、という不可避の結論に至った。バグダッドの自宅の庭にミサイルの部品を埋めていた、フセイン・カーミルの従兄弟で一緒に亡命した共和国防衛隊のイッズ・アル・ディン・アル・マジード少佐は、UNSCOM委員の質問に対して、これを肯定する豊富なディテールを提供した。

すでに見たように、隠蔽工作は　ムカバラート、共和国特別防衛隊、特別治安局のエリート治安機関の中でも特に信頼できる要員の手に委ねられた。昔は、この作戦行動はフセイン・カーミルの監督下で行なわれたが、彼が去った今、能力があり勤勉なクサイが、サダムの私設秘書で巨大な権力を持つアベド・ハミド・マハムードと共同で指揮することになった。もちろん、共和国特別防衛隊二万人、特別治安局総勢二千人、これら全員が実践行動に参加したわけではない。疑問の余地の全く無い忠誠心と、通常はサダムとの直接的血縁関係を基準に選考されて直接関与することになった者の数は数百名どまりである。

エケウスは一九九五年の終わりに、イラクの高官を相当アタマに来させた髭のロシア人専門家、ニキータ・スミドヴィッチを、ミサイル部品、工具、そして最も重要な文書類の隠匿「メカニズム」に特に的を絞った査察チームの指揮官に指名した。(原注4) サダム・フセイン自身の身を守るのも仕事だった治安組織が兵器隠しもしており、したがってスミドヴィッチのチームはサダム体制の中枢部分に深く接近せざるを得ない、ということになる。一九九六年の三月、スミドヴィッチは、例の治安組織が管理しているか、閉鎖されていたか、あるいは警備隊が入場を制止する「問題の場所」とされていた施設に入ることを試みた。エケウスは一九九六年六月に、査察団はそうした施設に入っても良いという約束をタリク・アジズから取り付けていた。しかし翌月、どこから見てもスカッドミサイルにしか見えない長くて丸い物体が、共和国特別防衛隊の基地からあわてて運び出されて行くのを査察団は目撃したのだが、基地への入場は拒否された。イラク側が用意していた釈明はこうだ。疑わしいと言われるあの「スカッドミサイルのような物体」はコンクリート製の電柱で、たまたまミサイルと似ていた、と。(原注5)

UNSCOM査察団は追跡捜査を継続したが、いつももう一歩のところで取り逃してばかりいた。周到に準備して、完璧なまでに問題の場所を急襲するのだが、敵はまるで前もって知っていたかのごとく間一髪で逃げ仰せ、査察団はいつもあらぬ方向へと走り去るトラックを見送るのであった。バグダッドのカナル・ホテルにあるUNSCOM本部で行なう最終作戦会議を、イラク情報部が何らかの方法で盗聴しているのか、それとも敵のスパイがUNSCOMに潜り込んでいるのか。フセイン・カーミルがエケウスの通訳をイラクのスパイと見破ったが、あの男の場合はこのような重大な情報に近づくことは無かった。

カナル・ホテルのUNSCOM事務所は一九九四年に改装され、アメリカとイギリスの情報部が提供した最高の防諜テクノロジーが備え付けられ、イラク側が盗聴器を仕込んだとは考えられない。だが、次の「予告無し」検査がいつどこかをしきりに知りたがるロシア人科学者が一人チームに加わっていた。そこで、査察特別委員会の上級委員数人で極秘にワナを仕掛ける作戦を立てた。容疑者だけが出席している会議で、次回の急襲査察を特定の場所で行なう計画を話し合った。その上で、件の場所を密かに偵察していると、UNSCOMの査察に備えて警備隊がしっかり準備を整えていた。ロシアの外国情報機関の援助の下に活動していたらしいこのロシア人は、厳重な秘密の下、本国に送還された。[原注6] 買収されやすい外国の情報部員を使ってUNSCOMに潜入するという、数年前にサダムがワフィク・アル・サマライと話していたことが、少なくともしばらくの間は現実となっていたのだ。

イラク情報機関がUNSCOMを一杯食わせるならこちらもと、向こうを張って査察団も立派な情報機関に変身した。ロルフ・エケウスが、査察団立ち上げ資金のために国連事務総長の特別基金を前払いしてもらう個人保証を余儀なくされてからもう何年も経っていた。

「隠蔽メカニズムへの潜入はきわめてうまく行った」

元UNSCOM委員が言う。

「われわれは彼らの連絡網に入った（つまり傍聴する能力を開発したこと、筆者注）。したがって狙いを大きく外すことは無かった」

イラク側は、最初はまぐれだと思ったが、二回、三回そして四回と続くと、これは明らかに何かあるに違いないと思い始めた。

「これは、マスコミで言われるサダムの宮殿に生物兵器が隠してある云々といった話ではなかった。われわれの追跡対象を運んでいたトラックが問題だった。われわれは共和国特別防衛隊などの施設に行くと、トラックの運行表を調べて、どのドライバーがどの車両をどこまで運転したかをチェックした。われわれはドライバーその他関係者の名前をほとんど暗記していた」

隠蔽作業に従事していた部隊は単独行動をとらなかった。昔一度、サダムに「貧乏スパイ」と名づけられもしたロルフ・エケウスは、一九九七年にUNSCOMを辞めた後、こう言った。(原注7)

「われわれが目をつけたのは、隠蔽工作部隊の共和国特別防衛隊だった。あれは同時にサダム防衛軍でもあった。サダムは宮殿も新築できるし、兵器計画も再開できる。だが忠誠軍である共和国特別防衛隊だけは取替えがきかない。彼らより忠誠な者は他にいないからだ(原注8)」

査察団は、トラック運行記録や調査に関係がありそうな情報を追いながら、共和国特別防衛隊内部、そしてそれに劣らず重要な部隊内部に入り込んでいった。すると、サダムの忠誠な部下が負っていた様々な任務の存在がおのずと明らかになった。逮捕予定者名簿、残虐なアブグレイブ刑務所に囚人を移送していたドライバーの名簿、宮殿の歩哨の勤務名簿などである。ある査察官が部隊内のある部屋を開けると、ヘッドホンをつけた人たちがびっしりと机に向かっていた。電話盗聴ルームだったのだ。査察官は陳謝してドアを閉めた。

UNSCOM査察官とイラク政府高官が考えられない状況で接近遭遇することもあった。UNSCOMのナンバーツー、チャールズ・デュルファーが、隠蔽工作担当チームの主任としてニキータ・スミドヴィッチの後釜を受けたロジャー・ヒルと共に大統領府を実地捜査していた時のことだ。地図はあったが境界線がどこか判らなくて困っていた。すると突然、黒塗りのベンツやってきて彼らの傍らに停まった。後部座席の窓が開くと最も恐れられていた大統領特別秘書官のアベド・マハムードが乗っていた。サダムの右腕のこの男は、査察官に愛想良く挨拶すると、何かお困りですかと訊いてきた。これはそれほどびっくりすることでもなかった。査察官とサダムの手下たちが丁々発止の対決をしているテレビ的イメージとは違い、両者は相手の場所に出入りを繰り返してきており、友だちでこそないが、互いに敬意を表する間柄になっていた。デュルファーは以前から黒幕的存在だったマハムードと友好関係を結んでいたので、訳を話した。

「どれどれ一寸拝見、私でお役に立てますかな」

マハムードはそう言うと、くわえていた太い葉巻を口からはずし、地図を見つめ、いくつか役に立つ助言をしてくれた。それから彼が何か命令すると、護衛の一人がリムジンのトランクを開け中に入った。イラクの首脳は車のトランクに一体何を仕舞っているのだろう、とデュルファーは思った。カラシニコフか？ ロケット弾か？ 自分も首を伸ばしてトランクを覗き込んだ。護衛はお盆に載せた冷えたペプシを持って姿を現した。炭酸飲料を飲み干したアメリカ人がお礼を言うと、最高権力者のガイドさんを乗せた車は走り去った。

数分して、またもや大型のベンツが同じ場所にやって来て停車した。今度は白塗りだった。窓がスライドダウンすると、乗っていたのはＵＮＳＣＯＭとの（難航する）交渉の公式責任者で石油大臣のアミール・ラシード将軍だった。彼も査察官二人に何をしているのか訊いてきた。そこで二人は、アベド・マハムードが地図の見方を教えてくれて助かった、と告げた。

「そんな馬鹿な」

そうせせら笑うと彼は言った。

「アベドは地図なんて読めない。逆さまに見たのではないかね。どれどれ」

デュルファーは、ある境界線の正確な位置がまだ判らなくて難儀している、と説明した。

「行ってみましょう」

ラシードが言った。

問題の境界線は前面に四角い深い穴がある高さ四メートルの壁に沿っていることが判明した。アメリカ人とラシードは、揃って窪みに入り、地図通りか確かめた。壁には深い銃弾の穴がたくさんあり、どれも胸の高さに集中していたが、誰もこれについては何も言わなかった。ここは銃殺隊が処刑を行っていた場所に違いなく、穴は銃殺された死体の一時的保管場所として使われていた。

壁の恐ろしい用途の事は「情報」の対象ではないというべきか、UNSCOMの任務の埒外にあり、議論からはすっきり省かれる。調査が完了し、二人の査察官はラシードに礼を言って、その場を後にした。

ロルフ・エケウスは彼自身が設立した査察委員会を最終的に一九九七年末に辞めた。特別委員としてエケウスの後任となったオーストラリアの外交官、リチャード・バトラーは隠蔽捜査の責任者にスコット・リッターを起用した。元海兵隊員のリッターは断固とした攻撃的アプローチをかけた。兵器とその関連機器の隠し場所を、査察の寸前に次々と変えるイラクの方式を、彼は後に「インチキ賭博」に譬えた。(原注9) 彼は、UNSCOMとしてはどのコップに豆（兵器、文書など）があるかを追うのではなく、「手の動き」を追うべきであると主張した。この単一目的の作戦にすべての査察官が同意したわけではなかった。

「リッターは、『隠蔽の仕組み』を明らかにする文書を見つけることという考えにとり憑かれていた」

査察の努力を身近に見守ってきたある委員が言う。

「しかし、他の査察官はイラクの現実の仕業を暴くべきであり、兵器そのものを追うべきであると考えていた」

一九九七年夏、これらの査察官たちは主に、どこにあるか分からないイラクの生物およびＶＸ神経ガス開発計画の最後の残りと、これらの化学兵器弾頭を搭載するミサイルを、サダムがまだ保有している可能性を追跡することに集中した。最も関心が払われたのは、炭疽菌とボツリヌス菌を充塡したミサイル弾頭二十五基と爆弾百五十発は湾岸戦争前に廃棄した、とするバグダッドの主張を裏付ける証拠の不在であった。しかも、一九九一年と一九九二年に禁止ミサイルを隠していたとイラク側が固執する場所から動かされた後、その内二つの所在が確認されていない、とＵＮＳＣＯＭは発表した。

論争のその他の焦点は、毒素の培養に必要な「細胞培養培地」十七トン、炭疽菌九百ポンド（約四百五十キロ）、きわめて微細な分子に入れた炭疽菌を被害者の肺に吸収させるための高度に技術的で困難な作用に適した噴霧器の存在の可能性、そして計画全体の実録文書、であった。イラク側が一九九七年九月に、生物兵器計画に関する第六次「完全、最終、全面的声明」を具申した時、リチャード・バトラー委員長はそれを「これっぽっちも信じられない、どころの話ではない」と評した。

ＵＮＳＣＯＭの圧力は、次第に挑戦的になるイラク側の態度に歩調をあわせた。一九九七年六月、ＵＮＳＣＯＭのヘリコプターに同乗していたイラクの「番人」が、問題の場所から出て行く車両の写真を撮ろうとした査察官を妨害するためにヘリコプターの操縦桿を勝手に操作し、あわや墜落しかかった。同じ週に、別のチームは指示通りの場所に入ろうとして、入り口で係官に「最高司令部の命令です」と阻止された（原注10）。

査察官への協力をイラクに命じた安保理の制裁決議を受けて、サダムは革命指導評議会において名だたる制服組が居並ぶ席上、仮借なき内容の声明を出した。

「われわれは以下のようにわれわれの立場を総括し、明確化したい。イラクは当該の決議にはすべて従い、履行した……これ以上、何も残されていない。われわれは一点の曇りも無く、安保理がイラクに対する責任を果たすことを要求する……その実践的表現とは、イラクの主権を尊重しイラクに科せられた封鎖を完全に全面的に解除することである（原注11）」

今から考えてみれば、サダムはこの時明らかに、攻撃に転じたのだ。必要だったのは口実だけであった。それには時間はかからなかった。

九月、査察団への妨害はどんどんあからさまなものになった。十三日に、またヘリコプターで事件があった。十七日、VX製造の詳細を探っていた査察団がイラク化学会社の本社入口前で何時間も待たされ、その間に文書が堂々とトラックで運び出され、その他の書類がビルの屋上で焼却された。一週間後、食品検査場を定例訪問していた査察官がブリーフケースを持った数人の男が裏口から逃げるのに出くわした。査察団のリーダーで、アメリカ人細菌学者のダイアン・シーマンがブリーフケースを一つ奪い取り、中を開けた。入っていたのは、三種類の有毒生物体のテスト用キットと、研究所が特別治安局の監視の下に八ヵ月にわたって極秘に実験を進めていたことを示す業務日誌だった。

十月の終わり、危機は最高潮に達しようとしていた。タリク・アジズは、UNSCOMが制裁を引き延ばそうとするアメリカのために活動するスパイ機関以外の何物でもなくなったと主張しつつ、十月二十九日、それ以降のアメリカ人査察官のイラク入国を拒否すると発表した。四日後、アジズはアメリカがＵＮＳＣＯＭに貸しているＵ‐２高度偵察機がアメリカのスパイ機として活動していると公表した（アジズはおそらくこの時期スコット・リッターが日常的に上部の承認の下にＵ‐２の写真情報をイスラエルと共有していたことを知らなかった）[原注12]。

禁止されている作業の再開を防止するため、ＵＮＳＣＯＭがかつての兵器関連施設に監視カメラを設置して行なってきた長期的調査活動を、イラクが妨害しているというニュースに続いてこれらの恐喝的声明が出された。数日後、残っていたアメリカ人査察官がイラクから追放された。

この挑戦に対するアメリカの軍事的反撃が次第に避け難くなるに連れ、イラク危機再燃の気配になってきた。またもやサダムの写真がニュース雑誌の表紙を飾り始めた。『タイム』誌は、これを「（ビル・クリントン）大統領政権下、最大の国際的危機」であると厳粛に評した[原注13]。テレビでも印刷媒体でも、生物兵器専門家が出てきて、サダムが保有していると推定される炭疽菌の、そのほんの一部を一瞬撒いただけでどんな虐殺が引き起こされるかを神妙に解説するのであった。名のある評論家連はティクリート人もかくやと思われんばかりに、サダムの悪口をぺらぺら喋りまくり、夜のニュースには出撃に備えて動きを開始する米軍の様子が出る[原注14]。その雰囲気は、ホワイトハウス担当記者がブッシュ大統領に、なぜ本気になってイラクの大統領を殺さないのか、と真剣に訊ねていた湾岸戦争時の記憶を呼び起こした。

現実はしかし、あの激動の日々とは非常に異なっていた。最も重要な事は、ジョージ・ブッシュが結成した有志同盟がほぼ完全に消滅していたことだ。今回サウジアラビアは、イラク爆撃のために、米軍機がサウジ領土を使用することをはっきり断っていた。アメリカは、イラクの立場に同情を寄せつつあったロシアとフランスが拒否権を行使する恐れがあったので、国連安保理に攻撃の承認を敢えて求めなかった。実のところ、ワシントンはサダムがアメリカ人査察官を国外追放したことに対する安保理の無関心さに「ショック」を受けていた。(原注15) 安保理が可決しようとしていた最も厳しい制裁というのは、サダムが最後まで出国を許可していなかったイラクの兵器専門科学者の外国旅行禁止令であった。

クリントン政権は、国連決議にのっとって、アメリカにはイラクを爆撃する全面的権利があると主張し、爆撃計画を練り始めた。しかしここでもまた、クリントン大統領と補佐官たちは問題にぶつかった。湾岸戦争の序盤に爆撃された標的は選択が容易なものばかりだった。発電所、核兵器およびその他の大量破壊兵器を製造していたと推測される施設、そしてサダム・フセイン本人、であった。その後の調査で、発電所への爆撃でイラクの生活インフラには恒久的被害を与えたけれども、サダム体制打倒はおろか、イラクの軍事的能力を損なうことさえろくにできなかったことが明らかになった。最も重要な兵器工場であるアル・アテエル核兵器工場とアル・ハカム生物兵器工場は、どちらも破壊するどころか、標的にすらされていなかった。サダム以下重要人物たちは、明白に標的にされていた場所からは離れ、無事に逃げおおせた。今回ホワイトハウスが設定した攻撃の基本方針は、UNSCOMがイラクの兵器製造能力を根絶やしにするのをもしサダムが邪魔したら、その時は強力爆薬を使って目的を達する、というものであった。しかし、こうした兵器と設備がどこに隠されているか、判ったためしがなかった。それらしい疑いのある製造設備は、病院内の合法的な民間施設と「併用」していた。アメリカは決して爆撃できない。

難しい選択に思案投げ首のクリントンと補佐官に対し、サダムは少なくとも当面は一歩引く作戦を選んだ。アメリカの連合軍の力を量ったサダムは旧友であるロシア外務大臣、エフゲニー・プリマコフの仲介を受諾した。プリマコフは制裁の解除を強く要求すると約束した。サダムは交換条件として、アメリカ人査察官の再入国を承諾した。クリントン政権はこの知らせに胸をなでおろした。十一月二十日、危機はひとまず回避された。

サダムの立場からすれば、この対峙は非常に満足の行く結果をもたらしてくれた。アメリカはUNSCOMの査察権は戦争をも辞さない問題だとしたが、気がついてみるとイギリスを除いては、これまでの同盟国が一人もいなくなってしまっていた。UNSCOMは今や、サダムにとって脅威ではなく利点に変わっていた。主導権は今サダムにあった。協力を断るだけで、いつでも好きな時に喧嘩を売ることができるのだ。この戦略を推し進める中で、サダムはあり得ない味方を得た（目指すところは異なっていたが）。スコット・リッターである。彼は十一月二十一日にバグダッドに戻って来ていたが、結果がどうあれ、これまでになくサダムの隠し事を見つけ出してやろうという決意に萌えていた。今回イラクはアメリカの武力対応を必要とするような新たな妨害工作をとるとは思えなかった。

危機を誘発する力は今、サダム・フセインとスコット・リッター少佐の手に委ねられているということを、クリントン政権もここでようやく理解した。さらなる国際的支援を得ることを期待して、クリントン政権が軍事行動を差し控えていたこの折りに、リッターが積極策をとるのは全く望まれないことであった。リッターによれば、リチャード・バトラー委員長には、活動熱心な査察官を抑えるという大きなプレッシャーがかかってしまい、彼はこれに潰された。国務省とUNSCOM委員は、バトラーが周辺からの指示に従っていない、と怒りをあらわにした。

「スコット・リッターに好きな時に事を起こさせたくなかったのは、メイドリン・オルブライトだけではなかった」

国務省のある官僚が憤然として言う。

「リチャード・バトラーもそうはしたくなかった」

理由がどうあれ、とりあえずバトラーはリッターの査察計画を破棄した。(原注16)

そうこうするうち、アメリカとイラクは新たな対決に向かっていた。クリントン政権は、十一月の危機でアメリカはサダムにしてやられたとの結論に達し、国防総省は爆撃目標のリストを洗い直し始めた。戦争の原因は、サダムの若干けばけばしい宮殿、治安本部、兵舎などを含む一般的に「大統領関連施設*」と呼ばれている八つの散在する施設へのアクセスをめぐるものであった。イラクがこれらの施設へのアクセスを拒否した時点でアメリカはいよいよ怒りをつのらせ、これらが問題の場所に違いないと決めつけた。

サダムには第二ラウンドへの突入準備がしっかりできていた。十一月、イラク政府は外国人記者団を大量に受け入れ、制裁後七年を経たイラク国民の窮状を心情的に広く訴える場を演出した。バグダッドにはふたたび世界中のジャーナリストやテレビ取材陣が大挙訪れて来た。二月中旬にはその数は八百人に達した。どこの取材も、医薬品の無い病院、教科書の無い学校、子供に食べさせる食料が無い母親、といったもので、世界の人々に強烈なインパクトを与えた。ローマ法王、ヨハネ・パウロ二世による一九九八年一月にバチカン外交部門での説教は多くの人々に感銘を与えた。

「また新たな爆撃が準備されている中で、イラクの人々に対する七年間以上の国連による、一般市民を攻撃する生物兵器としか思えない経済制裁にわれわれは苦悶の叫びをあげている。湾岸戦争の間、アメリカが主導する同盟国軍は意図的にイラクのインフラを標的にし、市民のための食糧と水と衛生環境を確保する能力を破壊し、想像を絶する規模の疫病と飢餓を蔓延させた。国連の報告は、制裁の直接的な結果として一般市民百万人以上が死亡したと訴えている。信仰に生きる者としてわれわれは、平和を招来させる任務を帯びた国連の行為が、かくも意図的に罪の無い人々の大量殺戮の継続に結びついていることを恥じるものである」

＊八つの大統領関連施設：一九九七年六月以降、イラクによる査察拒否及び妨害が続発し、イラクを非難する安保理決議が採択された。決議は、イラクがＵＮＳＣＯＭに対し、あらゆる施設等へのアクセスを即時かつ無条件に認めることを要求し、査察妨害等に関与するイラク政府関係者の各国への入国禁止を決定した。イラク側は、非協力的態度を継続し、九八年一月十二日に査察活動を許可しない旨決定した。事態打開のため、アナン事務総長がイラクを訪問、二月二十三日にアジズ副首相と、了解覚書を締結し、イラク政府はＵＮＳＣＯＭに対し即時、無条件、無制限のアクセスを認める一方、ＵＮＳＣＯＭはイラクの国家安全保障、主権、尊厳を尊重するとともに、八つの大統領関連施設（Presidential Sites）に対しては特別な査察手続きを取ることに合意した。査察は九八年四月に再開され、大統領施設にも査察が実施されたが、妨害は継続、八月五日にイラク革命指導評議会はＵＮＳＣＯＭの再編等のイラク側の要求が認められるまではＵＮＳＣＯＭへの協力を停止すると決定した。国連とイラクの間の交渉は進展せず、十月三十一日、イラク革命指導評議会は協力の全面的停止を決定した。決定の撤回と査察の再開を求めた安保理に対し、イラクは、十四日付のアジズ副首相書簡により、ＵＮＳＣＯＭ及びＩＡＥＡとの協力を再開することを伝え、十七日より査察は再開された。しかし、十二月十五日にバトラーＵＮＳＣＯＭ委員長から、イラク側から完全な協力は得られなかったとの報告書が安保理に提出され、翌十六日から十九日まで米英軍によるイラクへの空爆が実施された。これが「砂漠の狐」作戦である。

それでも、アメリカの首脳は爆撃の口実とそのために必要な支持を頑に強要した。国防長官、ウィリアム・コーエンは「殺人毒薬」（リシン*が最も毒性の強い物質とされている）はヒマシ油の原料でもある「ヒマの実の七粒か八粒」から抽出できるとして、ヨーロッパ諸国首脳の注意を促そうとした。コーエンは勿体ぶって「イラクには数百エーカーのヒマの実畑がある」と指摘して、この話を聞かされた人々は、ヒマの実畑も爆撃目標になっているのかと思った。(原注17) アメリカの高官は湾岸諸国の首都を歴訪したが、これもアメリカのイラク攻撃承認を引き出すわずかな助けにもならなかった。最も厳しく拒否したのは、長くアメリカの忠実な同盟国であり、UNSCOM発足以来、その集結地となってきたサウジアラビア沿岸にある小さな島国、バーレーンだった。(原注18) クリントン大統領はバーレーンの首長と個人的に会見し、支援の約束を求めていた。しかしバーレーンの情報大臣は、アメリカ合衆国はバーレーンから出撃することはできない、との声明を発表した。

湾岸戦争以後の七年間に、アラブの指導者たちがサダムの味方になったわけではない。アメリカの要請に対する彼らの冷淡な態度は、アメリカが攻撃したとしてもイラクの指導者を殺せそうにはないし、一般イラク国民の苦しみに対する憤りが高まっていたことによるものだ。一九九〇年と一九九一年、湾岸諸国およびアラブ諸国の大衆は情報へのアクセスが比較的恵まれていなかった（サウジアラビア政府はクウェート侵攻のニュースを四十八時間公表しなかった）。一般大衆はBBCやモンテカルロ放送*でニュースを聴いていたが、当局は好ましく思わず、聴取は厳しく規制されていたし、聴取者人口も限られていた。しかし一九九〇年代、この地域にも情報革命の波が押し寄せてきた。パラボラアンテナさえあれば、アラブ語の衛星テレビ放送で比較的無検閲のニュースが家庭で観られるようになった。

規制不可能のインターネットも同じ役割を果たした。こうして情報を得た大衆は、アメリカやその手先と思しきリチャード・バトラーが、制裁ですっかり数が減ったイラクの子供たちの頭上に、さらに爆弾の雨を降らせるようなことには断固として協力を拒否した。これには絶対君主（サダム・フセイン）も注意を傾ける必要があった。

通信形態の変化はアメリカ国内にも波及し、メイドリン・オルブライト、ウィリアム・コーエン、国家安全保障問題担当大統領補佐官のサンディ・バーガーらがオハイオ州立大学での「市民集会」で国家の政策を売り込もうとした時、その効果が現われた。(原注19) 企画は大失敗だった。会場は野次と怒号で溢れ、怒れる市民がアメリカにイラクを爆撃する「道徳的資格」があるのかと詰め寄った。続いて、屈辱的にもオルブライト、コーエン、バーガーの姿はCNNで世界中に放送された。イラクではノーカットで流された。

＊リシン：ヒマ（Ricinus communis）の実から得られる猛毒。ヒマの実は、どこでも入手でき、抽出も難しくない。世界で年間百万トンのヒマの実がヒマシ油の生産のために処理され、その過程で生じるクズがリシンである。リシン毒素を吸入すると数時間後に、発熱・咳・息苦しさ・吐き気・関節痛などが急に出現する。さらに気道の壊死及び肺浮腫を起こす。吸入後一日でに重症の呼吸困難から低酸素血症となり死亡することがある。第一次世界大戦の終わり頃から、アメリカと英国が共同で武器用に研究し、第二次世界大戦中にリシン爆弾を開発したが実戦では使わなかった。

＊モンテカルロ放送：フランスとモナコをキーステーションにしたラジオ局で、一九五〇年に開局。主要言語はイタリア語。モナコ、ミラノからの放送以外に、チューリッヒ発のドイツ語放送、パリ発のアラブ語中東向け放送、モスクワ発ロシア語放送がある。

生物兵器で武装していると推定されるイラクの秘密ミサイル兵力の問題と、大統領関連施設問題を絡めて、ワシントンは一か八かの賭けに出た。

「われわれが探していたものはすべてここにあった」

UNSCOMの副委員長チャーリー・デュルファーは言う。

「それは文書だった」

兵器はどれも間違いなくどこか別の場所に隠されていた。しかし、マスコミも大衆も政治家までもが、サダムは殺人ミサイルを査察官の目の届かない、かの悪名高き宮殿の奥深くに隠している、と思い込んでいた。『ニューヨークタイムズ』紙でリチャード・バトラーは、そのようなミサイルが「テルアビブ」に撃ち込まれたら、イスラエルの首都をパニックに陥れ、ガスマスク配給に長蛇の列ができ、政府はあわててアメリカから六百万袋の炭疽菌ワクチンを取り寄せることになる、と思慮に欠けた話をした。しかしアメリカは、イラクの生物兵器や化学兵器攻撃をそれほど真剣に脅しと受けとってはいないように見えた。サダムの標的リストのランキングの上のほうに載っていると推測されたクウェートに在住するアメリカ人は、大使館から何も心配することは無いし、ガスマスクを用意する必要もありません、と言われた。

クウェート侵攻から湾岸戦争が勃発するまでの数ヵ月、ブッシュのホワイトハウスは、サダムが面子を甚だしく潰さずにクウェートから撤退するのをみすみす許してしまうような「外交的解決」を非常に恐れていた。当時は、アメリカはサダムの非妥協性に助けられ、そのような解決を目指す提案は容赦なく叩き潰していた。しかし一九九八年二月、世界は変わっていた。絶えずイラクとの通商関係を追求していたフランスは、サダムを倒せないような決定力の無い軍事行動はあまり意味が無い、と主張していた。そこで、大統領関連施設をめぐる危機からの解決策を探るために、国連事務総長のコフィ・アナンがイラクを訪問するという次第になった。

アナンはこれをすばらしいアイデアだと考えた。ワシントンはそうではなかった。

「行ってはならない」

アメリカの国連大使、ビル・リチャードソンがアナンに言った。

「アメリカは身動きが取れなくなる」(原注20)

しかしイギリスでさえ事務総長のバグダッド訪問を認めるべきだと考えた。クリントンはしぶしぶ承知した。

事務総長の来訪はサダムにとっては突破口になった。戦争以来初めて、国際連合の長が訊ねてきて、敬意を表してお願いに来るのだ。イラクの指導者は直ちに、査察団の騒々しい活動を監視する新規の外交官チームを同行させることを条件に、UNSCOMが大統領関連施設を査察できるという確約に同意した。かくして、UNSCOMが必要としたいかなる施設への自由立ち入りの原則を主張するのではなく、この特殊な種類の施設に入るためにまたもや面倒な手続きが必要となった。

アナンにはこんなことはどうでも良かった。サダムに勧められた葉巻を楽しんだ後、事務総長はサダムのことを「落ち着いていて、物事に非常に通じていて……すべてをしっかり抑えている」と評した。(原注21)

一九九一年の反乱を潰して以来、サダムはめったに公衆の場に姿を見せなかった。今や完全勝利を収めたサダムは、大衆の前に出る方針へと移った。例えば三月十七日、彼はスンニ派の首都である小さな町、アル・ドゥールを訪れた。この地はサダム・フセインの物語の中で特別な意味を持つ。というのは、一九五九年に彼はカシム大統領暗殺に失敗した後、この町からティグリス川を泳いで渡ったからである。イラクのテレビによれば、地域住民が電話をかけてよこし、サダムは「歓声を上げ踊り出す大群衆の歓迎を受けた」そうだ。群衆は祝に羊を丸焼きにし、指導者はオープンカーに乗って、ライフル銃を空に向けて何発も撃った。(原注22)

アナンの訪問が、サダムが長年享受できずにいた正当性を賦与したという事実を、ワシントンの共和党指導部は見逃さなかった。アナンの「宥和主義」を黙過するクリントン政権の弱腰を糾弾する共和党は、議会でクリントンとサダムの両方を同時に困惑させる手を見つけた。それはアハマド・チャラビ以外の何者でもなかった。(原注23) 一九九七年初めにCIAがイラク国民会議への資金援助から手を引いて以来、イラク反体制派勢力は苦しい時期を過ごしていた。チャラビは、反体制派を支えるのに大枚五百万ドルを下らない自己資金を使ったと主張したが、ロンドンのINC本部は廃墟同然の様相を呈していた。クルディスタンのサラフディンにあった、一時は人で溢れていたINCセンターも、一九九六年九月の虐殺と大潰走以来、うち棄てられたままになっていた。イラク国内の行動的反体制運動としてのイラク国民会議は壊滅した。それにもかかわらず、有力上院議員のトレント・ロットやジェシー・ヘルムズ、それに冷戦時代の勇士、リチャード・パールなどの顧問たちからすれば目端の利くチャラビは天からの授かり物のようなものだった。

チャラビは、イラク国民の「選挙民代表」として(一九九二年に溯って、サラフディンのINC結成大会で三百人の代議員から選出されたことを根拠にした主張）、米上院委員会でＩＮＣは「サダムと現地闘争を戦い、数千人のイラク人に支持されている」と発言した。(原注24) ＣＩＡで若干いじめられた話をぶちまけ、「戦士」スコット・リッターに賛辞を送った後チャラビは、アメリカはイラクの北部と南部に「攻撃禁止区域」を設置するために軍隊を導入するべきだと提案した。彼の考える北部地方はクルド人が支配する地帯よりはるかに広く、モスルやキルクークなどの大都市と北部油田地帯も含む。南部地方にはバスラと南部油田地帯がある。ＩＮＣがアメリカの援助の下にこれらの地帯の行政を担当し、最終的にイラクの暫定政府となる。この作業全体の費用は、一九九一年以来凍結されているイラクの海外資産もしくは南部の石油収入で賄われる。

この野心的計画は上院の多数派に受け入れられた。チャラビが、一九八九年にペトラ銀行の倒産に続きヨルダン当局から横領で告訴された話を持ち出した趣味の悪い民主党議員は、チャラビ応援団に容赦なく罵倒され、この事を口にすることすら「ホワイトハウスかＣＩＡの策略の匂いがする」とまで言われた。(原注25) その後の数ヵ月、イラク反体制派とチャラビ自身への支援が議会で承認され、冷戦時代に東欧諸国に流された自由ヨーロッパ放送の方式を踏襲した「自由イラク放送」の設立のために五百万ドル拠出することが可決された。(原注26) 追加五百万ドルが「イラク民主主義的反体制派」のために「民主主義的反体制派支援の大部分はイラクを構成するスンニ派、シーア派、クルド人を代表して、サダム・フセイン体制に有効に挑戦する能力を示したイラク国民会議に向けられる」ことになった。

かくして、クルド人指導者のバルザーニやタラバニを含む多くのイラク人指導者が、チャラビの組織は壊滅したものと思っていた間に、ＩＮＣは共和党の武器となってカピトル・ヒル（連邦議会）でますます強力になった。(原注27) 湾岸戦争に先立って戦わされた議論以来久しぶりに、イラク問題はアメリカ政治における政党間対立の種になった。

こうなると、クリントン政権もやり返すしかない。ホワイトハウス高官は記者会見を開いては、INCをはじめイラク反体制派の弱点を今さらの様に説明した。そして一方では、CIAはサダムを痛めつけるための全面的に新しい「妨害と破壊」極秘計画の作成にいそしんでいる、という噂を流しもした。(原注28)「ライフラインの工場施設や放送局といったイラクの経済政治権力の柱」を破壊するために、クルド人とシーア派のスパイを使う、といった計画だった。この「計画」の責任者は、雇われ爆弾テロリストで自称元CIA対サダム極秘工作の最後の生き残り、あのアブ・アミネのことをすっかり忘れていたに違いない。問題の計画にはまた、ライフラインの工場施設がCIAなど外部の介入など無くとも操業を停止しているという、イラク国内の現状についての認識不足も見られた。一九九八年の夏、五十年ぶりの猛暑となったイラクでは、バグダッドの発電所までが十二時間以上操業停止するのが日常茶飯事だったのだ。

さらに実践的レベルでは、クリントン政権はサダムの東方の敵に近づこうとしていた。イランである。イランをイラクと同じ賤民扱いした、何年にもわたる「二重封じ込め政策」のせいでテヘランとワシントンの間には具体的には何の共同作業も無かった。だが一九九八年、ワシントンとテヘランとの冷戦が、一九九七年五月にイランの大統領に選出されたリベラル派聖職者ムハンマド・ハタミ師の関係改善アピールに助けられ、緩和する兆候を見せた。それに応じて、イラク・イスラム革命最高評議会の最高指導者、ムハンマド・バキル・アル・ハキム師はワシントンから熱心に招待を受け始めた。

ハキム師は、テヘランの力に勇気づけられてこの申し出をはねつけたと推測される。イラン当局は、アメリカがイラン領土を通過する中央アジアの石油輸出に賛成する、といった何らかの具体的な見返り無しには、ワシントンが抱えていたイラクの問題の解決に手を貸す気は無かった。

同時に、国務省は昔の同盟関係を復活させようと動き出した。一九九六年八月以前、北部イラクはイラク軍による「攻撃禁止区域」であった。サダムに対する可能な各種の手段を思いめぐらして、国務省はクルディスタンの現状復帰に着手した。それに従い、一九九八年九月初め、マスード・バルザーニとジャラル・タラバニが和平会談のためにワシントンに招かれ、キーブリッジ・マリオット・ホテルに宿泊した。アメリカの対サダム武力援護の保障への見返りに、両指導者は相互の敵対関係を改めて清算し、選挙を睨んだ改革クルド人政府樹立のために結束することで合意した。バルザーニは国境通行料収入の分配に、タラバニはアルビルの両勢力による共同統括にそれぞれ同意した。会談の最中に、バルザーニと代表団がマリオット・ホテルのロビーを歩いているのを、商用で偶然同じホテルに泊まっていたジャワール・アル・スルチが認め、ぶつぶつと怨念の呪文をとなえていた。クルドの山岳地帯で殺しあってきた仇敵同士が、突如接近遭遇したのである。

チャラビは、クルド人同士の和平成立のニュースに接し快哉の声を上げた。

「いよいよ動き出したぞ」

合意の成立が発表された翌日、彼はこう言った。しかし、彼の大いなる期待は、両指導者がチャラビとの関係を一切拒絶したことで吹き飛んでしまった。ジェシー・ヘルムズ上院議員が、チャラビとの協議のために二人を彼の事務所に出向くよう強引に迫ったが、無駄であった。ヘルムズがよこした迎えの者とのやり取りは、「ネコババ野郎」などといった罵詈雑言が飛び交う穏やかならぬものだった。INCがサラフディンにすぐに舞い戻れる雰囲気ではなかった。さらにチャラビを怒らせたのは、イラク国民会議とイラク国民合意の活動への関与と資金流用が、CIAの内部調査の対象になっているという噂をCIAがリークしたことであった。しかし、十月にイラク反体制派の武装と軍事訓練に九千七百万ドル拠出することを認めた「イラク解放条例」を議会通過させた議会内のチャラビ派は、これしきのことで怯まなかった。ただし、訓練の場所も、その対象が誰かも、正確に特定されてはいなかった。

その間、UNSCOMの危機の現状を検討したアメリカ政府は、サダムとの戦いが惨敗したと結論した。四月末、クリントン大統領は、大統領関連施設およびその他の場所にUNSCOMの査察官を入れるよう、イラクに強要するための軍事的行動は当面これ以上試みない、との命令を極秘に出した。イラクが一九九一年に秘密裡に廃棄した施設の一つから掘り出されたミサイル弾頭をテストしたところ、そこにVXガスが入っていたことが判明し、従って殺人的化学薬品の「武器化」には一度も成功しなかったというのは虚偽だったことが証明されても、クリントン政権は即座に対決姿勢の気配は見せなかった。

バグダッドのサダムは、UNSCOMの任務の即時終了を要求し、制裁が解除されなければ重大かつ不特定の報復措置をとる、と脅す意味合いの言辞を強めていた。UNSCOMは依然として活動を続け、所在不明の文書とイラクの背信の証を探し求めていた。だが八月五日、イラク政府は査察官への協力を打ち切り、従って査察は完了すると発表した。ホワイトハウスは、この問題をめぐる軍事的対決は誓って行なわないとした決定に違わず、何の反応も見せなかった。

今や、ワシントンは間違いなくサダムが故意に挑発していることを認めていた。傍聴されたタリク・アジズとロシア外務相、プリマコフとの会話で、アジズは査察活動への処置に対して「アメリカが無反応である」ことに腹を立てていた。最近行なわれてきた図々しい査察がサダムに有利に働いた事実を、メイドリン・オルブライトなどの高官が良く理解しているなら、スコット・リッターには都合が悪い。ワシントンとロンドンの上層部に仕事を妨害されたことを理由に、また「武力支配への幻想は武力的に何もしないよりも危険である」とぶちまけて、リッターは八月二十七日に辞表を提出した。このことと、サダムの挑戦に対するクリントン政権の弱腰を糾弾したことで、この元海兵隊の切れ者はアハマド・チャラビと同様、クリントン政権のイラク政策を中傷しかねないほど不安を抱いていた共和党のヒーローになった。

リッターは間髪入れずに、サダムが必要な核分裂性物質（ウラン235か、またはプルトニウム239）を入手でき次第すぐに使用可能な核兵器を少なくとも三発所有していると言明して、隠匿兵器の規模と即座の危険性を強調した。(原注29) 査察団で彼とともに活動した同僚たちからすれば、これはやりすぎであった。国際原子力機関（IAEA）が特に核兵器の面でのイラクの兵器計画を調査するべく派遣した「行動部隊」のリーダーだったゲーリー・ディロンは、三発の核兵器のことをどうして知ったのかをリッターに尋ねた。

「北欧の情報機関からだ」

リッターは答えた。核の専門家はそれを聞いて笑ってしまった。

「アメリカは政治的理由から、イラクに文書を公開させるため、核関連報告の矛盾を少しでも見逃さないようIAEAに要求した」

イラク政策に深く関わっていた役人が説明する。

「しかしイラクの核科学者を不具者にするか殺したりしなくても、イラクの核計画は終わっていた。核施設とその活動はわれわれがすべて閉鎖させていた」

UNSCOMの殉教者として名を上げたリッターは、またもや組織に迷惑をかける。イスラエルの日刊紙『ハーアレッツ』にイスラエル情報機関との親密で実り多い関係を仰々しく語ったり、イラクの通信も盗聴できる、というこれまでは堅く守られてきたUNSCOMの秘密も明かした。この『ハーアレッツ』の記事が出た同じその日、『ワシントンポスト』紙が、リッターが上司の了解を得て、UNSCOMのU-2偵察機が撮影したフィルムを現像し分析するために、日常的にイスラエルに持ち込んでいたと書いた。(原注30) わずか数ヵ月前、アメリカはUNSCOMの任意の調査権を主張するための協力をアラブ諸国に呼びかけようとしていた。イスラエルとの馴れ合いを認めた形になり、といっても非常に意図的なものなのだが、アラブ諸国の協力の可能性ははっきり言って消え失せてしまった。

どちら側もUNSCOMを駆け引きの道具にしたのである。十一月一日、UNSCOMの長期的監査計画への協力を中止することで、サダムはショバ代をアップした。これは、すでに立ち入った施設は、兵器製造のために使用されていないことを確認するためで、これ以上検査できないことを意味した。またもやいつものパターンに陥っていった。アメリカとイギリスは、イラク爆撃の準備は完了したと発表した。挑戦的声明がバグダッドから発せられた。米空軍機がイラク攻撃に飛び立ったいよいよ最後になって、イラク政府はUNSCOMへの「全面協力」の再開を申し出た。爆撃機は基地にリターン、しかし、それも少しの間だけとなる。

クリントン政権とサダム・フセインは、どちらも爆撃の時期はもっと遅らせたかったようだ。リチャード・バトラーの査察官がバグダッドに戻り、調査を始めた。おおむね事も無く事態は進んだが、時折イラク側は、バトラーがサダムはまたも約束を履行していないと報告せざるを得ないような非協力的対応を見せもした。この時期における信頼できる情報では、バトラーはワシントンと密接に相談しながら報告をしたためていたようである。それにまた、あのかまびすしいリッターは、査察は「空爆を正当化するための対立を創り出すために」仕組まれた「陰謀」だと喋りまくっていた。[原注31] サダムの方はと言うと、一九九六年六月にロルフ・エケウスとの間で交わした承諾書に忠実に従って、バトラーはバース党本部などの疑わしい場所には査察官を四人以下しか派遣できないと主張しながらも、爆弾の雨だけは御免被りたいという風であった。

ワシントンではもちろん、クリントン大統領弾劾の動きにすべてが覆い隠されてしまっていた。十二月十六日、クリントンが長く予告されていた爆撃命令を正式に出すと、共和党は攻撃が大統領の内政問題から目をそらすために日程をずらして設定したものだ、と主張して怒りを露にした。しかしながら、下院における弾劾審議が一日だけ延期されたこと以外には、合衆国総司令官にとって、攻撃はわずかな政治的利益にしかならなかった。

爆撃はフランス、ロシア、中国、エジプトなどから強い抗議を受け、アラブ世界ではイラク人のために怒れる民衆がデモを繰り広げた。パレスチナ人は、数日前にガザを訪問したクリントン大統領を讃えて振った星条旗を燃やした。攻撃はサダムをやっつけるのにも、大量破壊兵器を隠しているとされた武器庫を除去するのにも役に立ちはしなかった。全部で九十七ヵ所の標的が爆撃されたが、その内九ヵ所だけが完全に破壊されたと国防総省は報告した。標的となった化学・生物兵器製造施設十一ヵ所は一つも破壊できなかった。兵器隠匿に関わっていた共和国特別防衛隊とその他の軍事拠点も破壊の対象になっていたが、そこでは一九九一年一月とは違い、生意気にも常時の兵舎や庁舎から避難もせぬままだったが、結果はわずかな施設しか破壊されなかったようだ。

国防総省は対空砲火が無かったことに驚きを見せたが、イラクにとって最も効果的な防御になったのは、バグダッドの国際報道センターの屋上にずらり並んだ、世界中からやって来たテレビカメラの群れであった。これだけのカメラが見ている前でアメリカは、八年前に四百人の婦人と子供を焼死させたアメリヤ・シェルターへの空爆のような明瞭なる「付帯的被害」のリスクを冒すことはできなかった。バグダッドの人々は、新たな空爆を半ばうんざりした気持ちで迎えていた。ある人が言った。

「イラク人は、自分たちが報われることの無い争いを恐れている。経済制裁であれ、爆弾であれ、犠牲者はいつも自分たちなのだ」

夜の帳が降り、空襲警報が咽び泣くと、町には人っ子一人いなくなる。しかし、アル・ラシード・ホテルでは相変わらず結婚パーティーが繰り広げられ、イラクの通貨ディナールはこの前の危機とは対照的に対ドルレートを維持していた。やるぞやるぞと威嚇しながらも一年以上も延期された「砂漠の狐作戦」は、あの一九九一年一月にイラクを席巻した嵐が、哀れなほどにちっぽけなこだまと成り果てて戻って来たにすぎなかった。

何年も前、サダムの核兵器製造命令を拒否した男、フセイン・アル・シャハリスタニ博士はテヘランに住んでいた。亡命イラク人のために身を尽くした彼の働きは、イラク・シーア派と、特に南部イラクの広汎な人脈の中で大きな精神的よりどころとなっていた。空爆二日目、シャハリスタニ博士は、筆者の一人に緊急メッセージを送ってきた。それにはこう書いてあった。

「イラクにいる数名の人たちから私のところに連絡があり、本当にアメリカが、イラク人が決起し、体制から自由になれるほどにサダムを弱体化させるまで、これ（空爆）を継続する気があるのかどうか訊ねてきました。前のインティファーダで裏切られた記憶は今も人々の心に生々しく残っており、二度と同じ悲劇を味わいたくないのです」（原注32）

イラン政府は、いかなる可能な反乱にも手を差し延べることを防ぐため、イラクとの国境を閉鎖することで自国の立場を鮮明にした。

空爆から七時間を経過し、クリントン大統領はアル・シャハリスタニと同志たちに返答を送った。彼は勝利を宣言した。

「私は、われわれが任務を果たしたと確信している」

そして攻撃を停止した。サダム・フセインもまた自分が勝利者だと宣言した。

「神はわれらに恵みを与えたもうた」

イラクの指導者はアラブ世界に放送されたテレビ演説で国民に語りかけた。

「そして、勝利の栄冠をもってわれらを祝福された」

イラク人報道官は、ＵＮＳＣＯＭにこれ以上協力することは無い、と力説した。

国防総省が正式命名した空爆攻撃「砂漠の狐作戦」は、バグダッドにおけるＵＮＳＣＯＭの存在と活動が、サダムにアメリカとの危機を創出し、世界中の話題の主人公になりたい放題にさせていた時代と一線を画した。

これ以降は、ワシントンはサダムをその視界からはずし、世間の関心の外に置くことが一番無難な選択であると決めた。新方針は完璧に上手く行った。アメリカの空爆は継続したが、大半はバグダッドから遠く離れた地方に対するもので、公式には米軍機とイギリス軍機を威嚇するイラク軍の「挑発」に応じる防御的措置である、と発表された。間もなく、こうした日常的空爆の報道は短い記事となり、紙面の片隅に追いやられて行った。

一九九九年二月、サダムは、必要あらばと、非クルド人イラクの絶対的支配の証左を突きつけた。ナジャフのシーア派宗教指導者、ムハンマド・サデク・アル・サドル師を、聖都におけるシーア派団体の影響力に対する対抗勢力的位置づけで、サダム体制が保護してきた。しかし、アル・サドル師の影響力がうなぎ登りに大きくなり、今ではそれが一人立ちするほどにまで本物になってきた。サドル師の毎週の説教内容はイラク南部に伝播し、バグダッド郊外のシーア派地区にまで及んでいた。彼は、信徒たちの貧窮を悪化させる政府、アメリカ、アラブ諸国を槍玉に挙げた。直接サダムを批判することは差し控えてはいたが（ウダイは容赦なく叩かれたが）、結果はやはりいかんともし難かった。一九九九年二月十日、アル・サドル師と彼の二人の息子が乗った車がナジャフ郊外で待ち伏せされ、彼らは射殺された。

サダムが暗殺を命令したのは疑いなかった（政府は否定したが）。南部イラクは数日にわたり、一九九一年三月の事件の再来の様相を呈した。バグダッドでも暴動が起きた。バスラ郊外には迫撃砲が轟いた。暴徒がナーシリヤを占領したらしい、といった噂が国境地帯に流れた。少しの間、一般イラク人の不満と怒りが爆発したような状況に見えた。しかし、残虐きわまりない弾圧には抗し難く、擾乱は鎮静化され、国土はいつもの悶々とした沈黙に回帰して行った。

その間ワシントンでは、UNSCOMの査察が完了した後、本来は独立組織であるはずの国連機関が、CIAの独自目的のためにどの程度まで協働していたかに関する不都合な事実が次々と暴露され始めていた。例えば、UNSCOMが大量破壊兵器庫であった施設に設置した遠隔監視装置が、アメリカの情報機関がイラクの軍事情報を傍受するために利用されていたことが明らかになり、査察官はアメリカのスパイ活動をしているだけだ、と言ったサダムの非難が正当化されてしまった。

「砂漠の狐作戦」終結にあたり、勝利宣言をしたクリントン大統領は「国連史上最も強力な制裁の一つであったものを継続する」と約束した。イラク一般市民の苦しみを継続することで、一切を正当化した縁起でもない警告であった。一九九八年夏のスコット・リッターの辞任は大騒動になったが、それ以外に辞めた人のことはあまり注目されなかった。

イラクの石油輸出代金を国連が預かり、食糧や人道活動資金に充てるという石油・食糧交換計画を監査するためにバグダッドに派遣されたアイルランド人クエーカー教徒のデニス・ハリデーは、失意のうちにバグダッドを後にした。去るに当たり彼は、「制裁による水道と衛生設備の崩壊、不十分な食生活、劣悪な衛生環境等の影響で、毎月四千から五千人の子供を不必要に死なせている」政策に対して、苦渋に満ちた激しい非難を叩きつけた。

一九九七年三月に、ジョージタウンにおいて制裁の無期限継続を発表したオルブライト国務長官は、石油・食糧交換計画が「イラク国内の市民の苦しみを和らげるために計画された」ものとして今、効果を発揮し始めたと語った。その上に立って、この談話があった翌月、ユニセフが、イラク国内の五歳未満の児童一万五千人の調査を実施した。調査結果では、都市部と地方に大きな差は無かった。四分の一弱の児童が年齢に比して体重が少なかった。四分の一強が、慢性的栄養失調だった。約十人に一人の児童が甚だしい栄養不良であった。石油・食糧交換計画が実施されて一年を経過し、その金額が大きく増加してきた一九九八年三月、ユニセフは再び同様の調査を行なった。体重不足の児童数の割合は、統計上ではわずかな幅しか下がっていなかった。慢性的栄養不良児の割合は八割ほど減少していたが、甚だしい栄養不良の児童、幼児の数は逆に若干増加していた。この何とも嫌な数字について、担当者は報告書に太字で「『石油・食糧交換』計画はイラクの低年齢児層においてまだ大きな違いを生み出していないようである」とコメントしている。(原注33)

一般イラク国民が耐え忍んでいる悲惨な状態は、アメリカではほとんど何の関心も呼ばなかったが、制裁提案国にとって、とりわけ国連の場においては厄介なものになった。一九九九年九月、不毛な結果となった安保理での論議に先行して、国務省は「サダム・フセインのイラク」なる、イラクのいかなる、そしてすべての惨状は唯一、イラク指導者の罪と責任であることを世界に説得しようと試みる報告書を出した。報告書の序文にはこう書かれている。

「サダム・フセインの体制ではなく、国際社会が、一般イラク人にのしかかる制裁の影響を取り除くために努力している」

この自己弁護の根拠になったのは、直接関与した者以外には仕組みがあまり良く理解されていなかった石油・食糧交換計画であった。石油売却で発生した利益はニューヨークの銀行(パリ国立銀行)に預けられた。その三十五パーセントは、クウェートのような、イラクに対して請求権のある第三者への支払いと、イラクにおける国連活動の経費充当分として留保された。さらに十三パーセントが北部地域のクルド人自治区に供与された。イラク政府関係当局はその中で、バグダッド駐在の国連弁務官との協議の下に、購入を希望する品目リストを作成した。これには、食品、医薬品、医療機器、水道・衛生設備修理用等のインフラ機材、イラク石油産業の機器類などが含まれていた。ニューヨークの国連本部でリストが検討され、個々の品目の認可、不認可を決めた。イラク側はそこで求める物品を、業者を選び発注した。いよいよここからが肝心なポイントになる。イラク側が発注すると、契約書が661委員会(安保理イラク制裁委員会)に回されて検閲を受ける。当委員会は、安保理理事国十五ヵ国の代表で構成され、一九九〇年八月六日に最初に制裁を発令した国連安保理決議661から命名された。委員会は、いかなる契約についても承認するかしないかの権限を持っていた(認可しない場合は「保留」と婉曲に表現していたが)。承認された契約書に業者がサインし、物品がイラクに向けて発送され、到着先でコテクナ*という代理店の検査を受けた。この代理店が品物の到着証明を発行すると、業者はニューヨークの石油代金口座から支払いを受ける。

国務省の報告にはこうある。

＊コテクナ：国際的な貿易促進・検査グループ。一九七四年にスイスに設立され、広範囲にわたる貿易促進サービス、貿易セキュリティサービス、および品質認証規格の業務を行なっている。コテクナグループは十二ヵ国の政府と検査請負契約を結んでいる。

「石油・食糧交換計画がスタートして以来、（661委員会で検閲された契約の）七八・一パーセントが承認された」

これはつまり、契約の二一・九パーセントはアメリカとイギリスが押し付けた圧倒的拒否権行使により却下されたことを意味する。一九九九年八月に保留になった四百四十八件の契約について、国務省報告は化学・生物兵器の製造に使用され得る品目を含んでいたから、と説明している。

イラクの事情を理解している者なら誰でも、子供の死亡率とその他の公衆衛生の問題の根本原因は最早、食糧と医薬品の欠乏ではなく（湾岸戦争以前には全国的に無料だった）、浄水の不足と、一九九九年九月現在で湾岸以前の水準の三割でしかなかった電力の不足だということが分かっていた。661委員会に拒否された二一・九パーセントの契約の大部分が、上下水道施設の修復作業に向けられたものであった。イラクはこの分野に二億三千六百万ドル相当の契約を提示したが、その約四分の一に当たる五千四百万ドル分が承認されなかった。

「基本的には、化学薬品に関わるあらゆるもの、ポンプまでが却下すべきとされた」

石油・食糧交換計画の国連事務所にいた委員が筆者に語った。この傾向は電力供給部門でも同じで、契約の提示総額五億八千九百万ドル中、約四分の一に当たる一億三千八百万ドル分が保留された。契約の認可と不認可の割合だけでは全容は分からない。国連職員が「補完項目」という微妙な話を持ち出した。これは、購入が承認された品目でも、ある別の品目が承認されなければ役に立たなくなるということを意味する。例えば、イラク保健省は二千五百万ドル分の歯科治療用椅子を発注し、この提示は661委員会が承認した。ただし、コンプレッサーは認められなかった。コンプレッサーが付いていなければ椅子は治療には使えず、結局バグダッドの倉庫で埃を被る結果になった。

国務省報告は、バグダッドの倉庫に大量の医療機器（歯科治療用椅子を含め）が眠っているのは、在庫の医薬品が配給されずに死んで行く国民に対して、サダムが非情なまでに無関心だったからだ、と言いたげであった。交換計画に関わった国連職員が異議を唱える。

「イラクにはフォークリフトが無かった。トラックも、物品管理用のコンピューターも、通信手段も無かった。医薬品その他も、効果的に注文も供給もされなかった。母親と子供のためのサプリメント栄養剤はなかなか注文されなかったが、故意ではなかった。それは確かにお役所仕事だったけれど、この国の優秀な人材はこの九年の間に国を離れて、いなくなってしまっていたことを忘れてはならない。残された公務員は、わずか二ドル五十セントから十ドルの月給しか貰っていなかった」

イラクの通信システムの崩壊は（バグダッドからバスラにつながるのに二日かかった）、衛生システムにとって明らかな障害になっていた。しかし、イラク側から九千万ドル相当の電話通信用機器が発注されても、すべて否決された。その理由は、サダムの治安部隊が中国から密輸入した衛星電話システムを使っているという事実にもかかわらず、軍隊を指揮するのに使う恐れがあるというものだった。

辞任してからというもの、制裁に反対する発言をやめなかったデニス・ハリデーにすれば、戦争前は過食が小児科的問題だったような国で、子供が飢えて死にかかっているというのは、国連の経済封鎖の結果以外の何物でもなかった。彼は言った。制裁は、はっきりとは分からないけれど、きわめて破壊的な形で社会構造の中に食い込んでいる。例えば、離婚の数が増え（三百万人に上るイラク人専門職層が、家庭を妻たちに托して外国に移住していた）、若者は生計が立たないので結婚できなくなった。犯罪が増加した。若年層は皆、外の世界から隔絶されて育った世代だ。穏やかではない話だが、ハリデーはこれを、残虐でファナティックなタリバン活動家を大量に生み出したアフガン戦争の戦災孤児たちと比較する。サダムがあまりにも穏健すぎたと考え、それに納得できない若いイラク人たちがいるのだ。ハリデーは言う。

「心配すべきなのは、よりイスラム原理主義的な考え方が広がることだ。このことは、制裁下体制に生じ得る副産物として正しく受け止められてはいない。われわれは彼らを過激な立場へと追い立てているのだ」

一九九一年の大反乱を制圧したのに続き、サダム・フセインはいったん引き下がり、敵のミスに付け込むチャンスを待った。続く数年、そのミスが続発した。サダムは無事に生き残った。しかし、中でも最大のミスと言えるのは、災いの源サダムのツケをイラク人に払わせたことだ。

その報いは、いずれやって来る。

あとがき

Postscript

アメリカは変化を防ごうとして、湾岸戦争を戦った。かくも長くこの地域の良き同盟者であったサダム・フセインは、一九九〇年八月二日にクウェートに侵攻することで、これまでの秩序を転覆し、中東における西側の油田支配を脅かすことになった。西側は、軍隊、艦隊、爆撃隊を送り込み、時計の針を再び一九九〇年八月一日に逆戻りさせようとした。それさえ実現すれば、手足をもぎ取られ、きわめて危険な兵器を失くしても、イラクはふたたび元の役割に戻り、イスラム革命のイランと対決するための同盟者として十分な力となる。ワシントンは、軍事クーデターでサダムをすんなり排除さえすれば、イラク政府を大人しくさせておくことができる、と簡単に考えていた。権力者をすげ替えるまで、ホワイトハウス流に言えば、サダムは「閉じ込めて」おく。イラク人もサダムの下で、何も知らせず何も考えさせず、抑えておけば良い。

だが、時計の針は戻らなかった。戦勝国の思惑とは関係なく、この戦争は避けがたく、取り返しのつかない変化を作り出していたのだ。

サダム体制の極悪非道さを教え込まれた西側の世論は、クルド少数民族への厳しい弾圧を許さなくなり、アメリカは北部イラクのクルド人半自治国家を支援せざるを得なくなった。

ワシントンやその他同盟国の首都にいたイラク反体制派は、これまでのように悶々と臍を噛んでいる場合ではなくなった。彼らはそこで、ＣＩＡの極秘クーデター工作の支援要員にリクルートされた。亡命イラク人反体制派はイラク国内では力は無かったが、アメリカのイラク政策が現状維持の域を出ていないことに文句を言うようになった。

一番困ったことは、サダムが決められた役割を果たすのを頑なに拒否したことであった。戦争と内乱で弱体化したとはいえ、サダムはバース党の仲間に謀反を起こされずに済んだ。この独裁者はまた、したたかな政略家で、イラクのスンニ派、シーア派、クルド人社会の間の不和を実に巧妙に利用した。彼にとって最大の危機ともいえる一九九一年三月においても、バグダッドのスンニ派将校軍団は、イラクの北部と南部を占領した反乱軍ではなくサダムを支持する、と表明した。サダムはまた、その戦略核兵器、化学兵器、生物兵器計画の廃棄命令に黙って従うつもりも無かった。狡猾な手を使って抵抗しながら、一九九一年夏の新同盟軍のような軍事行動の現実的脅威や、四年後のフセイン・カーミルの亡命のような内部の裏切りを除いては、決して弱点を見せなかった。

それでも、サダムは一九九六年までは防戦一方だった。そこで彼は、クルドの首都アルビルに戦車隊を送り、アメリカが介入する意志が無いことをまんまと証明して見せた。この時以来、サダムは繰り返すように、敵を好きなだけ挑発した。一九九八年十二月、恫喝の果て、ついにアメリカは、激しい軍事攻勢に出た。巡航ミサイル四百発がイラクに撃ち込まれた。だがサダムは、爆撃後の硝煙と灰の中から、何食わぬ顔をして姿を現わしたのである。

敵を仕留めることができなかったアメリカは、本気になった。経済制裁の強化のみが、歴代アメリカ政権が一貫して精力的に追求してきた対イラク政策の手段だった。この武器の行使は、サダムの力を奪うのに「功を奏した」かに見えたが、真に痛めつけられていたのはイラクの一般市民に他ならなかった。一九九八年には、毎月四千人から五千人のイラク人の子供が、制裁が原因で死んで行った。サダムが、自国民の苦しみを逆に宣伝に利用しているのに慌てたアメリカは、石油・食糧交換計画の導入を促進した。しかし、この計画が施行されて二年を経た一九九八年の十二月でも、イラク人の子供の半分は依然として栄養失調状態だった。[原注1] さらに食糧が運び込まれたが、大幅な上下水道システムと電力の不足により、イラクは前工業化時代に逆戻りしていた。ローマ法王ヨハネ・パウロ二世は、これをイラク人に対する「生物学的戦争行為」であると指摘したが、経済封鎖は権力者の力を弱めることはできなかった。それどころか、配給制度への依存が政府の統制力を強化する結果となった。制裁は、サダムを国連決議に従わせる効果が無いことを露呈し、西側世界が予想もしなかった悲劇を生み出した。これまでに一体何人の人が制裁を原因に死んだのか、本当のところは良く分からない。ただ、信頼できる国際機関などは、子供の犠牲者だけでも優に五十万人は超えていると見ている。これは湾岸戦争の犠牲者よりもはるかに高い数字であり、ルワンダやカンボジアでおきた現代のホロコーストの記録に迫るものだ。

制裁に反対する議論はもちろん、そもそも制裁の標的だった人物が相変わらず権力を握っている現実を解決することにはならない。「サダムをどうする?」という問いは、イラクとアメリカとの危機が迫れば、ますます絶望的な響きを持つようになった。この問いは、サダムを倒すための簡単な方策を期待しては、いつも発せられるのだ。ワシントンの十分な決断力をもってすれば、サダムの追放は軍事クーデターかゲリラ戦争を仕掛けることで、そんなに手間どらずに解決できると言う声は多い。だが実際のところ、アメリカと同盟国は、一九九一年に連合軍がイラク国境の手前で進撃を止めた時に、サダム・フセインを倒す機会を逃したのだ。今や、増強した米軍が地上戦に打って出る、などと言っても、たとえサウジアラビアがそんな冒険に手を貸すとしても、もう誰も相手にはしないだろう。

ここで問うべきより現実的な事柄は、いかにサダムを倒すか、ではなく、いかに彼の力を抑えるか、である。これはUNSCOMとその兵器査察が正しかったことを示している。

ＵＮＳＣＯＭは、サダムが核兵器、化学兵器、生物兵器計画を再建し（今ある胞芽状態以上には）、それを隣国に対して使用することを阻止した。しかし、サダム・フセインの被害者はつねに市民であった。二度の戦争に苦しんだのは彼らである。彼らは国土を破壊された。皮肉なことに、制裁の最初の標的になったのも彼らだったのだ。

イラクに行ってみれば、イラクの人々が悲惨な現実への怒りの大部分を、制裁と制裁を強制する者に向けていることが分かる。支配者に向けられた苦汁と憎悪も、また深い。サダムはいずれ、外国の介入に関係なく、人々の掌中に墜ちていくだろう。それは、彼自身もよく分かっている事だ。一九九一年三月のあの高揚した数日間、サダムの顔写真を滅茶苦茶に汚し、手下たちをリンチした大衆の怒りと憎悪が消えていないのを彼は知っている。遅かれ早かれ、勘定は払わねばならない。

原注

第一章　奈落に堕ちたサダム

1　海外放送情報サービス、近東調査９１０４３、三三頁。
2　コリン・パウエル著『マイ・アメリカン・ジャーニー』（ニューヨーク、ランダム・ハウス社刊）四六一頁。
3　フセイン・アル・シャハリスタニ博士とのインタビュー。テヘラン、一九九八年四月十日。
4　アブデル・カリム・カバラティとのインタビュー。アンマン、一九九八年三月九日。
5　「神が決断した侵攻」『ザ・ガーディアン』ロンドン、一九九一年六月十日。
6　タリク・アジズとのインタビュー。アンドリュー・コバーン、ザイド・リファイ。アンマン、一九九二年二月。
7　ワフィク・アル・サマライとのインタビュー。ロンドン、一九九八年十月三日。
8　ピエール・サリンジャー著『秘密文書：湾岸戦争の裏に隠されていた計画』（ペンギン・ブックス、一九九一年、一五頁）。
9　同上、一八七頁。
10　ファレー・ジャバー『湾岸戦争以後のイラク：民主主義への展望』より。（フラン・ヘーゼルトン編、ロンドンZED社刊、一九九四年、一〇四頁）。
11　マイケル・R・ゴードン、バーナード・E・トレイナー著『将軍たちの戦争』（ニューヨーク、バックベイ・ブックス、一九九五年、二一五頁）。
12　パトリック・コバーン、『インディペンデント』。ロンドン、一九九一年一月十七日。
13　バグダッドでのインタビュー。一九九一年一月十六日。
14　一月下旬、パトリック・コバーンがイラク人数名から得た感想。この可能性が無いのがはっきりした時、難民には国に戻るためのガソリンが無かった。
15　P・コバーンのバグダッド取材から。一九九一年二月十七日。

16 P・コバーンのバグダッド取材から。一九九一年一月十六日。
17 アリ旅団長とのインタビュー。ロンドン、一九九八年三月十三日。
18 アーノルド・ウィルソン卿著『忠誠心：メソポタミア一九一四～一九一七　第一巻』（オックスフォード大学出版局刊、一三六頁）。
19 アザド・シルワン大尉とのインタビュー。サラフディン（クルディスタン）、一九九一年六月。
20 元CIA高官とのインタビュー。ワシントンDC、一九九八年二月八日。
21 ワフィク・アル・サマライとのインタビュー。ロンドン、一九九八年六月二日。
22 ハッサン・ハムジとのインタビュー。トゥライハ。一九九一年六月。
23 ファレー・ジャバー『なぜインティファーダは失敗したか』より。（フラン・ヘーゼルトン編、ロンドンZED社刊、一九九三年、一〇七頁）。
24 P・コバーンのバスラ取材から。一九九一年四月二十二日。
25 ジョナサン・ランドール著『ここまで知って、許せとは？　クルディスタンで出会った人々』（ニューヨーク、ファラー・ストラウス＆ジルー社刊、一九九七年、四〇～四一頁）
26 同上、四五頁。
27 フセイン・アル・シャハリスタニ博士とのインタビュー。テヘラン、一九九八年四月十日。
28 カナン・マキヤ著『残虐と沈黙』より。（ニューヨーク、WWノートン社刊、一九九三年、七三頁）。
29 同上、七四～七五頁。
30 サイード・マジード・アル・ホイ師とのインタビュー。ロンドン、一九九八年六月二日。
31 ファレー・ジャバー『なぜインティファーダは失敗したか』より。（フラン・ヘーゼルトン編、ロンドンZED社刊、一九九三年、一〇八～一〇九頁）
32 サアド・ジャブルとのインタビュー。ロンドン、一九九八年三月十二日。
33 フセイン・アル・シャハリスタニ博士とのインタビュー。テヘラン、一九九八年三月十日。
34 ワフィク・アル・サマライとのインタビュー。ロンドン、一九九八年三月十日。
35 P・コバーンのバスラ取材から。一九九一年四月二十二日。
36 P・コバーンは一九九一年四月十五日にカルバラとナジャフを取材。カルバラ知事のアブドゥル・ハリク・アブドゥル・アジズ将軍とナジャフ知事アブドゥル・ラーマン・アル・ドゥーリの両者はインタビューで、弾薬、TN

T火薬を証拠にイランの関与を力説した。
37 サイド・マジード・アル・ホイとのインタビュー。ロンドン、一九九八年六月二日。ムハンマド・タキは殺される前、兄のサイード・マジード師に、一九九四年六月二十一日、ナジャフとカルバラ間で起きた自動車事故は政府が仕組んだと一族は確信していると話している。
38 P・コバーンのクファでの取材。一九九四年七月二十一日。
39 「ルマイタ」の標識が写っている映像から、この場所は特定できる。
40 ホシュヤール・ジバリとのインタビュー。一九九八年六月三日。
41 マスード・バルザーニとのインタビュー。サラフディン、一九九一年五月。
42 ワフィク・アル・サマライとのインタビュー。ロンドン、一九九八年三月十日。
43 「アル・ジュマニヤ」元編集長サアド・アル・バッザズとのインタビュー。ロンドン、一九九八年三月十六日。

第二章 「サダム・フセインはまだ生きている」

1 ABCニュース、ピーター・ジェニングス・リポート「未完成の仕事：CIAとサダム・フセイン」、一九九七年六月二十六日。
2 米空軍ジェームズ・G・バートン大佐（退役）「彼らを裏口から追い出す」米海軍協会会報、一九九三年六月。
3 マイケル・R・ゴードン、バーナード・E・トレイナー著『将軍たちの戦争』（ニューヨーク、バックベイ・ブックス、一九九五年、四五二頁）。
4 チャールズ・フリーマン大使とのインタビュー。ワシントン、一九九八年三月三十一日。
5 ジェームズ・エイキンズとの電話討論。一九九八年五月二十八日。
6 リック・アトキンソン著『十字軍：ペルシャ湾岸戦争の語られざる物語』（ニューヨーク、ヒュートン・ミフリン社刊、一九九三年、二七二頁）。
7 『ワシントンポスト』一九九〇年九月十六日。
8 ABCニュース、ピーター・ジェニングス・リポート「未完成の仕事：CIAとサダム・フセイン」、一九九七年六月二十六日。
9 リック・アトキンソン著『十字軍：ペルシャ湾岸戦争の語られざる物語』二七六頁。
10 米上院外交委員会報告「イラク内戦」（ワシントンDC：政府印刷局、一九九一年五月一日）。

11 ピーター・ガルブレイスとのインタビュー。ワシントンDC、一九九八年五月三十日。
12 米上院外交委員会報告「イラク内戦」（ワシントンDC：政府印刷局、一九九一年五月一日）
13 マイケル・R・ゴードン、バーナード・E・トレイナー著『将軍たちの戦争』五一七頁。
14 同上。
15 匿名希望の元米外交官とのインタビュー。ワシントンDC、一九九八年五月二十九日。
16 マイケル・R・ゴードン、バーナード・E・トレイナー著『将軍たちの戦争』五一七頁。
17 チャールズ・フリーマン大使とのインタビュー。ワシントン、一九九八年三月三十一日。
18 メアリー・マッロイ、『ワシントンポスト』一九九一年三月二十六日。
19 『ワシントンポスト』一九九一年三月二十七日。
20 『ワシントンポスト』一九九一年三月二十九日。
21 大統領と記者団の質疑応答。メリーランド州ビシスダ・ワード病院。ジョージ・ブッシュの新聞サイトから転用。www.csdl.TAMU.edu/BushLib/
22 サイード・マジード・アル・ホイ師とのインタビュー。ロンドン、一九九八年六月二日。
23 大統領記者会見。一九九一年四月十六日。
24 ロサンジェルスタイムズ「アメリカの制裁の脅しに国連は驚愕」A面一〇ページ、一九九一年五月九日。
25 アブデル・カリム・アル・カバラティとのインタビュー。一九九八年三月九日。
26 オリビエ・ロイ著『政治的イスラムの失敗』（ロンドン、ペンギンブックス刊、一九九五年、五七頁）。

第三章　サダム・フセインの原点

1 ハンナ・バタトゥ著『イラクの旧社会階層と革命運動』（ニュージャージー、プリンストン大学出版局、一九七八年、一六頁）。
2 ノーマン・F・ディクソン著『軍事的無能力性の心理について』（ロンドン、ジョナサン・ケープ社刊、一九七六年、一〇三頁）。
3 ハンナ・バタトゥ著『イラクの旧社会階層と革命運動』一九頁。
4 同上、二一一頁。
5 デービッド・フロムキン著『すべての平和を終わらせる平和』（ロンドン、アンドレ・ドイッチ社刊、一九八九年、

二二〇～二〇三頁）
6 一九九八年四月、パトリック・コバーンの取材。
7 H・V・F・ウインストン著『ガートルード・ベル』（ロンドン、ジョナサン・ケープ社刊、一九七八年、二一五～二一六頁）。
8 デービッド・フロムキン著『すべての平和を終わらせる平和』四四九～四五〇頁。
9 ハンナ・バタトゥ著『イラクの旧社会階層と革命運動』一四頁。
10 アイルマー・ハルデーン将軍著『メソポタミアの反乱』（ケンブリッジ、アルボロー出版、一九九二年、三七頁。
11 H・V・F・ウインストン著『ガートルード・ベル』（ロンドン、ジョナサン・ケープ社刊、一九七八年、二二二頁）。
12 エリー・キードゥリー著『中東の政治』（オックスフォード、オックスフォード大学出版局、一九五頁）。
13 『ガートルード・ベル書簡抄』（ベル夫人編、ロンドン、アーネスト・ベル出版、一九二七年、第二巻四八九頁）内乱二週間前の六月十四日に書かれた手紙。
14 アイルマー・ハルデーン将軍著『メソポタミアの反乱』（ケンブリッジ、アルボロー出版、一九九二年、三六頁）。
15 ハンナ・バタトゥ著『イラクの旧社会階層と革命運動』二三頁。
16 デービッド・マクドゥアル著『クルド現代史』（ロンドン、B・トウリス社刊、一九九七年、一八〇頁）。
17 アイルマー・ハルデーン将軍著『メソポタミアの反乱』一三頁。
18 同上、六頁。
19 ハンナ・バタトゥ著『イラクの旧社会階層と革命運動』二五～二六頁。
20 同上、八〇一頁。
21 サイド・K・アブリッシュ著『無情の友情：西洋とアラブのエリート』（ロンドン、ビクター・ゴランツ社刊、一九九七年、一三五頁）。
22 ファレー・ジャバーとのインタビュー。ロンドン、一九九八年六月二十四日。
23 ゲビン・ヤング著『イラク：二つの川の国』（ロンドン、コリンズ社刊、一九八〇年、九八頁）。
24 ファド・マッタール著『サダム・フセイン：人と大義と未来』（ロンドン、サードワールド・センター刊、一九八一年、二二八頁）
25 同上、三一～三二頁。

26 同上、四六頁。
27 同上、三一頁。
28 アブドゥル・ワハド・アル・ハキム医師とのインタビュー番組「サダム・フセインの胸中」(WGBH、フロントライン、ボストン、一九九一年二月二十六日)。
29 ファレー・ジャバーとのインタビュー。ロンドン、一九九八年六月二十五日。
30 ハンナ・バタトゥ著『イラクの旧社会階層と革命運動』(一〇一四頁)。
31 タハシン・ムアッラー博士とのインタビュー。WGBH、フロントライン、ボストン、一九九一年二月二十六日)。
32 『インディペンデント』一九九八年三月三十一日。
33 ファド・マッタール著『サダム・フセイン:大義と未来の男』(三三~四三頁)。
34 アブデル・マジード・ファリドとのインタビュー。ロンドン、一九九八年六月二日。
35 『ニューヨークタイムズ』一九九〇年十月二十四日。
36 ジェームズ・クリッチフィールドとのインタビュー。ワシントンDC、一九九一年四月一日。
37 サイド・K・アブリッシュ著『無情の友情:西洋とアラブのエリート』。
38 エリー・キードゥリー著『中東の政治』(三二〇頁)。
39 ファレー・ジャバーとのインタビュー。ロンドン、一九九八年六月二十四日。
40 イラク人ジャーナリスト、カムラン・カラダギとのインタビュー。ロンドン、一九九七年。
41 ワフィク・アル・サマライとのインタビュー。ロンドン、一九九八年三月十日。
42 カムラン・カラダギとのウインタビュー。一九九八年六月六日。
43 番組ビデオテープより(WGBH、フロントライン、ボストン、一九九一年二月二十六日)。
44 イラク人証言。特に名を秘す。
45 ファド・マッタール著『サダム・フセイン:大義と未来の男』(一三〇~一三五頁)。
46 『インディペンデント』一九九二年十二月十二日。
47 ワフィク・アル・サマライとのインタビュー。ロンドン、一九九八年三月十日。
48 ピエール・サリンジャー著『秘密文書:湾岸戦争の裏に隠されていた計画』三一頁。
49 バリー・ルービン、アマツィア・バラム編『イラクの戦争への道』(ニューヨーク、セントマーティン出版、一九九三年、七〇~八三頁)。

50 サミール・アル・ハリル著『モニュメント：イラクにおける芸術、俗悪、責任』（ロンドン、アンドレ・ドイッチ社刊、一九九一年、二頁）。
51 サリンジャー著『秘密文書：湾岸戦争の裏に隠されていた計画』二三九～二四一頁。
52 同上、六五頁。
53 アブデル・カリム・カバラティとのインタビュー。アンマン、一九九八年三月九日。
54 バリー・ルービン、アマツィア・バラム編『イラクの戦争への道』一二頁）。
55 サリンジャー著『秘密文書：湾岸戦争の裏に隠されていた計画』六五頁。
56 ミルトン・ヴォルスト「タリク・アジズ、インタビュー」（ザ・ニューヨーカー、一九九一年六月二十四日）。

第四章　大量破壊兵器に走るサダム

1 フセイン・アル・シャハリスタニ博士とのインタビュー。テヘラン、一九九八年四月十日、十六日。
2 「イラクに関する国際連合安全保障理事会決議の適用」（ＩＡＥＡ総会での国連事務総長報告、一九九六年八月十二日）。
3 ワフィク・アル・サマライとのインタビュー。ロンドン、一九九八年三月十三日。
4 ブッシュ大統領からサダム・フセイン大統領への手紙に関する大統領報道書記官フィッツウォーターの声明。一九九一年一月十二日ホワイトハウスにて発表。
5 Ｌ・コバーンによるウォルター・ブーマー将軍とのインタビュー。サウジアラビア、一九九〇年九月。
6 安保理決議６８７、９項（ｂ）の（１）。
7 ワフィク・アル・サマライとのインタビュー。ロンドン、一九九八年三月十二日。
8 ロルフ・エケウス大使とのインタビュー。ワシントンＤＣ、一九九八年二月九日。
9 元ＣＩＡ高官とのインタビュー。ワシントンＤＣ、一九九八年一月六日。
10 ロルフ・エケウス大使とのインタビュー。ワシントンＤＣ、一九九八年二月九日。
11 リチャード・バトラー大使の安保理発言。一九九八年六月三日。
12 同上。
13 元ＣＩＡ高官とのインタビュー。ワシントンＤＣ、一九九八年二月十六日。
14 『インディペンデント』一九九八年九月二十六日。

15 安保理報告S／1994／138、一九九四年十月七日。
16 『ワシントンポスト』一九九七年十一月二十一日。
17 ロルフ・エケウス大使とのインタビュー。ワシントンDC、一九九八年六月十六日。

第五章 「代価はイラク人が払う」

1 P・コバーンの取材。一九九一年七月二十五日。
2 アンソニー・コーズマン、アーメド・S・ハシム著『イラク：制裁とその後』（ボルダー、ウェストビュー社刊、一九九七年、一二七頁）。
3 カソリック救済奉仕団ダグ・ブロダリックとのインタビュー。バグダッド、一九九一年九月七日。
4 ピーター・ブーン、ハリス・ガズダー、アタール・フセイン著『イラクに対する制裁：失敗の代価』（ニューヨーク、経済社会権利センター刊、一九九七年十一月、八頁）。
5 『ミドル・イースト・コンテンポラリー・サーベイ』。
6 筆者の取材。一九九一年七月。
7 筆者の取材およびカソリック救済奉仕団ダグ・ブロダリックとのインタビュー。バグダッド、一九九一年七月。
8 ヌーハ・アル・ラディ著『バグダッド日記』（ロンドン、サキブックス、一九九八年、五九～六〇頁）。
9 「制裁を受けない苦しみ：国連イラク制裁に関する人権アセスメント」（ニューヨーク、経済社会権利センター刊、一九九六年五月）。
10 『インディペンデント』一九九一年四月二十一日。
11 「イラクにおける人道的必要性のアセスメントのための国連ミッション」（一九九一年三月十日～十六日、団長マルッティ・アーティサアリ統括運営担当国連事務次官）中東報告、一九九一年五、六月、十二頁。
12 『インディペンデント』一九九一年七月二十日。
13 「制裁を受けない苦しみ：国連イラク制裁に関する人権アセスメント」九八六頁。
14 同上、一八頁。
15 『ロサンジェルスタイムズ』一九九一年三月二十三日、A面十二頁。
16 L・コバーン、A・コバーン「サダムの最良の同盟者」。『ヴァニティ・フェアー』誌、一九九二年八月。
17 アンソニー・コーズマン、アーメド・S・ハシム著『イラク：制裁とその後』一四一頁。

18 P・コバーンによるハリド・アブドゥル・ムナム・ラシッドとのインタビュー、一九九五年十月十七日。
19 ブーン、ガズダー、フセイン著『イラクに対する制裁：失敗の代価』二五頁。
20 同上、一七から一八頁。
21 『ミドル・イースト・コンテンポラリー・サーベイ』三三七〜三三九頁。
22 レスリー&アンドリュー・コバーン「サダムの最良の同盟者」。『ヴァニティ・フェアー』誌、一九九二年八月。
23 ニューヨーク、経済社会権利センター、アブドゥラ・ムタウィによる情報。ムタウィはハーバード視察団、同センター視察団（一九九一年と一九九六年）の両方に参加した。
24 世界保健機構ナダ・アル・ワルド医師とのインタビュー。一九九八年六月二十日。
25 『インディペンデント』一九九五年十月十四日。
26 『ザ・ランセット』誌、三百四十六号、一九九五年十二月二日。調査はサラ・ザンディ、メアリー・シス・フォウジが一九九五年八月二十三日から二十八日に実施した。
27 「湾岸危機以降のイラク人の健康状態」（ジュネーブ、WHO、一九九六年三月）。
28 P・コバーンによるデライド・オブージ博士とのインタビュー。バグダッド、一九九八年四月十九日。
29 『ニューヨークタイムズ』一九九五年十二月一日。
30 同上、二二〇頁。
31 CBSニュース、「シクスティ・ミニュッツ」一九九六年五月十二日。
32 コーズマン、ハシム著『イラク：制裁とその後』一二七頁。ザ・ランセット』誌、三四六号、一九九五年十二月二日。
33 『ニューヨークタイムズ』一九九五年十二月十四日。

第六章　ウダイと王族

1 L・コバーン、A・コバーン「サダムの最良の同盟者」。『ヴァニティ・フェアー』誌、一九九二年八月。
2 ファド・マッタール著『サダム・フセイン：人と大義と未来』（ロンドン、サードワールド・センター刊、一九八一年、二五一頁）
3 サダム・フセインとイブラヒム兄弟、マジード部族との関係図はファレー・A・ジャバーの「イラク部族の抗争」（ルモンド・ディプロマティック、一九九六年九月）を参照されたい。

4 A・コバーン、P・コバーンによるワフィク・アル・サマライ将軍とのインタビュー。ロンドン、一九九八年四月十二日。
5 ジョナサン・ランドール著『ここまで知って、許せとは？ クルディスタンで出会った人々』二一二頁～二一四頁。
6 反乱軍の大量殺戮以外のカルバラでのフセイン・カーミルの本当の罪の大部分は古都の破壊にあった。カルバラには寺院が二ヵ所あり、一つはイマーム・フセインの墓、もう一つにはイマームの弟、アル・アッバスの墓がある。アッバスはシーア派創設者で六八〇年の戦いで死に殉教者となった。二つの寺院は約五百メートル離れている。一九九一年、カーミル率いるイラク軍は寺院間に建つすべての建物をことごとく破壊した。今その跡は公園になっている。
7 前ヨルダン外相、首相のアブドゥル・カリム・カバラティとのインタビュー。アンマン、一九九八年九月三日。
8 フセイン・カーミル記者会見。一九九八年八月十二日。BBC「サマリー・オブ・ワールド・ブロードカースト」で一九九八年八月十四日に放送。
9 バルザン・イブラヒム・アル・ティクリティとのインタビュー。アル・ハヤットにて。『ミッドイースト・ミラー』紙が翻訳掲載、一九九五年八月三十一日。
10 同上。
11 イラク国民へのサダム・フセインのメッセージ。海外放送情報サービス、一九九二年八月三十日、一六頁。
12 ルモンド・ディプロマティック、一九九六年九月。
13 ファレー・ジャバー『なぜインティファーダは失敗したか』より。（フラン・ヘーゼルトン編、ロンドンZED社刊、一九九三年、一一五頁）。
14 ファド・マッタール著『サダム・フセイン：人と大義と未来』一六頁。
15 L・コバーン、A・コバーン「サダムの最良の同盟者」。
16 チャーリー・グラスによる情報。ハッサン・アル・ナキブ将軍インタビュー（ABCニュース、一九九一年三月二十一日）。
17 ワフィク・アル・サマライとのインタビュー。ロンドン、一九九八年三月十二日。
18 ラティフ・ヤヒア、カール・ヴェンドル著『私はサダムの息子だった』（ニューヨーク、アーケード社刊、一九九七年、一六二～一七三頁）。

19 ヨルダン王側近顧問とのインタビュー。アンマン、一九九三年二月二十一日。
20 「アブドゥル」とのインタビュー。ワシントンDC、一九九八年八月二十日。
21 『ミドル・イースト・コンテンポラリー・サーベイ』十八号、三三七頁、バベルを引用。

第七章　山中の策謀

1 「クリントン、イラクに乗り出す」(『シカゴ・トリビューン』一九九四年十月十一日)
2 トーマス・フリードマン、『ニューヨークタイムズ』一九九五年一月十五日。
3 ABCニュース、P・ジェニングス・リポート「未完成の仕事：CIAとサダム・フセイン」、一九九七年六月二十六日。
4 同上。
5 元CIA高官とのインタビュー。ワシントンDC、一九九八年三月十九日。
6 ティム・ワイナー、デービッド・ジョンストン、ニール・ルイス著『裏切り：アメリカ人スパイ、アルドリッチ・エイムズ』(ニューヨーク、ランダムハウス刊、一九九五年、二八五～二八七頁)。デービッド・ワイズ著『悪夢』(ニューヨーク、ハーパーコリンズ社刊、一九九五年、三一〇～三一一頁)。
7 ABCニュース、ピーター・ジェニングス・リポート「未完成の仕事：CIAとサダム・フセイン」、一九九七年六月二十六日。
8 同上。
9 PKKはクルド語で「Partei Karkarem Kurd」の略。クルド労働者党。
10 『CIA：ザ・パイク・リポート』(ロンドン、スポークスマン・ブックス刊、一九七七年、二八頁)
11 海外放送情報サービス、NES—91—052、二八頁。
12 デービッド・マクドゥアル著『クルド現代史』(ロンドン、B・トウリス社刊) 三四三～三五四頁。本書は必読のクルド分断史。
13 同上、三八五頁。
14 『ミドル・イースト・コンテンポラリー・サーベイ』十八号、三四八頁。
15 デービッド・マクドゥアル著『クルド現代史』三八六頁。
16 元INC幹部とのインタビュー。ロンドン、一九九八年三月十二日。元CIA高官とのインタビュー。ワシントンDC、一九九八年六月二十日。

17 元CIA高官とのインタビュー。ワシントンDC、一九九八年八月二十日。

18 ホシュヤール・ジバリとのインタビュー。一九九八年三月十九日。

19 『ロサンジェルスタイムズ』一九九八年二月十五日。

20 ホシュヤール・ジバリとのインタビュー。一九九八年三月十九日。

21 ABCニュース、P・ジェニングス・リポート「未完成の仕事：CIAとサダム・フセイン」、一九九七年六月二十六日。

第八章　裏切り者に死を

1 フセイン・カーミル記者会見。一九九八年八月十二日。BBC「サマリー・オブ・ワールド・ブロードカースト」で一九九八年八月十四日に放送。

2 カーミルは後にこの事をエケウスに話している。ロルフ・エケウスとのインタビュー。ワシントンDC、一九九八年六月十六日。

3 アブデル・カリム・カバラティとのインタビュー。アンマン、一九九八年三月九日。

4 同上。

5 同上。

6 アソシエイツ・プレス、一九九五年八月十四日。

7 ジム・ホグランド（『ワシントンポスト』一九九五年八月十七日）。

8 バルザン・イブラヒム・アル・ティクリティとのインタビュー。アル・ハヤットにて。『ミッドイースト・ミラー』紙が翻訳掲載、一九九五年八月三十一日。

9 ヨルダン政府に近い情報通とのインタビュー。一九九五年八月三十一日。

10 ロルフ・エケウスとのインタビュー。ニューヨーク、一九九七年四月二十四日。A・コバーン、L・コバーン著『ワンポイント・セーフ』（ニューヨーク、アンカー・ダブルデイ社刊、一九九七年、二一五頁）に引用されている。

11 ロルフ・エケウスとのインタビュー。ワシントンDC、一九九八年六月十六日。

12 安保理国連監視検証査察委員会（UNSCM）委員長報告1995／864、一九九五年十月十一日。

13 リチャード・バトラー国連大使による安保理提案。一九九八年六月三日。
14 『インディペンデント』一九九五年八月三十一日。アンマンからバグダッドに向かう姿は外交官が目撃していた。
15 フセイン・カーミル記者会見。BBC「サーベイ・オブ・ワールド・ブロードカースト」で一九九八年八月十四日に放送。
16 『インディペンデント』一九九五年八月十六日。
17 BBC「サマリー・オブ・ワールド・ブロードカースト」で一九九八年八月十四日に放送。エジプトの通信社MENAの特派員がアンマンとバグダッド間の直通電話の存在を発見した。
18 BBC「サマリー・オブ・ワールド・ブロードカースト」一九九八年八月十四日。
19 イラクテレビ放送。一九九五年八月十二日。レギュラー番組を中断して放送された。
20 『インターナショナル・ヘラルド・トリビューン』一九九五年九月十八日。
21 『インディペンデント』一九九五年十月十二日。オリンピック委員会の建物は手入れを受けたが、オフィスの灯りは点いていた。車を燃やした話は確認できないが、建物から煙が出ているのを目撃したものはいない。
22 ワフィク・アル・サマライとのインタビュー。ロンドン、一九九八年三月十二日。
23 BBC「サマリー・オブ・ワールド・ブロードカースト」一九九八年八月十四日。
24 『インディペンデント』一九九五年十月十四日。
25 フィリップ・ウィラード・アイアランド著『イラク：政治的発展の研究』(ロンドン、ジョナサン・ケープ社刊、一九三七年、三三二頁)。
26 『ワシントンポスト』一九九六年二月二十四日。
27 ロルフ・エケウスとのインタビュー。ワシントンDC、一九九八年六月十六日。
28 アブデル・カリム・カバラティとのインタビュー。アンマン、一九九八年三月九日。
29 アンソニー・コーズマン、アーメド・S・ハシム著『イラク：制裁とその後』(ボルダー、ウェストビュー社刊、一九九七年、六八～六九頁)。
30 BBC「サマリー・オブ・ワールド・ブロードカースト」一九九八年八月十四日。
31 『ワシントンポスト』一九九六年二月二十四日。
32 アッバス・ジェナビとのインタビュー。アソシエイツ・プレス、一九九八年十月一日。
33 『インディペンデント』一九九五年九月二十四日。イラク通信社の報道を引用。

34 『ルモンド・ディプロマティック』一九九六年九月。

35 アンソニー・コーズマン、アーメド・S・ハシム著『イラク：制裁とその後』（ボルダー、ウェストビュー社刊、一九九七年、二七頁）。

第九章 「サダムの首を持って来い」

1 アブ・アミネのビデオテープが存在することはP・コバーンが『インディペンデント』紙で明らかにした。一九九八年三月二十六日。

2 INC幹部ガニム・ジャワドとのインタビュー。ロンドン、一九九八年九月四日。アミネと爆弾テロとの関わりは一九九八年三月十四日のINC幹部とのインタビューによる。

3 元CIA高官とのインタビュー。ワシントンDC、一九九八年六月十八日。

4 『ワシントンポスト』（一九九六年九月十五日付）に掲載されていたが職員の名前は書かれていない。マッティンリーは率直な人物で、駐トルコ米大使館にCIA支部長として赴任していた時の事件で局内に名を馳せた。当時の大使はストラウス・ヒュッペなる風変わりな人だった。ある朝、大使は元ナチのクルト・ワルドハイム国連事務総長がアンカラに来ることを新聞で知った。朝の会議でワルドハイムの不正行為を滔々とぶち、最後にマッティンリーに問うた。「マッティンリー君、彼を殺せるかね？」するとマッティンリーはすかさずこう切り返した。「はい、できます。でもその気はありません」。

5 元CIA高官とのインタビュー。ワシントンDC、一九九八年二月六日。

6 元CIAの上級高官とのインタビュー。ワシントンDC、一九九八年二月二十八日。

7 元CIA高官とのインタビュー。ワシントンDC、一九九八年三月五日。

8 『ワシントン・ポスト』一九九六年九月十五日。

9 元CIA高官とのインタビュー。ワシントンDC、一九九八年二月六日。

10 元CIA高官とのインタビュー。ワシントンDC、一九九八年二月十日。

11 アンソニー・コーズマン、アーメド・S・ハシム著『イラク：制裁とその後』一九四頁。

12 元CIA高官との電話インタビュー。ワシントンDC、一九九八年九月十七日。

13 元CIA高官とのインタビュー。アーリントン、一九九八年三月十九日。

14 ハロルド・アイックとの電話インタビュー。一九九八年九月十八日。

15 インタビュー。ワシントンDC、一九九七年九月二十一日。
16 インタビュー。ワシントンDC、一九九七年四月六日。
17 A・コバーン、L・コバーン著『ワンポイント・セーフ』二〇〇頁。
18 アル・ハヤット、一九九六年四月四日。BBC「サマリー・オブ・ワールド・ブロードカースト」一九九六年四月四日の翻訳による。
19 イラク反体制派情報源とのインタビュー。一九九八年二月十九日。
20 ショーン・ボイン「イラク国内の治安網」(『ジェーンズ・インテリジェンス・レビュー』九巻七号、一九九七年七月一日)。
21 イラク国民合意書記長のアラウィ博士に代わって発表したINA声明。一九九六年二月十八日。(一九九八年九月のINAのウェッブサイトに残存する数少ないマスコミ声明の一つ)
22 一九九六年三月二日東部時間十一時五十五分にCNNウェッブサイトに送られた。
23 『ワシントン・ポスト』一九九六年九月二十九日。
24 P・コバーン「クリントンがバグダッド爆弾テロを支援」(『インディペンデント』一九九六年三月二十六日)。
25 同上。
26 アル・アウズ、一九九六年七月十八日、二十二日。
27 アブデル・カリム・カバラティとのインタビュー。アンマン、一九九八年三月九日。
28 この下りは多くがINCとその他のイラク反体制派の消息筋によるもので、CIAの情報源の裏付けが得られている。
29 『ワシントンポスト』一九九六年六月二十三日。アラブ・プレス・サービスの一九九六年六月二十三日の通信から取材したもの。
30 イラク国民合意のプレス・リリース「イラクのクーデター未遂」(一九九六年七月一日)は最初の拘束を六月二十日としている。その他の情報では六日後となっている。
31 例外的に情報通の非合意派メンバーであるガニム・ジャワドがアムネスティ・インターナショナルに送った書簡、一九九六年十一月三日。
32 「イラクのクーデター未遂:更新、死、尋問」一九九六年七月十二日。
33 ABCニュース、P・ジェニングス・リポート「未完成の仕事:CIAとサダム・フセイン」、一九九七年六月二十六日。

第十章　サダム北上す

1 元ＣＩＡ高官とのインタビュー。ワシントンＤＣ、一九九八年二月六日。
2 『インディペンデント』一九九六年七月六日。
3 ビル・イーグルトン元大使。クルド問題に最も詳しいアメリカ人の一人で、バグダッドに赴任中の一九五〇年代にスルチに会っている。
4 一九九一年八月に筆者が個人的に見た事実。
5 ホシュヤール・ジバリとのインタビュー。ワシントンＤＣ、一九九八年九月七日。
6 ジャワル・アル・スルチとのインタビュー。ロンドン、一九九八年九月八日。
7 Ｐ・コバーンはカラキンを一九九六年九月十五日に訪れた。
8 カムラン・カラダギとのインタビュー。ロンドン、一九九八年九月七日。
9 デービッド・マクドゥアル著『クルド現代史』四五一頁。彼を信用させるため、タラバニはイランが攻めてくるとクルド民主党に内報した。
10 『インディペンデント』一九九六年九月七日。
11 情報通のイラク反対派観測筋であるガニム・ジャワドがロンドンでのインタビューで言った推定数。一九九八年九月八日。
12 『インディペンデント』一九九六年八月二十二日。
13 『インディペンデント』一九九六年九月六日。
14 ロバート・ペルトロー、アル・ハヤット。一九九八年八月二日。
15 インタビュー、一九九八年九月七日。
16 ＡＢＣニュース、Ｐ・ジェニングス・リポート「未完成の仕事：ＣＩＡとサダム・フセイン」、一九九七年六月二十六日。
17 クリントンの声明。『シカゴ・トリビューン』一九九六年九月一日。
18 『インターナショナル・ヘラルド・トリビューン』一九九六年九月九日。
19 『ワシントンポスト』一九九六年九月八日。

20 『インターナショナル・ヘラルド・トリビューン』一九九六年九月九日。
21 『ワシントンポスト』一九九六年九月二十日。
22 クルディスタン・イスラム主義運動のメンバーとのインタビュー。アルビル、一九九六年九月十四日。
23 イラクはクウェート侵攻の後、悪意的に文書を流した。
24 アブデル・カリム・カバラティとのインタビュー。アンマン、一九九八年三月九日。
25 『ワシントンポスト』一九九六年九月九日。
26 『ワシントンポスト』一九九六年九月十日。
27 アハマド・チャラビとの電話インタビュー。一九九八年九月二十三日。
28 P・コバーンによるインタビュー。ザクホ、一九九六年九月十四日。
29 P・コバーンによる顧問団へのインタビュー。ディヤナ、一九九六年九月十六日。

第十一章　ウダイ撃たれる

1 待ち伏せ攻撃を組織したグループのメンバーの一人、イスマイル・オットマンへのP・コバーンによるインタビュー。ロンドン、一九九七年。
2 ラジオ・モンテカルロ。ランダー・ハビブ、アンマン、一九九六年十二月十三日。
3 海外放送情報サービス、NES―96―242、フランス・プレス（AFP）、一九九六年十二月十三日、イラク・ニュース通信社からの引用。
4 海外放送情報サービス、一九九六年十二月十五日。
5 バグダッド放送、一九九六年十二月十五日。
6 フランス・プレス（AFP）、一九九六年十二月十六日。
7 反乱イラクの声（シーア派反対勢力）。海外放送情報サービス、NES―96―242、一九九六年十二月十五日。
8 アル・シャルク、アル・アウサット、一九九六年十二月十四日。
9 イラク人事情通とのインタビュー、ワシントンDC、一九九八年十一月二十日。
10 アル・アウサット、ロンドン、一九九七年三月十二日。
11 アルクリアトの戦闘について劇的で変わった話が、一九九七年二月十九日ヨルダンの雑誌『サウト・アル・マラー』に載っている。銃を持った五人がイブン・シナ病院のウダイを狙った事から始まる。暗殺は失敗し、四人が死んだ。五人目はアル・クリアトまで追跡され、ウダイが指揮する特別軍がクリアトを攻撃したのだ。七十人が殺されるか捕虜になり、特別軍も四人死んだ。
12 アル・ワサット、ロンドン、一九九七年三月十二日。
13 アル・クッズ・アル・アラビ、ロンドン、一九九八年九月二十三日。

第十二章　大団円

1 CBSニュース「シクスティ・ミニュッツ」、一九九六年五月十二日。
2 事務総長報告。一九九七年四月十一日、S／1997／301。
3 西側外交消息筋とのインタビュー、ワシントンDC、一九九七年十月十日。
4 UNSCOM報告、一九九六年十月十一日、S／1996／848。
5 同上。
6 元UNSCOM委員とのインタビュー。ワシントンDC、一九九七年十一月。
7 サダム・フセイン演説、一九九七年七月十七日。海外放送情報サービス、一九九七年七月二十二日。
8 ロルフ・エケウスとのインタビュー。ワシントンDC、一九九八年六月十六日。
9 ハーレッツ、一九九八年九月二十九日。
10 UNSCOM報告、一九九七年十月六日、S／1997／774。
11 イラク、テレビニュース、一九九七年六月二十二日。
12 『ワシントンポスト』一九九八年九月二十九日。
13 『タイム』一九九七年十一月二十四日。
14 同上誌に引用されたトーマス・フリードマンのニューヨークタイムズのコラム。
15 『ワシントンポスト』一九九八年三月一日。
16 『ワシントンポスト』一九九八年八月二十七日。
17 『ワシントンポスト』一九九八年二月十一日。
18 海外放送情報サービス、一九九八年二月二十一日。
19 一九九八年二月十八日。草稿は国務省が二月二十日にリリース。

20 『ワシントンポスト』一九九八年三月一日。
21 『ワシントンポスト』一九九八年二月二十四日。
22 イラク、テレビニュース、一九九八年三月十七日。
23 トレント・ロット上院議員、『ワシントンポスト』一九九八年二月二十六日。ジョン・D・アシュクロフト（ミズーリ州選出・共和党）は「アメリカの外交政策はコフィ・アナンに従ったり、国連に提出すべきではない。アメリカは一国支配者の主権をこれ以上一オンスたりとも犠牲にすべきではない、と言い続ける」という共和党の趨勢を進言した。『ワシントンポスト』一九九八年三月四日。
24 中東に関する上院外交委員会小委員会聴聞会。一九九八年三月八日。
25 ジム・ホグランド「賤民からイラクの希望へ」『ワシントンポスト』一九九八年三月五日。
26 下院決議 3579' 2005' 一九九八年四月三十日。イラク・ニュース、一九九八年五月一日。
27 ジャラル・タラバニとのインタビュー、ロンドン、一九九八年六月六日。ホシュヤール・ジバリとのインタビュー。ワシントンDC、一九九八年三月十六日。
28 『ニューヨークタイムズ』一九九八年二月二十六日。
29 上院外交委員会、および軍事委員会聴聞会。一九九八年九月三日。
30 ハーレッツ、一九九八年九月二十九日。
31 リッター・インタビュー、『ニューヨーク・ポスト』一九九八年十二月十七日。
32 シャハリスタニ博士からA・コバーンへのEーメール、一九九八年十二月十八日。
33 一九九八年三月十四日から十六日にイラクで実施された全国ポリオ予防デーで主要衛生センターが行なった栄養状態調査。バグダッドのユニセフ本部が筆者に提供してくれた。出された数字は：一九九七年四月現在、平均以下体重児童二四・七パーセント、慢性栄養失調児二七・五パーセント、強度栄養失調児九・〇パーセント。一九九八年三月現在：平均以下体重児童二二・八パーセント、慢性栄養失調児二六・七パーセント、強度栄養失調児九・一パーセント。

あとがき

1 『ワシントンポスト』一九九八年十二月十三日。

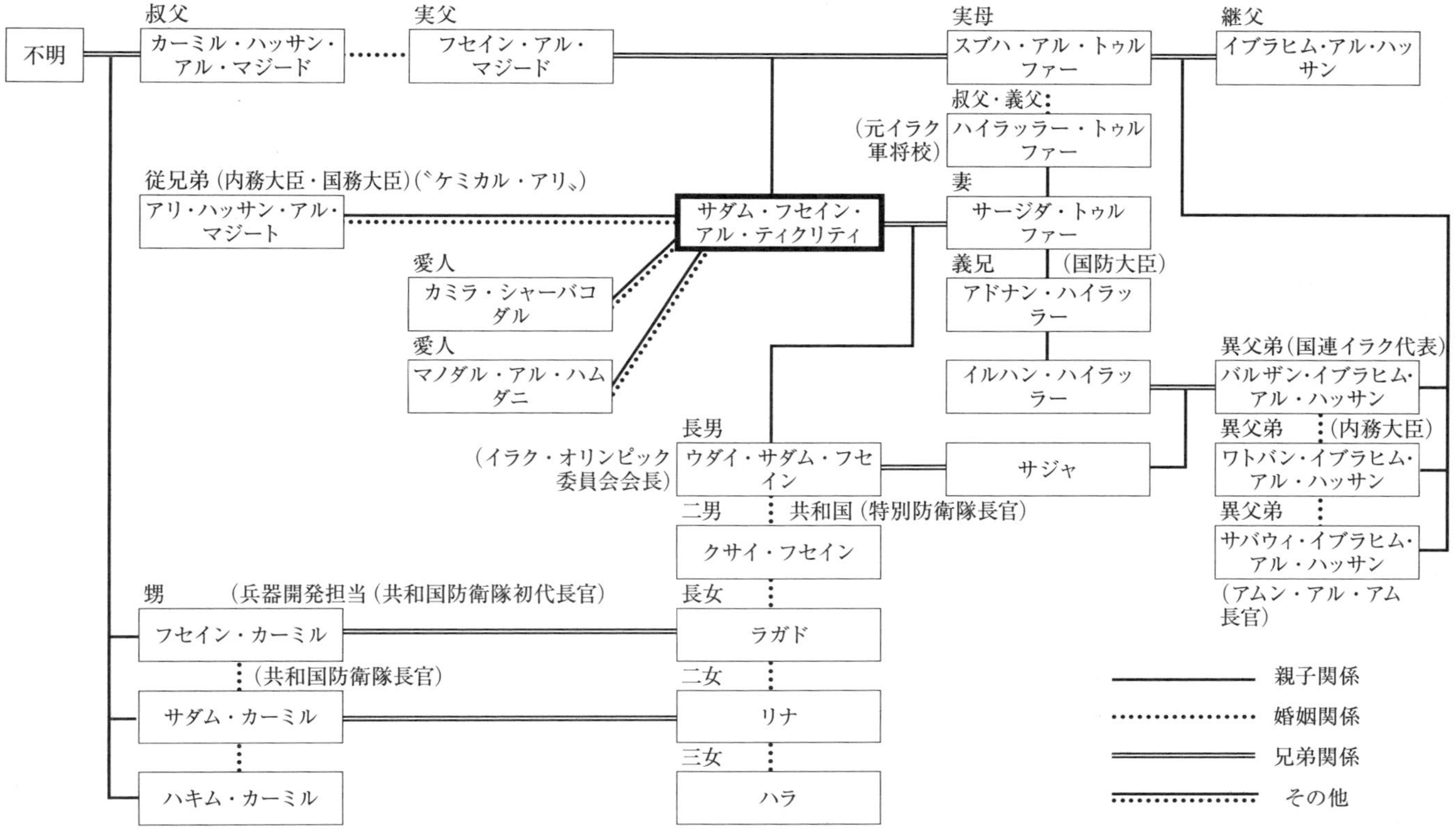

不明
叔父
カーミル・ハッサン・アル・マジード
実父
フセイン・アル・マジード
実母
スブハ・アル・トゥルファー
継父
イブラヒム・アル・ハッサン
叔父・義父
(元イラク軍将校)
ハイラッラー・トゥルファー
従兄弟(内務大臣・国務大臣)(〝ケミカル・アリ〟)
アリ・ハッサン・アル・マジート
サダム・フセイン・アル・ティクリティ
妻
サージダ・トゥルファー
義兄
(国防大臣)
アドナン・ハイラッラー
愛人
カミラ・シャーバコダル
愛人
マノダル・アル・ハムダニ
イルハン・ハイラッラー
異父弟(国連イラク代表)
バルザン・イブラヒム・アル・ハッサン
異父弟
(内務大臣)
ワトバン・イブラヒム・アル・ハッサン
異父弟
サバウィ・イブラヒム・アル・ハッサン
(アムン・アル・アム長官)
長男
(イラク・オリンピック委員会会長)
ウダイ・サダム・フセイン
サジャ
二男
共和国(特別防衛隊長官)
クサイ・フセイン
甥
(兵器開発担当(共和国防衛隊初代長官)
フセイン・カーミル
長女
ラガド
(共和国防衛隊長官)
サダム・カーミル
二女
リナ
ハキム・カーミル
三女
ハラ
親子関係
婚姻関係
兄弟関係
その他

わ行

や行

ら行

ま行

は行

索　引

あ行

訳者あとがき

本書はアンドリュー・コバーン、パトリック・コバーン共著の『Out of the Ashes —— The Resurrection of Saddam Hussein』（原題直訳は『灰の中から——サダム・フセインの復活』）の日本語訳である。

アンドリュー・コバーンはアイルランド人で、ロンドンに生まれ、アイルランドのコーク郡で育った。父親は社会主義作家でジャーナリストのクロード・コバーン。アンドリューは長くアメリカに暮らし、『ニューヨーク・レビュー・オブ・ブックス』に中東問題について連載したほか、ＰＢＳテレビのドキュメンタリー『置き去りにした戦争』を共同制作した。また『ナショナル・ジオグラフィック』誌に「二十一世紀の奴隷」を連載、現代世界の新しい奴隷状況に光を当てた記事が評価されている。最新著作は『ラムズフェルド・上昇と凋落と破滅的遺産』。本書にも登場する妻のレスリー・コバーンはテレビ・プロデューサーである。

パトリック・コバーンはアンドリューの三歳下の弟でジャーナリスト。一九七九年から『フィナンシャルタイムズ』紙と『インディペンデント』紙の中東特派員を務めてきた。第一次湾岸戦争の時、バグダッドに残った数少ないジャーナリストの一人。最新著作は二〇〇五年に出版し、〇七年に日本で翻訳出版されて反響を呼んだ『イラク占領』（緑風出版刊）である。

本書は、この『イラク占領』に先立つこと六年の一九九九年に兄弟が共同で執筆、出版した著書である。一九九一年の湾岸戦争の終結時から十年間、イラクを中心とした中近東地域で二人がそれぞれに取材して得られた、複雑で多様な、興味深い事実が語られている。サダム統治下イラクで展開した戦乱や諸事件の数々の当事者たちに限りなく接近し、きわめて深い調査・検証をふまえた、非常に質の高いイラク・レポートと言える。現地に長く身を置き、多様な人脈を形成し、危険を恐れず各地を動き回らなければものにすることはできなかった九〇年代イラク史である。

サダム・フセインはこの九〇年代、アメリカや国連やイラク反体制派をきりきり舞させ、彼らのミスを誘い、判断を狂わせ、ついには国際世論まで味方に引き込み、イラク問題を訳の分からない次元にまで見事に引きずりこんで行った。一方、歴史として見ると、あの十年は反乱が扼殺され、独裁者が生き残り、五十万人の子供が死に、テロが繰り返され、石油が盗まれ、裏切りが横行し、大量破壊兵器が転々と所を変え、スパイが跳梁跋扈する、最も密度の高い、イラク戦争とサダム政権崩壊に先立つ長い前段階であったことが、本書からよく理解できる。そして、二代目ブッシュの登場を待ち受けるかのように、破滅への舞台装置がしつらえられていた十年でもあった。

サダムはこの後も国連決議を無視し、査察団を拒否し続けた。そこに二〇〇一年、9・11が起きた。アフガン攻撃に勝利し、勢いづいた新大統領ブッシュは国連を舞台に大量破壊兵器キャンペーン一色で戦争にばく進した。ここでサダムは四年ぶりに査察に応じたが、何の意味も無かった。二〇〇三年三月十九日、第二次湾岸戦争開戦。五月一日、ブッシュは早々と勝利を宣言する。しかし、これも何の意味も無かった。それ以降、私たちの記憶に新しい惨状が続く。戦争状態は長く続かなかったが、占領後のイラクは、それよりも悲惨なものになった。反米テロ攻撃と局地的戦闘、米軍のファルージャ総攻撃、宗派間対立による武装勢力抗争や民間人殺害の激化などが今もって頻発し、内乱状態は日常化している。

二〇〇六年、フセイン政権崩壊後三年を経てようやく、マリキを首相とする正式政府が発足した。前年の十二月に行われた議会選挙の中核となったのはSCIRI（イラク・イスラム革命最高評議会）、ダワ党などシーア派の宗教政党を中心とした「統一イラク連合」で、傘下の政党は全部で十七党。次に、クルド愛国同盟（PUK）とクルド民主党（KDP）が中心となって組織した政党連合の「クルド同盟」。PUKのジャラル・タラバニがイラクの大統領として存在感を示す一方、KDPのマスード・バルザーニはクルディスタン地域大統領に就任している。傘下の政党は七党。イヤド・アラウィ率いるイラク国民合意（INA）が中心となって形成した政党連合が「国民イラク・リスト」だ。傘下政党は十五党にも及ぶ。他にイラク・イスラム党、イラク人民会議、イラク国民対話会議が連合する「イラク合意戦線」という組織がある。支持基盤は圧倒的にスンニ派住民で、三党を擁する。「国民対話イラク戦線」は旧バース党寄りと見られている。傘下の政党は六党ある。政党数しめて四十八（参考文献：吉岡明子著・イラクの現在の政治体制・政治制度：日本エネルギー経済研究所中東研究センター）。

選挙も行なった。議会も発足した。二〇〇七年、CIAなどのアメリカ情報機関が新生イラクの現状や今後一年の治安の見通しをまとめた報告書「国家情報評価」の一部を公表した。そこでは、イラクの政治状況について「政治指導者が効率的に統治できない状態が続いている」とした上で、イスラム教シーア派とスンニ派、クルド人の各勢力間の内紛により「政府は、今後半年から一年にわたり、より不安定になる」との否定的な見通しを示した。報告は、多数派のシーア派内でもマリキ首相に対する批判が高まり「連立政権の組み替えを求める動きが、首相の足場を弱めている」と分析している。

治安状況に関しては「イラク全土での暴力は減少した」「多国籍軍はイラク治安部隊と協力し、国際テロ組織アル・カイダの能力を低減させた」などと、米軍の増派政策が一定の成果を収めたと評価した。ただ「宗派間抗争のレベルは引き続き高く」、米軍がイラク治安部隊に治安権限を移せば「せっかくの進展が台無しになる」と、引き続き米軍が直接治安対策に当たるよう求めた。

主人公のサダム・フセインは、本書の終わりに筆者も予言しているように、そして彼自身も語っていたように、彼を憎む人たちの手によって裁かれ、正式政府が発足した二〇〇六年の十二月三十日に処刑された。死刑立会人が携帯電話で撮影した絞首刑の数分間の映像は、今もインターネットで自由に観ることができるが、彼は薄汚れた階段の上で呆気なく吊るされた。独裁者の排除は実現した。サダムはもういない。だが、イラクの未来は残念ながらなかなか見えて来ない。それはアメリカにとっても同じ事だ。イラク問題は次期大統領がそっくりそのまま引き継がなければならない。アメリカはイラクという新たな十字架を背負ってしまった。アメリカ人も世界の人も、イラクとは何であったのかを繰り返し考えさせられていくことであろう。そこで、イラク戦争は絶対に、正しく振り返られなければならないのである。

本書は、世界第三位の原油埋蔵量の上に広がる現代イラクの秀逸なドキュメンタリーである。そこではどんな生き物が支配し、何を食し、何と何が敵対し、何と何が捕食関係にあり、どんな外敵が入ってきて、何が起きたか、が克明に描写されている。初版から九年の歳月が経っているにもかかわらず、中味はまさに昨日の出来事のようだ。過去の話としてではなく、不可解とされるイラクとイラク人を理解する一助として読んでいただければ幸いである。

なお、訳文中の人名、地名等の日本語表記は、ここ数年、国内の出版、報道で用いられ、一般的、習慣的なものになっている表記を優先的に採用した。必ずしも原語(アラビア語)の発音に忠実でない場合もあることをお断りしておきたい。

本書の翻訳には予定よりも多くの時間を要した。忍耐強く見守っていただいた緑風出版の高須次郎氏、高須ますみ氏、斎藤あかね氏に深く感謝するものである。

神尾賢二

[著者略歴]

アンドリュー・コバーン（Andrew Cockburn）

アイルランド人ジャーナリスト。1947年、ロンドン生まれ、アイルランドのコーク郡に育つ。父は社会主義作家でジャーナリストのクロード・コバーン。オックスフォードのウォーセスター・カレッジ卒業。アメリカに移り、『ニューヨーク・レビュー・オブ・ブックス』に中東問題について連載したほか、PBSテレビのドキュメンタリー『置き去りにした戦争』を共同制作した。また『ナショナル・ジオグラフィック』誌に「21世紀の奴隷」を連載、現代世界の新しい奴隷状況に光を当てた記事が評価されている。『カウンター・パンチ』にも連載している。最新著作は『ラムズフェルド・上昇と凋落と破滅的遺産』。米国の政治批評誌『カウンター・パンチ』の編集人を務める。パトリック・コバーンの兄。

パトリック・コバーン（Patrick Cockburn）

1950年生まれ。アイルランド人ジャーナリスト。1979年から、『フィナンシャル・タイムズ』『インディペンデント』の特派員として、中東問題の取材を続ける。1991年の湾岸戦争では数少ない西側記者としてバグダッドに踏みとどまり、現地から報道を続けた。2003年に始まった「イラク戦争」でもイラク国内にとどまって、果敢な報道を続けている。

著書に、『イラク占領　戦争と抵抗』（緑風出版）、自伝の『壊れた少年 (The Broken Boy)』、がある。

[訳者略歴]

神尾　賢二（かみお　けんじ）

1946年大阪生まれ。早稲田大学政経学部中退。映像作家、翻訳家。翻訳書に『ウォーター・ウォーズ』(ヴァンダナ・シヴァ著、緑風出版)、『気候パニック』（イヴ・ルノワール著、緑風出版）、『石油の隠された貌』（エリック・ローラン著、緑風出版）がある。

灰(はい)の中(なか)から——サダム・フセインのイラク

2008年6月15日　初版第1刷発行　　定価3000円＋税

著　者　アンドリュー・コバーン／パトリック・コバーン
訳　者　神尾賢二
発行者　高須次郎
発行所　緑風出版 ©
〒113-0033　東京都文京区本郷2-17-5　ツイン壱岐坂
［電話］03-3812-9420　［FAX］03-3812-7262
［E-mail］info@ryokufu.com
［郵便振替］00100-9-30776
［URL］http://www.ryokufu.com/

装　幀　堀内朝彦
制　作　R 企 画　　印　刷　シナノ・巣鴨美術印刷
製　本　シナノ　　用　紙　大宝紙業　　E2000

Printed in Japan　　ISBN978-4-8461-0806-9　C0031